RADİKAL DEMOKRASİ

KİTLENİN BİYOPOLİTİKASI, HALKIN HEGEMONYASI

Koç Üniversitesi Yayınları: 79
Siyaset Bilimi

Radikal Demokrasi: Kitlenin Biyopolitikası, Halkın Hegemonyası
Derleyenler: Alexandros Kioupkiolis, Giorgos Katsambekis

İngilizceden çevirenler: Esma Kartal, Hayrullah Doğan
Yayına hazırlayan: Ümran Küçükislamoğlu
Düzelti: Müge Karahan
Kapak tasarımı: Carol Hayes
İç tasarım: Özdem Kelebek

 Sertifika no: 18318
1. Baskı: İstanbul, Ocak 2016

Baskı: 12.matbaa Sertifika no: 33094
Nato Caddesi 14/1 Seyrantepe Kâğıthane/İstanbul +90 212 284 0226

Koç Üniversitesi Yayınları
İstiklal Caddesi No:181 Merkez Han Beyoğlu/İstanbul +90 212 393 6000
kup@ku.edu.tr • www.kocuniversitypress.com • www.kocuniversitesiyayinlari.com

Koç University Suna Kıraç Library Cataloging-in-Publication Data
Radikal demokrasi : kitlenin biyopolitikası, halkın hegemonyası / derleyenler Alexandros Kioupkiolis, Giorgos Katsambekis ; İngilizceden çeviren Esma Kartal, Hayrullah Doğan
pages ; cm.
Includes bibliographical references and index.
ISBN 978-605-5250-80-5
1. Collective behavior--Political aspects. 2. Political sociology. 3. Protest movements. 4. Social movements. 5. Democracy. I. Kioupkiolis, Alexandros, 1975- II. Katsambekis, Giorgos. III. Kartal, Esma. IV. Doğan, Hayrullah. V. Title.
HM866.R3420 2014

Radikal Demokrasi

Kitlenin Biyopolitikası, Halkın Hegemonyası

DERLEYENLER:

ALEXANDROS KIOUPKIOLIS, GIORGOS KATSAMBEKIS

İngilizceden Çevirenler: Esma Kartal, Hayrullah Doğan

İçindekiler

GİRİŞ

Günümüzde Radikal Demokrasi ve Kolektif Hareketler: *Kairos*'un Zorluklarını Karşılama

Alexandros Kioupkiolis, Giorgos Katsambekis

Söz Konusu Durum Nedir?

> Bizler fabrikanın sorumluluğunu, tam anlamıyla özyönetim ve işçilerin hem üretim hem de idari yapılarının kontrolü açısından üstleniyoruz. Fabrikanın işletilmesi yönünde sürdürdüğümüz mücadelenin temel ve en önemli ilkesi ve geleceğe dair planlarımızın anahtar kelimesi, katılımda ve karar alımında eşitlik, yataylık ve doğrudan demokrasidir. (VIO.ME. 2013)

Metal imalatında uzmanlaşan bir Yunan işletmesi olan VIO.ME.'nin çalışanları, fabrikayı tekrar açma, üretime kaldıkları yerden devam etme ve işçilerin kontrolünü artırarak fabrikayı ağır ekonomik krizle mücadele edecek daha geniş çaplı bir projenin parçası olarak idare etme hususundaki kararlılıklarını Ocak 2013'te bu şekilde ilan etti. Bu girişimleri, endüstriyel özyönetim gibi bir gelenekten yoksun bir ülkede, bu yöndeki ilk fiili çabayı işaret etmesi sebebiyle, günümüz Yunanistan'ındaki özgürleştirici mücadelelerin gidişatında dönüm noktası olarak görülebilir. Fakat aslında bu, kapitalist ve devletçi olmayan eşitlikçi katılım ve toplumsal dayanışma ilkeleri doğrultusunda çalışan, medyadan ve tarım kooperatiflerinden, özerk sağlık ve sanat merkezlerine kadar çok sayıda alanda kolektif mobilizasyon konusunda bir dizi aynı kökten gelen girişimi temsil eder.

Krizdeki Yunanistan'da, son zamanlarda artan, toplumun kendi başına hareket etmesi, Aralık 2008'te gerçekleşen genç nüfustaki kitlesel ayaklanmaların (bkz. Economides ve Monastiriotis 2009, Kalyvas 2010, Pechtelidis 2011) ve 2011 yılının Mayıs ve Ağustos ayları arasında yayılan "meydan hareketi"nin izinden gitmiştir. Bahsi geçen mobilizasyonların ikincisi, ülke genelindeki belli başlı meydanlarda kolektif kurullar düzenlemiş ve Arap dünyasından yola çıkıp Avrupa'nın güneyinden geçerek, en nihayetinde Kuzey Amerika'ya ayak basan etkili eşitlik ve "gerçek demokrasi" için verilen demokratik mücadeleler sarmalı içerisinde hareket ederek, doğrudan toplumsal özyönetime ulaşmaya çalışmıştır. Yatay özyönetimle ilgili devam eden deneyler 2011 meydanlarının özerk siyasetini etkisiz, ve parti disiplini, temsil, birleştirilmiş kimlikler, sabit programlar ve ideolojik tanıma karşı hoşnutsuzluğu nedeniyle başarısızlığa mahkûm olarak görenleri durup düşünmeye sevk etmelidir. Ancak bu, madalyonun sadece bir yüzüdür.

Madalyonun diğer tarafında ise hâlâ muhafazakâr koalisyon hükümeti tarafından yönetilen neoliberal devlet yapısı mevcuttur ve gelirin yukarıya doğru yeniden dağılımını teşvik eden küresel piyasaların ve uluslararası neoliberal iktidar merkezlerinin kurallarını uygulayarak, son derece yoksul orta ve alt sınıfları maddi zarara uğratmaktadır. Temel liberal ve demokratik haklar, her zaman ayaklar altına alınmakta, göçmen karşıtı neo-Nazi partisi meclisteki üçüncü en etkili güç olma yolunda ilerlemekte (Public Issue 2013), polis şiddeti bugünlerde otoriter rejimleri akla getirmektedir. Bir yandan da devlet, yaygın muhalefet ve kolektif örgütlenmeye karşı daima sert baskıcı eylemlere başvuruyor. Bu nedenle devletin gücüyle, temsili kurumlarla, milli ve küresel sermayeyle acilen yakından ilgilenme ihtiyacı ortaya çıkmıştır. Bu durumda derhal, geniş bir ittifak inşa etmek, hükümete dair değişiklik politikaları, güçlü bir reform programı ve bu programı destekleyecek ve toplumdaki güç dengesini yeniden düzenleyecek birleştirici ve muazzam bir siyasi güç gerekmektedir. Diğer bir deyişle, insani felakete ve toplumsal dislokasyona dur demek ve şimdilerde neoliberal polis baskısı tarafından hedef alınan başka şeylerin yanı sıra, toplumun kendini yeniden inşa etmesine yönelik çeşitli girişimleri korumak için Gramsci'ci bir hegemonya siyaseti ve etkili bir karşı-hegemonik blok oluşturulması belki de her zamankinden daha çok gereklidir. İşte bu nedenle seçmenler ve ilerici yurttaşların büyük bir kısmı, radikal sol koalisyonu (SYRIZA)[1] şimdiki meclisteki ana muhalefet partisine dahil ederek ona umut bağlamışlardır. Yatay ve çoklu örgütlenmenin kıvılcımları ne kadar umut verici görünürse görünsün, bir araya gelme, programlı birlik, dikey temsil ve kurumsal güç siyaseti, en hafif deyimiyle, geçerliliğini sürdürmekte gibi görünüyor.

Kendine has özelliklerine karşın, Yunanistan örneği, günümüz demokratik siyasetindeki çözümlenmemiş küresel ikilemlerin tek kelimeyle gerçekçi bir örneğini sunar. 2011 yılında, Tunus'ta başlayan dünya çapındaki sivil ayaklanmaların birtakım ortak müstesna özellikleri olduğu çeşitli gözlemcilerin dikkatini çekmiştir. "Arap Baharı", İspanyol *indignados*, Yunan *aganaktismenoi* ve Occupy Wall Street hareketi, lidersiz ve kendi kendine örgütlenmiş sıradan yurttaşların ayaklanmaları gibi görünüyordu. Katılımcıları toplumsal ve ideolojik anlamda heterojendi. Önceden belirlenmiş bir gündem veya ideolojileri yoktu. Yeni sosyal ağ teknolojilerinden yoğun bir biçimde yararlandılar. Ayrıca hareketlerini belirlemelerini ve düzenlemelerini sağlayan prosedürlere, herkesin doğrudan demokratik katılımına bağlıydılar. Yine de, yukarıda sözü edilen gözlemcilerden biri olan Paul Mason'ın ifade ettiği gibi:

> İdeoloji ve yapı ile bağların kesilmesinin, 2012'deki ilerici hareketlerin mağlubiyetinde ya da başarısız olmasında çok önemli bir rol oynayacağı belliydi... Mısır... hiyerarşinin intikamının en belirgin örneğidir: Küreselci, laik internet kullanıcılarının kendiliğinden sona ereceğine inandıkları 20. yüzyıl ideolojilerinin intikamı. Mısır vakasının birçok ayrıntısı bulunmasına karşın, 2012, belki de eski güçlerin –din, faşizm, Stalinist komünizm, militarizm– yeniden hayat bulabileceği ve başka bir yeri ele geçirebileceği önsezisiyle sona erdi... Şu anda ise bu eylemler dönüm noktasında... Protestolara katılanların talep ettiği asıl değişiklikler, hâlâ yalnızca hiyerarşik gücü kullanmaya hazır olanlar tarafından elde edilebilir: Bu kişi ister Mısırlı direniş lideri Muhammed el-Baradey, ister Başkan

1 SYRIZA, 26 Ocak 2015'te gerçekleşen Yunanistan genel seçimlerinde, % 36,29 oranı ile en çok oy alan parti olmuştur –çn.

> Obama veya endişeli bir şekilde hazırda bekleyen solcu Yunan lider Aleksis Çipras[2] olsun. (Mason 2013)

Aslında, "yataycılık", hiyerarşilerin olumsuzlanması, temsil ve kapalı ideolojiler; "Arap Baharı", *indignados* ve Occupy ile eylem siyaseti sahnesinde aniden belirivermedi. Zapatistalardan ve Seattle protestolarından bu yana, ideoloji ve siyaset biçimlerinin önemi üzerine bitmek bilmeyen teorik ve pratik tartışmalara yol açarak son on beş yıl boyunca neoliberal küreselleşmeye karşı duran çeşitli kolektif direnişlerin sınırlarını çizmişlerdir (Baiocchi 2004, Day 2005, Holloway 2005, Tormey 2005, Robinson ve Tormey 2007, Thomassen 2007, Newman 2011).

Bununla birlikte, 2013'ün başlarında, kritik bir dönemeçte gibiydik. Özgürlük ve eşitlik için verilen yatay, sürüyü anımsatan mücadeleler, 2011'deki küresel ivmenin ardından boşa çıkmıştı; eski neoliberal düzen, her zamanki kadar kana susamış halde, zombi gibi yine de hayatta kalmayı başardı. Bir çıkar yol gereksinimi muazzam bir biçimde hissediliyordu, fakat ebediyen kapatılmamış olsa da bu yol daima anlaşılması güç ve belirsiz olarak kaldı. Herkes için büyük adalet ve özgürlüğü amaç edinen küresel çokluklara göre, pratik ikilemler ve siyasi bölünmeler son on beş yılda nasılsa şimdi de öyleydi. "Kimileri yapılandırılmış bir hareketin zorunluluğunu savunurken, diğerleri en iyi stratejik seçenek olarak bireylerden oluşan bağımsız bir federasyonu öne sürer" (Campagna ve Campiglio 2012, 2). Yeni hareketlenmeler ve özgürleştirici hareket kalıpları üzerine derinlemesine düşünen çağdaş siyasi düşünce, bu fikir ayrılığı üzerine de düşünmektedir.

Üst düzey radikal entelektüeller arasında yer alan Alain Badiou ve Slavoj Žižek, tarihin tekrar uyanışına ve "kapitalist parlamentarizm" (Badiou 2012, 40, karş. Žižek 2012, 83-9, 127) rejiminden faydalanan "bir mali ve sömürgeci oligarşi"nin (Badiou 2012, 5) sınırsız gücüne karşı halkın ayaklanmasına tanıklık ettiğimizi iddia ederler. Yine de, bu isyanların eşitlikçi ve katılımcı dürtülerinin farkında olmasına rağmen (Badiou 2012, 64, 78-80, karş. Žižek 2012, 74, 77–8, 87–9), Badiou hâlâ "kör, saf, dağınık ve güçlü bir sağlam örgütlenme kavramından yoksun" olduklarını iddia eder (Badiou 2012, 5); "bu protestolar, isya-

2 Aleksis Çipras, 26 Ocak 2015 tarihinden beri Yunanistan'ın başbakanıdır –çn.

na sadakatin üzerine örgütlenebileceği düşünceyi üretmiyor. Bunun sonucu olarak da titrek bir kararsızlık..." (Badiou 2012, 47). Žižek, "günümüzdeki protestoların ölümcül zayıf noktası"nı yeniden doğrular: Bunlar "kendini sosyo-politik değişim için en küçük olumlu programa bile dönüştürmekten aciz kalan sahici bir hiddeti dile getirirler" (Žižek 2012, 78). Bu amaçla, "insanın hızlı karar verebilecek ve bu kararları gereken tüm güçle gerçekleştirebilecek kuvvetli bir bedene ihtiyacı vardır... Komünizm... yeni bir örgütlenme biçimi, disiplin ve sıkı çalışma" (Žižek 2012, 82).

Bölünmenin diğer tarafında ise, aynı derecede tanınmış Hardt ve Negri, en son kitapları *Duyuru*'da (2012) şu şekilde karşılık verirler: "Bu hareketler, gerçekten de, daha şimdiden bir kurucu sürece temel oluşturabilecek bir dizi anayasal ilke tedarik ediyor... Bu anlamlar artık yeni bir ortak anlayışın da parçaları haline geliyor. Bunlar daha şimdiden, vazgeçilmez haklar olarak aldığımız kurucu ilkelerdir" (Hardt ve Negri 2013, 12-13) Bu ilkeler, hem kamusal hem özel mülkiyetin ötesinde, "ortak" arayışının yanı sıra, hiyerarşiler olmadan karar vermeye kolektif katılımı mümkün kılan, çokluğun yatay örgütlenmesini içerir (Hardt ve Negri 2012, 5-6).

Kitap, günümüzdeki eşitlikçi özgürleşmenin yukarıda bahsi geçen çatışmalarını ve tereddütlerini, çağdaş siyaset teorisindeki yatay çokluk ve hegemonya politikaları (gücün toplanması, birleşme, temsil) etrafındaki tartışma ile yakından ilgilenerek, enine boyuna düşünmeye çalışmaktadır. Antonio Negri ve Michael Hardt tarafından kaleme alınan eserler, *İmparatorluk* (2000), *Çokluk* (2004), *Ortak Zenginlik* (2009) ve *Duyuru* (2012), bu tartışmada anahtar referanslar olarak göze çarpar. Bu iki yazar, muhtemelen çağımızın özerk, katılımcı ve temsile dayanmayan siyasetinin en popüler ve etkili teorisyenlerdir. Badiou ve Žižek gibi diğer büyük düşünürlerin tersine, günümüzün eşitlikçi hareketlerinin benzersizliği üzerinde dururlar ve bu hareketlerin kendilerinin, neoliberal sermaye düzeni ve çökmekte olan temsili kuruluşların ötesinde, demokrasinin etkili bir şekilde yenilenmesi için vaat ettikleri ayırt edici ilke ve sözleri ele almaya çabalarlar. "Çokluk"tan (multitude) anladıkları, çift bir jesti kapsar: Bir taraftan görünüşte zaten eti kemiğiyle varolan bir "çokluk"tan söz ederler -Fransız Banliyöleri ve Arjantinli *piquetero*'lardan, İspanyol *indignados* ve Amerikan İşgalciler'e- diğer taraftan da henüz tamamlanmamış bir siyasi proje; yapım aşamasında olan, "yalnızca çizim tahtasında varolan" (Robbins 2010, 10) bir "çokluk"u anımsatırlar.

Karşı tarafta ise, Ernesto Laclau, Chantal Mouffe ve Slavoj Žižek gibi siyasi teorisyenler, neoliberal rejimlerin küresel hâkimiyetine karşı koyabilecek ve onların yerini alabilecek karşı-hegemonik stratejiler ve oluşumlar ortaya koymak için Lacan'ın psikanalizi, Derrida'nın yapıbozumu, Schmitt'in siyasi düşüncesi ve diğer kaynaklardan yararlanırlar. Modern hegemonya siyasetini, onun çekirdeğini oluşturan egemenliğin anahtar kategorilerini, temsili, devleti, liderliği, gücü ve karşıtlığı yeniden şekillendirmeye ve farklı bir biçimde düşünmeye çalışırlar. Güç ilişkileri, hegemonya ve gelişmekte olan hiyerarşilerin artık var olmadığı bir dünya ihtimalinin aksine, toplumun yapısında karşıtlık, güç ilişkileri ve hegemonyanın kökünün kazınamayacağını kabul ederler. Bu bakış açısına göre hegemonya, radikal değişim amaçlı her sosyal hareket ve kolektif projenin ve aslında siyasi eylemi teorileştirmeye yönelik her türlü teşebbüsün ana unsuru haline gelir.

Buna karşın, birkaç isim vermek gerekirse, Richard Day, John Holloway, Saul Newman ve Manuel Castells'in yanı sıra, Michael Hardt ve Antonio Negri tarafından temsil edilen düşünürler topluluğu, hiyerarşik güç ilişkilerini reddeden ve özerk bir biçimde belirlenmiş bağlantılar, fikirler, duygular ve programlar üreterek, açık yatay ağlarda eşit ve dolaysız olarak işbirliğinde bulunan birçok toplumsal aracı vasıtasıyla çalışan, devletçi olmayan ve temsile dayanmayan demokratik siyaset formlarını uygun görürler. Bu tür hegemonik olmayan, eşitlikçi, kendi kendine faaliyet tarzlarını, fiili demokratik praxisin başlıca yeniliği olarak tanımlar ve bunları toplumsal ve siyasi dönüşümün etkili süreçleri olarak desteklerler.

Bu derleme kitabın esas amacı, günümüzde eşit özgürlüğü etkili bir şekilde yayabilecek siyasi bir praxisin sınırlarının izini, *indignados* ve Occupy Wall Street hareketi gibi yakın zamanda gerçekleşen kolektif mobilizasyon örneklerini derinlemesine inceleyerek, yenilikçi pratik ve mantıklarının detaylarına inerek ve konuyla alakalı teorik tartışma ve ayrıntılarla uğraşarak sürmektir. Odak noktamız, Hardt ve Negri'nin özerk, biyopolitik "çokluk"u ile bu kavramın Jacques Rancière, Ernesto Laclau, Chantal Mouffe ve Slavoj Žižek tarafından, yenilenmiş bir hegemonya veya "halk" siyaseti adına geliştirilmiş eleştirileri arasındaki anlaşmazlıkta yoğunlaşmaktadır. Bu tartışma, siyasi teorinin günümüzde eşit özgürlük siyaseti üzerine derinlemesine düşünme konusundaki en titiz ve içgörülü teşebbüslerden bazıları için gerekli ortamı sağlamıştır.

Bir yanda özerk çoklukların yatay ve temsile dayanmayan ağları, diğer yanda ise evrensel çıkarlar adına hareket ettiğini iddia eden ve egemen iradelerini zorla kabul ettirmeye çabalayan halk bloklarının mücadeleleri, günümüzdeki demokratik aracılık ve toplumsal dönüşüm stratejilerini anlamak için iki alternatif yol sunar. Bu birbirinden farklı planların hangisi demokratik militanlığın yakın zamanda göze çarpan dışavurumuna daha fazla ışık tutmaktadır? Rekabet içerisinde olan bu yaklaşımların hangisi, dünya genelinde eşitlikçi özgürlüğe kavuşmanın, tarihi bugünümüzün belirli şartları altında gelişmesine yardım edebilir? Bu sorular, makale seçkimizin ve kaygılarının eksenini oluşturur. Bu kitap, birbiriyle çatışan siyasi örgütlenme ve değişim kavramlarının göreceli meziyetlerini; öznellik, aracılık, toplum ve genel olarak dünyayı daha derinlemesine anlayışlarını; eşitlikçi siyaset vizyonlarında ahlak ve ütopik imgelemin yerini; çağımızda toplumsal eylemin gerçek tutkuları ve enerjilerini yeterli derecede kavrama kabiliyetlerini irdeler.

Bu derleme kitap, şimdiye kadar tartışmaya çok büyük katkılarda bulunmuş ya da şu anda bu alanda eleştirel araştırmalar yürüten çağdaş siyasi teorisyenler tarafından kaleme alınmış yeni denemelere yer veriyor: Benjamin Arditi, Richard Day ve Nick Montgomery, Jodi Dean, Saul Newman, Giorgos Katsambekis, Alexandros Kioupkiolis, Andy Knott, Marina Prentoulis ve Lasse Thomassen, Paul Rekret ve Yannis Stavrakakis.

Rotamızı Belirleme

Tartışmanın çağdaş siyasi düşüncedeki anahtar terimleri, tartışmayı çerçevelemenin ve daha ileri detaylara açmanın bir yolu olarak, kısa birer özet şeklinde burada tarif edeceğimiz birtakım dönüm noktası müdahaleler tarafından belirlenmiştir.

1. Jacques Rancière, "Halk mı, çokluklar mı?"

Rancière, kendisine Fransız *Multitudes* dergisi tarafından "halk" kelimesini kullanım şekline dair yöneltilen soruya cevap verirken, bu kavramın, siyasetin bir bileşeni olduğunu savunmuştur (Rancière 2010). Eşitlikçi bir ilkeyi yasalaştırarak, yerleşik toplumsal ve siyasi temsil biçimlerini aksatan siyasi katılım süreçlerini belirten genel bir isimdir. Rancière için siyaset daima bir halkın diğerine muhalefetini içerir. Bu, çokluk kavramının, idrak etmede başarısız olduğu bir şeydir, çünkü olumsuz bir şekilde tanımlanmış her siyasetten korkar. Rancière'e göre toplumsal gövde, doğası gereği bölünmüştür ve "halk" bu kökü kazınamayan muğlaklığı yönlendirir. Çokluk ise, tam tersine, ayrılık tarafından fark edilmemiş bir öznedir. Siyaseti ayrı bir alan olarak görmeyi kabul etmemesi açısından "komünist" bir öznedir. Siyaseti, her şeyin, birliğin mizacının dışavurumu olarak görür. Çokluk, siyasi öznelerin olumsuzluğunu göz önünde bulundurmayarak, Marx'ın "üretim güçleri"ne benzer bir doğrulama gücü haline gelir. Bu nedenle, çokluk, genel durumu dönüştüren her türlü faaliyete bir "üretim gücü" yükleyen, bu kavramı genişletmeye yönelik uzun bir çabanın parçasıdır. Fakat Hardt ve Negri'nin üretim doğrulama etiği, Ruanda'daki soykırımdan kaçan insan yığınından tutun da, İkiz Kuleler katliamını takdir eden Araplara, çeşitli çağdaş "çokluklar"ın ampirik dışavurumlarıyla çatışıyor gibi durmaktadır. "Tüm çokluklar 'iyi' ya da 'gerçek' çokluklar mıdır?" Ve "Çokluğun eylemleri nasıl oluyor da siyasi hale geliyor?"

2. Ernesto Laclau, "İçkinlik Toplumsal Mücadeleleri Açıklayabilir mi?"

Ernesto Laclau'nun argümanı, Hardt ve Negri'nin çokluk yorumlamasındaki "içkinlik" işlevine itiraz eder (Laclau 2001). Laclau, Rancière'in yerleşik kimlikler ve normlara meydan okuyan "siyaset"in aksatıcı bir süreç anlamına geldiği, yukarıda sözü edilen siyasetin özneleri olarak "halk" kavramını örnek alır. Laclau, Hardt ve Negri'nin analizinde, olumsuzluk, eksiklik, karşıtlık, dışlama ve hegemonyanın yokluğunu ağır bir şekilde eleştirir. Onların, birliği, doğal bir başkaldırı eğilimine dayanan küresel bir "çokluk" olarak anlayışları, dağılmış mücadeleleri düzenlemeyi ve farklı taleplerin siyasi sentezi için çabalamayı gerektirmez. Hardt ve Negri, siyasi anlamda oluşturulmamış dolaysız evrensel bir özne olasılığını varsaydığı için, Laclau bu düşünce çerçevesinde siyasetin düşünülemez hale geldiğini ileri sürer. Çalışmalarında eksik olan şey, herhangi bir siyasi eklemleme ve öznellik teorisidir. Hardt ve Negri, düşmanı ("İmparatorluk"), genel ve soyut bir varlık olarak yorumlar ve dağınık bir çokluğun kendiliğinden ona karşı ayaklanacağını varsayarlar. Bu düşünceler, tüm mücadelelerin, belli nesneler için belli düşmanlara karşı yarışan somut toplumsal aktörlerin mücadeleleri olduğu bir toplumsal gerçeklik ile bağdaşmaz. Laclau, neticede Hardt ve Negri'nin ifade ettiği belli siyasi önermeleri destekler, fakat gerçekleşmesine engel olan teorik kategorilere dayanması nedeniyle projelerini yetersiz ve tutarsız bulur.

3. Giorgio Agamben, "Halkın biyopolitik bölünmesi"

Kutsal İnsan adlı eserinde yer alan bir ekte, Giorgio Agamben (1998, 176-80), halkın, çokluğun ve onun biyopolitikasının karşısında duran bölünmez bir özne olarak idrak edilmesi aleyhine yürütmüştür tartışmasını. Agamben'e göre, modern halklar başından beri doğası gereği ayrılmış ve biyopolitiklerdir. Modern Avrupa dillerinde, "halk" hem egemen siyasi özneyi hem de ne fiilen ne de kanuna göre siyasete dahil edilen sınıfı –yoksullar, ıskat edilenler– belirtir. Bu anlamsal belirsizlik, kavramın, Batı siyasetindeki işlevine içsel olan bir dalgalanmayı yansıtır: Tam ve egemen bir siyasi gövde olarak Halk, muhtaç, ezilen gövdelerin parçalar halinde bir çokluğu olan halka karşıdır. "Halk" iki aşırı uç arasındaki karmaşık ilişkiyi gösteren kutuplu bir kavramdır. Bu kavramda, Agamben'e göre siyasetin asıl yapısını tanımlayan çiftler belirlenebilir: dışlanmış halkın çıplak hayatı ("zoe") ve dahil edilmiş Halk'ın siyasi varlığı ("bios"). "Halk", bu nedenle içsel olarak bir dizi siyasi etkiye neden olan biyopolitik bir bölünme taşır. Bir uçta, Halk varlığını sürdürür, ancak tamamen gerçekleştirilmemiştir ve dışlanma, kan yoluyla arındırılmalıdır. Karşı uçta ise, halk siyasi anlamda var olabilmek için kendini olumsuzlamalıdır.

İç savaş, böylece, gericilik ile ilerici devrimler ya da halk cepheleri arasında bocalamaya en baştan beri mahkûm olan "halk"ı böler. İki "halk" arasındaki bu mücadele, modern zamanlarda, halk kilit siyasi kategorilere dönüşerek tek egemen haline geldiğinde ve sefaletleri ile dışlanmaları tahammül edilemez bir rezalet olarak göründüğünde aşırıya kaçmıştır. Çağımız, tek ve birleştirilmiş bir halk üretmek için dışlanmış halkı saf dışı bırakarak bölünmeyle başa çıkmaya sistemli bir teşebbüstür. Bu niyet, Alman *Volk*'unu biyopolitik bölünmeden kurtarmak için, Yahudilerin hem kalkınması hem de imha edilmesi saplantısını açıklar. Ancak çıplak hayatı tamamen yok etme çabası, bütün bir halkı muazzam ölçüde arındırılması gereken biyolojik bir gövdeye dönüştürerek, amaçlananın tam tersine neden olur. Halkın bocalamasını durdurmak ve yeryüzünün kentlerini bölen iç savaşa son vermek için esas bölünmenin farkına varmak zorundayız.

4. Chantal Mouffe, "Karşı-Hegemonik Müdahale Olarak Eleştiri"

Chantal Mouffe (2008), "Eleştiri nedir?" sorusundan yola çıkarak, Hardt ve Negri'nin içkinci yaklaşımını parçalara ayırmak ve radikal siyaset için daha uygun başka bir toplumsal eleştiri modeli önermek amacıyla kendi muhalif siyasi modelinden ve "hegemonya" teorisinden faydalanır. Mouffe, çokluğun "terk etme" ve "toplu göç" yoluyla yaptığı siyasi muhalefetin, karşıtlığın kökü kazınamayan boyutunu hafife alan, siyasalın hatalı bir anlayışına dayalı olduğundan, yetersiz bir siyasi eylem şekli olduğunu iddia eder. Buna karşın, Mouffe, siyasi eklemlemenin kolektif eylemin gerekli bir uğrağı olduğunu ve "çokluk"un içkin veya tabii direnme eğilimine güvenemeyeceğimizi savunur. Mouffe, yaklaşımının altında yatan farklı ontolojiden kaynaklanan farklı bir direniş ve siyasi değişim stratejisi ortaya koyar. Hardt ve Negri'nin post-hegemonik teorisi, "çoğunluk"un bir "mutlak demokrasi" elde edeceği hegemonya, iktidar ilişkileri ve toplumsal karşıtlıkların olmadığı bir dünya ihtimalini varsayarken, Mouffe tamamen uzlaştırılmış bir toplum ihtimalini sorgular ve karşıtlık ile gücün kökünün kazınamayacağının üzerinde durur.

5. Slavoj Žižek, "Negri'siz Deleuze"

Bu argümanda Slavoj Žižek (2008, 364-74), Negri'nin siyasi temsil ve çoklu hareketlerin özgür, doğrudan ifadesi arasında kurduğu keskin dikotomiyi sorgular. Žižek, güç ve çokluk arasındaki boşluk indirgenemez olduğu ve üstesinden gelinemeyeceği için toplumsal hareketlerin aracısız, tamamen kendi kendine yönetilmesinin imkânsız olduğunu iddia eder. Halk hareketleri, aslında, toplumsal istikrarı güvence altına alarak kolektif mobilizasyon için gerekli olan çerçeveyi sağlayan parti ve devlet mekanizmalarının işleyişini gerektirir. Çin'deki Kültür Devrimi gibi tarihi başarısızlıklardan alınacak ders, kolektif eylemin "anlamlı yaratıcılık"ının siyaset alanına tamamen hâkim olabileceğine dair ütopik umuttan vazgeçmemiz gerektiğidir. Bunun yerine, mevcut liberal-demokratik rejimlerin yerine, ne tür bir temsil kurulması gerektiğini sormalıyız. Yeterli temsil biçimleri, zaruri koşulları tedarik eder ve kolektif yaratıcılığın özgürce ifadesi için yer açar.

Žižek, Kautsky ve Troçki'nin devrimci literatürdeki, toplumun kendi kendine örgütlenmesi, milli kurullar ve "liderlikler" arasındaki etkileşimin, toplumsal çıkarların eklemlenmesini mümkün kıldığını öne süren "ikili iktidar" üzerine iddialarını hatırlatır. Makalesine demokratik bir "proletarya diktatörlüğü" lehine bir savunma ile son verir ki bununla beraber, iktidarda olanlar, günümüz Latin Amerika'sında Chávez ve Morales'in yönetimlerinin izinden giderek, güç alanını yoksul ve dışlanmışlar lehine çevirecektir.

6. Michael Hardt ve Antonio Negri, "Çokluğun *Kairos*'u" ve "Devlet'ten Toplu Göç"

Üçlemeleri *İmparatorluk* (2000), *Çokluk* (2004) ve *Ortak Zenginlik*'in (2009) son kitabında, Hardt ve Negri (2009, 165-78, 301-6), çeşitli "çokluk" eleştirilerine, çokluğun kapitalist İmparatorluk'un içinde kendiliğinden ortaya çıkan ve otomatik olarak toplu göçünü ve yeni özerk bir dünyanın yaratılmasını gerçekleştirecek içkin bir kuvvet olmadığını doğrulayarak karşılık vermişlerdir. Çokluğun "mutlak demokrasi"si, siyasi hadiseler meydana getirmek için, kolektif bir öznenin ve siyasi örgütlenmesinin oluşturulmasını gerektiren siyasi bir projedir. Çokluk, artık merkezileştirilmiş liderlik ve varolan birliğin, artık ne cazip ne de etkili olduğu biyopolitik üretim koşulları altında bir özgürleşme projesinin eklemlenmesi için yeterli bir kavram olarak ileri sürülür.

Hardt ve Negri'nin çokluk fikrine önemli itirazlar, bu kolektif gövdenin aralıksız ve etkili siyasi eylemde bulunma kapasitesi üzerinde toplanmıştır; ya da kapitalist hâkimiyetin çağdaş mekanizmalarına tamamen dahil edildiğini iddia ederek, çokluğun özgürleştirici karakterini sorgulamışlardır. Bunun gibi eleştirilere Hardt ve Negri, öncelikle, çokluğun hegemonik bir güç tarafından idare edilmeksizin karar verip harekete geçebilen yatay bir çokluk olarak etkin bir biçimde kendi kendini oluşturduğu şeklinde yanıt verirler. Bunun kanıtı, yatay özerk ağların, yeni fikirler, bağlantılar ve programlar meydana getiren biyopolitik üretimle fiili işbirliğinde bulunabilir. Çokluk tarafından kurulacak belli örgütlenme şekilleri, eşitlikçi, demokratik mizacını eninde sonunda gösterecektir. Yine de, ortak varoluşun (müşterek fikirlerin, bağlantıların, duygulanımların, vb.) biyopolitik ekonomimizde yatay kolektif etkileşim yoluyla üretimi, tam eşitlik, özgürlük ve çoğulluğun nasıl da çokluğun oluşumu ve üretici güçlerinin daha fazla gelişimine içsel olduğunu zaten gösterir.

Tartışmaya Yeni Müdahaleler: Kitabın Katkıları

Benjamin Arditi, makalesinde,[3] post-Marksist hegemonik siyaset açıklamalarına karşı çıkmak için, Laclau ve Mouffe'un ilk detaylandırmalarından yola çıkar. Arditi, onların hegemonyayı tekrar yorumlamalarının neticede, onu başka şeylerin yanı sıra bir siyaset biçimi olma konumundan, tam anlamıyla siyasetin özüne yükselttiğini savunur. Bu, Laclau'nun daha sonra tek başına yaptığı çalışmalarında daha bariz hale gelir. Arditi, bir hegemonya-dışı yokluğunun, en sonunda kendi olumsallığını hiçe sayarak onu siyasetin tek mümkün ufku haline getirdiğini dile getirir. Dahası, hegemonyanın siyasetle birleştirilmesi, hegemonik pratikler/eklemleme gerektirmeyen başka tür bir siyaset için kavramsal alanı kapatıyor gibi görünmektedir. Hegemonyanın dışında veya ötesinde alternatif siyasi eklemleme tarzlarını açıklama çabasında, Arditi, Lyotard'ın *bağlama* kavramından istifade eder ve "post-hegemonya" ya da şebekelenmiş siyaset olarak adlandırdığı kavramı açıklamak için, Aralık 2001'de Arjantin'de gerçekleşen ayaklanmalar veya Jacques Derrida tarafından formüle edilmiş "New International"ın teması gibi

---

3 Benjamin Arditi'nin bölümünün ilk versiyonu daha önceden yayımlanmıştır (Arditi 2007), fakat yazar makalesini bu kitap için güncellemiş ve tekrar gözden geçirmiştir.

örneklerden faydalanır. Son olarak ise, argümanını daha da pekiştirmek için Beasley-Murray, Hardt ile Negri, Virno, Holloway ve Hakim Bey[4] gibi teorisyenler tarafından ileri sürülen teorik-politik paradigmalar ve projelerle rekabet etmeye koyulur. Viral ve şebekelenmiş siyaset biçimleri, burada hegemonyanın ötesinde (ve içinde) bir siyasetin anlaşılmasında anahtar uğraklar haline gelir.

Day ve Montgomery, makalelerini, detaylandırılmış teorik soruları günlük hayatlarında radikal toplumsal ve siyasi değişim için harekete geçenlere daha ulaşılabilir kılmak amacıyla Yunan bir anarşiste mektup olarak inşa ederler. Başlıca argümanları, dünya genelinde öne çıkan yeni hareketlere ve aynı zamanda ileride gerçekleşeceklere katılmış kolektif aktörleri anlamaya ve teorileştirmeye "ne Halk'ın ne de Çokluk'un uygun olduğu"dur. Bunun yerine önerdikleri, hem Halk(lar)'ın hem de Çokluk(lar)'ın içselleştirilmiş, dişilleştirilmiş ve yerelleştirilmiş bir perspektiften teorik açıdan yeniden değerlendirilmesidir. Özellikle de, Çokluk'un muğlaklıklarını içselleştirici bir bakış açısından görüldüğü üzere derinlemesine araştırır. Hardt ve Negri'nin kimlikleri reddetmesine karşı, "bazı kimliklerin (Yerel milliyetçilik gibi), radikal dönüşüm ve İmparatorluk'tan Göç için vasıta vazifesi görebileceği"ni savunurlar. Onlara göre, Halk ve Çokluk -öyle ya da böyle- en nihayetinde yönelimlerinde aşırı hegemonik olmaları ve bu nedenle alternatif olasılıklar için alanı sınırlamaları sebebiyle "aşağı yukarı özdeştirler." Day ve Montgomery'e göre, ihtiyacımız olan şey her tür yıkıcı pratiği algılamaya açık bir tartışmacı eleştiri ortamıdır, bu kendi siyasi ya da (meta)teorik "hayal"imizi reddetmek anlamına gelse bile.

Jodi Dean'e gelecek olursak, kendisi "geriye kalanımız olarak halk" kavramının yenilenmiş bir komünizm düşüncesinin öznesi olarak sunulması gerektiğini açıklar.[5] Bu, hayatları ve işleri şu an finansal sermaye tarafından sömürülen ve kamulaştırılan halkın, bölünmüş ve bölücü kolektif bir aktör olarak egemenliğini gerçekleştirecektir. "Proletarya" ile kıyaslandığında, "geriye kalanımız olarak halk", günümüzdeki

4 Hakim Bey takma adıyla tanınan yazar Peter Lambert Wilson –en.

5 Jodi Dean'in bölümü, son kitabı *Komünist Ufuk*'taki (2012, 69-118) bir bölümün yenilenmiş versiyonudur.

kapitalizm karşıtı mücadelenin kolektif öznesinin daha yerinde bir göstergesidir. Çoğu Batı ülkesinde üretim sanayi ve imalattan hizmete doğru kaymış, örgütlü emek çökmüştür ve birçok varlıklı birey günümüzde üretim araçlarını ellerinde bulundurmamaktadır. Dean, aynı zamanda düşmanlık pahasına, herkesi içeren bir özne hazırladığı gerekçesiyle Hardt ve Negri'nin "çokluk"unun uygunluğunun aleyhine sürdürür tartışmasını. Bunun aksine, Rancière'in halkı "olmayan parçanın parçası" olarak görüşü, yerleşik toplumsal düzeni yarıda kesen dışlanmış veya ezilmiş bir kolektif aktörü işaret eder. Bundan dolayı, "geriye kalanımız olarak halk", hegemonik yapılara meydan okur ve müdahiliği farklı bir toplumsal düzenin oluşturulmasını zorunlu kılar.

Sınıf mücadelesi, varlıklı insanlar ve geri kalanımız arasındaki temel toplumsal karşıtlığın esas adı olmaya devam eder. Fakat bu karşıtlık, artık komünizmi insanlığın geleceği haline getirmiş olan teleolojik bir anlatıyla bütünleştirilmez. Halkın, her türlü tarafsız ve tam bilgiden ziyade dünyamızı yaratırken yaptıklarımızdan kaynaklanan egemenliği daima belirsiz ve eksiktir. Aynı zamanda, "çok" hep açıktır ve kendini tamamen hazır komünal bir öznede toplayamaz. Agamben, halk içerisindeki direnişi yıkmaya meyilli olmasına rağmen, halkın bu benzer olmama durumunu göstermiştir. Kolektif özyönetimlerinin peşinde olan karşıtçı bir halk için zor olan, "kendimizi olmak istediğimiz halka dönüştürebileceğimiz sağlam eşitlikçi birlik biçimlerinin gelişimindedir."

Saul Newman, makalesinde, çokluk/halk anlaşmazlığının (hegemonya/biyopolitika, üstünlük/içkinlik) etrafında eklemlenilmiş muhtelif bölünmeleri, bugün siyasetin yeni özerk biçimlerini gerektiği gibi kavramak için bu tür ikiciliklerin ötesinde düşünmemiz gerektiğini iddia ederek bozmaya koyulur. Diğer yazarların çoğu gibi, ampirik yönünü, temsili siyaset ve devlet kurumları dışında alternatif bir yol çizen yeni bir özerklik siyasetinin paradigmatiği olarak görülen, Mısır'daki Tahrir hadisesi ya da ABD'nin Occupy hareketi gibi dünya çapındaki başlıca çağdaş mobilizasyonlara göre belirler. Newman, bu hareketlerde ne bir Lider bekleyen Halk ne de biyopolitik çokluklar görüldüğünü, fakat tümüyle farklı ve yeni bir şeyle karşılaşıldığını öne sürer. Burada, bu yeni siyaset şeklinin gerektirdiklerini incelemek amacıyla paradoksal olarak "bir anti-siyaset siyaseti" olarak tanımladığı post-anarşist teori ve "toplu göç" ile "isyan" kavramlarından yararlanır. Occupy hareketi gibi yeni mobilizasyon biçimlerinin, bizlere "gelecekteki alanımız olacak özerk bir siyasi hayat" için bir bakış sağlayacağını belirterek sonlandırır.

Yannis Stavrakakis, Laclau ve Mouffe'un hegemonya teorisine karşı ileri sürülmüş biyopolitik argümana önce sınıf mücadelesinin "gerçek"inin perspektifinden, sonra *habitus* ve duygulanım açısından karşı çıkar. Bu tür eleştirinin soyağacının taslağını çizerken, post-Marksizm ve söylem teorisine 1980'lerde ve 1990'ların başında Norman Geras gibi Marksist yorumcular tarafından yöneltilen ilk eleştirilerden başlar; hegemonya teorisine, çeşitli şekillerde ortaya çıkmış bir "gerçek olanın intikamı"na dayanarak meydan okuma teşebbüsünde bulunan Richard Day, Scott Lash ve Jon Beasley-Murray gibi çağdaş eleştirmenlerle devam eder. Laclau ve Mouffe'a karşı yapılan çeşitli eleştirilerin bir taslağını çizdikten sonra, post-hegemonyayı savunanlarca ileri sürülmüş argümanların yapıbozumcu bir okumasına geçer. Son olarak ise, Laclau'nun teorisindeki en son gelişmelerin ve hegemonya ile Lacancı teorinin duygusal tarafını benimsemesinin altını çizerek, post-hegemonik söylemleri sökmeye çabalar.

Paul Rekret tartışmayı, derin ontolojik bir bölgeye taşır. Bir "genel geri çekilme" devrinde, işçi sınıfı mücadelelerinin zayıflamasının, kapitalist zamanımızın üstü kapalı ontolojik eğilimler ve geçmişin temellerini gösterdiğini varsayarak, hem Negri hem de Laclau'yu siyasi ontolojiye gömülmeye sevk ettiğini ileri sürer. Çalışmaları, bu temel teşkil eden süreçleri, günümüzdeki muhtemelen genişlemiş bir karşıtlığın kaynağı farz ederek, farklı biçimlerde ifade eder. Laclau, her hegemonik oluşumun siyasi anlamda kurulmuş, kısmi, güvenilmez, anlaşmazlık ve değişime açık olan bir söylem ontolojisinin planını tasarlar. Negri, çokluğu özgürlük ve yaratıcılık dürtüsü, kurulmuş her düzeni aşan, önemli kurucu bir güç, tüm toplumsal inşanın kaynağı olarak sunar. Laclau'nun iddiasının tersine, yatay çokluğun kurucu gücü ile hiç eklemleme gerektirmeyen sermayenin kurulmuş gücü arasında zaten doğrudan bir karşıtlık bulunmaktadır. Her iki düşünür de doğrulamanın ötesine geçen ontolojik aksiyomları geliştirir.

Keza, toplumsal mücadeleye alternatif yaklaşımları birbiriyle yarışan ontolojiler içine tamamen batmış vaziyette kaldığı ve aralarındaki tartışma bu derin seviyede yürütüldüğü sürece, birbirine zıt iki sonucun ortaya çıkması kaçınılmazdır. İlki, bu kitaba katkıda bulunan bazı yazarların da arasında bulunduğu kimi teorisyenler tarafından iddia edilen ve amaçlananın aksine, çatışan siyasi yönelimleri arasında uzlaşma veya barışma ihtimali yoktur. İkincisi, ontolojik açıklamalarının terimleriyle anlaşılamayan bütün sosyo-politik olaylar belirsizliğe mahkûmdur.

Alexandros Kioupkiolis makalesinde, "hegemonya"nın ölümünün çeşitli yeni ilanlarının, kimlik siyaseti, ideoloji, bütünlük, parti ve devlet yapısı, temsil ve hiyerarşik, dikey güç olarak yorumlanması için erken olduğunu iddia eder. Eşitlikçi demokratik mücadeleler, hegemonik siyasetin temel eksenlerini açıkça göz ardı etmektense büyük ölçüde yeniden yapılandırılmalıdır ve hegemonik siyasetin, hiyerarşilere, homojenliğe ve ideolojik kapanmaya direnen bir çokluk formunu alması için tanınmayacak hale gelecek şekilde tekrar şekillendirilmesi gerekir. Günümüzde radikal eşitlik ve özgürlüğü desteklerken hedef açıklık, çoğulluk, tekillik ve doğrudan toplumsal özyönetim için çabalayan, fakat temsili işlevlerini engellemeyen, herkes tarafından ulaşılabilen açık temsilin siyasi süreçlerini kurarak çeşitli hâkim güçlere karşı güç kullanan tartışmacı bir *çokluk hegemonyası* olmalıdır. "Karşı karşıya olduğumuz sorun, halkın enerjik ve doğrudan demokratik 'daralma'sını, mesuliyet ve genel olarak toplum tarafından kurumsal kontrolün siyasi süreçleriyle birbirine bağlamaktır. Bu tür prosedürler aracılığıyla, yabancılaşmış egemen temsilin parçalara ayrılması ve herkese açık kolektif özyönetim meclislerinin kurulması, iletişim çevreleri ve toplumsal çoğunluklara cevaplanabilirlik ile birleştirilebilir."

Giorgos Katsambekis, sırası gelince, siyasi aracılığın hegemonik ve post-hegemonik anlayışları arasındaki tartışmaya, iki düzeyde bir argüman tasarlayarak dahil olur. Önce, teorik bir düzeyde, bir yanda Laclau ile Mouffe diğer yanda ise Hardt ile Negri arasındaki çekişmeyi, "halk" ve "çokluk" arasındaki sınırlayıcı bir ikicilik olarak addettiği şeyin yapıbozumcu bir okumasını ortaya koyarak yakından incelemeye çalışır. Bu muhalefetin, özellikle de tam manasıyla düşünüldüğünde, iki taraflı angajman veya iki taraflı "bulaşım" ihtimalini ortadan kaldırdığı için, iki yaklaşım arasındaki olası çakışma noktalarını bulmamıza mani olduğunu savunur. Daha sonra, Yunanistan'daki *aganaktismenoi* hareketini inceleyen ampirik bir analiz yardımıyla teorik savlarını sınamaya başlar. Ona göre bu hareket, yanlış ikilemler ve karşıtlıklara bir alternatif bulmaya çalıştığı, "çoklu halk" olarak adlandırdığı kavramın bir örneğidir.

Andy Knott, makalesinde, çağdaş teorik tartışmalar ve siyasi hareketlerin ışığında, siyasi alan ve temsil konularını araştırır. UK Uncut ile Occupy tartışmasından faydalanarak, hem Laclau'nun hem de Hardt ve Negri'nin son zamanlardaki siyasi gelişmelerin niteliklerini kavradıklarını, fakat Laclau'nun siyasi alanın fiili genişlemesinin daha ikna edici bir izahını ve yeni, daha karmaşık temsil pratikleri sunduğunu belirtir. Laclau, kamusal alanların çoğullaştırılması ve toplumsalın kısmi temsillerinin üzerinde durur - bir bütün olarak toplumun birleştirilmiş, saydam bir temeli olmadığı için kısmi, partinin dışında birçok kamusal alan ve yeni siyasi temsil şekilleri olması nedeniyle çoğul. Siyasi anlamda etkili olabilmesi için, bu tür kısmi temsillerin, bir "eşdeğerlikler zinciri" ile bütünleşmesi gerekir. Bu, farklı bir talepler zincirinin, bütünlüklerini oluşturan ve temsil eden bir "boş gösteren" ("adalet", "demokrasi", vb.) vasıtasıyla "düzen"e karşı bir araya gelmiş bir halk siyasetini teşkil edebilmesi gibi, onları sıkıca birleştirir ve bir dereceye kadar bir bütün olarak temsil eder. Hardt ve Negri, buna karşılık, temsilin ötesinde bir siyasetin lehine konuşur ve çoğul anlamda temsiller kavramını reddederler. Temsil, "yurttaşları hükümete bağlayan ve aynı zamanda ondan ayıran" bir "ayrıştırıcı sentez" sayesinde, modern egemenin aşkın Olanı ile doğası gereği bağlanır.

UK Uncut, bununla birlikte, çağdaş hareketlerin bir yandan Laclau'nun deyimiyle kamusal alanı genişleten ve çoğullaştıran temsili bir işlevi muhafaza ederken, diğer yandan doğrudan katılım için yerler sağladığını gösterir. Siyasi tartışmaya etki edecek alternatif bir temsil ortamı sunmaya gayret eder, fakat aynı zamanda hükümeti ve devlet adamlarını etkilemeye çalışarak temsilin geleneksel mahalline müdahale eder. Ancak Occupy, resmi temsile karşı olan, Hardt ve Negri tarafından teorileştirilmiş "çokluk" biçimini alan, içinde lider olmayan, yatay, şebekelenmiş bir seferberliği resmeder. Haricen ise, kampları ve katılımcıları, merkezi sloganlarının düzgün bir şekilde belirttiği üzere, nüfusun yüzde 99'unun çıkarlarını temsil ettiklerini iddia etmişlerdir.

Prentoulis ve Thomassen, Yunanistan ve İspanya'daki "meydan hareketleri"ni bu mobilizasyonların alternatif ekonomik yapı ve siyasi örgütlenme biçimlerine erişmeye çalıştıkları gözleminden yola çıkarak, "özerklik" ve "doğrudan demokrasi"yi geçersiz parlamenter siyaset ve geleneksel sola bir karşıt olarak kullanarak ele alırlar. Bu, özerk, merkezsizleştirilmiş ilişkileri, hegemonik aktörler ve temsili hiyerarşilere karşı konumlandırarak Marksistler ve anarşistler arasındaki sosyopolitik ve ekonomik değişimi elde etmenin en uygun yolları üzerine eski bir tartışmayı tekrar ortaya çıkarmıştır. Prentoulis ve Thomassen, herhangi bir zor ikilemi bir kenara bırakarak, hem "özerklik" hem de "hegemonya"nın özgürleştirmeyi kavramak ve ilerletmek için elzem olduğunu iddia ederler. Onlar için, anahtar soru, Gramsci'den sonra hegemonyanın, anarşizmden sonra çokluğun nasıl bir biçim alacağıdır ve bu soruyu meydan hareketlerinin soruşturulması ile beraber, çağdaş post-Marksizmdeki özerk (Hardt ve Negri) ve hegemonik (Laclau) unsurları çözmeye çalışarak araştırırlar.

Hardt ve Negri, temsil ve hegemonyayı, çokluğu pasif bırakan tek taraflı ilişkiler olmakla itham ederler. Laclau için, temsil ve hegemonya, kolektif bir irade ve siyasi karşıtlığın oluşturulması için gerekli şartlardır, ancak hep başarısız olurlar, bu yüzden dikeylik ve yataylık arasında daima değişken bir uzlaşma vardır. Prentoulis ve Thomassen de *indignados* ve *aganaktismenoi* hareketlerinin iletişim ağlarını ve örgütlenme yapılarını inceleyerek, özerklik ve (halkçı olmayan) hegemonya, yataylık ve dikeyliğin karşılıklı bir etkileşimi bulunduğunu tartışırlar. Direniş alanları kurulmalı ve savunulmalıdır. Ağlardaki dışlanmalar, hiyerarşiler ve imtiyazlı merkezler bunun sonucunda ortaya çıkar. Fakat bunlara, protestocuların özerklik ve yataylık söylemleri tarafından mütemadiyen karşı çıkılır. Yatay ve dikey süreçler, Laclau'nun hegemonyasının ufkunun içerisinde meydana gelir, ama yatay demokratik mobilizasyonlar, demokratik siyasetin istikametini gerçekten de radikalleştirebilir.

Nihai Bir Sonuç Yok – Siyasete Geri Dönüş!

2012'deki "meydan hareketleri"nin bariz başarısızlığının ardından, kitaptaki son değişiklikleri yaparken (Haziran 2013), Türkiye'den

Yunanistan'a ve Brezilya'ya dünya genelinde özerk halk direnişlerinin yeniden ortaya çıkışına tanıklık ediyoruz. Bunların meydana gelmesi, siyaset teorisi ve uygulaması için en önemli hatırlatma görevini üstlenmelidir ve bu kesin sonuca varmayan notla sonlandırmak isteriz. Doğrudan toplumsal mobilizasyonlar tarihte sıklıkla, nesnelerin normal düzenini ve doğrusal çoğalmalarını altüst eden öngörülemeyen kopmalar olarak tekrar ortaya çıkar. Bu nedenle, toplumsal hareketler ve radikal siyasetin etkinliği, olasılıkları ve biçimlerine dair hiçbir meşru nihai kararın, siyasi zamansallık testine karşı dayanacağı kesin değildir. Bu önemli not, siyasi düşünceye bazı takdire şayan siyasi meziyetler aşılamamızı işaret eder: tevazu, tereddüt, farklılığa açık ve *kairos*'un zorluklarına cevap olarak savlarımızı yeniden gözden geçirme istekliliğimiz.

Kaynakça

Agamben, G. 1998. *Homo Sacer.* Stanford, CA: Stanford University Press. [*Kutsal İnsan*, çev. İsmail Türkmen, 2001. İstanbul: Ayrıntı Yayınları.]

Arditi, B. 2007. Post-hegemony: politics outside the usual post-Marxist paradigm. *Contemporary Politics*, 13(3), 205-26.

Badiou, A. 2012. *The Rebirth of History: Times of Riots and Uprisings.* Londra ve New York: Verso. [*Tarihin Uyanışı*, çev. Murat Erşen, 2012. İstanbul: Monokl.]

Baiocchi, G. 2004. The party and the multitude. *Journal of World-Systems Research*, X(1), 199-215.

Campagna, F. ve Campiglio, E. 2012. What we are struggling for, *What We Are Fighting For, Collective Manifesto* içinde, der. F. Campagna ve E. Campiglio. Londra: Pluto Press.

Day, R. 2005. *Gramsci is Dead. Anarchist Currents in the Newest Social Movements.* Londra: Pluto Press-Between the Lines.

Dean, J. 2012. *The Communist Horizon.* Londra ve New York: Verso. [*Komünist Ufuk*, çev. Nurettin Elhüseyni, 2014. İstanbul: YKY.]

Economides, S. ve Monastiriotis, V. (der.) 2009. *The Return of Street Politics? Essays on the December Riots in Greece.* Londra: The Hellenic Observatory, LSE.

Hardt, M. ve Negri, A. 2000. *Empire.* Cambridge, MA: Harvard University Press. [*İmparatorluk*, çev. Abdullah Yılmaz, 2012. İstanbul: Ayrıntı Yayınları.]

Hardt, M. ve Negri, A. 2004. *Multitude: War and Democracy in the Age of Empire.* New York: Penguin Press. [*Çokluk. İmparatorluk Çağında Savaş ve Demokrasi*, çev. Barış Yıldırım, 2004. İstanbul: Ayrıntı Yayınları.]

Hardt, M. ve Negri, A. 2009. *Commonwealth.* Cambridge, MA: Harvard University Press. [*Ortak Zenginlik*, çev. Efla-Barış Yıldırım, 2011. İstanbul: Ayrıntı Yayınları.]

Hardt, M. ve Negri, A. 2012. *Declaration*. New York: Argo Navis. [*Duyuru*, çev. Abdullah Yılmaz, 2013. İstanbul: Ayrıntı Yayınları.]

Holloway, J. 2005. *Change the World without Taking Power*. Londra: Pluto Press. [*İktidar Olmadan Dünyayı Değiştirmek*, çev. Pelin Siral, 2003. İstanbul: İletişim Yayınları.]

Kalyvas, A. 2010. An Anomaly? Some Reflections on the Greek December 2008. Constellations, 17(2), 351-65.

Mason, P. 2013. From Arab Spring to global revolution. *The Guardian* [Online, 5 Şubat]. http://www.theguardian.com/world/2013/feb/05/arab-spring-global-revolution [erişim tarihi: 20 Mayıs 2013].

Mouffe, C. 2008. Critique as Counter-Hegemonic Intervention. *Transversal* [Online, Nisan]. http://eipcp.net/transversal/0808/mouffe/en [erişim tarihi: 20 Kasım 2012].

Newman, S. 2011. *The Politics of Postanarchism*. Edinburgh: Edinburgh University Press.

Pechtelidis, Y. 2011. December uprising 2008: Universality and particularity in young people's discourse. *Journal of Youth Studies*, 14(4), 449-62.

Public Issue 2013. Political Barometer no. 117, Şubat. http://www.publicissue.gr/en/1722/varometro-feb-2013/ [erişim tarihi: 20 Nisan 2013].

Rancière, J. 2010. The people or the multitudes? *Dissensus. On Politics and Aesthetics* içinde. New York, Continuum, 84-90.

Robbins, B. 2010. Multitude, Are You There? *n+1*, 10, 185-96.

Robinson, A. ve Tormey, S. 2007. Beyond Representation? A rejoinder. *Parliamentary Affairs*, 60(1), 127-37.

Thomassen, L. 2007. Beyond Representation? *Parliamentary Affairs*, 60(1), 111-26.

Tormey, S. 2005. From Utopian Worlds to Utopian Spaces. *Ephemera*, 5(2), 394-408.

VIO.ME. 2013. Announcement of the union of VIO.ME. for the re-opening of the factory [Online, 26 Ocak]. http://biom-metal.blogspot.gr/2013/01/1.html [erişim tarihi: 4 Şubat 2013].

Žižek, S. 2008. *In Defense of Lost Causes*. Londra ve New York: Verso.

Žižek, S. 2012. *The Year of Dreaming Dangerously*. Londra ve New York: Verso. [*Tehlikeli Rüyalar Görme Yılı*, çev. Barış Özkul ve Mehmet Öznur, 2013. İstanbul: Encore.]

Çeviren: Esma Kartal

BİRİNCİ BÖLÜM

Post-Hegemonya: Olağan Post-Marksist Paradigmanın Dışında Siyaset[1]

Benjamin Arditi

Hegemonyanın Post-Marksist Taslağı

Hegemonya, her türlü temsilin yetersizliğini sergileyen, paradoksal bütünlük temsili dahilindeki siyasi faaliyet mekanizmaları için şifre görevi üstlenir. Gramsci hegemonyayı, ulusal-halkçı bir kolektif iradeye, mevzi savaşları yoluyla devletleşmesi için şekil veren pratik olarak tarif eder. Onun hegemonya teorisi ve beraberindeki "devletleşme" savı, Leninist *ayaklanmacı* devrimin, iktidarı efsanevi ele geçirme stratejisini terk ederek sosyalist siyasetin ufkunu genişletmiştir. Gramsci bununla beraber Lenin'in, bütünü, kademeli ya da başka türlü devrimci eylem vasıtasıyla yeniden kurma emelini sürdürür; yani, karşı-hegemonik projelere dair düşüncesi, tıpkı Lenin gibi, güçlü bir bütünlük kavramının izini taşır. 1970'lere gelindiğinde, Gramsci'yi destekleyenlerin ve onun geleneğinden ilham alanların çoğu, bilhassa günümüzde kapalı olan İtalyan Komünist Partisi'nin teorisyenleri veya Biagio De Giovanni, Massimo Cacciari ve Giacomo Marramao gibi bu partinin görüşüne yakın olanlar, bunu tatmin edici bulmayıp Gramsci'nin düşüncesinde sınıf indirgemeciliğinin kalıntıları olarak gördükleri şeyle beraber sorgulamaya başladılar. Onlar "neo" ve post-Gramsci'ciler haline ge-

1 *Contemporary Politics*'te, cilt 13, sayı 3 (2007): 205-6, yayımlanan bir denemenin kısmen revize edilmiş bir versiyonudur. Taylor&Francis'in izniyle yayımlanmıştır (www.tandfonline.com).

lirken, eleştirel Marksizmden Marksizm eleştirisine geçen diğerleri de kendilerini yalnızca post-Marksistler olarak adlandırmaya başladılar.

Ernesto Laclau ve Chantal Mouffe'un *Hegemonya ve Sosyalist Strateji* kitabı, İngilizce konuşulan akademik çevrelerde post-Marksizmin açılış salvosunu ateşler (Laclau ve Mouffe 1985; bir tartışma için bkz. Bowman 2007, 20-25). Bu kitap, hegemonya kavramının söylemsel-teorik canlanışı ile ilgilenen herkes için hâlâ bir başarı örneğidir: Avrupa Marksizminin siyasi ve entelektüel güzergâhını yeniden inşa eder, bu gelenek içerisinde hegemonya kavramının soyağacının izini sürer ve ilerici siyaset için bir düşünce imgesi olarak radikal demokrasiye belli bir bakış açısı önerir. Projeleri, "son kerte"nin metafiziğinden kaçınırken, birçok açıdan Althusserci eleştiriyi sürdürür: Laclau ve Mouffe'un (buradan itibaren L ve M) hedefi, Özcülüğün yanı sıra Ekonomizm ya da, sınıf indirgemeciliğinde görüldüğü gibi, aşkın özne kisvesi altında Hegelci anlamsal bütünlüktür. Amaçları, sosyalist projeyi, 19. yüzyıl ile 20. yüzyıl başlarındaki cisimleşmelerinden kurtarmaktır. Luxemburg'dan Troçki'ye ve Lenin'den Gramsci'ye, tarihsel materyalizmden beslenen siyasetin, olumsallık ve zorunluluk mantığı arasındaki oyunu nasıl daima zorunluluk mantığı lehine çözüme kavuşturduğunu saptarlar. Bu, doktrini ontoteolojinin sınırları içerisine hapsetmiş ve sosyalist siyasetin olası kazancına zarar vermiştir.

Özcülükten kopuş, Gramsci'nin ilerici siyasi düşünceye önemli katkısı olan hegemonik siyaset biçimini, tarih kurallarının kısıtlamalarından ve özgürleştirici siyasetin onların belirlediği öznesinden, yani işçi sınıfından azat etme arayışındadır. Buradaki amaçları, sosyalist siyaseti, demokratik ve çoğulcu bir ortamın karmaşıklıklarına karşı güncellemektir. L ve M, tarih kuralları yerine siyasi pratiğin altını çizerek, bize, olumsallığa dayalı bir post-Gramsci'ci hegemonyadan bahsederler. Genel bir çelişkiyi, ezilme, isyan ve değişim için bir açıklama ilkesi olarak kullanmak yerine, bir dizi ayrık mücadelenin, mücadelelerin tikelliğini askıya alan ya da daha doğrusu, her mücadeleye hem bütünleyici bir anlamı hem de kendi tikelliğini gösterten eşdeğerlik ilişkileri meydana getiren eşdeğerlik zincirleri halinde eklemlenmesinden söz ederler. Bu eklenti, şeklen farklı mücadelelerin ve taleplerin belirli bir iktidar topluluğuna meydan okumak amacıyla birleşip yeni bir öznelliğe dönüşmesine izin verdiği için kritiktir. Eşdeğerlik aynı zamanda, bir içeriyi bir dışarıdan ayırmak ve böylece adı geçen hasımlarla yüzleşen samimi kolektif bir "biz"e dönüşecek geniş bir güçler dizisini sınırlamak için sınır etkilerinin ya da karşıtlıkların üretimini –bir olumsuzluk anı– gerektirir. Bu bağlar ve karşıtlıklar, makro veya mikro, devlete yönelik olabilir veya sivil toplum alanına yayılabilir.

Hegemonyanın Ontik veya Ontolojik Statüsündeki Belirsizlik

L ve M'nin hegemonyayı, olumsallık mantığı etrafında yeniden düzenlemesi, önemli bir teorik katkı teşkil eder. Çalışmalarının, sol eğilimli akademisyenler üzerindeki entelektüel tesiri küçümsenemezken, hegemonya üzerine düşüncelerinin, kitaplarında oldukça ikna edici bir biçimde eleştirdikleri zorunluluğun etkisinden kurtulamadığı yönünde değişmeyen bir izlenim de vardır. Bu nasıl olur ve neden önemlidir? Değerlendirmemiz gereken budur. Bu sorulara, iki açıdan değinmek istiyorum.

İlki, ontoloji ve ontik arasındaki farkla ilgilidir. Zorunluluk, bu post-Gramsci'ci hegemonya tasvirinde, hegemonya ve siyaset arasındaki ilişkiye dair dile getirilmemiş bir varsayım vasıtasıyla ortaya çıkar: Hegemonik siyaset biçimi, hegemonik ve gereklidir. Eşdeğerlik ve sınır etkilerinin üretimi, demokratik siyaset için analojik modeli oluşturduğundan hegemonik, bir siyaset biçiminden ziyade paradigmatik siyaset biçimi olduğu için gereklidir.[2] Birincisi, tartışmaya açık, tarihsel ve tanımlayıcı bir önermeyken (daha sonra bu iddia hakkında bazı şüpheleri dile getireceğim) hegemonyanın gerekliliğine ilişkin örtük iddia, hegemonyayı kendi olumsallığının sınamasından koruması sebebiyle daha sorunludur. Bu, L ve M'nin, bu siyasetin statüsüne istinaden kararsızlıkları yüzündendir. Hegemonyayı, tipik bir modern fenomen ve demokratik devrimin bir ürünü, fakat aynı zamanda da siyasetin evrensel biçimi olarak düşünürler. Heidegger'in deyimiyle, hegemonya

2 Valentine (2001, 91), L ve M'ye göre "hegemonya hegemoniktir" diyerek benzer bir iddia ileri sürer, fakat bu iddiayı yazarların, öznenin Lacancı anlayışını evrenselleştirmesine ve modernitenin zamansal boyutunun mekânsal bir yapıya indirgenmesine atıf yaparak doğrular.

anlayışları, ontik ve ontolojik arasındaki farktan çok, ikisi arasındaki dalgalanmada konumlanmıştır.

İlk olarak, bizlere hegemonyanın ortaya çıkışının kademeli bir izahını sunarlar. L ve M, hegemonyanın, siyasetin "bütünüyle bir politik ilişki tipi, bir bakıma, politikanın bir biçimi" olduğunu söylerler (Laclau ve Mouffe 2008, 221), ki bu durumda onu tam olarak ontik seviyesine yerleştirirler: Hegemonya, diğer muhtemel biçimler arasındaki bir siyaset biçimidir. Bu biçimin tarihsel kapsamı nedir? Yazarlar bize cevabı şu şekilde veriyor:

> Politikanın hegemonik boyutu ancak toplumsalın açık, dikişsiz karakteri gelişirken yükselir. Ortaçağ dönemindeki bir kırsal cemaatte farklılığa dayalı eklemlenmelere açık durumdaki alan en az seviyededir ve dolayısıyla hiçbir hegemonik eklemlenme biçimi yoktur [...] Hegemonik politika biçiminin ancak modern zamanların başında, yani değişik toplumsal alanların yeniden üretiminin, sürekli değişen ve hep yeni farklılık sistemlerinin kurulmasını gerektiren koşullar içinde meydana geldiği bir zamanda egemen olmaya başlamasının nedeni budur. (2008, 219-220)

Onlara göre, hegemonyanın modern çağ öncesi durumlarda geçerli olamayacağı açık olsa da, totalitarizm ya da diktatörlük gibi dini, ırksal, etnik veya daha geleneksel anlamda siyasi kodların, hegemonik siyaseti eşit ölçüde önleyen birtakım güncel tecrübeleri bulunduğu için belirli bir zaman çizelgesi belirleyici kıstas değildir. Bazısı modern, diğerleri modern çağ öncesi kodların yeniden canlanmaları olan bu tecrübeler, otoritenin meşruluğunu sorgulama ya da komuta ve itaat arasındaki bağı düşünmenin yaygın şeklini değiştirme imkânını engellemeyi amaçlar. Yukarıda alıntılanan paragrafa dönecek olursak, L ve M için asıl önemli olan, hegemonyanın, "farkçı eklemleme için açık olan alanın asgari" olduğu bir senaryoda işe yaramadığıdır. Hegemonik siyaset biçiminin yasalaşması için gerekli olan farklı eklemlenmenin alt sınırını belirtmezler; bu nedenle, bu minimal alanın gerekli şartının ne kadar minimal olduğunu belirlememizin bir yolu yoktur. Tek söyledikleri, hegemonyanın ortaya çıkabilmesi için bir eklemlenme alanına ihtiyaç olduğudur.

Öte yandan, hegemonik eklemlenmelerin hâkimiyetinin modernite ile başladığını ve demokratik devrimden destek aldığını biliyoruz – çünkü bize öyle söyleniyor. Claude Lefort'un deyişiyle söyleyecek olursak, modernite L ve M'ye göre faydalıdır; çünkü düzeni siyasi olarak kurulmuş bir oyun olarak algılar; demokrasi ise düzenin kuruluşunu aralıksız bir süreç olarak ele alarak hegemonyanın kapsamını genişletir. L ve M, ayrıca daha fazlasının da olduğunu öne sürer: Kendi radikal demokrasi projeleri, hegemonyanın gelişmesi için gereken koşulları sağlamaya çabalar. Bu noktada, savlarında Tocqueville'den faydalanırlar, özellikle de *Amerika'da Demokrasi*'nin girişinde demokratik devrime yaptığı bir atıftan. L ve M, hegemonyanın "başlangıçta bizim 'demokratik devrim' dediğimiz şeyin alanında doğan" koşullar altında "sol tarafta siyasi analiz için temel bir araç oluşturabileceğini, ancak radikal bir demokrasi projesindeki tüm yapıbozumcu etkilerinde azamileştirildiklerini" iddia ederler (1985, 193). Bu, çıkarcıymış gibi görünebilir, ama yasalara aykırı değildir. Demokratik devrim, hegemonyanın olabilirliği için bir şart işlevi görür ve L ile M'nin radikal demokrasi siyasi projesi, hegemonyanın potansiyelinin tam anlamıyla gerçekleşmesi için şarttır. Radikal demokrasi, yalnızca yazarların zaten bir eğilim olarak gördüklerini vurgulayacaktır.

Ancak farklı eklemleme için sınırlı bir kapsamdan, farklı eklemlemeye açık daha geniş bir fenomen alanına ya da daha az hegemonyadan daha çok hegemonyaya bu ilerleyiş düşünülürse, bunun gibi kademeli bir açıklamanın örtük bir amacı işaret edip etmediğini sormak mantıklıdır. Buna değiniyorum, çünkü yazarlar bize bu tarihsel siyaset biçiminin hâkimiyetinin modernite boyunca devamlı yayılmış olduğunu zaten belirtirler. Eğer bu yayılma, radikal demokrasi tarafından hızlandırılırsa, hegemonya ve siyaset sonuşmaz bir şekilde birbirine yaklaşmaya başlayacaktır, en azından demokratik bir ortam içerisinde kaldığımız sürece. L ve M için, siyaset ve hegemonyanın ayırt edilemez hale geldiğini söylemiyorum –en azından şimdilik, fakat birazdan söyleyeceğim– ama biz radikal demokrasiye doğru ilerlerken, ikisi arasındaki boşluk kapanmaya başlar. Biriyle diğeri arasındaki mesafenin azalması, bir hegemonya dışı olasılığı engeller (buna dair daha fazlası aşağıda).

Hegemonyanın statüsüne dair ikinci açıklamaları, kademeli yaklaşımı hegemonyaya bağladıkları ontik seviyeden uzaklaşır. Bunun siyasetin gerçekliğinin münasip temsili olarak anlaşılan, hegemonyanın açıklayıcı gücüyle ilgisi vardır. Burada Lefort'tan bahsetmek yol gösterici olacaktır. Lefort demokrasiyi, kendi temellerinin olumsallığını kabul etmesi nedeniyle, gerçek tarihsel toplum olarak düşünür. Demokrasi, düzenin siyasi kuruluşuna ya da sürekli, bitmeyen bir süreç olarak nesnelliğe görünürlük temin ederek, topluluğun normları, mizacı ve biçimine dair çatışmaların herkesin önünde meydana geldiği kurumsal bir sahne inşa eder (Lefort 1988). L ve M, bu argümanı yeniden ele alır. Demokrasiden, tarihsel toplum biçimi olarak söz etmek yerine, tüm nesnellik ve güç düzenlemelerinin belirsiz ve olumsal statüsünün farkına varmamıza neden olduğu için hegemonyanın en iyi tarihsel *siyaset* biçimi olduğunu ileri sürerler. Doğruluğun uygunluk teorisinde olduğu gibi, hegemonya da bizlere güncel siyasetle veya en azından modern siyasetle ve özellikle de onun demokratik varyantıyla daha fazla uyum temin eder, ki bu durumda hegemonik biçime meydan okunamaz ya da yalnızca bu gerçeği tanımayarak meydan okunabilir.[3]

L ve M, kitaplarının son paragrafında, bu görüşü, siyasi alanın hegemonya denilen bir oyunun alanı olduğunu söyleyerek oldukça güçlü bir şekilde sunarlar (1985, 193). O halde, bir siyaset biçimi olan hegemonyanın siyasetin kendisine dönüştüğü sonucuna varılmalıdır: Hegemonya, siyasalın ya da en azından demokratik siyasetin evrensel biçimi halini alır.[4] Bu evrenselcilik, siyasetin belirli bir biçimiyle değil de, siyasalın temel özellikleriyle ilgilenen Carl Schmitt gibi biri için sorun değildir. Schmitt, bilindiği gibi, siyasalı, dost-düşman muhalefetler etrafında inşa edilmiş değişmeyen bir kod olarak tarif eder. L ve M ise,

---

3 Townshend de (2004, 285) yazarların çalışmalarında doğruluğun uygunluk teorisinin bir varyantını görür. L ve M, özdeşliklerin Marx'ın sınıf teorisine tekabül etmediğini iddia ederken, kendi teorilerinin muhtemelen edeceğini dolaylı olarak kabul ederler.

4 Valentine'a göre (2001, 90) eşdeğerlik, hegemonya ve siyaset arasında değil de, hegemonya ve modernite arasındadır. "Hegemonya, siyasi moderniteye tikel bir tepki olmaktansa, aslında ona tümel biçimi verilir ve dolayısıyla her iki terim arasındaki fark ortadan kalkar."

siyaset hatta aslında siyasal yerine, bir siyaset biçimini ele aldıklarını iddia etmelerine rağmen neticede ikisini birleştirirler. Hegemonik eklemlemeler zorunlu olmayabilir, ama hegemonik biçim en nihayetinde gerekli olur. Yazarlar bu nedenle, kavramı ve pratiği ontikten ontolojik düzeye taşımışlardır: Hegemonyanın siyasetin varlığıyla bir ilgisi vardır.

Laclau, kendi çalışmasında, hegemonyanın şeylerin varlığının bir bileşeni olduğunu doğrulayarak daha da ileri gider. Hegemonik mantık "tam da toplumsal inşanın mantığıdır" ve "hegemonya, son kertede, tüm toplumsal pratiklerin doğasında olan bir boyuttur" (Laclau 1990, 208, 212). Burada hegemonya, bir bağlantı çeşidi ya da siyaset biçimi olmayı keser ve bunların yerine tüm toplumsal varlığın ontolojik çekirdeği veya temel yüklemi haline gelir. Hızlı ve kışkırtıcı bir şekilde söyleyecek olursak –ki bu, savının çok sayıdaki inceliklerine değinmeyerek Laclau'ya biraz haksızlık etme pahasına söylemek anlamına gelir– hegemonik siyaset biçimi bir gerçektir ve yanlışlanamaz.

Laclau'nun daha yeni çalışmalarında, eşdeğerlik artık hegemonya ve siyaset arasında değil, popülizm ve siyaset arasındadır. Laclau'ya göre, bir hareketin popülist olup olmadığını değil, "*ne ölçüde* popülist olduğunu" sormalıyız. Bunun "eşdeğerliğin mantığının, söylemine ne derecede hâkim olduğu"nu sormakla aynı şey olduğunu ilave eder. Laclau, ayrıca hegemonyanın ontolojik statüsünü popülizme aktarır: "Popülizm'in ontik değil de, ontolojik bir kategori" olduğunu ileri sürdüğünde hayal gücüne fazla bir şey bırakmaz (Laclau 2005a, 45, 44). *Popülist Akıl Üzerine*'de "belli bir ölçüde halkçı olmayan siyasi müdahale olmadığını" söyleyerek bu iddiaları tekrarlar, ki bu durumda popülizm *her türlü* siyasetin tanımlayıcı bir özelliğidir ve daha sonra popülist aklın, tam da halkın kuruluşunun mantığı olduğunu ve bu nedenle "kısaca siyasal akıl anlamına geldiğini" ekler (Laclau 2005b, 154, 225). Burada gördüğümüz şey, hegemonya, popülizm ve siyaset eşdeğer ontolojik kategoriler haline gelirken ontolojinin alanının büyümesi ve karmaşıklığın eşzamanlı azalmasıdır.[5]

---

5 Bowman (2007, 196-7) da, Laclau'da ontik ve ontoloji arasında bir kayma bulunduğunu ileri sürer.

Hegemonyanın Dışı Yoktur: Bir Eklemleme Tarzı Eklemlemenin Kendisi Haline Gelir

Zorunluluk varsayımına ikinci bakış açısı, kavramın statüsüne ve L ve M'nin çalışmalarındaki eklemleme pratiğine değinir. Her hegemonik projenin başarısı, zaten var olan ya da yaratılacak –veya daha doğrusu, varlıkları tikel bir eşdeğerlik zincirine eklemlenmeleri yoluyla değiştirilecek– farklı talepler, özne konumları ve güçler arasında bir eşdeğerlik zincirini ne kadar etkin bir biçimde inşa edebildiğine bağlıdır. Bu, elbette, hegemonik siyaset biçimi bu gibi zincirlerin üretiminin etrafında döndüğü için totolojik bir beyandır. Eğer siyaset, karşıtlık etrafında, eşdeğerlikler ve sınır üretiminden oluşuyorsa, o halde ikisinden birinin yokluğu siyasetin yokluğuna yol açar. L ve M, hegemonik olmayan siyaset için gereken kavramsal alanı engeller. Hegemonik siyaset biçiminin ötesi ve dolayısıyla da dışı yoktur. Bir ötenin olmayışı, hegemonyayı tanımlamak için onu bir dıştan mahrum ederek teori açısından sorun yaratır; ya da alternatif olarak, L ve M'nin açıklamalarına göre, hegemonya, rekabet içindeki hegemonik projeler tarafından sağlananın haricinde hiçbir dışı tanımaz. Bu, argümanın döngüselliğini yineler: Bu biçimin sınırlarını belirleyecek "gerçek" bir dışın yokluğunda, her siyaset, hegemonik biçimin varyantları halini alır.

Hegemonya teorisinin yanlıları, buna, siyasetin eklemlenme ya da tercihe göre, Lyotard'ın deyimiyle, bağlama ile ilgili olduğunu belirterek karşılık verebilirler. Lyotard, *The Differend*'de, ibarelerin rejimlerinin ve söylem türlerinin ölçülemezliğini, yargılamada baz alınan söylem türünün kurallarının, yargılanmış türün kurallarına, bir yanlışa yol açma ya da bir mağdur yaratma riski olmadan uygulanamayacağını söyleyerek kabul eder (Lyotard 1988, xi, 5, 8-11). Bu, böyle bir riske meydan vermemek için söylemsel özlerin ya da ibarelerin özgönderimli rejimlerinin yüceltilmesini gerektirmez: Lyotard için, heterojen rejimlerin ibareleri arasındaki bağlantı, siyasetin kaçınılmaz sorunudur. Hatta kendisinin "bağlamak gereklidir, nasıl bağlanılacağı olumsaldır" savını, siyasetin minimal bir tanımının temeli olarak alabiliriz: Siyaset, ölçülemezler arasındaki bağların olumsallığı ile ilgilenen bir pratik olarak tarif edilebilir (Lyotard 1988, xiii, 29). Lyotard'ın söyleminde bağımsız bir değişken görevi üstlenen bağlama zorunluluğu söz konusu değildir, çünkü bir aksiyom statüsüne sahiptir. Nasıl bağlanılacağıyla alakalı kısım bizim için daha ilgi çekicidir. Bunun nedeni, hegemonik siyaset biçimi tartışmasında mevzu bahis olanın, çoğunluklaibarenin yorumlanma şekli etrafında dönmesidir.

Lyotard'ın ibaresini değerlendirmenin bir yolu, bağın olumsallığına odaklanmak ve dolayısıyla onu, zorunluluk hakkındaki iddiaların kesin olarak çürütülmesi için kullanmaktır. İkincisi, şeylerin bir anlamı olduğunu önceden varsaydığı ve bu anlamın yorumlanmasından ziyade keşfedilmesini gerektirdiği için şüphe uyandıran bir kavramdır. Örneğin, İkinci Enternasyonal'in mekanik belirlenimciliği, tarihin kurallarını ortaya çıkardığını iddia eden bir teoriye dayanır: Toplumu ve onun dönüşümlerini üstün bir şekilde idrak etmeleri, tarihsel materyalistlerin tarihin bizi nereye götürdüğünü bilmelerine olanak verir.

Bu, tam da L ve M'nin yaptığı şeydir. Hegemonya teorilerinin gücü, zorunlu bağların ve her eklemlemenin olumsallığının doğrulanmasının eleştirisinden gelir Olumsallık, tahminden geçinirken ondan kaçınan olayın tekilliğinden bahsetmenin bir diğer yoludur: Şeyler rastlantısal değildir, ancak diğer kararlar belli bir durumda alınmış olsaydı, farklı bir şekilde sonuçlanabilirdi. Olumsallık, yapısal belirlenenlerden oluşan, kaçınılmaz görünen demir bir kafese rağmen siyasi yaratıcılığın bir savunmasıdır. L ve M, Marksist geleneği yeniden inşa ederler ve hegemonya savlarını bu olasılığın siyasi avantajları etrafında kurarlar. Önceden bahsedildiği gibi, zorunluluk mantığı ile olumsallık mantığı arasında, tarihsel materyalizm tarafından kabul edilen kapitalizm deviniminin belirlenimci kurallarına bağlılık ile belli bir sonuç öngöremeyen ya da garanti edemeyen bir eklemleme pratiği olarak siyasi muhakemenin savunması arasında bir gerilim tanımlarlar. Zorunluluk daima, özellikle de İkinci Enternasyonal'den bu yana, bu gelenekte galip gelir ve Batı'da Marksizmin işini zorlaştırır. L ve M, sosyalist siyasetin çöküşünün etkisini yok etmek isterler, bu nedenle özcülük ile ilgilerini kesmek için bir araç olan post-Marksizm yaftasını kabul etmekten memnundurlar. Bunu yapmak için olumsallığı benimseyen ve her bütünlüğün eksikliğini kabul eden bir siyaset biçimi olan hegemonyaya, eklemlediği şeyin kimliğini dönüştüren bir eklemleme pratiği olarak başvururlar. Hegemonyayı, nesnelliğin bir kuruluş tarzı olarak görmelerinin sebebi budur: Nesnellik yahut şeylerin varlığı, hegemonik bir eklemlenmenin etkisidir ve her kuruluş doğası gereği belirsiz ve noksandır. Bu, zorunluluğu önler, kendini olay ihtimaline açar ve siyasi tarihin kapanmasına engel olur.

Lyotard'ın söylediklerinin ikinci bir yorumu, odak noktasını, bağın olumsallığından nasılın, yani "nasıl bağlanılır"ın olumsallığına taşır. Aksiyom da –bağ zorunludur– her bağın olumsallığına dair iddia da değişmemiş ve karşı çıkılmamış halde kalır. Yine de, bağlama şeklimizin –nasıl bağladığımız ya da eklemlediğimiz– de olumsal olduğunu ifade ederken Lyotard, bağlamanın veya nesnelliği kurmanın birden fazla şekli olduğunu gösterir. L ve M, "nasıl"ın olumsallığı konusunda muğlaktırlar ve aslında bu olumsallığı, François Roustang'in Freud'da saptadığını hatırlatan epistemolojik bir adım ile zayıflatırlar. Freud, başlangıçta bilinçdışını, bilincin gözünden kaçan dalgınlık, başarısız eylemler, yineleme dürtüsü gibi ruhsal fenomenleri açıklamak amacıyla temel bir hipotez olarak tarif etmiştir. Ancak Roustang, Freud'un daha sonra, hipotez fenomenlerin varoluşunu kanıtlamış gibi, bunu bir bilgi nesnesine dönüştürdüğünü söyler (Roustang 1984, 929). Bunu epistemolojik bir hata, "teorik araç zaten her zaman türediği gerçeklere denk olduğu için bir totoloji" olarak adlandırır (Roustang 1984: 930). Başka bir deyişle, Freud çıkarcı bir argümanda bulunmaktadır. L ve M'nin hegemonya anlayışında da buna benzer bir durum söz konusudur. Hegemonyanın bir eklemleme tarzı olduğunu belirtirler –diğer şeylerin yanı sıra– fakat aynı zamanda, onu, başlı başına eklemleme pratiği olarak ele alırlar. Bu nedenle, nasıl bağlanıldığı onlar için asla ciddi bir mesele değildir: L ve M, cevabı, hegemonyanın bir eklemleme pratiği ve "tüm toplumsal pratiklerin doğasında olan bir boyut" olduğunu belirten döngüsel argüman yoluyla zaten önceden bilirler, ki bu durumda hegemonik eklemleme biçimi haricinde hiçbir pratik olamaz. Siyasetinki gibi varlık kategorisi de, hegemonyanın dışında düşünülemez. Bu sebeple, teorileri, hegemonya ve siyaset arasında anlamsal bir örtüşmeden daha fazlasını ileri sürer: L ve M'ye göre, ikisi arasındaki ilişki, terimlerin eşbiçimliliğini gözler önüne serer ve Laclau'nun daha yeni çalışmalarına bakılacak olursa, popülizm, hegemonya ve siyasete üçlü bir eşbiçimlilik şeklinde katılır. Bunun sonucu olarak, terimlerin ontik statüsü atılır ve siyasetin ontolojik temeli olarak hegemonyayla (hatta popülizme) kalırız.

Bir analoji kullanmak gerekirse, meta biçimin fetişizmine yol açan genel eşdeğerlik düşüncesi, hegemonyaya aktarılır.[6] Ancak bunu daha radikal bir şekilde yapar. Emek gücü, metaların olumlu özelliklerine değil de, değişim değerine dayanan meta değişimini mümkün kılan *lingua franca* işlevi görür. L ve M'nin açıklamasına göre hegemonya, siyaseti farklı mücadeleler, topluluklar ve talepler arasında eşdeğerlik bağları inşa eden bir eklemleme pratiği olarak sunarak, evrensel bir tercüman ya da siyasetin Esperantosu görevini üstlenir. Yine de, değişimi ortalamanın altında yapıldığı için emek-değer teorisinde, eşdeğerlik yasasını bozan tek meta olan emek gücünün aksine hegemonyanın, böyle bir belirti göstermese de evrensel olduğu ortaya çıkar, çünkü *her* siyaseti hegemonik siyaset olarak yorumlar. Adeta kusursuz bir biçim halini alır. Hegemonyanın, en nihayetinde bir dışı olmamasının sebebi budur.

Post-hegemonya I: Soruyu Oluşturma

Fakat vardır ve hegemonik siyaset biçiminin dışından nasıl bahsedilebildiğini tartışmamız gerekir. Çoğu insan, hegemonik olmayan siyaseti devlet düzeyinde, bilhassa demokratik kurumların ve orada gerçekleşenlerin çoğunu kontrol eden seçim politikalarının ortamında hayal etmekte zorlanır. Aynı durum, rejim değişikliği uğraşı içindeki klasik anlamda devrimci siyaset için de –belki de daha çok– geçerlidir. Bu örneklerde, hegemonya hükmediyormuş ve bir dışın herhangi bir tartışması yokmuş gibi görünür. Dikkatli bakıldığında, varsayılan hâkimiyeti pek net değildir, özellikle de kimilerinin hâkimiyet uğrağı –mevcut kurumsal ayarlar ve yaygın sağduyu– olarak isimlendirdiği şeyin yerine, belirlenene itiraz etme faaliyetine odaklanılırsa.

6 Hegemonya ve meta biçimi arasındaki bu bağ, Santiago Carassale tarafından ileri sürülmüştür.

Hegemonyanın Olağan "Dış"ı

Devrimci çabalarda olduğu kadar gündelik siyasette de kolektif bir iradenin oluşumu, ille de ve belki de öncelikle, biçimsel anlamda farklı gruplar arasındaki eşdeğerliği onaylayan mecazi fazlalıkla alakalı değildir. Bu, devlet düzeyinde siyaset her zaman, hegemonya teorisi tarafından tahayyül edilmiş yüksek bir kimlik türü yaratmakla ilgili olmadığı içindir. Seçimlerde olduğu gibi, birbirinden tamamen farklı özel çıkar gruplarının bir araya gelmesi, halkın, yönetici gruplara ve mevcut politikalara karşı olan hayal kırıklığının dışavurumu ya da yalnızca bir heves gibi, çoğunlukla daha olağan bir şeyden oluşur.

Bu teorinin destekçileri, hegemonyanın bir kimlik ve irade oluşumu projesi olup sert göndergesel bir gerçeklik olmadığını, bu yüzden tam bir yüksek kimlik bulunduğunu da hegemonyanın olmadığını da iddia etmenin adil olmadığını söyleyerek karşılık verebilirler. Bu doğrudur, fakat o zaman, onun koalisyon oluşturma şeklinin, gruplar ve mücadeleler arasındaki eşdeğerlik ilişkileri için fazla bir anlamlandırma gerektirmeyen ya da talep etmeyen diğer eklemleme yollarıyla birlikte işlediğini kabullenmek zorunda kalacaklardır. Sadece siyasi partiler arasındaki geçici ve kısa ömürlü seçim ittifaklarının ve bu ittifakların muhtelif kombinasyonlarının, hareketler ve çıkar gruplarıyla beraber düşünülmesi gerekir: Parçalarının kimliğini aşan yeni bir kimlik oluşturmakla nadiren uğraşırlar. Tıpkı, eski bir bilimkurgu filminde karakterlerden birinin yıldızlara bakıp ünlü "Yalnız değiliz" repliğini söylemesi gibi, hegemonya da, siyaset yapmanın diğer yolları arasında yalnızca bir siyaset yapma şekli olduğu, kalabalık bir alanda işler.

Dahası, ister başarılı olsun ister boşa çıksın, kelimenin güçlü anlamıyla hegemonya, siyaset varoluşumuza hükmediyormuş gibi göründüğünde, eşikteki noktalarda doğrulanmış kısa süreli bir deneyimdir. Bu düzensiz kargaşa günlerinde, riskler yüksek olduğunda ve insanlar taraf tutmakta zorlandığında, belli mücadelelerin mecazi fazlalığı ve bu fazlalığın bize nasıl yüksek bir kimliği tecrübe etme olanağı sağladığı gerçekten göz önüne getirilebilir. L ve M bunu fark etmiş gibidir. En nihayetinde Rosa Luxemburg'u eleştirirler, fakat devrimci kitle grevini, dağınık mücadelelerin kaynaşmasını tetiklemek ve devrimci siyasi özneyi yaratmak için tasarlanmış bir aygıt olarak onun görüşü hakkında sempatikçe yazmaları tesadüf değildir.[7] Fransa'da Mayıs 1968 başlığı altında listelediğimiz olaylar veya Arjantinlilerin 2001'deki mobilizasyonları (daha fazlası aşağıda), siyasetin, halkın hayal gücünü ve arzularını yansıttığı eşikteki noktaların diğer örnekleridir. Her iki olayda da, heterojen bir gruplar ve istekler kitlesi, kısa bir süreliğine, dahil ve yeni bir siyasi öznellik yaratabilmiş –ya da yaratamamış– olanlar için evrensel bir talep işlevi görmüş belirli bir talep –ya burjuva normlarının reddi ya da siyasetçilerin yolsuzluğu ve beceriksizliğine karşı nefret– etrafında bütünleşti. Kolektif bir *carpe diem*'e, bir karşı-hegemonya meydana getirmenin günlük zahmetlerinin tezahüründen daha çok yakınlaşan bu olağandışı noktalar dışında, insanlar daha iyi maaşlar için grev yaparak, terfi için çabalayarak, derslere katılarak, kamu hizmetlerinin kalitesinden şikâyet ederek ya da siyaset üzerine konuşarak ve dünyayı değiştirme yolları düşünerek hayatlarına devam ederler. Bu, ortak bir kimlik için gereken mecazi fazlalığın mimarı olmadan ya da en azından bariz bir şekilde mevcut olmadan vuku bulur. Ayrıca militan duyarsızlıktan, siyaseti umursamanın külfetlerinin çoğunu aklayan eski ve denenmiş temsili hükümete kadar, diğer, hegemonik olmayan siyasi icraatlar aktifken de gerçekleşir.

Tüm bunlar, hegemonyanın siyasetle birleşmesini sorgular ve dolaylı olarak, bu teoriden yana olan post-Marksistlere, siyaseti düşünmenin ve yapmanın hegemonik olmayan, ekstra veya post-hegemonik olan yolları da olduğunu hatırlatır. Eklemleme, siyasetin bir vazifesi olmaya devam eder –bunun aslında siyasetin *tek* görevi olduğunu gördük– ama bunu nasıl yapabilir? Eşdeğerlik zincirlerinin hegemonik formatının yanı sıra bu tür zincirlere bağlı olmayan diğer birçok formatı benimseyebilir. Şimdi yapmamız gereken, hegemonya teorisi tarafından önerilenin dışındaki siyasi eklemleme tarzlarını tartışmaktır.

---

7 Laclau'nun kendi çalışmalarında kullandığı hemen hemen tüm hegemonya örneklerinin, aşırı durumlara –bin yılcı hareketlerden, Faşizmin, kendini düzenin soyut bir düşüncesinin vücut bulmuş hali olarak sunmak için ilk olarak kullandığı İtalya'nın 1920'lerdeki kritik haline– odaklanması oldukça açıklayıcıdır.

Bir Post-hegemonya Dışı

Post-hegemonyanın temasını sunmamıza iki örnek yardımcı olabilir. İlki "tarihsel"dir. Arjantin Devlet Başkanı Fernando de la Rúa'nın hükümetini deviren, Aralık 2001'deki siyasi buhran ve mobilizasyonlara odaklanır. Ülkenin ekonomik ve finansal anlamda serbest düşüşüne, hükümetin tutarsız tavrı ve merkezi otoriteler ile Kongre'nin, alt sınıfın akıbetine karşı bariz ilgisizlikleri eklenince, bu durum, sokaklara dökülen beklenmedik bir protestocu çeşitliliğine yol açtı. Eğer bazı çekincelerle kullanılmazsa ve bir araya gelmelerinin rastlantısal mizacı kabul edilmezse, "koalisyon", bu insan koleksiyonunu tarif etmek için fazla güçlü bir sözcük olur. Buenos Aires'in kent çevrelerindeki ve kırsal bölgelerdeki işsiz ve son derece yoksul, on yıldan fazla süren sıkı neoliberal ekonomik politikalardan sonra çıkış yolu olmayan olasılıklarına karşı öfkeli insanlardan tutun da; hükümetin, hesaplarına erişimi engelleyerek ve resmi para birimleri ile ABD doları arasındaki eşitliği askıya alarak birikimlerine neredeyse el koymasını kabullenmeye çalışan, aynı derecede kızgın orta sınıfa kadar çeşitlilik göstermişlerdir. Protestocular arasında, *Asambleas de Barrios* ya da büyük şehirlerde kendiliğinden ortaya çıkmış özerk semt kurulları ve yol kesme taktikleri nedeniyle *piquetero*'lar diye anılan işsiz gruplar, emek hareketinin geleneksel *Peronista*'ları ve ideolojik sınırdan radikal solcu partiler gibi kolektifler vardı. Halk ve örgütlerin bu heterojen karışımının, demokratik yönetime geri dönüşü takip eden yaklaşık on beş yıl boyunca ülkeyi idare edememiş olan ve zaten kontrolden çıkmış bir durumu hâlâ çarpıtmaya çalışan, tek işi siyasetçilik olan kimselerden oluşan bir "siyasi sınıf"a karşı ortak muhalefetleri vardı. O günlerin ikonik sloganı –*Que se vayan todos, que no quede ni uno solo*, "Hepsi gitmeli, tek bir tane bile kalamaz"– siyasetçilere karşı olan bu öfkeyi yansıtır.

Bu mobilizasyonlar siyasaldı, katılımcılar, en azından kelimenin Schmittçi anlamıyla, dostlarını düşmanlarından ayırmada muktedir olduklarını kanıtladılar ve belirtilmiş düşmanlarıyla bir tür çekişmede yüzleşmeye hazırdılar. Yine de bu, siyasetlerinin hegemonik formata uyduğunu iddia etmek için yeterli midir? "Siyasi sınıf"a karşı yöneltilmiş bireyler, gruplar ve talepler topluluğu, Washington Konsensüsü ve IMF politikalarının ruhunun güçlü bir şekilde aşılandığı Arjantin'de

1990'ların hegemonyasının parçalanmasının bir belirtisi miydi? Yoksa en sonunda bu proje başarısızlıkla sonuçlanmış olsa da, yapım aşamasında olan yeni bir karşı-hegemonik projenin bir işareti miydi? Hegemonya teorisinden yana olanlar, bir araya gelen birtakım heterojen talepler –iş, yozlaşmış siyasetçilerin ve iş adamlarının cezalandırılması ya da insanların birikimlerine erişimi ve bu birikimler ile ABD doları arasındaki mevcut parasal eşitlik politikasının tanınması– olduğuna dikkat çekerek muhtemelen olumlu bir cevap vereceklerdir. Bunları dile getiren grupların eylemlerinin, kendi tikelliklerinin ve anlam fazlalığının veyahut mecazi aşırılığın göstergesi olduğunu söyleyebilirler, ki bunun vasıtasıyla her talep, tek uzmanlığı siyasetçilik olanlara duyulan güvensizlik ve siyasetin, toplumsal talepleri ele almadaki başarısızlığına dair yaygın algı gibi hepsinde ortak olan bir şey ifade etmiştir. Bu ikinci anlamın, birincinin farkçı karakterini altüst ettiğini de ekleyecekler, bu durumda da, bu talepler birbirlerine eklemlenecek ve birleşip bir eşdeğerlik zincirine dönüşeceklerdir.

Bu açıklamadaki sorun, hegemonik siyaset biçimini belirleme isteğinin, bunun doğrulanmasıyla karıştırılmasıdır. Kanıt, büyük ölçüde 2001 protestoları süresince taleplerin geçici olarak eklemlenmesi hakkındaki güvenilir olmayan delillere dayanır. Yukarıda değindiğim husus, yani hegemonyanın eşikteki momentlerde doğrulanmaya meyilli olduğu hesaba katılsa ve Arjantin örneğinde gerçekleşmiş olsa bile, kısa süreli ve rastlantısal bir hadiseydi. Çeşitli grupların sokaklarda, mahallelerde ve işgal altındaki fabrikalarda toplanması, aleni bir eklemleme pratiğinin sonucu değildi, herhangi bir eklemleme faili ve aracılığıyla ikisi arasında bir eşdeğerlik ilişkisi oluşturma çabasından bahsedilecek bir proje bile yoktu. Eğer bu tür bir eşdeğerlik olmuş olsa bile, daha çok tesadüfiydi ve protestoların dinamiklerini, Virno'nun bir Bir'e yöndeşmeksizin kamusal alanda üsteleyen bir çoğulluk olarak kısa ve öz biçimde tanımladığı bir çokluğun yapımının bir göstergesi olarak aynı şekilde tarif edebilirdik (Virno 2004, 21). Bu, çokluk, Bir'i olumsuzladığı için değil, "*çok* olarak görülen *çok*un siyasal-toplumsal varoluşunu mümkün kılan" bir birlik biçimi aradığı içindir (Virno 2004, 25). Tabii ki, bu çoğun birliğinin, bir miktar eklemlemenin meydana gelmesini gerektirdiği barizdir, ama bu eklemleme, çokluğu oluşturan tekilliklere zarar vereceği ya da en azından etkilerini azaltacağı için eşdeğerlik ilişkileri bakımından düşünülmez. Birazdan bu tip birlikle ilgili bir şey göreceğiz. Şimdilik, yalnızca, *Asambleas de Barrio*'nun, *piquetero* gruplarının, fabrikaların kontrolünü ele alanların, işsizlerin ve orta sınıfların 2001'de bir araya gelme şeklinin eylem halindeki çokluğu, çok oldukları için çokun siyasi ve sosyal varoluşunu gösterebildiğini belirtelim.

Post-hegemonyanın ikinci bir örneği, daha "teorik"tir ve kritik bir nokta içermez. Derrida'nın, *Marx'ın Hayaletleri*'nde, 21. yüzyıldaki devletler üstü siyaseti ve dayanışmayı anlamanın bir yolu olarak geliştirdiği düşünce imgesi Yeni Enternasyonal'e gönderme yapar. Yeni Enternasyonal'i, "statüsüz, unvansız ve adsız, gizli olmasa da hemen hemen hiç umumi olmayan, sözleşmesiz, 'yerinden çıkmış', koordinasyonsuz, partisiz, ülkesiz, milli birliksiz (herhangi bir milli belirlenimden önce, onun karşısında ve ötesinde Enternasyonal), yurttaşlıksız, bir sınıfa ortak aidiyetsiz, zamansız bir bağ" olarak betimler (Derrida 1994, 85-6). Derrida'ya göre, "henüz olmayan" bir Enternasyonal ya da topluluk, bütün acı çekenleri ve bu acil sorunların etkisine karşı duyarsız olmayanları, lakin bir patrondan veya merkezi koordinasyondan yoksun olanları içine alan, yapım aşamasında siyasi bir projedir (Derrida 2000). Bu hayali cemaatin –Benedict Anderson'ın yerinde ifadesini kullanacak olursak– bir parçası olanlar arasındaki merkezi koordinasyon eksikliği, başlıca küresel dönüşümlerin hayata geçirilmesi için gerekli kapsamlı mutabakatın oluşmasına engel teşkil edebilir. Bu, gayri resmiliği belirli temaların çevresinde geçici şebekelerin yaratılmasının önüne geçmediği için, viral siyaset tartışmasında göreceğimiz gibi, sadece belli bir ölçüde doğrudur. Yeni enternasyonalistler, eşitlik ve adalet, ileri kapitalizmin çevresinden gelen göçmenlerle ilişkili olarak sınırların yasası, çocuk işçiler, AIDS, cinsel sakatlama vb. temalarını ortaya koyuyorlar. Arjantinlilerin "Hepsi gitmeli, tek bir tane bile kalamaz" demeleri ve belirlenmiş bir düşmanla yüzleşen bir çeşitlilik yaratmak için tekillikler halinde bir araya gelmeleri örneğinde olduğu gibi, bu Enternasyonal'in siyasetinin, hegemonik siyaset biçiminin eşdeğerlik zincirleri etrafında şekillendirilmiş olduğunun nasıl söylenebildiğini hayal etmek zordur. Bu enternasyonalin eklemlenme tarzı, ya çokluğunkine ya da başka bir dünyanın mümkün olduğu inancını paylaşan küresel aktivistlerin hareketlerinin hareketi gibi şebekelerin şebekesininkine yakınlaşır. Yine de bu, en nihayetinde onların, seçimlere veya hegemonik ya da karşı-hegemonik projelere ve girişimlere dayalı başka bir siyaseti seçmeleri için de bir engel değildir.

Bu örnekler, post-hegemonyanın neyle alakalı olduğuna dair ipuçları verir bize. Onun gelişimini bildiren entelektüel kaynaklardan ikisi, Deleuze ve Guattari'nin kök-sap (rizom) ve göçebeler üzerine çalışmaları ve Deleuze'ün post-disipliner ya da post-Fordist toplumlar hakkındaki kısa ama merak uyandıran yazısıdır (Deleuze ve Guattari 1988. Deleuze 1992). Her ikisi de kapitalizme karşı koymaya ve genel olarak siyaset hakkındaki geniş bir düşünce unsuruna yol açar.

Daha çok post-Fordizm ile ve hem egemenliğin hem de devlet temelli siyasetin kısıtlamalarıyla ilgilenen unsur; egemenlik ve ona eşlik eden "halk" göndermesi arasındaki bağları sorgulayarak, ağacımsı siyaset modelleriyle aralarına mesafe koyma arayışında olan imparatorluk, çokluk ve toplu göç gibi kavramları tanıtır. Virno'nun ve İtalyan *autonomista* hareketinden gelen veya esinlenen diğerlerinin eserlerinin yanı sıra, Hardt ve Negri'nin *İmparatorluk*'u da burada semboliktir. Keza, Geçici Otonom Bölge (GOB) nosyonunu geliştirirken genel hatlarıyla Deleuze ve Guattari'den (buradan itibaren D ve G olarak anılacak) yararlanan Hakim Bey ve belki de Jakoben ve Leninci iktidara el koyma kinayesine başvurmadan Zapatista tecrübesini inceleyen ve dünyayı değiştirmekten bahseden John Holloway gibi düşünürlerin çalışmaları da öyledir. Post-hegemonyanın diğer unsuru, viral siyaset veya gayri resmi şebekeler üzerine kurulu bir eylem tarzı olarak adlandırdığım şeye ayrıcalık tanır. Viral inisiyatifler, merkezi koordinasyon gerektirmeksizin ve her zaman bir devlete karşı halk biçimini almaksızın –bu olayı dahil etmediklerinde bile– canlanır ve yayılır. Elektronik sivil itaatsizlik (ESİ) ve hacktivizm, "havalı" siber uzay ortamındaki viral ihtimallerdir, ancak sokakların "ateşli" siyasetinde de başka ihtimaller vardır. Şimdi bu unsurları daha detaylı inceleyeceğim.

Post-hegemonya II: Çokluk, Toplu Göç ve Devlet

Toplu göç ve onun çoklukla ilişkisiyle başlayalım. Çokluğu destekleyenler, Spinoza'nın çoğulluğu savunmasının meziyetlerini, Hobbes'un egemenliğin tekliğinin tarafında olmasının üzerinde tutarak veya halk yerine çokluğu överek, bizleri modernite kanonunu yeniden değerlendirmeye davet ederler. Bu, Spinoza'nın mekanik bir hatırlanışı değil de, jestinin bir tekrarıdır. Virno'nun belirttiği gibi, 17. yüzyılın çokluğu, kelimenin yüce anlamıyla, devletten önceki bir *jus resistentiae* olarak anlaşılan tutucu bir şiddeti temsil etmiştir. Bir ferdin ya da yerel bir topluluğun imtiyazlarını merkezi güç bakımından geçerli kılmayı veya zaten toplumda yer etmiş yaşam biçimlerini korumayı amaçlamıştır. Buna karşın, günümüzün çokluğu, devlet iktidarına el koymayı reddeder ve temsili olmayan demokrasi biçimlerini savunur (Virno 2004, 42-3). Değişmeyen şeyse halk ve çokluk arasındaki ihtilaftır.

Bu, hiçbir şekilde çözümlenmiş bir mesele değildir. Bull; Hardt, Negri, Virno vd'nin halk/çokluk ihtilafını yorumlama şeklinin ikna edici bir eleştirisini sunar. Hobbes'un çokluğa değil, sadece "bir halk değilken öyle olduğunu düşünen bir çokluk"a karşı çıktığını ve Spinoza'nın çokluğa yalnızca "ismi dışında her anlamda bir halk olduğunda" olumlu bir siyasal rol tahsis ettiğini gösterir (Bull 2005, 23-4, 29-30). Spinoza'nın, çokluğun siyasi enerjilerinin yüceltilmesiyle çatışan bazı tedirgin edici düşüncelere sahip olduğu düşünülürse, diğer birçok yazar gibi "Spinoza"larının seçici bir Spinoza olması gerektiğini de göz önünde bulundurmak zorundayız. Demokrasiyi savunduğu doğrudur; ancak aynı zamanda kadınların, doğaları gereği erkeklerle eşit olmadığını ve dolayısıyla yönetme haklarının bulunmadığını da göstermeye çalışır (Spinoza 2004, 186-7). Bu, elbette, kamusal alanda eşitliği askıya alır. Spinoza'nın demokrasinin bir göstergesi olarak tarif ettiği "yüksek kurulda oy kullanma ve kamu ofislerini doldurma hakkı"nın aslında temsilin ve dolayısıyla da devlet-merkezli siyasetin bir savunması olduğunu ekleyebiliriz (Spinoza 2004, 385). Bu, çokluk taraftarları arasında pek popüler olan devlet siyasetinin ve temsili demokrasinin eleştirisinin ışığında tuhaf görünmektedir.

Yine de birçok insan, çokluğun Spinozacı mecazına başvurur ve onu post-hegemonya üzerine tartışmalarda düzenli olarak beliren temsil eleştirisine bağlamaya çalışır. Jon Beasley-Murray'nin Spinoza'sı, hem Spinoza'dan hem de daha kesin bir surette, Spinoza'nın duygulanım kavramının Deleuze, Hardt ve Negri gibilerince temellükünden gelir. Bana kalırsa, Beasley-Murray, post-hegemonyanın kullanımını popülerleştiren ve ona, kendisi ile diğerlerinin çokluk diye adlandırdığı kurucu iktidar öznesinin siyasetini niteleyen durum olarak bakan ilk yazardır. Eski bir makalesinde, "eşdeğerlik açısından örgütlenmiş (sözde) hegemonik ve kaçınılmaz bir şekilde başarısız (kaçınılmaz bir şekilde güçsüzleştirici olduğu için) gruplaşmaların kapanması"ndan bahseder (Beasley-Murray 2003, 122-3). Bu beyan, post-hegemonyanın ana fikrini muğlaklık olmadan öne sürer. Uygun bir biçimde *Posthegemony* diye adlandırılmış bir sonraki kitabının ilk satırında, "Hegemonya diye bir şey yoktur ve hiçbir zaman olmamıştır," diyerek geride kalan her türlü belirsizliği yok eder (Beasley-Murray 2010, ix). Kitabın geri kalanının çoğu, Peronist söylemin ve alışkanlığın, duygulanımın ve çokluğun post-hegemonyanın çekirdek bileşenleri olarak detaylandırılmasının yanı sıra, Laclau ve Mouffe'un bir yapıbozumudur. Hardt ve Negri gibi -ama bu yazarlarla, çokluğun doğasındaki iyilikle alakalı mesafesini koruyarak- "içkin etkileşim yoluyla olumsal olarak sıralanmış bir dizi hareketli tekillik" olarak tarif ettiği, kendi kendini yaratan çokluğun yükselişine tanıklık ettiğimizi ileri sürer (Beasley-Murray 2010, 250). Duygulanım olarak çokluk, teslim olma zincirlerini çözmek için bir özne haline gelir. Beasley-Murray'nin belirttiği gibi, "Çokluk, kurucu iktidarın öznesi ve ayrıca belki de bütün komuta ve denetim yapılarını bozacak bir devrimin failidir" (Beasley-Murray 2010, 225).

Çokluk ve Yüksek Bir +1'in Yokluğu

Çokluğun, siyasetin belirleyici kategorisi olarak halkın ya da *demos*'un yerine geçip geçmediği, geçmeyeceği ya da geçmesinin gerekip gerekmediğine dair polemik, örneğin Rancière'in çokluk yerine *demos*'u kısa fakat net savunmasına bakarak görüleceği üzere, henüz bitmemiştir (2010). Bu, kısmen, çokluk kavramından şüphe duyanlar, içkinliğinin siyasetle ilintili olan olumsuzluğu tam olarak açıklayamadığını iddia ettikleri ve bu nedenle onu savunanların, onu tamamlayacak gerçek bir siyaset geliştirmediklerini düşündükleri içindir. O halde, siyasi bir kavram ya da proje olarak çokluğa duyulan heves, çoğunlukla terimin çağrıştırıcı gücüne bağlıdır. Gerçekten de, Beasley-Murray'nin (2003, 122) çokluğu, kullanıma hazır bir siyasi kategori haline getirmek amacıyla "tüm tekillikleri, aralıksız bir çeşitlilik ilişkisinde birleştirme hedefine yönelik daima daha fazla tekillik ekleme eğilimi" olarak tarif ettiği şeyin nasıl gerçekleştirileceğine dair çok az şey söylenmiştir. Belki de, problemlerden biri, "tüm tekillikleri birleştirme" ifadesinde olduğu gibi, çokluk kavramıyla uyuşmayan güçlü bir bütünlük kavramını ima ettiği için, niteleyici "tüm"den kaynaklanır. Eğer "tüm" sadece mevcut bir iktidar grubuna direnenleri ve onu aksatmaya çalışanları kastediyorsa, durum değişir. Bu, olumsuzluk getirecek ve dolayısıyla çokluğun salt içkinlik olduğu eleştirisini ortadan kaldıracaktır; lakin direnişin tüm tekilliklerini birleştirmek de sorunlara yol açar, sadece karşı-hegemonyanın –ve dolayısıyla eşdeğerliğin– çokluğa, deyim yerindeyse arka kapıdan girdiğinden kuşku duyulmaya başlanırsa.

Hardt, Negri ve Virno, çokluğun birliğini düşünmenin bir yolu olarak "genel zekâ"dan faydalanırlar. Marx, terimi *Grundrisse*'de iki-üç sayfada kısaca tartışır ve "toplumsal bilginin doğrudan bir üretim biçimi haline gelmesi" olasılığını göstermek amacıyla kullanır (Marx 1973, 706). Hardt ve Negri, "genel zekâ"nın "birikmiş bilgi, teknikler ve uygulama becerisi tarafından yaratılmış kolektif, toplumsal bir zekâ" olduğunu belirtirler. "Bu nedenle, emeğin değeri, yeni üretim güçlerinin temellükü ve özgürce kullanımı yoluyla yeni bir evrensel ve somut işgücü tarafından gerçekleştirilir. Marx'ın gelecek olarak gördüğü bizim çağımızdır" (Hardt ve Negri 2000, 364). Elbette, genel zekânın maddi olmayan emeğinin yaratıcı gücü hakkındaki argümanı desteklemek için kanıt vardır. İşletme araştırmalarına ve toplam kalite ideolojilerine, işyerinde tam zamanında üretime ya da sürekli yeniliğe üstünkörü bir bakış, bizlere tipik örnekler sunar. Ayrıca, birbirlerini hemen hemen hiç tanımayan ya da birbirlerinin varlığından bihaber ve muhtemelen hiçbir zaman tanışmayacak insanları bir araya getiren Linux veya Wikipedia gibi girişimler de oluşmaya devam eder. Buna rağmen, bilgisayarlar için açık kaynak bir işletim sistemi ve öğrenciler, gazeteciler, siyasetçiler ve araştırmacılar için öncelikli bilgi kaynağı haline gelen açık erişim ansiklopedi gibi "şeyler" ortaya koymada olağanüstü üretici güçleri vardır. Bunlar, eşdeğerlik zincirlerinin yüksek +l'ine hiçbir zaman dönüşmeyen, entelektüel emek ve tekilliklerin işbirlikçi potansiyelinin örnekleridir (aşağıya bkz). Ancak, Virno ve diğerlerinin toplumsal işbirliğin temeli olarak gördüğü, bu zekâ veya potansiyel düşünme yetisi, çokluğun *siyasi* bir güç olarak benzerliğinin yaratılması için yeterli gibi görünmemektedir. Wikipedia gibi bir şeyi oluşturan tekilliklerin bir siyasete yol açtığı nasıl söylenebilir, Schmitt'in yeni dost-düşman gruplamaları meydana getirme anlayışıyla mı; yoksa Rancière'in, siyasetin, siyaset bilimi tarafından kamu görevi için rekabet, güç dağılımı veya kaynakların paylaştırılması olarak belirli ya da standart görülüşünü yeniden parçalara ayırmasıyla mı?

Bunu nispeten açık bir soru olarak bırakmak istiyorum, çünkü savımın odak noktası çokluğun bu yönü değil, tekilliği ve eylemi eşdeğerlik zincirleri formatının dışında doğrulamasıdır. Bunu, 2001'de Arjantin'deki mobilizasyonlar örneğine dönerek inceleyebiliriz. Eşdeğerliğin hegemonyada nasıl işlediğini gördük. L ve M'ye göre, farklı mücadeleler, gruplar veya talepler kendi tikelliklerini ifade ederek –daha iyi maaşlar, toplumsal cinsiyet eşitliği, sığınma hakları ve benzerleriyle ilgili– ve aynı zamanda daha hakiki bir demokrasinin doğrulanması ya da yozlaşmış siyasi bir sınıfın suçlanması gibi mecazi bir fazlalık ya da tamamlayıcı ortak anlama sahip olarak eşdeğerlik bağlarına girer. Marx'ın, yalnızca metaların değişim değerini hesaba katarak farklı kullanım değerleri arasında eşdeğerlik bağları kuran emek-değer teorisinde olduğu gibi, L ve M'nin hegemonya teorisi, bağa giren her unsurun tekilliğini etkisiz hale getirmektense görmezden gelen ortak fazla anlama odaklanarak eşdeğerlik inşa eder. Ancak bu anlam aynı zamanda, D ve G'nin göstergesel zincirler, toplumsal mücadeleler, güç örgütleri ya da kök-sapsal bir sistemdeki diğer hatların sayısının üzerinde tamamlayıcı bir boyut olarak isimlendirdikleri şeyi yaratır. Bu, düzenin ilavesi, Bir'in +l'idir. D ve G, *n* sayıdaki bireyin aynı anda ateş etmesi için bir generale gerek olup olmadığını sorguladıklarında, Bir'e eleştirel bir paralel karşıt önerirler (1988: 17).

Görüldüğü üzere, General, *n* sayıdaki askerin her birinin tekilliğini askıya alan ve onları Bir içerisinde eşdeğerliklere dönüştüren bir metafordur. Uyumlu eylemin daima bir General'in –ister bir ebeveyn, bir devlet görevlisi ya da öğretmenimiz ister bir orkestra şefi olsun– başarısı olduğunu düşünmeye alışık olmamız sebebiyle, bunu bir gerçeklik olarak kabul etmeye meyilliyizdir. Fakat bu tür bir General olmadan da çokluğun eşzamanlılığını oluşturmanın yolları vardır. Örneğin, köksaplar, *n*'ye dışsal olan bir koordinasyon kertesi istemeyen bir çeşitlilik üretir. Yani hiçbir zaman kendisinin üst kodlanmasına izin vermeyen bir çeşitlilik, Bir'in +1'inin dayatması olmadan işlevini yerine getirebilen sistemik bir *n*, hatta belki de, D ve G'nin belirttiği gibi, tamamlayıcı bir birlik ilkesi gerektirmeyen bir sistem olduğu *ve* kimliğin Bir'i bu birlikten çıkarıldığı için bir *n*-1 (1988, 9, 21). Bu tam da çokluğu tanımlayan şeydir: herhangi bir yüksek kategori ya da +1 olmadan bir *n*'nin topluluğuna giren çok olarak çok (Virno). Negri ve Virno, gerçekte, *piquetero*'ların ve *Asamblea de Barrrios*'taki insanların faaliyetlerini, çokluğun siyasi teşebbüsleri ve fazlalık +1 olmaksızın kolektif eylem için bir laboratuvarın parçası olarak gördüler. Eşdeğerlik olmadan birlik ve karşı-hegemonya olmadan siyasal protesto ve buluş vardı.

Virno'nun Toplu Göçü

Kimileri, bunun çokluk siyasetini, ikinci dereceden kanıtlardan yararlanarak ve terimin çağrıştırıcı gücüne ciddi ölçüde dayanarak geçmişe dönük bir şekilde yeniden düzenlediğini iddia edebilir – hiç değilse anlamlı yanlarında, çünkü ne Negri ne de Virno bir çokluk projesinin nasıl görüneceğini ya da bu duruma uygun olup olmadığını belirtir. Buna ister katılın ister katılmayın; ama en azından Negri vd, Arjantin'deki mobilizasyonlar sırasında bağlamanın gerçekleşme biçimini, hegemonik siyaset formatına başvurmadan kavramlaştırmanın mümkün olduğunu göstermeye çalışır. O noktayı izah etmeleri, çokluk nosyonu ile D ve G tarafından değinilmiş bir dizi tema arasında yakınlık olduğunu ortaya koyar. Kök-sapın doğrulanmasını, "azınlıkçı-oluş"u ve göçebe tekillikleri; mutabakat, üst kodlama ve ağacımsı siyasal çözümleme birimlerine eleştirel bir paralel karşıt olarak düşünüyorum. Radikal sivil itaatsizlik ve bilhassa terk etme ve çıkış kavramları, bunun iyi örnekleridir ve bize çokluğun siyasetinin nasıl bir şey olacağını anlamamızı sağlayan daha umut verici bir açı sunar.

Virno, radikal sivil itaatsizliği, Hobbes'un itaat ilkesinin tam tersi olarak tarif eder (Virno 2004, 69-71). Hobbes'a göre, itaat medeni kanunların kabul edilmesinden önce geldiği için, yasalara, ne yapmamızın emredileceğini bile bilmeden önce uyarız. Radikal sivil itaatsizlik, yalnızca belirli bir yasanın çiğnenmesi demek değildir, çünkü tam da bu yasaların geçerliliğini sorgular. Aslında medeni kanunlardan önce gelir ve devletin komut verme kapasitesini sual eder. Albert Hirschman'dan ödünç aldığı ve toplu göç veya terk etme olarak betimlediği bir ifade olan çıkış da devleti, daha doğrusu Virno'nun genel zekâya dayanan çokluğun siyasi eylem biçimlerinden biri olarak gördüğü devlet iktidarının ele geçirilmesinin reddini kasteder. Bu devlet siyasetinden ayrılışın, oyunun kurallarını değiştiren ve hasmı afallatan bir icat olduğunu söyler; aynı zamanda fazlalık bilgi ve iletişimin devlete ya da kapitalist teşebbüse transferini engellemenin bir yoludur (Virno 2004, 70). Virno bunu, 19. yüzyılın ortalarında ABD'ye gelen yoksul göçmenlere değinerek örnekler; birçoğu, sınır batıya doğru kaydıkça, bölgeleri kolonileştirmek için taşınarak fabrika disiplinini terk etmiştir (Virno 2004, 70). Yine de bu konu hakkında çok az konuşur –ayrıca kendisinin fiziksel göç örneği, terk etmenin göçebelik olarak siyasi kazanımını kısıtlar– bu nedenle toplu göçün daha ayrıntılı bir açıklamasını bulmak için başka yerlere bakmalıyız.

Toplu Göç, Devleti Ele Geçirmeden Dünyayı Değiştirebilir mi?

Holloway toplu göçe, en azından açıkça, değinmez, fakat devlet merkezli siyaset eleştirisinde, terk etme siyasetinden çok da farklı olmayan bir şey öne sürer. Dünyayı değiştirmenin, iktidarı ele geçirmeden, tahakkümün dokusunda görülen çatlakları/retleri çoğaltarak ve genişleterek mümkün olduğunu söyler (Holloway 2005, 2006a, 2006b). Onun, Jakoben ve Leninci olmayan, iktidarı ele geçirmeden dünyayı değiştirme tezi, azınlıkçı olma (aşağıya bkz.) zemininde yorumlanabilir, devrimi ayaklanma ve devletin alaşağı edilmesi olarak gören klasik anlayıştan kaçınan bir jesttir bu.

Holloway, iktidarı ele geçirmeyi reddetmeyi, güç ilişkilerini yok etmeye çalışan devrimci bir gündemin bir parçası olarak görür. Bu yok etme, Foucault'nun iktidar üzerine çalışmalarının ışığında kulağa saf ve köhne gibi gelir – iktidar bir mülkiyet değil, bir ilişkidir; sadece yasağın "hayır"ı değildir çünkü üretici boyutu da vardır ve güç ilişkileri topluma yayılmış olduğu için devlet bu ilişkilerin tek konumu değildir (özellikle Foucault 1990). Holloway bunun farkındadır, ancak kendisinin iktidarı ele geçirme çağrısının "yapma gücü"nü değil de, sadece "yaptırma gücü"nü kastettiğinin altını çizer (2005, 36ff). "Yapma gücü"nün, "yaptırma gücü"nün dertlerinden kurtulması, devrimci siyasetin hedefidir. Çabası, devlet merkezli siyasette alışılmış olduğu üzere ya da hegemonyadaki gibi bir karşı-iktidara gerek duymaz. Bunun yerine, Holloway'e göre, yaptırma gücüne muhalefet –ve direniş– olarak bir anti-iktidar inşa etmeye çabalamalıyız. Daha sonra, yaptırma gücüyle meta fetişizmi arasında bağlantı kurar; ki bu, ekonomiye veya sınıf tahakkümü deneyimine herhangi bir planlanmış üstünlük tanımadığına dair teminatlarına karşın kapitalist tahakküme bağlı daha sınırlı bir güç anlayışı öne sürer.

Holloway, işin, kapitalist bir çerçevenin dışında yeniden örgütlenmesine, temsil yerine doğrudan demokrasiye ve devlet yerine topluma imtiyaz tanır. Yakın zamanda yaşananları, devrimin habercisi olarak değerlendirir. Bunlar, Arjantin'de fabrikaların, işçileri tarafından kurtarılması ve işletilmesi ile Meksika'nın güneydoğusundaki Chiapas eyaletinde Zapatistalar tarafından idare edilen özerk bölgelerdeki komünal yaşamın yeniden düzenlenmesini içerir. Bu topluluklarda siyasi hayat, *mandar obedeciendo*'nun ya da halka hükmetmekten ziyade onların iradesine bağlı kalarak veya hizmet ederek yönetmenin etiksel emrini izler. Elbette, *mandar obedeciendo*, durum her zaman böyle olmasa da, her demokratik hükümetten beklenen şeydir ve Holloway'e göre, yaptırma gücüne eleştirel bir paralel karşıtlık görevi görür. Her ne kadar Negri ve diğerleriyle arasına mesafe koysa da, bir tarafta çokluğun tekillikleriyle, diğer tarafta kendisinin özgürlüğüne kavuşmuş bölge örnekleri ve devlet merkezli siyasete karşı duyulan kuşku arasında kayda değer bir soy benzerliği bulunmaktadır. Bunlar, ister Arjantin'in neo-liberal ortamından ister Meksika devletinden olsun, karşı-hegemonik bir siyaset geliştirmeksizin, terk etme uygulamasını detaylandırırlar. Geleneksel, devlet merkezli stratejileri terk etmek bir özgürleşme siyaseti için temel işlevi görebilecek mi? Belki evet, belki hayır ya da Holloway'in belirttiği gibi, iktidarı ele geçirmeden dünyayı değiştirip değiştiremeyeceğimizi öğrenmenin tek yolu, gerçekten bunu yapmaktan geçer (Holloway 2006a).

Terk Etme Olarak Geçici Otonom Bölge

Terk etme mecazı için bir diğer kaynak, Hakim Bey'in Geçici Otonom Bölgesi'dir (GOB). Holloway gibi Bey de radikal, temel bir demokrasinin, temsili demokrasinin devlet formatının dışında olanaklı olduğu inancını Virno ve diğerleriyle paylaşır, ama bu ille de kurula dayalı doğrudan demokrasinin yüceltilmesini gerektirmez. Onun yerine, bu demokrasi, bir GOB'a dahil olanların doğrudan katılımıyla kararlar ve normlar üretecek bir irade anlamında özerkliği vurgular. GOB'un "Devlet ile doğrudan karşı karşıya gelmeyen bir başkaldırı, bir bölgeyi (toprak, zaman, hayal gücü) özgürleştiren ve sonra, Devlet onu ezmeden önce başka bir yerde/zamanda tekrar oluşmak üzere kendini sona erdiren bir gerilla harekâtı gibi" olduğunu söyler (Bey 1991, vurgu yazara aittir). Kök-sapları tasvir etmek için D ve G tarafından kullanılan bir metafor, GOB'un oluşum ve bozulma sürecinin esnekliğini ifade eder: Bir karınca kolonisi gibi, zaman zaman üzerine basabilirsiniz, fakat koloni başka bir yerde yeniden toplanır. GOB vasıtasıyla terk etme, Virno'nun, daha önceden görüldüğü gibi, *New York'tan Kaçış* filminin bir endüstriyel dönem benzerini anımsatan fabrika disiplininden çıkış örneğiyle tasvir ettiği toplu göçüyle uyuşur. Her ikisi de devletin komutasından ve kapitalist teşebbüsten sıyrılmaya çabalar. Bey'in örnekleri, korsanların yaşamını tercih eden insanlar –Turtle Adası paradigmatik vaka olduğundan– ya da yakınlık grupları düşüncesine ve Komünün ruhuna tutunan anarşistlerin devrimci göçerlikleridir.

Buna rağmen terk etme, sadece ve asıl olarak ayrılma veya devletin dışında vaat edilmiş özgürlük ve eşitlik diyarına seyahat etme meselesi değildir. Devlet tarafından ele geçirilmeye ve genel olarak kodlara karşı direniş anlamlarına gelir. Devletin resmi eğitim sisteminden dini gerekçelerden ötürü geri çekilen evde eğitim, devletin kişisel özgürlüğe saldırmasına itiraz etmeyi ya da oy kullanmayı reddetmeyi siyasi bir beyana dönüştürerek *militan hissizlik*'i yeğleme coğrafyaya bağlı olmayan terk etmenin örnekleridir.

Bey'in GOB'u gibi, D ve G'nin özgün göçebe anlayışlarından, özellikle de "göçebeyi hareket ile tanımlamanın yanlış"tır. Toynbee'nin, göçebenin tam tersine hareket etmeyen olduğunu öne sürmekte son derece "haklı" olduğu iddiasından ilham alan, terk etmenin ayrılma gerektirmeyen bir faaliyet olma fikrini genişleteyim (Deleuze ve Guattari 1988, 381). Göçebeler hareket etmezler, ancak durağan da kalmazlar. Göçebe, "amacı savaş değil, yaratıcı bir kaçış çizgisinin çizimi olan" bir savaş makinesi anlamına gelen siyasi bir figürdür (Deleuze ve Guattari 1988, 422). Bu, iktidarın bir dışı ya da kodların kavrayışından mutlak bir kaçış diye bir şey olduğu için değildir. Kaçış çizgileri, (1) mevcut düzen tarafından üst kodlanmayı reddetme –bu her neyse– ve (2) bir yeniden bölgeselleştirme alanını kaçınılmaz bir şekilde koyutlayan başka bir yerin eşzamanlı yaratımı için stenografidir. GOB'un radikalizmi veya kaçış çizgileri, devrime klasik bakış açılarıyla betimlenen feci, çağ atlatan bir olayın bilinen mecazına indirgenemez. Bu, onun siyasi radikalizminin, aracılığıyla, terk etme eylemlerinin, mevcut dünyayı geçmişin *tabula rasa*'sını yapmadan ve devletin yeniden kurulmasını ille de gerektirmeden, belirli olanı yersiz yurtsuzlaştıran ve yeniden bölgeselleştiren ya da yeniden tanımlayan bir süreç içinde şu anda dönüştürmeyi hedeflediği, edimsel bir boyutu olduğu içindir. Eşdeğerliğe dayalı eklemlenme tarzlarıyla da sınırlı değildir. Çeşitli GOB, direnişler arasında ortak bir kimliği mümkün kılan mecazi fazlalığı ya da yüksek +1'i gerektirmez ve her zaman bunun peşinde koşmaz. Birazdan göreceğimiz gibi, GOB ya da kaçış çizgileri arasındaki eklemleme tarzı, şebekelerinkine daha yakındır, fakat bununla birlikte radikal siyasetlerinin hegemonik ve karşı-hegemonik siyaset formatından kaçınan bir göçebeleşme pratiği gerektirdiğini söylemek yeterli olacaktır.

Bir Uzam Siyaseti Yoluyla Terk Etme

Toplu göç, cazip bir teklif olabilir, bilhassa temsili olmayan demokrasi biçimleriyle ve devletin etrafında dönenlere ek olarak siyasi seçenek arayışıyla birlikte ele alındığında. Güney Amerika'daki muhalifler arasındaki siyasi yenilik meselesine değinmek için ben de 1980'lerde benzer bir şey önerdim (Arditi 1986). Bunu uzam siyaseti olarak adlandırdım, ki bunun Bey'in GOB'uyla güçlü bir soy benzerliği bulunuyordu. Bu siyaseti, mobilizasyonun sonlandırılması, siyasi partilerin örgütsüzleşmesi veya yasaklanması ve devlet iktidarının görünüşe göre her daim mevcut gözünün tehditleri tarafından nitelenen otoriter bağlamlarda sosyallik ve yeniden bölgeselleştirme pratikleri inşa etmeye yarayan bir gramer olarak yorumladım. Otoriter rejimler altında yaşama tecrübesi bu öneriyi tetikledi, ancak uzam siyasetini bu tür bağlamlara indirgemedi. Clastres ve onun devletsiz toplumları yüceltmesinin aksine, amaç, devlete karşı değil de devlete rağmen bir özgürleşme siyasetine girişmekti.[8]

Stratejik bakımdan, bu siyasete, bu tür bir olayın beklenmediği bilinene itiraz edilerek –bu tartışmanın mizanseni, geleneksel mücadele arenalarından kaçındığı için– ve toplumun kendine homeopatik bir müdahalesi aracılığıyla oluşturulan otonom bölge şebekeleri geliştirilerek ve genişletilerek kalkışılır. Bu tip girişimler, alternatif araştırma merkezlerinden işçi kooperatiflerine, geçici işgalci kolektifler ve masraflarını kendi karşılayan istihdam danışma merkezlerinden toprağın komünal mülkiyeti ve kullanımına, seçime dayanmayan siyasi eylem komitelerinden bağımsız medya girişimlerine kadar çeşitlilik gösterir. Otonominin, daha önceden belirttiğim gibi, diğerlerinin etkisinden kaçış değil, ağırlıklı olarak onlarla yaşamak zorunda kalacakların doğrudan katılımıyla normlar ve bağlar üretme pratiği anlamına geldiğine katıldığımız sürece otonomi burada temel ilkedir. "Ağırlıklı olarak" diyorum çünkü bu siyaset, temsile karşı alerjisi olmayan veya onunla uyumsuz olmayan bir özyönetimi haklı çıkarır. Holloway'den bolca faydalanacak olursam, bu tip girişim bize, devlet iktidarını ele geçirmeyi ve bir *potestas* (iktidar) haline gelmeyi amaçlamayan bir *potentia*'yı (güç) harekete geçirmenin yolunu gösterir.

GOB ve neredeyse kardeşi olan uzam siyaseti, terk etme tarzlarını inşa ederler: Amaçları, varsayılan seçenekleri olarak devleti ele geçirmek/parçalamak zorunda kalmadan farklı olma yolları bulmanın yanı sıra,

---

8 İngilizce bir uzam siyaseti tartışması için bkz: Colás 1994, 15-17.

üst kodlanmaya karşı direnmek olduğu için bulunulan yerden uzaklaşmayı gerektirmeyen bir çıkışın yerine geçerler. Bu, radikal değişimi kavradığımız alışılagelmiş yolu yeniden şekillendirir. Bunun hakkında bir şeyden yukarıda bahsetmiştim. Radikal siyaset, değişimi ne olduğu ve ne olabileceği arasında bir süreksizlik olarak gören daha geleneksel, Jakobenlerce belirlenmiş vizyondan kendini uzaklaştırmasına imkân veren edimsel bir boyut elde eder. Edimselliği, şu anda zaten bir şeyleri değiştiriyor olan bir faaliyeti de belirleyebildiği anlamına gelir, her ikisi de Žižek'in "yasalaşmış ütopya" dediği şey için çabalayarak gerçekleşir (Žižek 2002, 559).

Yine de, avantajlarını göz önünde bulundurduğumuzda bile, toplu göç veyahut uzam siyaseti gibi öneriler herkesçe bilinen bir sınırlamalar dizisini de beraberinde getirir. Holloway, iktidarı ele geçirmeden dünyanın nasıl değiştirileceğini bilmediğini, fakat yine de bunun yanıtı üstünde çalışmamız gerektiğini söyler (Holloway 2005, 22). Devrim yapma üzerine söylediğim şey, bu faaliyet, başkaldırı parıltısı ya da bir devletin nihai yönetiminden önce ve onun yanı sıra bilinenin dönüşümüyle çoktan meşgul olduğu için bu konuda kesinlikle yardımcı olabilir – eğer istenilen şey buysa. Holloway, yalnızca Sovyet tipi temel topluluklara bel bağlayarak hayatı düzenlemenin zor olduğunun da farkındadır, ancak bu itiraza, bu bağlamda yapılacak daha çok denemenin olduğunu belirterek karşılık verir (Holloway 2006a).

Kendisinin dürüstlüğü farklı ve yetersizdir. Argümanının ilk yönü anlaşılabilir. Yaşamın kendisi gibi, siyaset de ilerlemek için denemeye ve yaratıcı doğaçlamaya dayanır. Bunu, 2011'de Mağrip'i sarsmış ve *indignados* vasıtasıyla İspanya'ya, Occupy Wall Street hareketiyle ABD'ye ve diğer her yere, öğrencilerin liderliğinde gerçekleşen #YoSoy132 mobilizasyonlarıyla Meksika'ya yayılmış ayaklanmalarda görebiliriz. Bu yaşananlar, bizlere ayaklanmaların özellikle yoğun deneme ve doğaçlama anları olduğunu gösterir. Bir yere varmak için her zaman bir yol haritasına ihtiyacınız yoktur. Rancière'in belirttiği gibi, "bir geleceğin çerçevelenmesi, onun ihtimal koşulu olmasından ziyade siyasal buluşun ardından meydana gelir. Devrimciler, geleceğini icat etmeden önce bir 'halk' icat ettiler" (Rancière 2011, 13).

Ancak devlet merkezli bir siyasetten, devletten caydırıcı olana geçiş tek taraflı çıkabilir ve seçenekleri engelleyebilir. Derrida bunu şu şekilde ifade eder: "Devlet, sırayla, temellükün özel güçlerini ve ekonomik gücün toplanmasını kısıtladığı için 'devletin dağılması' dediğiniz şeye karşı savaşılmalı, yeni kural: devlete karşı koymak için burada, onu sağlamlaştırmak için orada" (Derrida 2000). Devleti ele geçirme aygıtlarını her reddediş ve onlardan kaçış bizi daha iyi bir duruma getirmez. Fırsatlar ülkesine erişmek için çabalayabiliriz, fakat *Çılgın Max* üçlemesinde tarif edilen daha az makbul, kıyamet sonrasını andıran ve kesinlikle devlet sonrası distopyayla yetinme ihtimalimiz de vardır. Devlet, pek çok hegemonik tasarının etkisini azaltma görevi üstlenebilir. Derrida'nın belirttiği gibi, "bir pazardan pek farkı kalmayacak bir dünyada, liberalizm ya da evrenselcilik kisvesi altında hâlâ özel çıkarların hizmetinde bir rasyonalizasyonu temsil edecek olan belli uluslararası güçlere, belli ideolojik, dini veya kapitalist, aslında dilsel hegemonyalara karşı vazgeçilmez bir siper halini alabilir" (Derrida 2005, 158). Bu nedenle, şartlara ve söz konusu taraflara bağlı olarak, ya devlete rağmen toplumdan ya da devletin kullanışlılığının uygunluğundan (ya da uygunsuzluğundan) bahsetmek daha verimlidir.

Aynısı, hegemonya ve onun eşdeğerlik zincirleri için de geçerlidir: İsteyen düşünce ve siyasal eylemin ikili bir anlayışını savunmakta özgürdür, fakat başına gelebileceklerden kendisi sorumludur. Ya hegemonyanın ya da toplu göçün, çokluğun, radikal sivil itaatsizliğin ve benzerlerinin olduğunu düşünmek basiretsizce ve ideolojiktir – bu kelimenin aşağılayıcı anlamıyla. Terk etmenin yukarıda tarif edilmiş varyantların herhangi birinde yasalaştırılması, siyasetin hegemonik matrisini oluşturan eşdeğerlik ilişkilerine giren direnişlerin antitezi değildir; ancak bu tür ilişkilerin ortaya çıkmasına bağlı da değildir. D ve G'nin kendileri, ağacımsı yapılar yerine kök-sapları tercih edebilir ancak kök-sapların ağacı andıran merkezileşmiş yapılara sıkça yol açtığını ve bürokratik ve hiyerarşik sistemlerin de aynı zamanda kök-saplara neden olabildiğini kabul etmekten bir hayli memnundurlar (Deleuze ve Guattari 1988, 15). Görme ve yapma yolları arasındaki genelleştirilmiş bulaşım kuralları ve sınırları o kadar değişkendir ki, terk etme ve devlet merkezli siyaset arasında bir seçim yapma talebinin aynı zamanda siyasetin bir metafiziğini benimseme talebi olduğu izleniminden kurtulmak zordur.

Post-hegemonya III: Viral Siyaset

Şimdi de post-hegemonik siyasetin viral formatına dönüyorum. Bu yolla siyaset yapma hakkında konuşurken, diğer tüm siyaset biçimleri gibi, gruplar ve kolektif girişimler ve dolayısıyla insanlar arasında bağlanırlık, bağlama ve eklemlenme gerektirdiğini kabul etmek zorundayız. Onun bağlanırlığı, hegemonya kalıbı ve onun eşdeğerlik zincirlerinden ziyade, şebekelerin –ve özellikle dağıtılmış şebekelerin– yollarını takip eder. Tarih öncesi dönemler, düşman saldırısı ve ciddi bir düğüm kaybı durumunda, askeri iletişim sistemlerinin hayatta kalmasını güvence altına almanın bir yolu olarak ARPANET'i –İnternetin selefi– ve diğer "dağıtılmış iletişim" şebekelerini kuran mühendislerin ve askeri strateji uzmanlarının çalışmalarına dayandırılabilir. Paul Baran –tekelci kapitalizmin Baran'ıyla aynı değil– bu şebekeler üzerine çığır açan metinlerden birini kaleme almıştır. Klasik yıldız kalıbına göre –Bentham'ın Panoptikon'ununkine benzer bir mimariyle– inşa edilen merkezileşmiş modellerin, sistem çekirdek ya da ana merkezin yıkımını atlatamayacağı için savunmasız olduğunu gösterir. Merkezsizleştirilmiş ya da örgü modellerin, bir saldırı sonrası hayatta kalma oranı daha yüksektir; ama düğümleri, ille de tek bir çekirdekten ya da bir dizi merkezden bile geçmeden birbirleriyle iletişim kuran dağıtılmış şebekelerinki kadar yüksek değildir. Dağıtılmış şebekelerde "her düğüm, eğer tercih ettiği rota meşgul veya yok edilmişse, alternatif rotalar seçerek mesajlarından kurtulma teşebbüsünde bulunacaktır. Her mesaj bir "tartışmalı konu" sayılır ve düğüm bir "tartışmalı konu"yu tutmak yerine mesajı ondan şimdi kurtulmaya çalışacak olan komşusuna atar" (Baran 1964, 25; Munro 2005, 153-4). "Tartışmalı konu" metaforu oldukça betimleyicidir. Bize, (1) dağıtılmış şebekelerde bağlanırlığın –yani mesajlar tarafından izlenen yolların– önceden ayarlanmış kararların katı bir algoritmasına değil de, düğümler arasında en etkili geçiş yolunun kullanımına bağlı olduğunu ve (2) bu beklenmedik bağlantıların mesajlar tarafından kullanılan asıl rotaların olumsallığını yansıttığını söyler.

Bu şebekelerle ilgilenmemiz, askeri iletişim için kullanışlı olmalarından ötürü değil, bize viral bağlantıların ya da viral yayılmanın meydana gelme biçimini anlamada yardımcı olduğu içindir. Virüsler, beklenmedik yollar izler ve şaşırtıcı yerlere ulaşırlar. Hareketleri, biz seyrimizin bizi nereye götüreceğini pek bilmeden, Web'in yoğun bağlantı ağlarında bilgi arayıp bir hiper metinden diğerine atlarken tecrübe ettiğimiz şeye benzer. Ve kök-saplarda olduğu gibi, şebekenin noktaları arasındaki bağlantı (düğümler, gruplar, girişimler ya da talepler) "daima sökülebilen, bağlanabilen, ters çevrilebilen, değiştirilebilen ve birçok girişi ve çıkışı olan bir harita" olarak tarif edilebilecek bir sistem yaratır (Deleuze ve Guattari 1988, 21). Sonuç olarak, şebekeler, her zamanki hiyerarşiler ya da daha geleneksel toplumsal ve siyasi örgütlerin altyapısı olmaksızın ve yüksek bir +1 için fazla kaygılanmadan halkı ve bireyleri birbirine bağlar ve başka bağları –diğer gruplar ve bireyler tarafından başlatılan bağımsız girişimler– kolaylaştırır.

Viral ağlar, "havalı" ya da siber uzay varyantı haricinde, hiç de yakın zamana ait bir şey değildir. Pinochet diktatörlüğü ve Apartheid boyunca Şili ve Güney Afrika ürünlerinin boykot edilmesi, "ateşli" ya da sokağa dayanan viral siyasetin örnekleridir. İnsan toplulukları, yöneticileri ve müşterileri o ülkelerden gelen malları satmanın ya da satın almanın ahlaken yanlış olmasının yanı sıra kötü bir iş pratiği olduğuna ikna etmek için süpermarket önlerinde beklerlerdi. Aynı zamanda Şili ve Güney Afrika konsolosluklarının önlerinde protesto yaparlardı. Bu vakadaki amaç, kamuoyunu seferber etmek ve iç politika belirleyicilerine, bu rejimlerin insan hakları istismarları konusunda bir şeyler yapmaları için baskı yapmaktı. Her siyasette olduğu gibi, bu protestolarda da olumsuzluk unsuru mevcuttu. Gruplar bir yanlışı belirttiler ve bir hasım saptadılar, ancak koordinasyon veya siyasi program açısından ortada pek bir şey olmaksızın bir araya gelecekler di ve temsili demokrasiden ziyade temel doğrudan eylemde bulundular. Girişimlerini, mesela hegemonik siyasetin eşdeğerlik zincirlerinin birer parçası değil de, "viral" yapan şey, diğer gruplarla/düğümlerle değerler paylaşan ve bir dava için seferber olan, fakat birleştirici bir siyasi sonuca ya da ortak bir kimliğin +1'ini yaratmaya karşı ilgisiz, dağınık düğümler olarak hızla çoğalmaları ve birbirlerine bağlanmalarıdır. Daha yeni örnekler, Tunus

Cumhurbaşkanı Ben Ali'ye karşı 2010'un sonlarında ortaya çıkan ve daha sonra Mısır'ın Tahrir Meydanı'ndaki protestoları, 2011'de Plaza del Sol'un ve diğer kent meydanlarının İspanyol 15-M hareketindeki *indignados* tarafından işgalini, Occupy Wall Street protestocularının Zuccotti Parkı'ndaki iki aylık mevcudiyetlerini ve bunun Londra, Paris ve diğer başkentlerde küresel tekrarlanmasını ya da Meksika'nın 2012'deki başkanlık seçiminde, medya tarafından pekiştirilmiş adaylara karşı seferberliklerinde toplumsal hareketlerin formatından olduğu kadar siyasi parti formatından da kaçınan öğrencilerin liderliğinde gerçekleşen #YoSoy132 protestolarını içerir.

Facebook, Twitter ve diğer sosyal medya sitelerini kullanan viral siyasetin "havalı" ya da siber uzay varyantının selefi, Critical Art Ensemble[9] tarafından geliştirilen elektronik sivil itaatsizlik (ESİ) örneğidir (1996, 7-32; 1999, 13-27). ESİ, klasik sivil itaatsizlik gibi, erişimi engelleme ve mülkiyete izinsiz girme taktiklerinden ziyadesiyle yararlanan, şiddete başvurmayan bir protesto biçimidir. ESİ, parti ve seçim siyasetinin yanından geçen bir doğrudan eylem biçimidir. Onun tarafını tutanlar, interneti, sadece bir siyasi iletişim aracı –e-mail listeleri ve tartışma gruplarından istifade etme, bilgi paylaşımı veya bildirileri yayma– olarak değil, aynı zamanda oturma eylemleri ya da abluka gibi gerçek siyasi eylemleri düzenlemek ve sokaklarda "ateşli" siyasi etkinlikler oluşturmak için bir alan olarak görürler (Wray 1998a, 1998b). ESİ, Zapatista destek ağı gibi çok sayıda grup ve 1990'ların ortalarından sonlarına doğru ortaya çıkmış olan Cult of the Dead Cow[10] gibi hacktivist girişimler aracılığıyla görünürlük kazandı.

Zapatistaları desteklemek amacıyla Electronic Disturbance Theater'ı[11] kuran teorisyenler ve aktivistlerden biri olan Wray, bu şebekelenmiş siyasetin etkisini değerlendirir. 1 Ocak 1994'teki ayaklanmanın kesin surette askeri kısmı yalnızca 12 gün sürdü ve sonra Meksika'da ve diğer birçok ülkede meydana çıkan Zapatista lehinde geçici küresel dayanışma ve direniş ağı vasıtasıyla temel "bilgi savaşı"nın farklı bir

9 Eleştirel Sanat Topluluğu –çn.

10 Ölü İnek Tarikatı –çn.

11 Elektronik Kargaşa Tiyatrosu –çn.

evresine geçti (Wray 1998a; bu sürecin doğrudan bir anlatımı için bkz. Rovira 2008). Bu ağ kendiliğinden, merkezi koordinasyon ya da Zapatista liderlerinin talimatları olmaksızın büyüdü. Viral olarak oluştu ve iktidarı ele geçirmek ya da karşı-hegemonik bir proje yaratmak gibi bir isteği yoktu, yine de birçok cephede siyasi anlamda etkiliydi. Ordu tarafından uygulanan baskı ve insan hakları istismarı bilgileri, Meksika hükümetini kısıtlama getirmeye zorladı, yerli halkın içinde yaşadığı sefalet ve zulüm şartlarının tanıtımı, isimsiz topluluklara bir ses ve yüz temin etti ve diğer hükümetlerin lobicilik faaliyetleri Meksika hükümetine Zapatistalarla uzlaşmak için görüşme baskısı yaptı. Bu eylemleri Meksika'nın demokratikleşmesini hızlandırmış olabilir de olmayabilir de, ancak otokratik hükümetini savunma durumuna getirdiği kesindir. Dahası, Zapatistalar yerel bir oluşum olmayı bırakıp, küresel bir mücadele simgesine dönüştü, bu mücadele ister yerli halkın haysiyeti, ister Thomas Olesen'ın (2004) dediği gibi, dünyanın her yerindeki zulmün, dışlanmanın ve sömürünün üstesinden gelmek için olsun. Zapatistaları küresel bir fenomene dönüştürmek, resmi olmayan ağlardaki gevşekçe bağlanmış düğümler için etkileyici bir başarıdır.

Arquilla ve Ronfeldt bu değerlendirmeyi onaylar. Hatta muhafazakâr RAND Şirketi için yaptıkları çalışmalarda Zapatista destek ağı gibi girişimleri adlandırmak için "toplumsal ağ savaşı" kavramını türetmişlerdir. Onlara göre, "resmi bir örgütlenmesi, karargâhı, lideri ya da karar alan bir gövdesi olmayan" küresel bir Zapatista hareketi vasıtasıyla "geleneksel bir gerilla ayaklanması, bir bilgi çağına, toplumsal ağ savaşına dönüştü" (Arquilla ve Ronfeldt 2001, ayrıca bkz. Arquilla vd 1998). Bu, alışılmadık cinste bir hareketti çünkü "belirsizliği kuvvetinin bir parçası olan" ve "yayılan, dönerek hareket eden, şekilsiz bir kolektivite"den oluşuyordu (Arquilla ve Ronfeldt 1988, 188). Derrida tarafından tasarlanan Yeni Enternasyonal'e çok benziyordu. Ancak grupların ya da bireylerin düğümlerinin yüksek bir +1 olmaksızın işlediği toplumsal ağ savaşının kök-sapsal yapısı, güç gruplaşmalarında değişiklik yapan ve kamuoyunu seferber eden siyasi hadiselere yol açma konusunda etkili olduğunu kanıtladı. Ve daha yakın zamanda gerçekleşen Tahrir Meydanı, OWS ve #YoSoy132 örneklerine zaten değindim.

Duruma olumsuz tarafından bakılacak olursa, kimileri, viral girişimlerin mutabakat meydana getirmede ya da Laclau ve Mouffe ile diğer post-Gramsci'cilerin karşı-hegemonik projeler dediklerini geliştirmede ve gerçekleştirmede doğaları gereği güçlük çektiğini iddia edebilirler ve bu konuda haklı olurlar. Viral doğrudan eylem, hem büyük çaplı kurumsal dönüşümler için bir engel hem de kaynak ağırlıklı projelere bir alternatif işlevi görebilir. Siyasi düzeni ya da ortak yaşam alanlarını bir bütün olarak yeniden kurmak için geniş bir güçler koleksiyonunu eklemleme amacı gütmek yerine, viral eylemin kök-sap yapısı, yerel ve küresel girişimler –siber veyahut somut uzayda– ağlarını, bir plan ya da merkezi bir komuta yapısı olmadan bağlar. Gruplar ve fertler, ne militan ne de kendini adamış aktivistler olan insanlar için geçici katılım tarzları sağlayan kısa süreli sanal eylem toplulukları kurarak, kendi diledikleri şekilde hızlıca, gözle görülür ve maliyeti düşük biçimde katılabilir ve kaynakları paylaşabilirler. Bu, post-hegemonya tarzında bir siyasi eylemdir, ya da en azından hegemonyanın mantığının eşdeğerlik zincirlerine tam anlamıyla uymayan bir müdahale tarzıdır.

Bu tam da viral girişimleri bu kadar faydalı yapan şeydir. Tam tersiymiş gibi görünse de, siyasetten uzak duranların kesinlikle apolitik oldukları gibi bir şey söz konusu değildir. Birçoğu hâlâ dünyayı değiştirmek ister, fakat her zaman değil; çünkü Rousseau'nun, çağrıldıklarında kurullara koşan idealleştirilmiş erdemli yurttaş imgesine uymazlar. Mevcut siyasi seçeneklerden memnun olmayabilirler, fakat zamanları, kaynakları veya kurumsal alternatifler inşa etme eğilimleri yoktur. Bu, depolitizasyonun bir ispatından çok, dağılmış insanların ya da kabaca örgütlenmiş grupların nadiren siyasi paydaş sayıldıklarının bir göstergesidir. Bir bakıma, yurttaşlıklarını işlevsel sakinler olarak yaşarlar. Viral doğrudan eylemin kök-sap yapısı, bu oy kullanma hakkının elinden alınması deneyimini etkisiz hale getirmeye ve insanların, kolektif eylemle ilgili olağan riskler ve maliyetler olmadan –karmaşık lojistikten bahsetmiyorum bile– kamusal alanda faal hale gelmeleri için kanallar açmaya katkıda bulunabilir.

* * *

Kısacası, günümüzde genellikle "siyaset" kelimesi altında listelenenlerin belirgin özelliği olan neo-Gramsci'ci hegemonya ve karşı-hegemonya mantığının etrafından geçen, ilerici ya da başka türlü siyaset yapma yolları da vardır. Hegemonyanın, geleneksel seçim siyasetinden post-hegemonyaya uzanan bir dışı vardır. Bunu dört durum izler, tartışmayı toparlamak için bu durumlara sırayla hızlıca değineceğim. İlk olarak, eleştirmenler, kanıtların düşük bir sinyal-gürültü oranından mustarip olduğunu iddia edebilirler; fakat haklı olsalar bile, hegemonya –bilhassa bu makalede anlatılmış olan toplu göç ve viral siyaset– kalıntısal ya da standardın altında siyaset değildir, ama genişletilmiş siyasi faaliyet tarzları oluşturur. Etkili olup olmadıkları tartışılabilir, ancak konuyla alakasız oldukları söylenemez. İkinci olarak, post-hegemonyayı makrodan mikroya geçişle veya ana akım/kurumsal ayarlardan alternatif siyaset biçimlerine geçmeyle karıştırmamalıyız. Bu, bir büyüklük ya da ikonoklazm meselesinden ziyade, siyasi faaliyetin, yüksek bir kimlik yaratmaya çalışan mecazi bir fazlalık vasıtasıyla belirli gruplar, mücadeleler ve talepler arasında bir eşdeğerlik zinciri eklemlemenin olağan hegemonik pratiği yoluyla bir araya getirilmiş geniş temelli mutabakat kalıbına uyup uymadığı meselesidir. Üçüncü olarak, terk etme ve viral siyaset, hegemonyanın yüksek +1'inin belirgin özelliği olan eşdeğerlik mantığından, hegemonya ve post-hegemonya arasında bir seçim yapılmasının gerektiği bir senaryoya her zaman ya da ille de yol açmadan kurtulur. Maniheist muhakeme her şeyi çok net gösterir, fakat ille de doğru göstermez.

Düzgüsel anlamda son olarak, post-hegemonya, hegemonya teorisini savunanlar tarafından ya göz ardı edilmiş ya da düşünülmemiş çeşitli kolektif eylem formatlarını geçerli kılan akıllıca girilmiş bir bahistir. Toplu göçü ve radikal sivil itaatsizliğiyle çokluğu teşkil eden tekillikler koleksiyonu, siyasi müdahalenin devletten bağımsız bir biçimini oluşturur. Viral siyaset, bizlere 19. yüzyıl liberalizminden miras kalan siyasi partilerin ve temsili demokrasi mekanizmalarının itibarının sarsılmasını dengeleyen uyum içerisinde eylem tarzları geliştirir. Beraber uygulandıklarında, bunlar ve diğer post-hegemonya formatları, liberal demokratik çerçeveye ille de karşı çıkmayan fakat kesinlikle onun yanından geçen ve hakları ellerinden alınmış ve yaşadıkları dünyayı biçimlendirme sürecine katılma vasıtalarından dolayı hayal kırıklığına uğramış insanlarda coşkuyu tetikleme görevi görebilen siyasi girişimler geliştirmek için bizlere yollar ve araçlar sunar.

Kaynakça

Arditi, B. 1986. Una gramática posmoderna para pensar lo social. *Zona Abierta*, 41-2, Madrid, 183-206.

Arditi, B. 2010. Populism is Hegemony is Politics? On Ernesto Laclau's *On Populist Reason*. *Constellations*, 17(3), 488-97.

Arquilla, J. ve D. Ronfeldt 2001. The Advent of Netwar (Revisited), *Networks and Netwar: The Future of Terror, Crime, and Militancy* içinde, der. J. Arquilla ve D. Ronfeldt. Santa Monica, CA: The Rand Corporation, Memorandum MR-1382-OSD, 171-99.

Arquilla, J., D. Ronfeldt, G. Fuller ve M. Fuller 1998. *The Zapatista Social Netwar in Mexico*. Santa Monica, CA: The Rand Corporation, Memorandum MR-994-A.

Baran, P. 1964. On Distributed Communications: I. Introduction to Distributed Communications Networks. Santa Monica, CA: The Rand Corporation, Memorandum RM-3420-PR.

Beasley-Murray, J. 2003. On Posthegemony. *Bulletin of Latin American Research*, 22(1), 117-25.

Beasley-Murray, J. 2010. *Posthegemony. Political Theory and Latin America*. Minneapolis, MN: University of Minnesota Press.

Bey, H. 1991. *The Temporary Autonomous Zone, Ontological Anarchy, Poetic Terrorism*. Brooklyn, NY: Autonomedia. http://hermetic.com/bey/taz_cont.html [erişim tarihi: Temmuz 2004].

Bowman, P. 2007. *Post-Marxism versus Cultural Studies*. Edinburgh: Edinburgh University Press.

Bull, M. 2005. The Limits of Multitude. *New Left Review*, 35, 19-39.

Colás, S. 1994. *Postmodernism in Latin America*. Durham, NC: Duke University Press.

Critical Art Ensemble 1996. *Electronic Civil Disobedience*. Brooklyn, NY: Autonomedia. http://critical-art.net/books/ecd/ [erişim tarihi: Şubat 2004].

Critical Art Ensemble 1998. *Digital Resistance*. Brooklyn, NY: Autonomedia. http://critical-art.net/books/digital/ [erişim tarihi: Şubat 2004].

Deleuze, G. 1992. Postscript on the Societies of Control. Ekim, 59, 3-7.

Deleuze, G. ve F. Guattari 1988. *A Thousand Plateaus*. Londra: The Athlone Press.

Derrida, J. 1994. *Specters of Marx*. Londra ve New York: Routledge. [*Marx'ın Hayaletleri*, çev. Alp Tümertekin, 2001. İstanbul: Ayrıntı Yayınları.]

Derrida, J. 2000. Intellectual Courage: An Interview, *Culture Machine*, 2. http://culturemachine.tees.ac.uk/Cmach/Backissues/j002/Articles/art_derr.htm [erişim tarihi: Ocak 2004].

Derrida, J. 2005. *Rogues: Two Essays on Reason*. Stanford, CA: Stanford University Press.

Foucault, M. 1990. *The History of Sexuality*, Vol. 1. Londra: Penguin. [*Cinselliğin Tarihi*, çev. Hülya Uğur Tanrıöver, 2013. İstanbul: Ayrıntı Yayınları.]

Hardt, M. ve A. Negri 2000. *Empire*. Cambridge, MA ve Londra: Harvard University Press. [*İmparatorluk*, çev. Abdullah Yılmaz, 2012. İstanbul: Ayrıntı Yayınları.]

Holloway, J. 2005. *Change the World without Taking Power. The Meaning of Revolution Today*. Londra: Pluto Press. [*İktidar Olmadan Dünyayı Değiştirmek*, çev. Pelin Siral, 2003. İstanbul: İletişim Yayınları.]

Holloway, J. 2006a. Can We Change the World without Taking Power? *The Anomalist* 2. http://www.scribd.com/doc/70684812/Hollow-Ay-Change-the-World [erişim tarihi: Ocak 2013].

Holloway, J. 2006b. In Conversation, *The Anomalist*, 2, John Ross ile röportaj. https://www.scribd.com/24033797/7387-In-Conversation-an-Interview [erişim tarihi: Ocak 2013].

Laclau, E. 1990. *New Reflections on the Revolution of Our Time*. Londra: Verso.

Laclau, E. 2005a. Populism: What's in a Name?, *Populism and the Mirror of Democracy* içinde, der. F. Panizza, Londra: Verso, 32-49.

Laclau, E. 2005b. *On Populist Reason*. Londra: Verso. [*Popülist Akıl Üzerine*, çev. Nur Betül Çelik, 2005. Ankara: Epos Yayınları.]

Laclau, E. ve C. Mouffe 1985. *Hegemony and Socialist Strategy*. Londra: Verso. [*Hegemonya ve Sosyalist Strateji*, çev. Ahmet Kardam, 2008. İstanbul: İletişim Yayınları.]

Lefort, C. 1988. *Democracy and Political Theory*. Cambridge: Polity Press.

Lyotard, J.F. 1988. *The Differend*. Manchester: Manchester University Press.

Marx, K. 1973. *Grundrisse. Foundations of the Critique of Political Economy*. Harmondsworth: Penguin Books. [*Grundrisse. Ekonomi Politiğin Eleştirisi İçin Ön Çalışma*, çev. Sevan Nişanyan, 2008. İstanbul: Birikim Yayınları.]

Munro, I. 2005. *Information Warfare in Business. Strategies of Control and Resistance in the Network Society*. Londra ve New York: Routledge.

Olesen, T. 2004. Globalising the Zapatistas: From Third World Solidarity to Global Solidarity? *Third World Quarterly*, 25(1), 260-61.

Rancière, J. 2010. The People or the Multitudes?, *Dissensus. On Politics and Aesthetics* içinde. New York: Continuum, 84-90.

Rancière, J. 2011. The Thinking of Dissensus: Politics and Aesthetics, *Reading Rancière* içinde, der. P. Bowman ve R. Stamp. Londra ve New York: Continuum, 1-17.

Roustang, F. 1984. On the Epistemology of Psychoanalysis. *MLN*, 99(4), 928-40.

Rovira Sancho, G. 2008. *Zapatistas sin fronteras: Las redes de solidaridad con Chiapas y el altermundismo*. Meksiko: Era.

Spinoza, B. 2004. *A Theologico-Political Treatise and A Political Treatise*. New York: Dover Publications. [*Tanrıbilimsel Politik İnceleme*, çev. Betül Ertuğrul, 2008. Bursa: Biblos.]

Townshend, J. 2004. Laclau and Mouffe's Hegemonic Project: The Story So Far. *Political Studies*, 52(2), 269-88.

Valentine, J. 2001. The Hegemony of Hegemony. *History of the Human Sciences*, 14(2), 88-104.

Virno, P. 2004. *A Grammar of the Multitude*. New York: Semiotext(e). [*Çokluğun Grameri*, çev. Volkan Kocagül ve Münevver Çelik, 2013. İstanbul: Otonom Yayıncılık]

Wray, S. 1998a. Electronic Civil Disobedience and the World Wide Web of Hacktivism: A mapping of Extraparliamentarian Direct Action Net Politics. *Switch*, 4(2). http://switch.sjsu.edu/web/v4n2/stefan/ [erişim tarihi: Temmuz 2004].

Wray, S. 1998b. Rhizomes, Nomads, and the Resistant Internet Use. http://www.thing.net/~rdom/ecd/RhizNom.html [erişim tarihi: Temmuz 2004].

Žižek, S. 2002. A Plea for Leninist Intolerance. *Critical Inquiry*, 28(2), 542-66.

Çeviren: Esma Kartal

İKİNCİ BÖLÜM

Yunan Bir Anarşiste Mektup: Çokluklar, Halklar ve Yeni İmparatorluklar Üzerine

Richard J.F. Day, Nick Montgomery

Giriş: Neden Yunan Bir Anarşist?

Bu kitap, 2010'ların başında oldukça ilgi gören Occupy, *indignados*, "Arap Baharı" gibi protesto hareketlerinde ne olup bittiğini anlama üzerine kuruludur. Akademik teorisyenlerin böyle bir şey yapması gayet doğaldır; söylediklerimizin toplumsal mücadelelere gerçekten dahil olmuş olanlar için bir anlam ifade etmesini istediğimiz için aynı zamanda iyi de bir şeydir. Bazen çok da iyi olmayan şeyse, tam da ulaşmak istediğimiz insanlara anlaşılmaz gelen bir şekilde konuşmamızdır. Bu, 2010'da Atina'daki otorite karşıtı B-Fest'te, birimiz için (R. Day) açıklığa kavuşmuştur. Günümüzdeki radikal toplumsal hareketler üzerine konuşmamı yaptıktan sonra, bir grup genç Yunan anarşist sahneye çıktı; soru soracaklarını sandım ancak aslında bu tahrik amaçlıymış. "Kitabınızı (*Gramsci Is Dead* [Gramsci Öldü]) okuduk, fakat Yunancaya çevrilmiş olmasına rağmen hiçbir şey anlamadık. Neden konuştuğunuz gibi yazmıyorsunuz? İngilizcemiz çok iyi olmasa da bugünkü konuşmanızı anladık" dediler. Aslına bakılırsa, o kitabı onlar gibi olan insanların anlayabileceği bir biçimde yazmaya çalıştığımı söyledim. İngilizcesi en iyi olan şöyle cevap verdi: "Bunda pek başarılı olduğun söylenemez değil mi, dostum?"

Yunan anarşist figürü, her şeyden önce teori ve pratik[1] arasındaki, kullanma şeklimiz açısından daha kesin hale getirmek ve aynı zamanda alışılmış sınırlarının ötesine yaymak istediğimiz tipik ayrımı aklımıza getirir. Bu özel durumda *pratik*, mülkiyete izinsiz yerleşme ve orayı savunma, sokaklarda faşistlerle kavga etme, Exarcheia barları ve kafelerinde vakit geçirme, kitapçılar açma gibi faaliyetleri içerir. Başka bir yerdeki başka birisi için bu, yoksullukla mücadele amaçlı bir STK kurmak ya da bir fabrikayı devralmak ya da ihtilal ordusunda bir asker olmak demek olabilir. Bu düzeyde hiçbir çalışma olmadan, böyle kitaplarda yapılan türden çalışmaların hiçbir anlamı kalmadığını ileri sürüyoruz. Asıl önemli olan, dünya(lar)ı değiştirmek için çalışmaktır, bunu başarmak için gidilebilecek tüm yolların –reform, ret, devrim ve alternatiflerin oluşturulması– elbette belirli bağlamlarda her biri kendine göre tehlikeler ve olasılıklar barındırsa da, değerli olduğuna ve uğraş vermeye değdiğine inanıyoruz.

Bu kitapta yer verilen bizim gibi insanlar, bu faaliyetleri anarşizm, otonomcu Marksizm, post-Marksizm ya da Lacancı Stalinizm gibi teorik bir paradigmanın perspektifinden bakarak değerlendirmeye koyulduklarında, bu faaliyetleri belirli tarihsel bağlamlara yerleştirdiğimizde ve "Neler Oluyor?" ya da "Ne Yapmalı?" diye sorduğumuzda, *teori* olarak isimlendireceğimiz şeyi yaparız. Pratik üzerine düşünme olarak teori, pratikten geriye bir adım atmayı gerektirir. Yine de, daha önceden söylenildiği gibi, teori yapmak aynı zamanda belli bir anlamda bir pratik niteliğindedir. Tüm kategorileştirme sistemleri gibi, bu da belirsizdir ve son kertede kendi üzerine çöker, neyse ki bu son kerteye hiçbir zaman gelinmez.

Bizim gibi insanlar, böyle kitaplar yazarken, geleneği devam ettirerek *üst* teori diyeceğimiz bir diğer pratikle uğraşmaya da meyillidirler. Teori nasıl pratikten bir adım geriye gelmeyi gerektiriyorsa, üst teori de, teorik paradigmaların içerikleri ve etkileşimleri üzerine karşılaştırmalı biçimlerde düşünmek için teorinin kendisinden geriye bir adım atmayı gerektirir. Yunan anarşistlerin ya da Zapatistaların yaptıklarını

1 Bazı insanların buraya "praksis" yazmamızı isteyeceğini biliyoruz, ancak en azından bu hususta Marx yerine Foucault'yu yeğlediğimiz için "pratik" yazıyoruz.

incelemek için Lacancı Stalinizmin[2] mi, yoksa post-Marksizmin mi en iyi merceği sağladığını tartıştığımızda, üst teori yapmış oluruz. Akademideki birçok insan bunu yapar ve bu şekilde düşünürler – biz yeni bir şey icat ettiğimizi düşünmüyoruz. Teori ve üst teori arasındaki ayrımdan, sadece, kimileri bu ayrıma itibar ederken, diğerleri iki pratikten de teori olarak söz ettikleri için bahsediyoruz. Bahsi geçen ikinci durum, önemli olduğunu düşündüğümüz çizgiyi –Yunan anarşistlerin neden o sahneye çıktıklarını ve fikirlerini söylediklerini tam olarak tanımlayan– bulanıklaştırır. Çizgi şu şekilde çizilebilir: Toplumsal değişim meydana getirmek için bir şeyler yapan (yazma ve konuşma dışında) insanlara ulaşılabilir ve dolayısıyla faydalı olabilecek bir şekilde teori yazmak mümkün olmasına rağmen, üst teori yalnızca teoride uzmanlaşmış olanlar için bir şey ifade etme eğilimindedir, yani hâkim düzen içerisinde kendilerini akademik entelektüeller olarak evcilleştirerek, zamanlarının büyük kısmını düşünerek, okuyarak ve yazarak geçirme lüksüne sahip olanlar ve genellikle bunları yapmaları için para verilenler.[3]

Akademik entelektüellerin tabii ki okumak, yazmak, düşünmek ve konuşmaktan başka şeyler yapmaları yasak değildir ve çoğu başka şeyler de yapar. Burada gerçekten anlattığımız şey "bireyler" ya da hatta "özneler" bile değil, "mantık"tır (ikimize de böyle düşünmeyi öğreten Ernesto Laclau'ya saygılarımızla). Belirli bir özne, farklı zamanlarda

---

2 Bu, Slavoj Žižek'in mevzisine, onunkine benzer bir ton ve yaklaşım kullanarak, şaka mahiyetinde bir anıştırma niyetindedir.

3 Kaçamak ifade "eğiliminde", burada çok önemlidir. Kendimiz de öyle olduğumuz için, hem aktivist hem de akademisyen olan kişilerin varlığının farkındayız. Ve Yunan anarşistlerle ilgili hikâyenin geçtiği ortam, biranın, souvlaki'nin, radikal yayıncılığın (Panagiotis'e selamlar), teorinin ve dubstep'in en iyisini bir araya getirmiştir. Atlantik'in diğer tarafına geçme kabiliyeti olanların bildiği gibi, Avrupa ve Kuzey Amerika arasında, üst teorinin radikal çevrelerce nasıl karşılandığı ve anlaşıldığı hususunda oldukça büyük bir fark vardır. Basitçe söyleyecek olursak, Avrupa'da, aktivizm ve akademi dünyaları arasında gidip gelen çok daha fazla insan vardır; ve "genel halk" içerisinde, en son skandalın veya savaş davulları çalan şeytanlaştırmanın ötesinde siyasi-felsefi meselelerle ilgilenen çok daha fazla insan vardır. Latin Amerika ve Hindistan'da ise, post-ideolojik yaklaşımlara doğru, üst teoriye karşı ihtiyatla ilginç bir şekilde uyum içinde olduğunu düşündüğümüz güçlü bir eğilim vardır.

teori ve üst teorinin mantıkları da dahil olmak üzere çeşitli mantıklara benzeyebilir ve benzer de. Fakat bu, iki mantık arasındaki farkı donuk bir kütle haline getirmenin –genellikle yapıldığı gibi– iyi bir fikir olduğu anlamına gelmez. Bu, Yunan anarşistlerin bize söylediği şeydir, en azından biz böyle düşünüyoruz. Ne yapmaya çalıştığımızı, bunu kimin için, kiminle ve ne amaçla yaptığımızı asla unutmamalıyız.

Anladığımız kadarıyla bu derlemenin esas sorusu, günümüzdeki toplumsal hareketlerin en güçlü akımında yer alan aktörlerin, Halk mı yoksa Çokluk olarak mı anlaşıldığına karar verme etrafında dönüyor. Bu bölümde, daha çok dekolonizasyonla ve yerli-göçmen ittifaklarıyla olan tecrübelerimize ve bunları anlama şeklimize dayanarak, ne Halk'ın ne de Çokluk'un buraya uygun olduğunu iddia ederek bu soruyu yanıtlamaya çalışacağız. Michael Hardt ve Toni Negri tarafından ileri sürülen İmparatorluk ve Çokluk savlarını, onlarla yakından ilgisi olan Toplu Göç ve Ortak Varoluş kavramları bağlamında tartışarak başlıyoruz. İmparatorluk hipotezinde, güncel hâkim dünya düzeninin eleştirel bir tasviri olarak yararlı olabilecek birçok şey bulsak da, iş kural koymaya gelince –Ne Yapmalı? sorusuna– otonomcu yoldaşlarımızla yollarımızı ayırmamız gerektiğini anladık. Ancak biz bunu, Hardt ve Negri'yi eleştirenlerin bazılarından –Ernesto Laclau ve Slavoj Žižek gibi– farklı nedenlerden ötürü yapıyoruz. Hem Halk'ı hem de Çokluk'u, Çokluk'un heterojenlik iddialarına rağmen bizim amaçlarımız için fazla tümleyici buluyoruz. En önemlisi, odak noktamız göz önünde tutulursa, Çokluk'un evrenselleştirici eğilimleri Hardt ve Negri'yi, milliyetçiliğin, kimliğin ve sınırların her biçimini yozlaşmış ve tepkici olarak görmeye ve dolayısıyla yerli halkların ve onların göçmen müttefiklerinin emellerini dışlamaya yöneltir.

Biyopolitik Çokluk'un bu sınırlamalarıyla baş etmek için, Ortak Varoluş kavramına yeniden değer biçmenin gerekli olduğunu, tekrar maddileştirilmesi, kadınlaştırılması, yerlileştirilmesi ve yerelleştirilmesinin şart olduğunu iddia ediyoruz. Daha sonra özerklik hakkında farklı düşünmeye başlamak için bir yol olarak, Two Row Wampum modelinden faydalanıyoruz. Ancak günümüzdeki radikal toplumsal hareketlerin bütünlüğünün nasıl adam akıllı anlaşılacağına dair kendimiz bir mevzi belirlemektense, bu çalışmayı yaptıktan sonra, bu tür üst teorik argümanlardan tamamen vazgeçmeyi destekliyor; Halk(lar)'a ve Çokluk(lar)'a (yeniden değer biçilmiş) ve diğerlerine yönelenleri içeren, fakat bunlarla sınırlı olmayan pratiklerin çoğulluğuna dönüşü yeğliyoruz.

İmparatorluk, Toplu Göç, Ortak Varoluş ve Çokluk

Otonomcu kavramların oldukça iç içe geçen doğası nedeniyle, her birini en azından tanıtıcı bir şekilde geliştirmeden önce üzerlerine konuşmak imkânsızdır. Bu yüzden tartışmamıza, Hardt ve Negri'nin İmparatorluk, Toplu Göç, Ortak Varoluş ve Çokluk kavramlarını nasıl kullandıklarından söz ederek başlıyoruz. Bu kavramların hepsine hem birer hipotez –şeylerin nasıl olduğuyla ilgili bir iddia– hem de birer kural koyma –bu şeylerle ne yapmamız gerektiğiyle ilgili bir iddia– muamelesi edeceğiz. Bu kavramlardan birinin her iki yönüne de değinmek istediğimizde, ondan bir *tez* olarak bahsedeceğiz.

İmparatorluk tezini, mevcut hâkim küresel düzenin sorunlarının bir teşhisi olarak, hem ikna edici (İmparatorluk gibi bir şeyin muhtemelen var olduğunu düşünüyoruz) hem de faydalı (İmparatorluk'u başlı başına anlamanın ona radikal alternatifler yaratmada yararlı olabileceğini düşünüyoruz) buluyoruz. İmparatorluk, karmaşık ve çok yönlü bir kavramdır, o kadar ki, bütün alt bölümleriyle burada ilgilenemeyeceğiz. Bu nedenle argümanımızın gelişimi için çok önemli olan üç özellik üzerine yoğunlaşacağız.

İmparatorluk Merkezsizleşmiş ve Dağılmıştır

İmparatorluk daha önceki emperyalizmlerden daha fazla merkezsizleşmiştir: Kontrolü elinde tutan tek bir grup, kurum ya da şahıs yoktur. Günümüzdeki İmparatorluk, devletlerden oluşan egemen bir grup tarafından da kontrol edilmez. İmparatorluk, ulus-devletleri ve aynı zamanda Dünya Bankası, STK'lar gibi uluslaraşırı kuruluşlarla, kurumları ve birlikte çalışan ve rekabet eden diğer kurumları kapsar. Bizim için, bu, iktidar olma ya da iktidarı devirme amaçlı toplumsal değişim tarzlarının gitgide etkisiz bir hale geldiğine işaret eder, çünkü devrilecek merkezi bir iktidar mevkisi yoktur. Michael Hardt'ın bir röportajda açıkladığı gibi, "protesto edebilirsiniz, ama evde kimse yok" (Hardt 2010, 246). 2000'li yılların küreselleşme karşıtı gösterilerine "yeni küresel komuta şebekesindeki düğümleri ortaya çıkarma"yı atfetmesine rağmen, aynı zamanda bu büyük karşı zirvelerin "sadece bu olaylar etrafında örgütlenmiş olduğunu ve bize başka bir şey bırakmadığı"nı kabul eder (Hardt 2010, 246).

İmparatorluk Kuşatma ve Özelleştirme Yoluyla Çalışır

İmparatorluk'un önemli ikinci bir özelliği, herkesi ve her şeyi kuşatma ve özelleştirmeye yönelik, süregelen teşebbüsüdür. Hardt ve Negri, kapitalizmin İmparatorluk altında, kârdan daha çok rant yoluyla işlediğini iddia ederler. Bununla, sermayenin, üretim sürecine artan bir biçimde yabancılaştığını kastederler: Üretimi doğrudan düzenlemek ve kâr etmek yerine, zenginliğe el koyma ve kamulaştırma arayışındadır (Hardt ve Negri 2009, 141). Finans sermayesi İmparatorluk'ta gittikçe egemen hale gelir: Değerli hiçbir şey yaratmaz, ancak el koymak için devamlı yeni şeyler arar. Hukuki olan veya olmayan araçların birleşimiyle, sermaye, komünal olarak sahip olunan toprakları kuşatmanın yollarını bulur: Bilgiyi ve kültürel ürünleri özelleştirir ve insanların evlerini ve mallarını ellerinden alıp onları mülksüzleştirir. Bu sürece, (fabrikada olduğu gibi) sahiplenilecek zenginlik üretmemesi nedeniyle, aynı zamanda "el koyarak birikim" de denir (Harvey 2003, 2004 [2004]); yalnızca zaten varolan servete el koyar. Bize göre, bu durum, bu temellüklere karşı korunmanın, yani özelleştirme ve kuşatmayı engellemenin aciliyetine dikkat çeker. Daha temkinli olarak, münasip faillerin İmparatorluk'un güçleri tarafından çalınanları nasıl geri alabilecekleri ve dünyalarımızın gelecekte olabilecek temellüklerden nasıl yalıtılabileceği sorularını açığa çıkarır.

İmparatorluk Biyopolitiktir: Yaşamın Kontrolünü İster

İmparatorluk'un vurgulamak istediğimiz son özelliği, onun "biyopolitik" boyutudur. Hardt ve Negri, İmparatorluk'un yalnızca malların nasıl üretildiğini denetlemediğini ayrıca öznelliğin üretimini, benliklerimizi, nasıl hissettiğimizi ve birbirimizle bağlantı kurma şeklimizi de denetlediğini belirtirler. Bu, Hardt ve Negri'nin "biyoiktidar" olarak isimlendirdiği şeydir: "İktidardakiler için asıl meselenin bizatihi hayatın üretimi ve yeniden üretimi olduğu bir durum" (Hardt ve Negri 2000, 24 [2001, 48]). İmparatorluk'un işe yaradığı ölçüde her şey –bedensel ihtiyaçlarımız, giydiklerimiz, ilişkilerimiz, çevremiz, arzularımız ve emellerimiz, ruh hallerimiz– onun tarafından koşullanmış ve ayarlanmış olur. "Biyopolitik üretimin asıl çekirdeği... öznelliğin kendisinin üretimidir" (Hardt ve Negri 2009, [2011, 12]).

İmparatorluk, yerleşik hale geldikçe, bu denetim daha da yaygınlaşır, fakat asla bütüncül hale gelemez:

> Tarih yalnızca biyoiktidarın, tahakküm vasıtasıyla üzerinde gerçekliği biçimlendirdiği ufuk olarak düşünülemez. Bilakis tarih, biyoiktidara karşı olan biyopolitik karşıtlıklar ve direnişler tarafından belirlenir. (Hardt ve Negri 2009, 31)

Bu tartışma, "öznellik üretiminin özerkliği veya kontrolüne dair bir mücadele"yi içeren "biyopolitik"in alanıdır (Hardt ve Negri 2009, [2011, 12]). Bu iddia, İmparatorluk'un içerisinde ve ona karşı olan mücadelenin, sadece ekonominin nasıl işlediğiyle ilgili değil de, tüm yaşam biçimlerinin ve yeniden üretimin işleyişiyle –birbirimizle nasıl bağlantı kurduğumuz, geçimimizi nasıl sağladığımız, birbirimizle nasıl ilgilendiğimiz (ya da ilgilenmediğimiz), toprakla nasıl bir ilişkimizin olduğu ve birlikte ne yapıp ettiğimiz– ilgili olduğunu belirttiği için bize mantıklı geliyor. Ancak radikal toplumsal değişimin gerçekleşmesi için İmparatorluk haricinde başka bir gücün, biyopolitik üretim araçlarının denetimini ele almasının gerekli olduğuna dair çıkarımla ilgili bazı ciddi tereddütlerimiz var. Yani, "çokluk kendisini, ortak varoluş içerisinde bu süreçten [yukarıda belirtildiği gibi, biyoiktidar için mücadele süreci] doğan tekil öznellikleri oluşturarak yaratır" iddiasından dolayı kaygılıyız (Hardt ve Negri 2009, [2011, 12]). Buradaki kaygımız, Bakunin'in neredeyse 100 sene önce ifade ettiğine benzerdir: Bir fabrika bir fabrikadır ve makineleri işletme, onların sahiplerinin kim olduğunu ve onları kimlerin denetlediğini gözetmeksizin bizleri makineleştirir. Ya da farklı bir şekilde söyleyecek olursak, yaşamın kendisinin kontrolünü elimize almaya çalışmak gibi bir arzumuz yoktur. İmparatorluk'un üretim araçlarını ele geçirmek istemeyiz. Bu olanaksız –ve görünen o ki bir hayli tehlikeli– bir iş gibi durmaktadır. Bunun yerine, zapt edilmiş yaşam biçimlerini eski hallerine getiriyor, yenilerini oluşturuyor ve en çok da yaşamı daha çok kendi aygıtlarına bırakıyor olmalıyız.[4]

Daha az endişe verici şekillerinde biyopolitik meselesi, eski yaşam biçimlerini iyileştirmenin ve İmparatorluk'tan göreceli bir özerklik yaratan ve onu devam ettiren, yeni, kapitalist ve devletçi olmayan yaşam biçimleri icat etmenin ehemmiyetinin altını çizer. Otonomculara göre *Toplu Göç*, bu İmparatorluk'tan "eksiltme" (Hardt ve Negri 2009, 152) sürecine ya da yeniden temellük etmeye denilir. "Toplu Göç... biyopolitik emek gücünün verimliliğin bir reddi değildir; aksine, üretim kapasitesine sermaye tarafından konulan kısıtlayıcı engellerin bir reddidir" (Hardt ve Negri 2009, 152). Tıpkı biyopolitik kavramının, postmodern bir dünyada üretim araçlarının devralınmasına dair modern Marksist hayali sürdürmesi gibi, "biyopolitik bağlamda sınıf mücadelesi, toplu göç biçimine bürünür" (Hardt ve Negri 2009, 152) – işçilerin her zaman olduğu gibi zincirlerinden başka kaybedecek bir şeyleri yoktur, fakat kazanacak çok şeyleri vardır.

Postmodern dünyanın işçilerinin Toplu Göç aracılığıyla kazandıkları şeyin tam olarak ne olduğu sorulabilir. Yanıt şudur: *Ortak Varoluş*'un kontrolü. Hardt ve Negri'ye göre Ortak Varoluş, insanların birlikte ürettikleri ve bu (tekrar) üretimi ayakta tutan her şeydir, buna hem su ve toprak gibi maddi nesneler (Hardt ve Negri 2009, viii) hem de dil, bilgi ve duygulanım gibi maddi olmayanlar dahildir (Hardt ve Negri 2009, viii). Adına rağmen, Ortak Varoluş, ister istemez bölünür ve iki çatışan kiplikte var olur. Bir yanda "kendi içinde" Ortak Varoluş diye adlandırılabilecek olan vardır, yani ortadaki tüm şeyler –halen İmparatorluk

---

4 Burada yaşamı, Georg Simmel'ın çalışmalarındaki gibi "yaşamdan fazlası" yönüyle düşünmek belki faydalı olacaktır. Yaşam, daima ve mutlaka kendini aşan bir unsuru bulunandır. Bize öyle görünüyor ki, "biyopolitik"in, bu terim Hardt ve Negri tarafından kullanıldığı için, "biyoiktidar"ın yaşamı inkâr eden yönlerinin bazılarını yeniden üreten bir unsuru vardır. Bunu düşünmenin bir diğer yolu, Marksistler ve anarşistler arasındaki "kendiliğindencilik"ten kaynaklanan eski savaştan geçer. Marksistler yaşamı kendisine bırakmanın yeterli olmadığını düşünmeye meyilliyken, anarşistler bunun, uygun örgütlenme biçimlerinin yerel olarak ortaya çıkışı için fena bir *başlangıç noktası* olmadığını düşünme eğilimindedirler. Bunu düşünmenin farklı bir yolu da şunu söylemektir: Hegemonyaya biyopolitikanın göründüğünden daha az yönelen örgütlenme biçimleri vardır ve biz bu biçimleri, bizim anladığımız şekliyle biyopolitika yerine tercih ediyoruz.

tarafından yaratılan ve kuşatmaya maruz kalan toprak, dil, bilgi ve diğerleri. Diğer yandaysa, bilince yeni işçi sınıfının evi olarak getirilen "kendi için" Ortak Varoluş diyebileceğimiz şey bulunur– "yeni siyaset biçimi" yoluyla "kurmaları" gereken budur (Hardt ve Negri 2009, ix). Bu anlatıda, modern kapitalizm nasıl kendi yıkımı için gerekli olan üretim güçlerini yarattıysa, İmparatorluk da kendini alaşağı etmeye hazırlanıyor: "Çağdaş kapitalist üretim kendi ihtiyaçlarına çözüm ararken, ortak varoluşa dayalı bir toplumsal ve ekonomik düzeni olası hale getiriyor ve bu düzenin temellerini atıyor" (Hardt ve Negri 2009, [2011, 12]). Bu elbette Ortak Varoluş'un dönüşmüş, yani kuşatılmamış ya da kapitalizmin –bu hususta devletçi sosyalizmin– yönetimine tabi olmayan halidir; Ortak Varoluş'un ne "özel" ne de "kamusal" uzam olarak halidir (Hardt ve Negri 2009, viii-ix). Toplu göç bu nedenle esas olarak bir seçim sürecidir: Ortak Varoluş'un belli "faydalı" öğelerini doğrularken, "yozlaşmış" olarak görülen diğerlerine meydan okumayı gerektirir (Hardt ve Negri 2009, 171).

Bu seçimi yapma görevi, Hardt ve Negri'nin, Marksist anlatıyı postmodern güncellemesinde Proletarya rolünü üstlenen *Çokluk*'a düşer. Çokluk kavramı, artık tutarlı bir "işçi sınıfı"nın olmadığı, bunun yerine, tabii ki kapitalizmi de içeren mevcut hâkim düzeni yeniden üretmekle meşgul, çok daha dağınık bir insan grubunun olduğu iç görüsüyle ortaya çıkar. Çokluk, bu şebekelendirilmiş varlığın adıdır: "Üretim mekanizmalarına, kademe ya da özelliğe bakılmadan tüm çeşitlilikleriyle yerleştirilen her şeyin, öznelliğin açık ve çoğul bir üretimi tarafından hayat verilen bir oluşumu" (Hardt ve Negri 2009, 45). Yalnızca mal ve hizmet üretmemesi, ayrıca "işbirliği, iletişim, yaşam biçimleri ve toplumsal ilişkiler" (Hardt ve Negri 2005, 339) üretmesi sebebiyle aynı zamanda kesinlikle postmoderndir.

Üretimin sermaye altında nasıl değişmiş olduğunun ve emeğin girdiği yeni biçimlerin bu çözümlemesi oldukça mantıklı görünüyor. Yollarımızı ayırdığımız nokta, bu değişikliklerin anlamını ve önemini anlama şeklimizdir. Hardt ve Negri'ye göre, Çokluk, hem kapitalizm içerisindeki konumu hem de küresel değişim için kapasitelerinden dolayı doğrudan "işçi"nin soyundan gelir. *Devrimci özne* rolünü, yani kapitalizmin ve devletin ötesinde yatay, radikal anlamda demokratik bir dünya yaratarak küresel değişimi meydana getirecek güç rolünü oynar.

"Toplu Göç Olarak Çokluk"tan "Çokluk'tan Toplu Olarak Göç"e

Hardt ve Negri, Çokluk'un devrimci özne rolünü gerçekleştirmesi için siyasi olarak kurulmak zorunda olduğunun gayet farkındadırlar. Postyapısalcı *tekillik* nosyonuna başvurarak, hem diktatörlüğün (proletarya tarafından) hem de kendiliğindenciliğin tuzaklarının önüne geçen bir rota çıkarmaya çalışırlar. Bu kavramın düzgün bir açıklamasını yapmak için bir sürü doktora tezi gerekecektir, bu yüzden şimdilik sadece tekilliğin bilinemez ve bir denklem biçimine indirgenemez gibi göründüğünü ve hatta bu şekildeki denklem sanatını atlattığını söyleyeceğiz. Tekillik, farklılığın tümlenmeyen patlamasıdır. Çokluk, tekilliklerden oluştuğu için, geniş kapsamlı bir ideoloji ya da yaklaşıma indirgenemez – tekrar matematiksel metaforlar kullanacak olursak, her daim değişim halinde olan bir şekle bürünür ve yalnızca tahmin edilebilir. Bu, Çokluk'un, sırf hâkim düzeni yenilemeye ya da devralmaya çalışmaktansa, onu zayıflatarak ve onun yerine geçerek radikal toplumsal değişim için bir kaynak olabileceği konusunda ısrar ederken, felsefi açıdan Hardt ve Negri'ye, toplumsal hareketlerle ilgili çoğu düşüncenin doğasında olan birlik ve aynılık dayatmasından kaçınmaları için bir yol sağlar. Belli şeylerin nasıl yapılması gerektiğine dair anarşist ve yerelci anlayışları uzun zamandır nitelemiş olan yaklaşımlarla derin ve ilginç şekillerde uyumlu olmasından ötürü, bunun harikulade bir fikir olduğunu düşünüyoruz.

Yine de, önde gelen birkaç teorisyen, Çokluk savından pek de memnun değildirler. Şu tür zor sorular soruyorlar: Çokluk hakikaten kapitalizmi devirebilir mi? Muhakkak demokratik ve ilerici mi, yoksa belki aynı zamanda gerici mi? Bu siyasi özne, onun için önerilen görevler konusunda yeterli mi? Hatta bir özne mi, ya da daha dağınık bir şey mi? Ya da aşırı dağınık?

Örneğin Slavoj Žižek, Hardt ve Negri'nin çokluk anlayışının, tamamen, Marx'ın kapitalizmin kendi mezar kazıcılarını üreteceğine

–bu değişimin nasıl meydana geleceğiyle alakalı net bir açıklamada bulunmadan– yönelik ilerici ümidini yansıttığını tartışır (Žižek 2006, 262-3). Žižek'e kalırsa, Hardt ve Negri, çokluğun "egemen iktidarın Bir'ine [İmparatorluk] direnen çokluklardan, doğrudan kendini yöneten çokluklara" nasıl geçebileceğini göstermede sınıfta kalmışlardır (Žižek 2006, 264 [2008, 265]). Žižek, Hardt ve Negri'nin filozoflara göre bile çok anlaşılmaz olduğunun üzerinde durur.

Peki Žižek'in kendisi, ne yapılması gerektiğine dair asırlık soruya ne cevap verir? Bu noktada, kendisi de ayırt edici –fakat aynı zamanda her zamanki gibi eğlenceli– bir şekilde anlaşılmaz ve çelişkilidir. *Paralaks*'ta Hardt ve Negri'nin konumunu eleştirdikten sonra Žižek, otonomcularca pek tutulan, maddi olmayan emekçilerden oluşan "simgesel sınıf"a karşılık, potansiyel olarak devrimci "karşı-sınıf" olarak gördüğü kenar mahalle sakinlerinin devrimci potansiyeli üzerine derinlemesine düşünür (Žižek 2006, 267-9 [2008, 269]). Žižek, başka bir yazısında, ikiz kötülükler olan özelleştirme ve çevresel felaket yoluyla her şeyi kaybetmeye hazır olduğumuz gerçeği aracılığıyla, kapitalizmin kuşatmalarının ve eli kulağındaki ekolojik felaketlerin bizleri birleştirdiğini iddia ederek, özgürleştirici bir siyasete temel olması için yeni bir proletarya nosyonu talep eder (Douzinas ve Žižek 2010, 212-13).

Ernesto Laclau da, Çokluk'un, Hardt ve Negri'nin onun için belirlediği görevleri yerine getirme kabiliyeti konusunda endişelidir. Žižek, Çokluk'un bir şeyleri halletmek için kendini araçsal bir biçimde örgütleme yeteneğinden şüphe ederken, Laclau, onun sembolik seviyedeki örgütlenmesi hususunda kaygılıdır – Çokluk'un ne ya da kim olduğunu anlayabilecek kapasitesinin olup olmadığından emin değildir. Bunun Çokluk'un tekilliklerin teşkil ettiği bir çeşitlilik olmasının bir sonucu olduğunu belirtir. Deleuze'ün izinden giden Hardt ve Negri, yalnız bir kavramın –Spinoza'nın içkinliği– Çokluk'u dünya-tarihsel varoluş/eyleme doğru harekete geçirmeye yeterli olduğuna inanmaya isteklidirler (Laclau 2005, 242-3). Laclau'nun tahmini, bu türden bir tutarlığın biraz yardım almadan ortaya çıkmadığı ve çıkamayacağı yönündedir. Dolayısıyla Çokluk, "Halk"a –mevcut talepler ve kimliklerden birbirine dikilecek sözde-aşkın ve karşı-hegemonik bir şebeke– eklemlenmelidir (Laclau 2005, 249-50).

Öyleyse biz nerede duruyoruz? Üst-üst teorik denilebilecek bir bakış açısından, herkese katıldığımızı söylemeye mecbur hissediyoruz – Hardt ve Negri ve ayrıca Žižek ve Laclau ve Çokluk tezini eleştiren, değinmediğimiz diğer entelektüel ve aktivistlerin hepsi. Çokluk, gerçekten de devrimci ve gericidir, tutarlı ve tutarsızdır demokratiktir ya da değildir, Halk ile Proletarya'dan daha kötü ve daha iyidir. Dünyayı değiştirmeyecektir; dünyayı değiştirecektir. Başarılı olacaktır, başarılı olabilir, başarısız olmaya mahkûmdur. Çokluk'un tekilliklerden oluşan, toplanamayan bir gövde olduğu söylendiğinde kastedilen tam da budur.

Hardt ve Negri zaman zaman, analitik nesnelerinin indirgenemez çeşitliliğine saygı duyar gibi görünürler: "Toplumumuzda sadece sınırlı bir sayıdakinin farkına varabiliriz [ama] mücadele ve özgürleşmenin sonsuz sayıda yolu vardır" (Hardt ve Negri 2009, 343). (Razı olma ile faşizmin sonsuz sayıda yolu olduğunu hızlıca ekleyelim. Tüm yolların kendilerine özgü tehlikeleri ve ihtimalleri vardır.) Ancak diğer zamanlarda Hardt ve Negri, Laclau'nun, içkinliğin tek başına ne başarabileceğiyle ilgili kuşkularını paylaşıyor gibi durur ve Çokluk'u "ortak bir projede paralel çizgiler boyunca" "eklemleme"nin nasıl mümkün olduğuna dair kaygılarını kabul ederler (Hardt ve Negri 2009, 343). Kimi zamansa, Çokluk'un çeşitliliğini, hakkında ve hatta adına konuşabilecekleri tek bir şeye indirgeyerek onu şeyleştirirler:

> Çokluğun... devlet aygıtlarının denetimini ele geçirmek gibi bir niyeti yoktur, onları başka maksatlar için kullanmak amacıyla bile – ya da sadece onları sökebilsin diye onlara sahip olmayı ister. Devleti özgürlük alanı olarak değil, tahakküm mevkisi olarak görür (Hardt ve Negri 2009, 355)

Eğer Çokluk tümlenemeyen bir tekillikse, Hardt ve Negri onun ne istediğini nasıl bilebilir? Tek bir iradesi olan bir şeye nasıl indirgenebilir? Onun ne istediğini bilebilmeyi neden istiyorlar? Onun çeşitliliğini neden dokunulmamış bir vaziyette bırakamıyorlar? Sanki hegemonyacılar onları da ikna etmiş gibiler, veya belki de birimizin iddia ettiği gibi (Day 2005, 151-2), Michel Foucault ve Gilles Deleuze'ün çalışmalarıyla kurdukları bağlantılara rağmen, Hardt ve Negri'nin kendi anlayışları/arzularında güçlü bir hegemonik moment zaten her zaman vardı.

Her halükârda, Hardt ve Negri'nin en sonda –ve başlangıçta ve ortada– onları eleştirenlerle bariz bir şekilde paylaştıkları şey, devrimci makinelerine parçalar bulmak için en iyi yerin (çoğunlukla) Batı felsefesinin hurda yığını olduğuna dair dile getirilmemiş bir inançtır. Buradaki en önemli figür Hegel midir ya da belki Lacan? Deleuze *ve* Guattari mi, yoksa sadece Deleuze mü? (Foucault'yu herkes sever, ancak böyle bir söylemsel aynalar ustasına yaraşır şekilde, her biri farklı birini beğenir.) Bizse bu kavramların, onlara bağlı hayallerle beraber –Proletarya, Çokluk, Halk, Olay, Karar, Devrim, Komünizm– en iyi şekilde, boş gösterenler ya da Žižek'in deyimiyle siyasi mitler olarak görüldüğünü iddia ediyoruz. "Tutarsız, hatta karşılıklı olarak birbirini dışlayan anlamlara" gelebilen kuantum kaplardır (Žižek 2006, 101 [2008, 101]). Bu bir bakıma dilin işleyiş biçimidir, bu yüzden kimse bu göstergesel oyunu, göstergesel oyun olduğu gerekçesiyle ele almadığımız varsayımında bulunmamalı. Argümanımız, bu belirli gösterenlerin, akademik üst teorisyenlere boşaltılıp doldurulmasının, zemindeki çoğu insanın düşündükleri veya yaptıkları üzerinde her zaman pek etkisi olmadığıdır.

Bu nedenle, tahmin gösterisine, "protestoculara Red Ink temin" (taleplerini dile getirmenin bir yolu; bkz. Žižek 2012) edebilecek doğru felsefe dalında katılmak yerine, "dünyalarını değiştirme"de ellerinden gelenin en iyisini yapmakta olan insanların aslında ne yaptıklarını başlangıç noktamız yapmak istiyoruz. Elbette Hardt ve Negri'nin somut uygulamalar hakkında hiç konuşmadıklarını iddia etmek adil olmayacaktır. Mesela, militan takım araştırmasının farkındadırlar ve onu günümüzdeki entelektüel çalışmaların en umut verici bulvarlarından biri olarak görürler (Hardt ve Negri 2009, 127). Ancak gerçekten yaşanan pratiklerin ve mücadelelerin bahsi, üçlemelerinde sadece ara sıra geçer ve o zamanlarda da üstünkörü örnekler ve Çokluk'un yatay özyönetim, ayaklanma, sevgi ve ona atfedilmiş diğer özellikler vasıtasıyla neler başarabileceğinin kanıtı olarak görünürler. Pratikler, sanki teorileri "kanıtlama"ya yardımcı olmak için orada gibidir. Çokluk'u kötüleyenler için bu örnekler bunun tam tersi görevi görür: bu felsefi-teorik varlığın, onun için belirlenen görevin üstesinden gelemeyeceğinin ispatı. Aslında eleştirimiz, onların kendilerini kasten herkesten yukarıda ve ayrı görmelerinden çok, kendi tecrübelerine ve emellerine dayanarak genelleme yapmaları ve dolayısıyla herkesi kendi dünyalarına dahil etmeleridir (birçok farklı dünyayı eklemleme teşebbüslerine karşın). Şimdi açıklamaya çalışacağımız gibi, bu yaklaşımın bilhassa yerli dekolonizasyonuyla ilgili olan bazı çıkarımları sorunludur.[5]

Hardt ve Negri *Ortak Zenginlik*'te, mevcut hâkim düzenle yerli halklar arasındaki ilişkilere dair çok önemli bir noktayı kabul ederler:

> Latin Amerika'daki liberal oligarşiler, bağımsızlıktan itibaren, "Kızılderili"yi tamamen yok etmek amacıyla, yerli nüfusu Hispanikleştirmeye çalışarak "ırk-körü" bir ideolojiyi harekete geçirmişlerdir –eğitim, farklı ırklar arası evlilik ve göç yoluyla (fiziksel imha uygulanmadığı zamanlarda)– öyle ki, yerli medeniyetlerin kalıntıları müzelere gönderilecek ve sadece turistlere yönelik şeyler olacaktır. Böyle bütünleşme söylemleri, elbette, ırksal üstünlük kurmayı ortadan kaldırmamış ve çoğu örnekte görüldüğü gibi azaltmamıştır bile. Bilakis, devam etmekte olan sömürgeleştirmeyi daha az görünür yapmış ve dolayısıyla onunla mücadeleyi daha zor hale getirmiştir. (Hardt ve Negri 2009, 328)

Elbette aynı şey, Hardt ve Negri "Amerika kıtasının yerli medeniyetlerininki gibi ortak toprak rejimleri yok edilmiştir" (Hardt ve Negri 2009, viii-ix) iddiasında bulunduklarında olduğu gibi kendi metinleri de dahil olmak üzere daha birçok yerde olur. Hatta bazı bölgelerdeki yıkım tam olmakla birlikte, çoğunda olmamıştır. Ve birçoğunda hayatta

---

5 Biz bu makale üzerine çalışırken, Hardt ve Negri, *Duyuru* adıyla bir "bildiri" (kendi terimleri, Hardt ve Negri 2012, 7) yayımladı (Hardt ve Negri 2012 [2013, 12]). Dikkatlice okumadık, fakat burada 2010'lu yılların daha görünür protesto hareketlerinin bazılarıyla ilgilenmeye başladıkları belirtilmelidir. Ayrıca çoğul biçimde "çokluklar"dan bahsederler (Hardt ve Negri 2012, 5), ki bu aramızda toplumsal değişime hegemonik olmayan yaklaşımların tarafında olanları memnun etmiştir. Ancak öyle görünüyor ki, *Duyuru*'nun başlıca argümanlarından biri, çoklukların "ilişkilerini örgütleyen ve onları kalıcı kılan kurucu bir süreç" (Hardt ve Negri 2012, 7 [2013,13]) vasıtasıyla kendilerini Çokluk biçimine sokmaları gerektiğidir. *Duyuru* da daha önceki çalışmalarda olduğu gibi, yerli halkları çoğu zaman tartışmanın dışında bırakarak, hâkim küresel düzen içerisindeki protesto hareketlerine odaklanmaya devam eder. Sonuç olarak, belli şeylerin değiştiğini görmek sevindirici olsa da, daha eski akademik çalışmaları hakkında düşündüklerimizin çoğu, Hardt ve Negri'nin yakın zamanlı bildirileri için de geçerli gibi görünüyor.

ve iyidir, hatta belki de devlet tarafından tanınmaya (şüpheli, tehlikeli) başlamıştır. Örneğin, Meksika'nın Oaxaca eyaletinde çok sayıda yerli topluluk, toprak ve yönetim biçimleri için kolektif sorumluluğu kapsayan geleneksel *usos y costumbres*[6] yasasını resmi olarak uygulamayı sürdürür (Cepeda 2000).

"Herkes"in Çokluk içerisinde çalışabilmesinin yanı sıra çalışması gerektiği varsayımlarını[7] ve toplumsal adalete ve radikal siyasete olan bariz bağlılıklarını hesaba katarsak, Hardt ve Negri'nin bu şüphesiz sömürgeci "ortadan kaybolan Kızılderili" mecazını kullanmaları tuhaftır. Bunun, Çokluk'a ve onun tüm sınırlardan ve zincirlerden kurtulmasına karşı olan saplantıları tarafından mümkün (ve belki kaçınılmaz) kılındığını aşağıda tartışıyoruz. Ulusların, hudutların ve kimliklerin bu sınırsız Çokluk'un perspektifinden yalnızca ortadan kaldırılacak engeller olarak görünebildiğini belirtiyoruz.

Böylesine soyut ve evrenselleştirici bir kavram üzerine çalışmanın, Hardt ve Negri'yi problemli bir bölgeye yönlendirdiğini tartışıyoruz. Çokluk (ve Halk) gibi kavramların, İmparatorluk'a alternatif yaratılması hakkında düşünmek için kullanışlı hareket noktaları olmadıklarını düşünüyoruz. Çokluk, Yerli halkları, nominal ve biçimsel anlamda kapsar: Çokluk, tanım gereği, küresel İmparatorluk'a eklenmiş bütün güçleri isimlendirir: Bu ampirik bir iddia değildir. İmparatorluk, halkları sadece içermek/dışlamaktansa, onları ayarlar, bu yüzden İmparatorluk'un "içinde/dışında" olmayla ilgili mekânsal metaforlar parçalara ayrılır. Tüm insanlar ve diğer canlılar bu düzenlemelerin en azından bir kısmına maruz kalır, İmparatorluk'un bir analizi olarak bunu yararlı buluyoruz.

---

6 (İsp.) Gelenek ve görenekler –çn.

7 Hardt ve Negri'nin, Çokluk'u, İmparatorluk içerisinde ontolojik bir yaşam koşulu olarak gördükleri, dolayısıyla "katılma" veya "özdeşleşme"nin söz konusu olduğu bir şey olarak görmedikleri tartışılabilir. Aşağıda öne sürdüğümüz gibi, Hardt ve Negri, Çokluk hususunda tutarsızdırlar. Çokluk, kimi zaman bir tekillikler çeşitliliğidir, kimi zamansa net bir istikameti ve iradesi olan somut bir şeydir. Bazen Çokluk'un, İmparatorluk (ve Toplu Göç) içerisinde (kaçınılamaz ve belirsiz) ontolojik bir yaşam koşulu olduğunu söylüyor gibi görünürler, fakat bazen de Çokluk'a proletaryanın devrimci takipçisi olarak açıkça özgürleştirici bir amaç yüklemeye çalışırlar. Bu çelişkileri seçip ayırmayla uğraşmaktansa, Çokluk'un, Hardt ve Negri'nin metinlerinde yaptığı işlere daha fazla dikkat ediyoruz.

Aynı zamanda hepimiz eklenmişizdir, fakat bağlantı kurmanın farklı dereceleri ve nitelikleri vardır. Bunu, aşağıda özerklik anlayışımızı anlatırken daha fazla açıklayacağız.

Sorun, Hardt ve Negri'nin çoğu kez, tekilliğin "iyi", tüm molar özdeşleşmelerin (kimlik ve ulus gibi) "kötü" olduğunu ileri sürmeleridir. Bu basitleştirme hem teorik anlamda tutarsız (çünkü eğer Çokluk tekilliklerin bir çeşitliliğiyse, tek bir iradesi olan molar bir "şey" olamaz), hem de siyasi anlamda bir hayli başarısızdır (siyasetin tamamının her zaman molar ve moleküler olduğunu ve tekilliğin "iyi" olmadığını kabul etmek yerine, tekilliği ahlaki açıdan değerlendirdikleri için). Bu bağlamda, problem aslında yerli halkların İmparatorluk'a (ya da Çokluk'a) dahil edilmesi değildir; problem Hardt ve Negri'nin Çokluk'u bu şekilde şeyleştirmesi ve belirsiz bir süreci, küresel özgürleşmeye giden özgürleştirici bir yolla (tek yolla) karıştırmalarıdır. Hepimizi, sadece, Çokluk sayesinde gitgide daha da birleşmiş ve biyopolitik üretim araçlarından kaçmak yerine onları kapmış halde tasavvur edebilirler. Bunun aksine bizim savımız, belli kimliklerin (yerli milliyetçiliği gibi) radikal dönüşüm ve İmparatorluk'tan Toplu Göç için araç görevi görebileceğidir.

Hardt ve Negri bazen sömürgeciliğin ve ırkçılığın –ve kolonileştirilmiş halkların sömürge karşıtı direnişinin– "tarihsel, toplumsal ve ekonomik gelişimin belirlenmesinde gerekli" olduğunu düşünürler (Hardt ve Negri 2009, 85). Bu noktada José Carlos Mariátegui'nin görüşlerinden yararlanırlar:

> 1920'lerde Avrupa'ya gidip, orada sosyalist ve komünist hareketler üzerine araştırma yaptıktan sonra, anavatanı Peru'ya döner ve Andlardaki yerli toplulukların, ayllular[8] paralel bir temele dayandığını keşfeder. Yerli topluluklar, toprağa ortak ulaşımı, ortak emek biçimlerini ve komünal toplumsal örgütlenmeyi savunur ve muhafaza ederler –Mariátegui'ye göre, Marx'ın ilgisini çeken, devrim öncesi Rus köylü toplulukları –mirler– gibi bir şey. Şöyle yazar: "Yüzyıllık cumhuriyetçi yasamaya rağmen, Kızılderili, bireyci hale gelmemiştir", ancak bunun yerine, ortak varoluşa dayanarak, topluluklarda diretir. Mariátegui, geleneksel İnka toplumunun teokratik ve zorbaca öğelerinin kesinlikle farkındadır; ama onun

8 And Dağlarında yaşayan yerli halklar arasındaki geleneksel bir topluluk biçimi –çn.

içinde, direniş için bir temel işlevi gören ortak varoluşta sağlam bir kök bulur. (Hardt ve Negri 2009, 85)

Bu, onların Marx'ın şunu kabul ettiği, Rus köylü komünleri üzerine yazısını okumalarıyla bağlantılıdır: "Marx'ın *Kapital*'de tarif ettiği, batı Avrupa'da komünal mülkiyetin yıkımının tarihi gerekliliği... Rusya veya başka bir ülke için doğrudan geçerli olan evrensel bir tarih değildir" (Hardt ve Negri 2009, 88). Burada Hardt ve Negri, Marx'ı, bütün yerler ve halkların, sosyalizme ulaşmak için kapitalizmden geçmeleri gerektiği birçok Marksizmin aşamacı belirlenimciliğine karşı yorumlarlar.

Ancak ironik bir biçimde, yerli direnişini ve modernite karşıtlığını kendilerine has aşamacı bir anlatıya dahil etmekte gecikmezler. "Entelektüeller, modernlik karşıtlığına takılıp kalmaktan kaçınmalı ve onu geçip üçüncü bir evreye ulaşmalıdırlar", "alter-modernite" olarak adlandırdıkları (Hardt ve Negri 2009, 103). Burada "yerliciliğin antimodernite"si (otorite ve kimliğin geleneksel biçimleriyle alakalı) daha dönüşümsel, ileri görüşlü "yerli alter-modernite"ye (yataylık ve dönüşümle alakalı) karşı konumlandırırlar (Hardt ve Negri 2009, 103-7). Sık sık "karışım, hareket ve dönüşüm"ü, durağan, dar görüşlü bir "kimlik ve gelenek"e karşı konumlandırırlar (Hardt ve Negri 2009, 105).

Bu noktalarda bazen daha üstü kapalı konuşurlar ve kimlik siyasetinin "ilk iki görevi" dediklerini kabul ettiklerini belli ederler. Bunlar şöyledir: (1) "körlükle mücadele etmek ve acımasızca gerçek fakat genellikle gizli olan, kimlik çizgileri boyunca işleyen toplumsal üstünlük kurma, bölünme ve dışlama mekanizmalarını ve rejimlerini görünür kılmak" (Hardt ve Negri 2009, 329) ve (2) "öfkeden, aşağı çekilmiş kimliği, özgürlük arayışında bir silah olarak kullanarak, tahakküm yapılarına karşı isyana doğru ilerlemek" (Hardt ve Negri 2009, 330). Ancak, bu hususta, Hardt ve Negri "... böylece geleneksel devlet iktidarının fethi rolünü alarak" (Hardt ve Negri 2009, 330) eklemesini yaptığı için, ilginç bir değişiklik meydana gelir. Bir halkın ancak devlet biçimiyle eklemlendiği zaman gerçekleşebileceğini öne süren oldukça Batılı (Hegelci) düşünceye, okuyucuyu, "ilk iki görevi desteklemek, kimliğin isyankâr işlevinin ilerlemesini sürdürmek ve kimlik siyasetini devrimci bir projeye doğru taşımak için gerekli" olan, kimlik siyasetinin "üçüncü siyasal görevi"ne hazırlamanın bir yolu olarak bir kez daha başvurulur (Hardt ve Negri 2009, 332).

Burada cömertçe bir yorum, Hardt ve Negri'nin, yerli halkların bir "devrimci oluş" içinde geleneklerini sürekli yenileme ve "yerli öznelerden, sahici bir kimlik pratiği istendiği, ya da hatta uygulamak zorunda bırakıldığı" liberal çokkültürlülük mantığının önüne geçme şekillerini olumlamaya çalışmalarıdır (Hardt ve Negri 2009, 105). Fakat başka durumlarda argümanları, günümüzdeki yerli canlanması ve dekolonizasyonuyla şüphesiz daha uyumsuzdur. Örneğin, milliyetçiliğin Ortak Varoluş'un yozlaşmış bir biçimi olduğunda ısrarcıdırlar:

> Ulusun ve halkın şerefi ve birliği için feda etme çağrıları, hem egemen hem de ast ülkelerde, otoriter, totaliter ve militarist maceraların yinelenen nakaratı olarak sıkça duyduğumuz için, bizde daima faşist çağrışımlar yapar. (Hardt ve Negri 2009, 163)

Bu, kuşkusuz, çoğunlukla uluslar, bir devletle dışlayıcı –hatta çokkültürlülükçü– bir şekilde eklemlenmeye çabaladıklarında vuku bulur. Yine de, hem teorik hem de tarihsel olarak, milliyetçilik ve devletçiliğin esasen bağlantıları olmadığı ve birçok örnekte birbirlerinin aleyhine çalıştıkları ortadadır:

> Yerli milliyetinden bahsetmek, ne retorik ne de metaforik olan biçimlerde topraktan Yerli olarak bahsetmektir. İşgal ettikleri bölgelerde egemenlik iddiasında bulunan, Kanada'nın, Birleşik Devletlerin –ya da hatta "Latin" Amerika'nın göçmen devletlerinin– o bölgelerin büyükçe bir kısmını kendilerine katmalarını dayandıracak meşru bir gerekçeleri yoktur. (Lawrence ve Dua 2005, 124)

Yerli kimliklerin ve ulusların ortadan kaldırılması için çabalama, Hardt ve Negri'nin de belirttikleri gibi, göçmen sömürgeciliğinin başlıca görevidir ve bu nedenle buna, yerli halkların siyasal anlamda en faal olanları tarafından ziyadesiyle karşı koyulacaktır. Öyle ki, Taiaiake Alfred ve Jeff Corntassel'a göre, yerliliğin tanımı, tam da yok edilmeye karşı yere ve kimliğe dayanan mücadeleyi içerir.

> Yerlilik, günümüz sömürgeciliğinin siyasallaşmış bağlamında oluşturulmuş, biçimlendirilmiş ve yaşanmış bir kimliktir. Yerli halklar dediğimiz topluluklar, klanlar, uluslar ve kabileler sadece şundan

> ibarettir: Yaşadıkları toprakların Yerlileridir, Avrupa'dan ve diğer imparatorluk merkezlerinden yayılmış olan sömürgeci toplumlar ve devletlere zıtlardır ve onlarla çekişme içindedirler. Yerli halkları dünyadaki diğer halklardan ayıran, esasında, yabancı halkların mülksüzleştiren ve küçük düşüren sömürgeciliği gerçeğine karşı mücadele içinde olmanın bilinciyle beraber bu muhalif, yer merkezli varoluştur. (Alfred ve Corntassel 2005, 597)

Hardt ve Negri, aynı zamanda, ulus-devlet gibi tamamen kapitalizmin olumsuz bir ürünü olarak addedilen fiziksel sınırların ortadan kaldırılmasını talep ederler (Hardt ve Negri 2009, 147). Çokluk rejimi altında bu tür sınırlar olmayacaktır:

> İlk gerekli özgürlük, hareket özgürlüğüdür; bununla, çokluğun en yaratıcı olabileceği, en sevinçli karşılaşmaları düzenleyebileceği ve en verimli ilişkileri kurabileceği bir yere gitmesini mümkünleştiren, milli sınırlar içinde ve bu sınırların dışına göç etme özgürlüğünü kastediyoruz. Bir çeşit açık yurttaşlık oluşturma, bu özgürlüğü destekleyeceğini ve böylece biyopolitik üretimi genişleteceğini düşündüğümüz tek yoldur. (Hardt ve Negri 2009, 309)

Benzer bir şekilde, Ortak Varoluş –Çokluk gibi– herkese ait olan ve kimseye ait olmayan ayrıştırılmamış bir bütün olarak düşünüldüğü için Çokluk'un Toplu Göç'ü, yerli topraklarının ve zenginliklerinin tekrar temellük edilmesi anlamına gelir:

> Toplu Göç, çıplak hayat olarak, yalınayak ve meteliksiz vaziyette ayrılma demek değildir. Hayır; bize ait olanı almamız gerekir, ki bu ortak varoluşu –geçmişteki emeklerimizin sonuçları ve geleceğimiz için özerk üretim ve yeniden üretim araçları– yeniden temellük etme anlamına gelir. (Hardt ve Negri 2009, 164)

Ne yazık ki, Hardt ve Negri'nin "geri alınma"sından bahsettikleri şeylerin –bu durumda, toprağın– büyük bir kısmı, zaten başlangıçta kendilerinin değildi. Her şeyden önce yerli halklardan, sömürgeleştirme ve soykırım yoluyla alınmıştı. Ortak alanların bu öğesini "yeniden temellük edecek" birisi varsa, bu, yerli halkların kendileri olmalıdır. Bu noktada Çokluk bir kez daha, yerlilerin siyasal teorilerini, protokollerini, felsefelerini ya da pratiklerini dikkate almayan harici dayatmalar olarak tamamıyla devlet biçiminin ve kapitalizmin yerini alır. "Biyopolitik üretimi genişletmek" amacıyla "açık yurttaşlık" ve "Ortak Varoluş'un yeniden temellükü" ihtimali, yüzyıllarca sömürgeci hırsızlığa ve soykırıma maruz kalanlara muhtemelen göçmen sömürgeciliğinin devamı gibi görünecektir.

Hardt ve Negri, İmparatorluk'a karşı çıkmak ve ona alternatifler yaratmak için en çok çalışan insanların, tam da herhangi bir küresel kozmopolitanizmin parçası olmak istemeyenler, kimliklerinden kolay kolay vazgeçmeyen ve İmparatorluk'un vazgeçmelerini talep etmesine karşı mücadele etmekte olanlar –Zapatistalar, Haudenosaunee (İrokualar), Müslümanlar, Araplar ve diğerleri– olduğunu bazen onaylarlar. Zapatistaları, "anti" modernden ziyade, tam anlamıyla "alter" modern olmalarından ötürü takdir ederler (Hardt ve Negri 2009: 105), EZLN'nin (Zapatista Ulusal Kurtuluş Ordusu), Çokluk'un otonom bölgelerine saldırmasının, Meksika devleti ve küresel kuruluşlar aynı şeyi yaptıklarındakinden daha fazla hoşlarına gitmeyeceği akıllarına gelmez. O halde Çokluk, belli bir çeşit hegemonik evrenselcilik ve denetim gerektirmesi bakımından İmparatorluk'tan çok da farklı değildir – bu örnekteki, devlet-kapitalist bir bölge içerisinde milli bir kimliğe boyun eğmeyle ilgili olan değil, Çokluk içindeki tüm kimlikleri onun vasıtasıyla yok etmeyle ilgisi olan evrenselciliktir. Yerli halklar böylece sınırları, ulusları ve kimlikleri olmayan bir dünya hayalinin gerçekleştirilmesi için bir engel haline gelir. Bizim bakış açımızdan bu, göçmen sömürgeciliği bağlamında İmparatorluk'a alternatifler teorileştirmek için engel teşkil edenin Çokluk'un kendisi olduğu anlamına gelir.

Dekolonizasyonun buyruğunu ve yerli hukukuyla protokollerinin önceliğini ileri sürmek –yerli olmayan insanların genellikle farz ettikleri gibi– İmparatorluk'un sınırları ve kuşatmalarına karşı mücadele eden göçmen adaleti ve emperyalizm karşıtı siyasetle uyuşmazlık içinde değildir. Hem yerli hem de yerli olmayan araştırmacılar dekolonizasyonu, ırkçılık ve emperyalizm karşıtı mücadeleler için oldukça önemli bir proje olarak görmüşlerdir (Lawrence ve Dua 2005). Göçmen sömürgeci bağlamlarda çalışan aktivistler, yerli özbelirlenimini bütün toplumsal adalet hareketleri için bir temel olarak ifade etmeye başlamışlardır (Walia 2012). Yerli halklar, İmparatorluk'a ve Çokluk'a katılmaya direnmişlerdir ve dekolonizasyon bu her iki güçten, toprakla ve birbirleriyle sürdürülebilir ilişkiler kurmaya doğru ilerleyerek Toplu Göç olasılığını meydana getirir.

Toplu Göç ve Ortak Varoluş (Yeniden Değer Biçilmiş)

Bu düşünceler nedeniyle –Çokluk'un özerklik yönelimli yerli halkları ve göçmen müttefiklerini ister istemez dışlayan, evrenselleştirici, üst teorik tez olarak kullanımı– kendimizi Çokluk'un özgürleştirici değerinden şüphe duyarken ya da ne yaparsak yapalım, ne düşünürsek düşünelim zaten daima onun birer parçası olduğumuzu ileri süren daha ağır ontolojik tezi kabul ederken buluyoruz. Batı felsefesine başvurarak Çokluk'un Halk'tan oldukça farklı olduğunu göstermek bir ihtimal mümkün olsa da, bizim için en önemli mesele bu değildir. Bizim ve başlıca müttefiklerimizin önemsediği bu önemli noktalarda, Çokluk ve Halk aşağı yukarı özdeştir. Bu oluşumların ikisi de yönelimlerinde aşırı derecede hegemonik olmayı sürdürürler; yani birbirlerinden çok farklı güçleri tek bir bayrak altında sınıflandırmaya, görünüşte merkezsizleştirmeden ve çeşitlilikten yana olmalarına rağmen tutarlık ve bir merkez temin etmeye çabalarlar.

Çokluk'un cazibesini reddetmek zorunda hissederken, çok önemli olan yaşam biçimleri üzerinde denetim sorununun altını çizme şekli nedeniyle, İmparatorluk tezine daha olumlu bakıyoruz. Çokluk her neyin peşindeyse, İmparatorluk'un gerçekten en azından bütünlüğü hedeflediği ve bunu başarmak için doğru yolda olduğu açıktır. Bize göre şunlar günümüzün en önemli pratik mücadeleleridir: devlete ve sermayeye bağlı olmayan özerk, sürdürülebilir yaşam biçimlerini iyileştirme, sürdürme ve bulma çabaları.

Belirtmiş olduğumuz gibi, Hardt ve Negri, Ortak Varoluş'u hem maddi hem de maddi olmayan yönlere sahip olarak algılarlar. Ortak Varoluş "yalnızca paylaştığımız dünya değildir; aynı zamanda yarattığımız diller, kurduğumuz toplumsal pratikler, ilişkilerimizi tanımlayan sosyallik tarzları vesairedir" (Hardt ve Negri 2009, 139). Bu, bariz bir biçimde, mevzubahis fenomenlerin "üstyapısal" yanları olarak adlandırılabilecek şeylere en azından eşit derecede ağırlık vermesi sebebiyle, kavramın modernist Marksist yorumlamasıyla ilgili bir ilerlemedir.

Ekonomik, siyasal, kültürel ve ekolojik, Ortak Varoluş'un içinde hepsi birbirine bağlanmış vaziyettedir. Ancak ara sıra Hardt ve Negri biraz fazla ileri gidiyor ve yaratmaya çalıştığımız yeni dünyaların maddi yönlerini tamamen unutuyor gibi görünürler. İmparatorluk'un hükmedici etkilerinden kurtulup özerk olduğunda, maddi olmayan tüm bu emeğin devamını kim getirecek? Programcılar için kim pizza yapacak, profesyonel teorisyenlerin taksilerini ve uçaklarını kim kullanacak? Yaptıklarının çoğu nasıl olsa gereksiz olmayacak mı? Ekolojik felaketin önüne geçecek olursak, tüm bunları devam ettirmek için gerekli enerjiyi, mineralleri ve metalleri nereden alacağız? Kropotkin'in 19. yüzyıla ait post-devrimci bir durum vizyonu her zaman olduğu gibi burada da anlamlıdır:

> O halde, günümüzde küçük atölyelerde ve fabrikalarda boğulmakta olan yüz binlerce işçi hürriyetlerine kavuştukları gün hangi işlerde çalışmalılar? Devrimden sonra kendilerini fabrikalarda hapsetmeye devam edecekler mi? Mısır stoklarının tükendiğini, etin kıtlaşmaya başladığını ve sebzelerin, yerlerine yenileri gelmeden bittiğini fark ettiklerinde, ihraç edilecek lüks oyuncaklar üretmeye devam edecekler mi?
>
> Tabii ki hayır! Şehri terk edip tarlalara gidecekler! En zayıf olanımızın bile çarkı yüklenmesini mümkün kılacak bir mekanizmanın yardımıyla, devrimi kurumlara ve fikirlere taşımış olacakları gibi, onu önceden köleleştirilmiş haldeki kültüre taşıyacaklar. (Kropotkin 2007, 237)

Kropotkin, üretimin post-kapitalist bir dünyada nasıl yeniden şekillendirileceğini sorar ve toprakla gıdanın, her sürdürülebilir Toplu Göç biçimi için kesinlikle çok önemli olduğunu ileri sürer. Dolayısıyla Ortak Varoluş'a yeniden somutluk kazandırmanın, yani öncelikli olarak maddi olana yoğunlaşan modernist bir Marksizmden, bazen maddi dünyayı büsbütün geride bırakmayı uman postmodernist bir Marksizme doğru aşırı bir dönüşten kaçınmanın zorunluluğunu anlamamıza yardımcı olur.

Bu elbette, kendimiz, diğerleri ve yaşamı mümkün kılan toprak için özen gösterme süreçlerinin tümüyle daha geniş olan yeniden üretim meselesinin yalnızca bir yönüdür. Silvia Federici'ye göre Hardt ve Negri'nin maddi olmayan emeği vurgulaması "online iletişim/üretimin, hemen örgütlenmiş olarak, toplumsal ve ekolojik anlamda son derece yıkıcı olan ekonomik faaliyetlere –madencilik, mikroçip ve nadir toprak üretimi– bağlı olduğu gerçeğini gözden kaçırır" (Federici 2010, 286-7). Kapitalizm tarafından düzenlenmiş olsun ya da olmasın, çoğu endüstrinin sürdürülebilir olmadığı gitgide daha da belli oluyor. Bu endüstriler, çevresel olarak bir hayli yıkıcı olmaya meyillidir ya da enerjileri ve hammaddeleri için başkalarının yıkıcılığına güvenirler. Bunun yerine Federici, "ücretli emeğe bağımlılığa ve kapitalist ilişkilere boyun eğmeye karşı direnmemize imkân veren ortak alan merkezli bir ekonominin inşası için maddi koşullara" daha fazla odaklanılması gerektiğini iddia eder (buna biz de katılıyoruz) (Federici 2010, 286-7).

Federici ve diğer feministlerin altını çizdiği gibi, kapitalizm ve İmparatorluk muhakkak değişmiştir, fakat aynı zamanda kapitalizm başladığından beri devam eden temel süreçlerinin çoğunu muhafaza etmiştir. İmparatorluk hâlâ komünal yeniden üretim, arazi mülkiyeti ve geçim sistemlerine mütemadiyen saldırmakta ve bu sistemler, genellikle onları sürdüren kadınlar tarafından daima korunmaktadır. Eğer İmparatorluk, insanları geçim araçlarından koparabilirse, bu insanlar işçi havuzuna, toprakları da özel mülkiyet ve doğal kaynaklar havuzuna eklenebilir. Toplu Göç şüphesiz tam tersi yönde hareket etme anlamına gelmeli: kapitalizme ve devlete muhtaç olmayan kolektif yaşam biçimlerini devam ettirme ve yaratma. Ve yine şüphesiz, kadınlar –bilhassa beyaz olmayan ve yerli kadınlar– bu tür hareketlerin göbeğinde olacaklardır, bazı temel toplumsal cinsiyet özelliklerinden dolayı değil, komünal ilişkilerin yeniden üretiminin daima merkezinde bulundukları ve bu gelenekleri İmparatorluk altında yaşatmada başarılı oldukları için (Federici 2004, 220-30). Bu nedenle Ortak Varoluş kavramının sadece tekrar maddileştirilmesi değil, bir de *dişilleştirilmesi* gerekir. Bu, kadınların yeniden üretime daha uygun olduğunu ve oradaki yerlerini geri almaları gerektiğini iddia eden özcü bir argüman değildir. Silvia Federici'nin açıkladığı gibi:

> Yeniden üretici çalışmanın ve iskânın kolektivizasyonunda kadınların başa geçmeleri gerektiğini öne sürmek, ev işini bir kadın mesleği olarak benimsemek değildir. Geçmişi, kapitalizme karşı

> direnişimizin gerekli bir parçası olmuş yeniden üretici çalışmaya ilişkin kadınların biriktirdikleri kolektif tecrübeleri, bilgiyi ve mücadeleleri silmeyi reddetmektir. Bu geçmişle tekrar birleşme, hem hayatlarımızın cinsiyetçi mimarisini bozmak hem de yuvalarımızla hayatlarımızı ortak alanlar olarak tekrar inşa etmek adına bugün kadınlar ve erkekler için çok önemli bir adımdır. (Federici 2010, 291)

Federici'yi, kadınların *ve* erkeklerin, ev işi de dahil olmak üzere kolektif yeniden üretimde daha belirgin bir rol üstlenmeleri gerektiğinde ısrarcı olarak yorumluyoruz. Burada "ortak"ı dişilleştirme, yeniden üretime ve "kadın işi"ne (tipik olarak kadınlar tarafından yapılan iş) tekrar değer biçme ve ayrıca bu işin cinsiyetçi dağılımını, ataerkilliği ve kadınların boyun eğmesini yeniden meydana getirmeyecek şekilde tekrar müzakere etme anlamına gelir. Bu, bütün toplumsal cinsiyet farklılıkları veya işbölümleri mutlaka ortadan kalkacak demek değildir. Yeniden yapılan bu müzakere, farklı topluluklar ve kültürlerde farklı görünecektir.

Ama bu yeterli değildir. İmparatorluk'a karşı koyma ve ona alternatifler yaratmadaki en etkin unsurların bazılarına daha uygun hale gelmesi için Ortak Varoluş kavramı yerlileştirilmelidir de. İkimiz de, kendi geçim ve toprağa bakma geleneklerimizi, atalarımız son beş yüzyıldır devam eden, Turtle Adası'nın sömürgeleştirilmesinin parçası haline geldiklerinde kaybettik. Hayatlarımızın büyük bir kısmını, ekseriyetle endüstriyel tarımsal metalara bağlı olarak, yani toprağı kurutan, geçim çiftçileri ve yerli halkları mülksüzleştiren, tatlı su rezervlerini tüketen, neredeyse diğer endüstrilerin hepsinden daha yoğun biçimde sömüren, biyolojik çeşitliliği katleden, sağlıksız besinlere neden olan ve tüm dünyada ekolojik felaketlere yol açan bir sistemi destekleyerek geçirdik. Endüstriyel tarım, İmparatorluk'un merkezindedir ve geçim sistemlerini yeniden üretme aciliyeti olan bir projedir. Ancak bu gelenekleri yeniden öğrenmek muazzam bir görevdir. Neyse ki, dünya genelinde hayat tarzlarından vazgeçmeyi reddetmiş ve bu bilgileri yaşatmış birçok halk ve diğer taraftaysa bizim gibi onları kaybetmiş olup öğrenmeye çalışanlar vardır.

Bunları, göçmenlerin bir şekilde yerli halklar olabileceklerini ya da olmaları gerektiğini öne sürmek için söylemiyoruz. Bu, ne simgesel ne de maddi temellük lehinde bir argümandır. Bilakis, değerler ve pratiklere, daha doğrusu Hardt ve Negri'nin modernite karşıtlığına doğru itkiyi kapsadığını belirttiği o değerler ve pratiklere yeniden değer biçilmesine dayanan bir argümandır. Göçmenlerin toprak üzerinde birbirleriyle ve yerli halklarla birlikte güzelce yaşamayı yeniden öğrenebileceklerini ve öğrenmeleri gerektiğini ileri sürer.[9] Bunun ne demek olduğu, bir yerden başka bir yere farklılık gösterir; indirgenemeyecek biçimde *yerel*dir, yani belirli halklara ve yerlere göre değişir. Wendell Berry'nin şurada söylediklerine katılıyoruz:

> "Küresel köy" diye bir şey olamaz. Bir insan, dünyayı bir bütün olarak ne kadar çok severse sevsin, yalnızca onun küçük bir kısmında mesuliyet sahibi bir şekilde yaşayarak, onun içinde tam anlamıyla yaşayabilir. Nerede yaşadığımız ve orada kiminle beraber yaşadığımız, dünyayla ve insanlıkla olan ilişkimizin şartlarını belirler. (Berry 1996, 123)

Bu ifadeyle birlikte ayrıca tecridi ya da dar görüşlülüğü savunmadığımızı açıklığa kavuşturmayı umut ediyoruz. Yerel kökleşmişliği ve mevcut hâkim düzen için yer merkezli alternatifleri savunmalarında, Gustavo Esteva ve Madhu Prakash, müttefiklerin önemli olduğunda ısrar ederler: "Yerel halklar genellikle, bu güçleri durdurabilecek ciddi bir siyasi muhalefet kitlesi oluşturmak için dış müttefiklere ihtiyaç duyarlar. Ancak koalisyonların ve ittifakların dayanışması 'küresel düşünme'yi gerektirmez" (1998, 33). Aksine, lazım olan şey tam tersidir: İmparatorluk'a muhalif olan diğer yerel güçlerle dayanışmalar geliştirirken yerel düşünen ve davranan insanlar.

---

9 Burada, mevcut hâkim düzenin çökmekte olduğunu ve daha da çökeceğini varsayıyoruz. Bu, "biyopolitik üretim araçları"nın denetimini ele geçirmeye çalışmanın imkânsız/akılsızca olmasının nedenlerinden biridir –sürdürülebilir değildir. Avrupa sömürgeciliğine ait bir bakış açısından ve özellikle Avrupa'nın kendi başlıca nüfus merkezlerinde, toprağa daha yakın yaşamanın nasıl bir şey olabileceğini, romantizmden başka bir biçimde anlamak zordur. Yaşadığımız kolonilerde durum o kadar farklıdır ki, farklı bir şekilde yaşamayı bir zorunluluk olarak hayal edebilmeyi bırakın, öyle hayal etmek zorundayız. Dolayısıyla bizim mevziimiz romantik değil de pragmatiktir: Toprakla ve birbirimizle olan ilişkilerimizi sömürüden kurtarma, sadece toplumsal adaletin bir buyruğu değil, aynı zamanda ekolojik bilinmezlik ve yaklaşan felaket bağlamında bir hayatta kalma buyruğudur.

Özerklik (Yeniden Değer Biçilmiş)

Bize öyle geliyor ki, Federici'nin İmparatorluk'u ve Ortak Varoluş'u anlama şekli, radikal toplumsal değişimle ilgilenenler için, tekrar ortaya çıkan yerli halkları tarihin çöp kutusuna atmaktansa, mekâna bağlı mücadelelerde yer almış bu halklarla çalışmayı mümkün kılar. Ancak bu, otonomcu Marksistlerin genellikle kullandığından farklı bir özerklik anlayışı gerektirir. Kapitalizm, ataerki, devlet biçimi, parti ve diğer tüm otoriter-hiyerarşik örgütlenme biçimleri gibi hâkim düzenin uygulamaları ve kuruluşlarıyla araya mesafe konulmasını şart koşması bakımından benzerdir. Daha fazla eksende çalışmayı gerektirmesi bakımındansa farklıdır: Örneğin biyopolitik dünya düzenini muhafaza etmek ve dönüştürmek yerine, onu geride bırakmak. Ama en önemlisi, sadece hâkim düzenden özerkliği almayı değil, mevcut hâkim düzene alternatifler yaratanların dünyaları içerisinde daha fazla özerkliği korumayı kapsar.

Bu farklılıklar üzerine düşünmek için, Toplu Göç'e biraz olumlu içerik verilmesine yardım etmek amacıyla "özerklik yönelimli teoriler ve pratikler"e değineceğiz. "Özerklik yönelimli"den kastımız, mevcut hâkim düzene (İmparatorluk) nispeten sürdürülebilir ve asgari düzeyde ezici[10] alternatifler yaratmak için bireyler, topluluklar, uluslar ya da diğer bir öznellik veya ortaklık olarak bir araya gelenlerdir. Ancak, Hardt ve Negri'nin Çokluk tezi yoluyla aradıkları da dahil olmak üzere, ne tür bir biyopolitik dünya düzeni hâkim olursa olsun muhtemelen aynı argümanda bulunurduk.

Bir bakıma, özerkliğe yönelim, hâkim düzenden uzaklaşan bir yönelimdir – "özbelirlenim" anlamında "bir şeyden bağımsızlık" gibi bir anlama gelir. Bir diğer bakımdan ise –ve kimse bunu tek başına yapamayacağı için mutlaka öyle– benzer yollarda olan diğerlerine doğru bir yönelimdir, ötekiyi olduğu yerde bırakırken, yani onu herhangi bir

---

10 Göreceli sürdürülebilirlik ve asgari ölçüde ezmeden bahsetmek, tabii ki Slavoj Žižek ve Ernesto Laclau gibi Lacancı düşünürlerin anlayışlarına selam niteliğindedir. Bunlar sınır-kavramlar, ütopik ufuklar, tahakküm aygıtlarının tam saltanatı kadar imkânsız başarılardır – imkânsızdır, ama bununla birlikte motivasyon anlamında sahip olduğumuz tek şeydir.

birimsel aşkınlık ilişkisine dahil etmeye teşebbüs etmezken, eşzamanlı olarak onunla ilgi ve karşılıklı saygı (Hardt ve Negri'nin "sevgi", anarşistlerin uzun bir süredir karşılıklı yardım dedikleri şey) ilişkilerinde bulunan bir yönelim.

Burada şunlar akla gelebilir: dünyanın her yerinden her tür sosyal anarşist, aralarında Aymaralar ve Mapuçelerin, "Naksalitler", Zapatistalar, Haudenosaunee, Tuaregler ve Hawaiililerin de bulunduğu sömürgeden kurtulan ve tekrar ortaya çıkan yerli halklar; radikal kadın ve queer toplulukları; ABD içerisinde ABD'ye karşı, devletçi olmayan Siyahi milliyetçilikleri; özerk Marksistler ve üyesi olmadığı halde belli bir grubun ideolojisini paylaşanlar; kurtarılmış girişim hareketinin belirli sektörleri. Bu hareketlerin ve özdeşleşmelerin hepsinin tüm unsurları burada söylediklerimize katılmayacaklardır – aslında onların çoğuna göre, teori hakkında konuşmaya kalkışmaya ve özellikle herhangi bir geniş kapsamlı ideolojinin ya da kurumun parçası olduklarını önermeye kuvvetli bir şekilde karşı konulur. Ancak belirli projelerde, hudutların ötesinde, bir süreliğine birlikte çalışanlar ve yine bir süreliğine belli önemli değerleri ve pratikleri paylaşanlar vardır.

Bu yüzden belki de görüşlerimizi ifade etmenin en iyi yolu, otonomcu Marksistlerin Çokluk olarak sundukları şeyin açık bir şekilde özerklik yönelimli bir teori ve pratik olsa da, mümkün ya da cazip olan tek seçenek olmadığını söylemektir. Odak noktaları, işçi hareketlerinin toplumsal değişim elde etmeye çalışırken, parti ve devlet biçimlerinden göreceli özerklik almaları düşüncesinin bir genellemesidir. Bu oldukça desteklediğimiz önemli bir dizi mücadele dizisidir. Bununla birlikte, "özerklik" sözcüğünü kullandığımızda, söz edeceğimiz, ancak alan kısıtlamaları sebebiyle tam anlamıyla ayrıntılarına giremeyeceğimiz birkaç şeyi, hatta birkaç farklı şeyi daha kastediyoruz.

İlk olarak, tüm özerklikler görecelidir. Özerklik, daima mevcut kurumlarla, yapma ve düşünme şekilleriyle araya belli bir mesafe koymayı gerektirir.[11] Dolayısıyla mutlak özerklik diye bir şey yoktur ya da şöyle

11 Tüm özerkliklerin göreceli olduğunu iddia eden önerme, onların sırf olumsuz bir şekilde, hâkim düzene uzak ya da muhalefet olarak tanımlanabileceklerini ya da tanımlanmaları gerektiğini ileri sürüyormuş gibi yorumlanmamalıdır. Şimdiye kadar

söylemek belki daha doğru olacaktır: Çokluk tezini savunanların bazıları tarafından bizlere sunulan cinsten tekil bir özerklik diye bir şey yoktur.[12] Bu, özerkliklerin de zorunlu olarak çoğul oldukları anlamına gelir.

Bu iki gözlemden de, bizim anladığımız şekliyle özerkliğin, "özgürlük" ya da "bağımsızlık"ın sınırına asla ulaşmadığı, ama devamlı bizi bu yanılsamalara karşı uyaran ve onların önüne geçen bir ortam sağladığı sonucu çıkar. Özerk etik ilişkilerde her zaman, çok basit üç güç ilişkisinin bir birleşimiyle diğerlerine doğru yönelinir: karşısında çalışılanlar, birlikte çalışılanlar ve şimdilik kendi hallerine bırakılanlar. Bu, özerkliğin tüm etkileşim tarzlarında/seviyelerinde –yani, kişiler arası ve içsel, topluluklar arası ve topluluk içi, bölgesel ve hatta belki de ara sıra ve aşırı ihtiyaç sebebiyle, "dünya" seviyesinde (bu her ne demekse)– işlemesinin gerekliliğinin altını çizerek oldukça hızlıca karmaşık şebekelere yol açar.

Son olarak ve en önemlisi, bu zor olan nispeten özerk olarak yaşama işini yerine getirmeye çalışırken bize yol gösterecek protokollere ihtiyaç vardır. Başarı şansı olan her protokolün, bir üst teorisyenin zihninden değil de, belirli bir gelenekten ortaya çıkacağını öne sürüyoruz. Bu protokoller, hakiki insan etkileşimi aracılığıyla oluşturulmuş olup kültürel anlamda evrim geçirmiş olacaklar. İşte bu yüzden, yerli geleneklerinin bilgeliğinin yaşatılmasına ve yaratıcı biçimde dönüştürülmesine son derece ihtiyaç duyuyoruz ve onu "alter-modernite" gibi bir şey adına kenara itebileceğimizi düşünmemeliyiz.

Muhtemelen çoktan anlaşıldığı üzere, büyük bir ölçüde açık fikirli, sosyal anarşist geleneklerin belirli bir anlayışına bağlı kalarak yazıyoruz. Fakat aynı zamanda, atalarımızın Kuzey Amerika'daki Turtle Adası'nda

---

tartıştığımız gibi, mesafe koymanın bütün amacı, diğer yaşam biçimlerini yeniden canlandırmak, ayakta tutmak ve uygulamaya koymaktır.

12 Eğer Hardt ve Negri, tekillik kavramıyla felsefi anlamda tutarlı kalabilirlerse, çalışmalarındaki, gösterdiğimiz hegemonik anların çoğundan kaçınabilirler. Çokluk'u bir "tekillikler çeşitliliği" olarak kavramlaştırma, "o" kesinlikle bir "o" olmayacağı için, "Çokluk nasıl yönetilebilir?" türünde soruları saf dışı edecektir. Bir tekillikler çeşitliliği, farklılığın toplanamayan bir bolluğudur ve bu Çokluk'u hiçbir özel proje altında sınıflandırmak mümkün olmayacaktır. Bu, tekilliklerin, özgürleşmenin yanı sıra faşizm ihtimalleri de içermesi nedeniyle, Çokluk'u aynı zamanda belirsiz bir kavram haline getirecektir.

karşılaştıkları yerli halkların ilkiyle yaptıkları bir anlaşmanın ziyadesiyle etkisi altındayız. Hollandalı göçmenler bugün Kuzey Amerika olarak bilinen yere vardıklarında, cömertçe toprağı onlarla paylaşmaya razı olan Haudenosaunee halkıyla bir antlaşma imzaladılar. Bu anlaşma, Yerli tarafında Two Row Wampum ya da *Kaswentha* olarak bilinen bir wampum[13] kemer biçiminde sembolleşmiştir. *Kaswentha*, "aynı nehirde birlikte ilerleyen iki yolu veya iki gemiyi simgeleyen" beyaz bir arka plan üzerine dikilmiş iki sıra mor boncuktan oluşur; "Bunlardan biri, huş kabuğundan yapılmış bir kano, Kızılderililer ve onların yasaları, görenekleri ve usulleri için olacak. Diğeri, bir gemi, beyazlar ve onların yasaları için olacak... Nehirde birlikte, yan yana, ancak kendi kayıklarımızda ilerleyeceğiz. *Kimse ötekinin gemisinin dümenine geçmeyecek*" (Mitchell 1989, 109-10, vurgu yazara aittir). Beyaz çizgilerse, iki gemiyi ittifak halinde ve karşılıklı bağımlılık içerisinde birbirine bağlanmış vaziyette tutacak barışı, saygıyı, güveni ve dostluğu temsil eder (Hill 2008, 30).

Hollandalı grupla yapılan ilk anlaşma 1613'te imzalanmış, daha sonra İngiliz göçmenler tarafından 1664'te onaylanmıştı. Susan Hill, Hollandalıların ve İngilizlerin Two Row'u esasen ticari bir ittifak olarak görmelerine karşın, Haudenosaunee halkının bu ilişkiyi, iki ulusu birbirine sıkıca bağlayan bir "aile" bağı olarak gördüklerini gösterir. Bu ilişki, her iki taraf için de teminat sağlayacak ve "bir tarafın, diğerinin özneleri olmasındansa, müttefikler olma arzusu"nu sembolleştirecekti (Hill 2008, 31). Çok iyi bilindiği üzere, bu ideal gerçekleştirilmedi ve Paula Sherman'ın öne sürdüğü gibi, sıkça bahsi geçen Kanada devletinin tarihsel temeli "titrek"tir. "Kanada binlerce yıl öncesine dayanan çok eski [barış içindeki] ilişkilerin ideolojik sonucu değildir." Bilakis "Kanada, Yerli toprakları ve kaynaklarının fethi ve temellükü vasıtasıyla Göçmen toplumların kuruluşunun bir sonucudur" (Sherman 2010, 116).[14]

---

13 Kuzey Amerika yerlilerinin deniz kabuklarından yaptıkları ve süs eşyası veya para olarak kullandıkları silindirik boncuklara verilen ad –çn.

14 Bu anlaşmanın yalnızca Hollandalılar ve Haudenosaunee halkı arasında yapıldığına ve dolayısıyla diğer uluslar için geçerli olmadığına dikkat çekilebilir. Bizim iddiamız, göçmenlerin bakış açısından, sömürgeci soykırımdan çok daha iyi bir bağlantı

Sherman bizlere, Avrupalıların yıllardır Amerika kıtasındaki sömürgeci keşiflerini ve oraya yerleşmelerini biçimlendirmiş olan *terra nullius* ya da "boş toprak" mitini hatırlatır (2010: 17). Bu mit ikili, çelişkili ancak oldukça etkili bir çift öncüle dayanır. İlki, Yerli halkların, Göçmen anlatısında mevcut, toprağın üzerinde ve onunla yaşıyor olarak kabul edilmesidir. Fakat ikincisi, tam da toprağın üzerinde ve onunla yaşıyor oldukları için –ona karşı yaşamak yerine– "insan" olarak düşünülmeye değmedikleri görüşüdür. Bu nedenle toprak Göçmenlerin kullanımı içindir, insansızdır. "İşte Yeni Dünya"da süregelen, bu cehalet/tahakküm ilişkisi, Göçmen toplumların, en başta onları "Eski Dünyalar"dan uzaklaştıran ve "ortadan kaybolan Kızılderili" söyleminin gelişmesine olanak veren doğadan kopukluklarıdır.

Mar ve Edmonds şöyle derler: "En basit ifadeyle, Göçmen sömürgeciler yeni topraklara, onları temellük etmek ve terk ettikleri toplumların yeni ve geliştirilmiş kopyalarını oluşturmak için gittiler ve hâlâ gidiyorlar. Sonuç olarak, değişen demografiler daima yaygın mülksüzleşmeyi mümkün kıldıkça, Yerli halklar, Göçmen kolonilerinde kendileri için gittikçe azalan bir alan buldular. Göçmenler en sonunda Yerli toplumlar içinde asimile olmama eğilimi göstermeye başladılar ve aksine, bu toplumların yerine yenisini koymak için göç ettiler" (2010, 2). Barker (2009, 329) "emperyalizmin, Yerli halkların hayatlarını sonradan gelenlerinkinden net bir şekilde ayrı tutan tarihi ve çağdaş gerçeklikleri"nin farkına varmak amacıyla, "Göçmen" kelimesinin betimsel bir terim olarak özgüllüğünün lehinde konuşur. Göçmen kimliklerinin temel niteliği, "sırf kültürel" olmayan, aynı zamanda toplumun, yönetimin ve ekonominin tüm yönleri boyunca yankılanan sömürgeci imtiyazında yer almalarıdır. Göçmen imtiyazının, bütün farklılık eksenleri üzerindeki karmaşık güç ilişkileriyle ilgisi vardır. Çokluk tezinin, yer merkezli pratiklerin kötülenmesini ve yerli halkların bu husustaki mücadelelerinin reddini içine alan bu unsurlarının, göçmen imtiyazından kaynaklandığını ve onu sürdürdüğünü belirtmek zorunda hissediyoruz.

---

kurma tarzını temsil ettiği ve dolayısıyla her ulustan yerli halklarla ilişkileri yeniden düzenlemeye başlamak için iyi bir örnek olduğu yönündedir.

Aramızdan birinin daha önceden iddia ettiği gibi, "Yerli olan ve olmayan halklar, aynı nehirlerde beraber ilerlerken, toprağa ve birbirlerine olan müşterek bağımlılıklarının farkında olmak zorundalar. Ancak diğerinin gemisinin dümenine geçme teşebbüslerinden sakınmakla, iki taraf da diğerinin tikelliğini ve farklılığını koruma hakkını kabul etmiş olur" (Day 2005, 194). Mohavk akademisyen ve aktivist Taiaiake Alfred, şundan söz eder: "Bu saygı çerçevesindeki (eşit) dostluk ve ittifakta, diğer partnerin özerkliğine, özgürlüğüne ya da güçlerine her türlü müdahale açıkça yasaktı. İlkelere saygılı olunduğu sürece, ilişkileri barış içinde, uyumlu ve adil olacaktı" (2008, 77). Dale Turner benzer bir şekilde, "başka bir şahsın içsel değerine saygı duymak, aklından geçeni söyleme ve dünyada nasıl davranacağına kendisinin karar verme hakkı olduğunu da kabul ettiğiniz anlamına gelir," iddiasında bulunur (2008, 49). Two Row Wampum bu sebeple, Yerli ve Göçmen toplumlarının sorumluluklarıyla özerkliklerini ve aralarında var olması gereken ilişkileri ayırt etmenin bir yolunu önerir. Özellikle, daha önce değindiğimiz gibi, tarih boyunca çoğu Göçmen'in çoğunlukla anlaşmanın kendilerine düşen tarafına uymakta başarısız olduğu gerçeğini göz önünde bulundurursak, Göçmenler Two Row'u sömürgecilikle mücadele etmek ve bir dekolonizasyon siyasetine doğru ilerlemek amacıyla kendi toplulukları içinde çalışma sorumluluğunu kabul ettiklerini bildirmek için bir araç olarak kabul edebilirler (örneğin bkz. Barker 2010).

Onlara kalırsa, Hardt ve Negri'nin de belli sınırlı biçimlerde, belli durumlarda (örneğin Zapatistalar) kabul ettikleri gibi, birçok Yerli topluluk, harici müdahale ya da "yardım" olmadan kendi topluluklarının tekrar ortaya çıkması için çalışma kabiliyetine ihtiyaçları olduğunu belli etmiştir. Bu amaçla, Taiaiake Alfred ve Jeff Corntassel, devam etmekte olan sömürgeleştirmeye direnmek ve "bu alanlar, sahici hayatlar yaşayan, sömürgeden kurtulmuş insanlarla dolsun diye, insanlarımızın bireyler olarak tekrar güçlendirilmesini gerçekleştirmeye başlamak" amacıyla Yerli toplulukların "sığınma bölgeleri" oluşturma ihtiyacından bahsederler (2005, 605). Sağlam ve tutarlı olmaya devam etseler de, Two Row Wampum[15] Yerli ulusların hem tarihi hem de devam eden sömür-

15 R.F.J. Day, Adam Lewis'le birlikte kaleme aldığı makalesinde, sonsuz sayıda ilişki şebekesini kapsaması için, 2-row modelinin verimli bir şekilde genişletilebileceğini öne sürer.

geleştirilmeden ötürü güçlendirilmeleri ve iyileştirilmeleri gerektiğini önemli bir şekilde kabul eder (bkz. Alfred ve Corntassel 2005, Alfred 2009, Barker 2009). Alfred'in diğer çalışmaları (2005, 2008, ayrıca bkz. Simpson 2008), Hardt ve Negri'nin geçmişe, dar görüşlüye, sadece modernite karşıtı olana tahsis ettiği, ancak Federici'nin anlayışının merkezinde olan türden toprak merkezli pratiklere güçlü, merkezi bir odaklanmayı içeren geleneksel felsefelere, değerlere ve yönetim biçimlerine yeniden hayat vermeye doğru bir hareketle benzer bir çalışma biçimi saptar. Eğer Çokluk üst teorik bir tezden fazlası haline gelirse, bizim ve yerli müttefiklerimizin Hardt ve Negri'den daha çok Federici ile çalışması daha muhtemel gibi görünüyor. Yine de, bu süre zarfında modernite karşıtı, bağnaz olmayan halimizi sürdürmemiz devam etmemiz ve hem İmparatorluk'un hem de Çokluk'un becerebildiğimiz kadarıyla önüne geçmemiz muhtemeldir.

Sonuç: Herkes, Herkesin Haksız Olduğu Konusunda Haklıdır

Bahsettiğimiz üzere, Çokluk tezi, doğası gereği hem her şeyin hem de zıddının koyutlanmasını ve eleştirilmesini mümkün kılar. Benzer bir etki, genel üst teorik düzeyde fark edilebilir. Tarih, ortalık durulduktan sonra Devrimlerin, daima tahakküme dönüşü doğurduğunu ve Reformlarınsa zaten tahakkümün yerini hiçbir zaman almadığını göstermiştir. Bu sebeple hegemonya karşıtı düşünürler, bu yöntemlerin asla işe yaramadığı hususunda haklıdırlar. Fakat tarih, hem Alternatiflerin Yaratılmasının hem de Reformun, Devrimcilerin görmeyi arzuladığı biçimlerde anlık ya da tam değişimi meydana getirmek için asla yeterli olmadığını da gösterir. Onlara kalırsa, Reformun taraftarları, hem Devrimin hem de Alternatiflerin Yaratılmasının yalnızca oldukça özel koşullar altında vuku bulduğunu ve dolayısıyla İmparatorluk'taki günlük hayatın "normal" koşulları altında işlemesinin beklenemeyeceğini ifade etmekte haklıdırlar. Ya dar görüşlü argümanlara ayak uydurulabilir ya da diğerlerinin haksız olduklarını söylediğimizde hepimizin haklı olduğu en sonunda kabul edilebilir. Belki de, hissizlik ve siyasi nihilizme yenik düşenler, hem teorik hem de tarihsel anlamda en tutarlı olanlardır!

Ancak biz o kadar ileri gitmeye istekli değiliz, en azından şimdilik. Devrimci veyahut Reformcu projelerde yer alan diğerlerinin çalışmalarını desteklesek de, kesinlikle açık olduğu üzere, en çok, mevcut hâkim düzenin sürdürülebilir, hegemonik olmayan alternatiflerinin yaratımıyla ilgileniyoruz. Hemen, edimsel bir çelişki içeren bir duruş sergilediğimize dikkat çekilecektir. Bir taraftan, zemine daha yakın olan ve yaşanmış mücadelelerle pratikler hakkında daha fazla bir şeyler söyleyen farklı türden bir teoriyi savunuyoruz. Diğer taraftan, bu çağrıyı, çoğunlukla üst teorik bir düzeyde işleyen ve sadece profesyonel entelektüellerce (ve öyle olmayı isteyenlerce) –bunu isteyen birçok insan akademik olmayan faaliyetlerde de bulunsa da– okunacak bir kitapta yapıyoruz. Bu mevzi belki de, bu müdahale boyunca bulunduğumuz türden kaçamak ifadelerin üzerine daha bilinçli düşünürsek daha mantıklı gelecektir. Üst teorinin tamamen terk edilmesini savunmuyoruz, bunun yerine dünyalarını değiştirmek için gerçekten çalışan insanlara, daima bu soruların öneminin gerekçelerini açıkça belirtmeyi gerektirecek üst teorik akıl yürütme için konuların seçilmesi sürecinin geliştirilmesini savunuyoruz. Ne hakkında konuşmak yararlı olacaktır, ne yapmak tehlikelidir, üst teoriden teoriye ve eyleme ne aktarılabilir, ne aktarılamaz? Bir argümanın aktarılamaması, profesyonel düşünürler dışında kimsenin işine yaramayacağının bir göstergesidir ve bu bize o argümanı sürdürmenin değeri üzerine kafa yordurmalıdır.

Bu üst-üst teorik duruşumuzun sebebi, pratik ve teori düzeylerinde mümkün kıldıklarıdır. Belirttiğimiz gibi, üst teorik tartışmalarda, pratiğe göndermeler, genellikle asıl olarak birinin kendi teorisi için diğer teorisyenler arasında hegemonya edinmesinin bir yolu olma işlevi görür. Biz bunun yerine gerçekte varolan pratiklerin, neyin işe yarayacak biçimde (üst)teorileştirebileceğiyle ilgili olarak, başlangıç noktası, sınır ve koşullama öğesi görevlerini üstlenmeleri gerektiğini öne sürüyoruz. Çokluk tezine gelince, somut eylemlerde bulunan somut aktörlerden oluşan radikal toplumsal değişim şebekelerinin, alan olarak sınırsız ve bağlantılarında daima değişen halde korunmaları gerektiği anlamına gelir. Mevcut kimlikler geleneklerini muhafaza ettikçe ve/ya yaratıcı biçimde güncelledikçe, yeni kimlikler ortaya çıktıkça –Çokluk'tan başka özdeşleşmeleri olma da dahil olmak üzere– onlar için uygun olan yollar hangileriyse, o yollarda ilerleme kabiliyetine sahip olmaları gerekir. Eğer Çokluk bütün hudutları ve özdeşleşmeleri yok ederek, yeni bir biyopolitik bütünlük meydana getirmede başarılı olursa, birçoğumuza göre yerel siyasi teorileri, felsefeleri ya da pratikleri hesaba katmayan dışsal dayatmalar olarak, yalnızca devlet biçiminin ve kapitalizmin yerini almış olur. Çokluk'tan geçen hegemonik akımları düşünürsek, potansiyel müttefiklerinin çoğunu kaybetmeyi göze alır.

Kimliklerinden vazgeçmeyen herkesi kaybetmek, ufak bir sorunmuş –hatta iyi bir şeymiş– gibi görünebilir, ancak gerçekten İmparatorlukla mücadele eden ve ona alternatifler yaratan insanların çoğunun, bunu kimliklerini ve özerkliklerini koruma esasına dayanarak yaptığının farkına varmamak zordur. Bunu, Varlıklarını hareketsiz olarak muhafaza edebilsinler diye değil, kendi Oluşlarını mümkün olabildiğince koşullama gücüne tutunabilsinler diye yaparlar. Bu yüzden çoğumuz biraz tikellikle var olmak istiyorsak ve herkes, herkesin haksız olduğu konusunda haklıysa, belki de toplumsal değişim meydana getirmenin tek bir doğru yolu olduğu fantezisini gerçekten arkamızda bırakmalı ve bildiğimiz tüm yöntemlerin de belli bir ölçüde başarılı olduğunu kabullenmeliyiz. Genellikle kanlı olsalar da, Devrimler bazen, hâkim düzen içerisinde daha önceden hayal bile edilemeyen ihtimalleri, o düzenin tam da doğasını dönüştürerek açığa çıkarır. Çoğu zaman her ne kadar sıkıcı ve kısıtlı olsalar da, Reformcu projeler, bazı yerlerdeki bazı insanların kaderlerini bazen iyi yönde değiştirebilirler. Neredeyse her zaman marjinal ve dolayısıyla hâkim düzen içerisinde değişim yaratma yolu olarak etkisiz olmalarına rağmen, Alternatiflerin Yaratılmasını içeren projeler, katılımcıları için anında değişim meydana getirmekle kalmaz, aynı zamanda diğer yöntemlere başvurarak elde edilmeye çalışılan değişim için laboratuvar görevi görür.

Bu tür bir muhakeme, radikal toplumsal değişimi gerçekleştirmenin en iyi yolunun hangisi olduğunu ve bunu yapmak için en uygun kişinin kim olduğunu bulmaya çalışmaktansa, aynı anda mümkün olduğunca fazla insanın mümkün olduğunca fazla yolu denemesini, her yolun belirli tehlikelerine ve olasılıklarına saygı duyarak sağlamamız gerektiğini iddia eder. Küçük harfle başlayan çoğul halde, çokluklar ve halklar –diğer birçok oluşumun yanı sıra– İmparatorluk'a alternatifler yaratmayı arzulayanlarımızın umabileceği muhtemelen en iyi seçenektir, çünkü kendini başka birinin aşkın bir bütünlük hayalinde, başka birinin Yeni İmparatorluk'unda kaybetmek istemeyenler için daima bir yerler olmalı.

Kaynakça

Alfred, T. 2005. *Peace, Power, Righteousness: An Indigenous Manifesto.* Toronto: Oxford University Press.

Alfred, T. 2008. *Wasase: Indigenous Pathways of Action and Freedom.* Peterborough: Broadview Press.

Alfred, T. 2009. Colonialism and state dependency. *Journal of Aboriginal Health*, 5(2), 42-60.

Alfred, T. ve Corntassel, J. 2005. Being Indigenous: Resurgences against contemporary colonialism. *Government and Opposition*, 40(4), 597-614.

Barker, A. 2009. The Contemporary Reality of Canadian Imperialism. *American Indian Quarterly*, 33(3), 325-51.

Barker, A. 2010. From Adversaries to allies: forging respectful alliances between indigenous and settler peoples, *Alliances: Re/Envisioning Indigenous-non-Indigenous Relationships* içinde, der. L. Davis. Toronto: University of Toronto Press, 316-33.

Berry, W. 1996. *The Unsettling of America: Culture and Agriculture.* San Francisco: Sierra Club Books.

Cepeda, M.C.V. 2000. Frontiers of municipal governability in Oaxaca, Mexico: the legal recognition of *usos y costumbres* in the election of indigenous authorities, *The Challenge of Diversity: Indigenous Peoples and Reform of the State in Latin America* içinde, der. W. Haar Assies ve G. van der Hoekema. Amsterdam: Thela Thesis.

Day, R.J.F. 2005. *Gramsci is Dead. Anarchist Currents in the Newest Social Movements.* Toronto: Between the Lines.

Day, R.J.F. ve Lewis, A. 2013. Radical subjectivity and the n-row wampum: a general model for autonomous relations against and beyond the dominant global order?, *Subjectivity in the Twenty-First Century: Psychological, Sociological, and Political Perspectives* içinde, der. R. Tafarodi. Cambridge: Cambridge University Press, 169-90.

Douzinas, C. ve Žižek, S. (der.) 2010. *The Idea of Communism*. Londra: Verso. [*Bir İdea Olarak Komünizm*, çev. Ahmet Ergenç, Ebru Kılıç, 2011. İstanbul: Ayrıntı Yayınları.]

Esteva, G. ve Prakash, M. 1998. *Grassroots Postmodernism: Remaking the Soil of Cultures*. New York: Zed Books.

Federici, S. 2004. *Caliban and the Witch: Women, the Body and Primitive Accumulation*. New York: Autonomedia. [*Caliban ve Cadı: Kadınlar, Beden ve İlksel Birikim*, çev. Öznur Karakaş, 2012. İstanbul: Otonom Yayıncılık.]

Federici, S. 2010. Feminism and the politics of the commons in an era of primitive accumulation, *Uses of a Whirlwind: Movement, Movements, and Contemporary Radical Currents in the United States* içinde, der. Team Colours Collective. Oakland: AK Press, 274-94.

Hardt, M. ve El Kilombo Intergalactico. 2010. Organizing encounters and generating events, *Uses of a Whirlwind: Movement, Movements, and Contemporary Radical Currents in the United States* içinde, der. Team Colours Collective. Oakland: AK Press, 245-59.

Hardt, M. ve Negri, A. 2000. *Empire*. Cambridge, MA: Harvard University Press. [*İmparatorluk*, çev. Abdullah Yılmaz, 2001. İstanbul: Ayrıntı Yayınları.]

Hardt, M. ve Negri, A. 2005. *Multitude*. New York: Penguin. [*Çokluk. İmparatorluk Çağında Savaş ve Demokrasi*, çev. Barış Yıldırım, 2004. İstanbul: Ayrıntı Yayınları.]

Hardt, M. ve Negri, A. 2009. *Commonwealth*. Cambridge, MA: Harvard University Press. [*Ortak Zenginlik*, çev. Efla-Barış Yıldırım, 2011. İstanbul: Ayrıntı Yayınları.]

Hardt, M. ve Negri, A. 2012. *Declaration*. New York: Argo Navis. [*Duyuru*, çev. Abdullah Yılmaz, 2013. İstanbul: Ayrıntı Yayınları.]

Harvey, D. 2003. *The New Imperialism*. Oxford: Oxford University Press. [*Yeni Emperyalizm*, çev. Hür Güldü, 2004. İstanbul: Everest Yayınları.]

Harvey, D. 2004. The "new" imperialism: accumulation by dispossession, *Socialist Register*, 40, 63-87.

Hill, S.M. 2008. "Travelling down the river of life in peace and friendship, forever": Haudenosaunee land ethics and treaty agreements as the basis for restructuring the relationship with the British Crown, *Lighting the Eighth Fire: The Liberation, Resurgence and Protection of Indigenous Nations* içinde, der. L. Simpson. Winnipeg: Arbeiter Ring Publishing, 23-45.

Kropotkin, P. 2007. *The Conquest of Bread*. Oakland: AK Press. [*Ekmeğin Fethi*, çev. Mazlum Beyhan, 2000. Ankara: Öteki Yayınevi.]

Laclau, E. 2005. *On Populist Reason*. Londra: Verso. [*Popülist Akıl Üzerine*, çev. Nur Betül Çelik, 2005. Ankara: Epos Yayınları.]

Lawrence, B. ve Dua, E. 2005. Decolonizing Antiracism. *Social Justice*, 32(4), 120-43.

Mar, T.B. ve Edmonds, P. 2010. Introduction: Making Space in Settler Colonies, *Making Settler Colonial Space* içinde, der. T.B. Mar ve P. Edmonds. New York: Palgrave Macmillan, 1-24.

Mitchell, M. 1989. Akwesasne: An Unbroken Assertion of Sovereignty, *Drum Beat: Anger and Renewal in Indian Country* içinde, der. B. Richardson. Toronto: Summerhill Press.

Sherman, P. 2010. Picking Up the Wampum Belt as An Act of Protest, *Alliances: Re/Envisioning Indigenous-non-Indigenous Relationships* içinde, der. L. Davis. Toronto: University of Toronto Press, 114-30.

Simpson, L. (der.) 2008. *Lighting the Eighth Fire: The Liberation, Resurgence and Protection of Indigenous Nations*. Winnipeg: Arbeiter Ring Publishing.

Turner, D. 2008. *This is Not a Peace Pipe: Towards a Critical Indigenous Philosophy*. Toronto: University of Toronto Press.

Walia, H. 2012. Decolonizing together. *Briarpatch* [Online: 1 Ocak] https://briarpatchmagazine.com/articles/view/decolonizing-together [erişim tarihi: 10 Mart 2013].

Žižek, S. 2006. *The Parallax View*. Cambridge. MA: MIT Press. [*Paralaks*, çev. Sabri Gürses, 2008. İstanbul: Encore.]

Žižek, S. 2012. Occupy Wall Street: what is to be done next? *The Guardian* [Online: 24 Nisan] http://www.theguardian.com/commentisfree/cifamerica/2012/apr/24/occupy-wall-street-what-is-to-be-done-next [erişim tarihi: 10 Mart 2013].

Çeviren: Esma Kartal

ÜÇÜNCÜ BÖLÜM

Halkın Egemenliği[1]

Jodi Dean

Son on yıldır, nüfuzlu teorisyenler komünizmi yeniden düşünmenin gerekliliğini savunmuşlardır. İster hipotez olarak, isterse gerçeklik ya da ufuk olarak olsun, komünizm yeni bir önemle ortaya çıkmıştır. Bu bölümde, "geriye kalanlar olarak halk"ı, proletaryanın komünizmin öznesi olması fikrinin bir düzenlemesi olarak sunuyorum.

Komünizm –halkın, müşterek durumunu kolektif olarak belirlemesini niteleyen tek terim– halkın egemenliğini niteler. Bu halk, bir bütün veya birlik değildir. Bölünmüş, bölücü bir halktır, geriye kalanımız, işleri, hayatları ve gelecekleri, belli bir kesimin finansal hazzı için kamulaştırılmış, parasallaştırılmış ve üzerine bahse girilmiş olanlar. Georg Lukács, Lenin'in Rus Devrimi'ni nitelendirmesindeki halk kavramının diyalektik dönüşümünü açıkladığında, tam da bu anlamıyla halka başvurur: "Belirsiz ve soyut 'halk' kavramının reddedilmesi gerekti, ancak bu şekilde devrimci, seçici bir 'halk' –ezilenlerin devrimci ittifakı– kavramının, proleter devriminin koşullarının somut bir idrakinden gelişebilmesi için lazımdı" (Lukács 2009, 22-3).

Halkın, komünizmin öznesi olması halinde, egemenliği, liberal demokrasinin dağılmış fertlerininki olmaz. Bilakis, halkın egemenliği, Marksist teorinin; proletarya diktatörlüğü, kolektif halkın, onları ezecek ve sömürecek, herkese aynı derecede ait olanı kendilerine ayıranları doğrudan ve korkutucu yönetimi olarak belirttiği siyasi biçime teka-

1 Bu, Jodi Dean'in son kitabı *Komünist Ufuk*'ta yer alan bir bölümün revize edilmiş bir versiyonudur, Londra ve New York: Verso, 2012, 69-118, izin alınarak yayımlanmıştır.

bül eder.[2] Proletarya diktatörlüğü, Lenin'in *Devlet ve Devrim*'de tarif ettiği gi bi, ezilenlerin ezenleri bastırmak amacıyla örgütlenmesidir. Proletarya diktatörlüğü, sırf demokrasinin yayılmasından, demokrasinin etki alanına daha fazla insanın dahil edilmesinden daha çok, demokrasinin amacını ve sonucunu uygulamaya koyar ve dolayısıyla onun "para babaları"na değil de, çoğa hizmet etmesini sağlar. Sonuç olarak proletarya diktatörlüğü muhakkak kısıtlamalar dayatır: Kapitalistlerin, sömürücülerin ve ezenlerin özgürlüğünü kısıtlar. İstediklerini yapmakta özgür değildirler, aksine geriye kalanımız tarafından yönetilir, denetlenir ve sınırlanırlar. Zamanla bu yönetim, denetim ve sınırlama, kapitalist sınıfı etkili bir şekilde ortadan kaldırır. Ancak kapitalizmi mümkün kılan eşitsizlik ortadan kaldırılana kadar, devletin örgütlenmiş iktidarı, halkın yalnızca yönetmediği, aynı zamanda yönetimin belli bir kesim yerine kolektifin yararına yürütülmesini sağladığı bir araç işlevi görür.

Marksist bir bakış açısından, proletaryayı komünizmin öznesi olarak görmenin bir avantajı, onun üretimdeki temel bir rolü siyasette başlıca bir role bağlamasıdır. Proletarya, evrensel sınıf, tarihin özne-nesnesi için bir isim olmuştur, çünkü onun özgürleşmesi, kapitalist iktidarın temelindeki sınıf ve mülkiyet ilişkilerini sona erdirerek hepimizi özgürleştirir. Proleter yalnızca işçi değildir; proleter radikalleştirilmiş ve siyasileştirilmiş işçidir. Örneğin Lenin, "birleşme anlatısı"nın; (ilk olarak Karl Kautsky tarafından detaylandırılmış olan) Marx'ın benzersiz başarısının, önceden ayrı olan iki siyasi unsuru, –işçi sınıfı mücadelesi ve sosyalizm– sosyalizmi kurmayı işçi mücadelesinin hedefi, hatta işçi sınıfının tarihi görevi haline getiren tek bir anlatıyla birleştirmek olduğu düşüncesini benimsemiştir (bkz. Lih 2008).

Birleşme anlatısının, örgütsel ve siyasi yan etkileri bulunur. Sosyalist partinin, işçilere siyasi konumlarının "iyi haber"ini getirme sorumluluğunu oluşturur. Sosyalistlerin görevi "proletaryayı, siyasi olarak örgütlemek, onu konumu ve görevi konusunda farkındalıkla doldurmak ve hem ruhsal hem bedensel olarak mücadeleye uygun hale getirmek

---

2 Diktatörlük düşüncesinin ve onun halk egemenliğiyle olan bağının, Marx ve Engels'in yazdıkları çerçevede bir açıklaması için, bkz. Draper 1987, özellikle birinci bölüm. Proletarya diktatörlüğü düşüncesinin çağdaş bir savunması için bkz. Balibar 1977.

ve öyle kalmasını sağlamak"tır (Lih 2008, 48). Birleşme anlatısı genellikle, Lenin'in onu belirgin olarak Rusya bağlamına taşımasının yanı sıra, işçi mücadelelerinin etkin militanlığını önceden varsayar; bu, 19. yüzyıldaki fabrika işçilerinin gitgide artan muhalif gücüne ampirik anlamda uyan bir varsayımdır. İşçileri örgütlü mücadeleye doğru iten bir direniş ruhu, onlar arasında zaten mevcuttur. Parti, bu faal işçi mücadelelerini sosyalizme doğru yöneltir ve doğrultur. Zaten faal olan bir güce, siyasi istikamet tedarik eder.

Bu anlatı bize mantıklı geliyor mu? ABD'de, BK'de ve AB ülkelerinde yaşayan solcuların, proletaryanın başlıca rolüne dayanarak düşünmeye devam etmesi mantıklı geliyor mu? "Proletarya" ve "burjuvazi" kelimelerini kullanırken tuhaf hissetmemiz muhtemelen, kapitalist ideolojinin derinliğinin, rekabet, verimlilik, borsalar, ikramiyeler ve finansal başarı açısından düşünmemize yol açan, elitlerin sınıf gücünün kapsamının göstergesidir. Gerçekten korkunç olansa, "markalaştırma" teriminin, Marksizmi, feminizmi ve Sol'u "tekrar markalaştırma"dan ironi olmaksızın söz edilebilecek ölçüde yaygınlaşmasıdır. Örgütlü sermayenin gücü, ABD'de neden çok az kişinin "proletarya" ve "burjuvazi"ye göre düşündüğünü gayet iyi açıklayabilir. Yine de, hepsi görünür, somut ve kaçınılamaz olan sınıf, iş, bölünme, eşitsizlik ve ayrıcalığın farkına varmamıza –bunu kesinlikle denese de– engel olmaz. Bu durumda benim iddiam şudur ki, geriye kalanımız olarak halka yapılan vurgu, daha önceden "proletarya" tarafından görülen işi üstlenebilir.

Geriye kalanımız olarak halk fikrini desteklemek için bir diğer sebepse, proletaryayı endüstriyel işçi sınıfı olarak betimlemenin kısıtlamalarını kapsar. Marx ve Marksistler, elbette "proletarya"yı, belirli bir tip işçinin ampirik bir düzenleyicisine indirgemezler. Engels, *Komünist Manifesto*'nun 1888 yılına ait İngilizce baskısındaki notunda, "proletarya"nın, "kendi üretim araçları olmadığı için hayatta kalmak amacıyla emek gücünü satacak kadar alçalmış modern ücretli işçi sınıfı" anlamına geldiğini söyler. Benzer biçimde, Étienne Balibar şöyle yazar: "Proletarya, adını taşıyan, kaderi ilk ve son olarak herkesin göreceği şekilde açıkça belirlenmiş, homojen, değişmeyen bir topluluk değildir. Onu meydana getiren, sermaye birikimi sürecinin diğer tarafı olan daimi sürecin tarihsel sonucudur" (Balibar 1977, 83-4). Engels ve Balibar, proletaryanın saf ya da sabit bir sınıf olmadığını açıkça belirtirler. *Proleterleşme*, durağan bir toplumsal grup olmaktan ziyade, bir dinamik; kapitalizmin ihtiyaç duyduğu işçileri, vasıtasıyla ürettiği, tükettiği ve attığı süreçtir (devletin kapitalist kullanımıyla kolaylaşan bir süreç). Bu süreç, ABD, BK ve AB ülkelerindekinden başka, Çin, Brezilya ve köylü nüfusu toprağı bırakıp, iş bulmak için şehirlere göçtükçe, hızlı ve büyük çapta kentleşme yaşayan diğer ülkelerdeki insanların büyük bir kısmını etkiler. Geriye kalanımız olarak halk düşüncesini benimsemek, birleşme anlatısının toplumsal, siyasi ve teknolojik güçlerin belirli bir bileşimine karşılık verdiğini kabul etmektir. Proleterleşme, bir dizi etkisi olan geniş bir süreç olmayı sürdürse de, bu bileşim değişmiştir (Hardt 2010).

ABD'de örgütlenmiş emeğin siyasi gücü, özel sektör sendika üyeliğindeki muazzam düşüşle, bireyci bir iş anlayışının yayılmasıyla ve Demokrat Parti içerisindeki düzenlemelerle beraber azalmıştır. Keza, imalatın ve endüstriyel üretimin önemi de, ABD ekonomisi mal üretiminden uzaklaşıp hizmet tedarikine doğru yöneldikçe azalmıştır. Tarihçi Judith Stein'a göre ABD, "finans ile fabrikaları değiş tokuş etti" bu genellikle neoliberal ekonomik politikalara geçişle ilişkilendirilen bir süreçtir (Stein 2010, xii). Doug Henwood, 1991'de "toplu olarak 'FIRE'[3] diye bilinen finans, sigorta ve gayrimenkulün, imalatın GSYİH'ye olan katkısını geçtiğine ve sonraki yıllarda arayı iyice açtığına" dikkat çeker (Henwood 1998, 76). Mayıs 2010 itibariyle, ABD'de, çalışan sayısının en yüksek olduğu meslekler, perakende satıcılığı, kasiyerlik, ofis memurluğu, yemek hazırlama ve yemek servisi işleri, hemşirelik, garsonluk ve müşteri hizmetleri temsilciliğiydi (İşçi İstatistikleri Bürosu[4] 2011). 1969'da ABD'deki tüm işlerin üçte biri mal üreten sanayilerdeydi; 2007'deyse işlerin yalnızca yüzde 16'sını bunlar oluşturuyordu (Mishel, Bernstein ve Shierholz 2009, 232). Eğer proleterleşme başlangıçta, toprağı olanların ondan yoksun bırakılma sürecini gösterdiyse; günümüzdeki proleterleşme güvenli, yeterli şekilde ücretlendirilmiş, vasıflı

---

3 FIRE: finance, insurance & real estate –çn.

4 Bureau of Labor Statistics –çn.

işlerin gaspı ve (gülümsemeleri, ilgilenmeleri, iletişim kurmaları ve cana yakın olmaları beklenen) hizmetçilerin yaratılmasıdır.

İmalattan hizmete geçiş, ABD'ye has bir durum değildir. 1970 ile 2010 yılları arasında, Almanya, İtalya, Fransa, Japonya, İsveç, Hollanda, Kanada, Avustralya, ABD ve BK, imalatta çalışanların oranında azalma, hizmet sektöründe çalışanların oranında ise artış yaşamıştır. BK'deki düşüş, yüzde 23,9 ile en yüksektir (İşçi İstatistikleri Bürosu 2010). Bu istatistiklerin gösterdiği, kapitalizmdeki değişimler; çoğu kez endüstriyel faaliyetlerin durdurulması, post-Fordizm ve bilgiye veyahut enformasyona dayanan bir ekonominin yükselişi başlıkları altında tartışılan değişimler, endüstriyel proletarya figürünün, komünizmin günümüzdeki öznesi olmaya uygun olmadığını öne sürer (seferber olmuş köylülere bel bağlamış komünist hareketlerde zaten izleri olan bir nokta). Evet, sanayi de imalat da hâlâ var. Ancak hem enformasyon ve iletişim teknolojilerinin yayılması ve uygulamasıyla hem de ideolojik olarak neoliberalizm diye organize edilmiş, çalışan insanlara yapılan siyasi saldırıyla ilgili değişiklikler, asıl olarak fabrika emeği yönünden örgütlendiği düşünülen bir muhalefetin sınırlamalarını akla getirir.

Michael Hardt ve Antonio Negri, endüstriyel faaliyetlerin durdurulmasının, hizmet sektöründeki işlerin artışının ve teknolojinin gelişmesinin neden olduğu değişimleri, "proletarya"dan daha esnek ve kapsayıcı bir kavrama duyulan gereksinimin göstergesi olarak yorumlarlar. Alternatif olarak "çokluk"u ortaya atarlar. Çokluk, üretici ve yaratıcı bir güçtür; kapitalizmin muhtaç olduğu, seferber ettiği ve denetlemeye çalıştığı üretken kuvvettir. Bununla birlikte, kavram, çok fazla sayıda kişiyi –hatta herkesi– içine alır ve bu da karşıtlığı doğurur. Sermayeye karşı emekten, yoksula karşı varlıklıdan, yüzde 1'e karşı yüzde 99'dan ziyade; hareketli, akışkan, iletişimsel ve duygulanımlı ağlar oluşturarak birleşen ve yeniden birleşen tekilliklerden meydana gelen bir çokluk vardır. "Çokluk", iletişimsel kapitalizm altında üretime "proletarya"dan daha elverişlidir, özellikle Hardt ve Negri'nin küresel enformasyon ve iletişim ağlarının önemli rolünün altını çizdikleri ölçüde. İletişimsel kapitalizm altında, tarihin bir özne-nesnesi fikri, sosyolojik bir sınıfla; içlerinde, kendi çevremizi oluşturarak ve dünyamıza şekil vererek kendimizi yeni bir şey olarak gerçekleştirdiğimiz, kendi faaliyetimizin nesneleri olduğumuz geribildirim döngüleri, organize şebekelerle ve beliren oluşumlarla olduğundan daha az uyum sağlar. Fakat çokluğun bölünmeyi açıklamadaki yetersizliği sorunu devam eder.

Jacques Rancière'in "olmayan parçanın parçası" nosyonu, kapsayıcı çokluğun problemlerini çözmeye yardımcı olur. Kavramı, bir Platon ve Aristoteles yorumlaması bağlamında geliştirir; bu, Rancière'in partilerin siyaset sayılmasındaki hatanın işleyişini gösterdiği bir yorumlamadır. Antik çağlarda yaşamış insanlar, halkı *polis*'in bir parçası, oligarşi yöneticilerinin zenginliğiyle ve aristokratların erdemiyle mukayese edilebilecek özellikleri olan bir grup olarak görseler de, halkın aslında hiçbir şeyi yoktur. Halkın övülen özgürlüğü, zenginliğin ve erdemin yokluğunun yerine geçen bir kurmaca olarak daha adamakıllı anlaşılacaktır. Özgürlüğün, halkın varlıklılar ve soylularla ortak noktası olmasından ötürü, onun münhasıran halkın bir özelliği olduğunu söylemek bir kurmacadır. Bu kurmaca, kuvvetli bir gücü ortaya koyar: gerçekte müşterek olana özel muamelesi ederek, *demos*'un "eşseslilik sayesinde topluluğun bütünüyle özdeşleşmesini" mümkün kılar. Herkese mahsus olan, halkın kendine mal ettiği özgürlük. Hiçbir şeyin parçasına sahip olmadığında bile –ne zenginlik ne de erdem– bu olmayan parçanın parçası, kendini topluluk olarak görür. Rancière şöyle söyler: "Hiçbir paya [parçaya] sahip olmayan her kim ise –kadim zamanların yoksulları, üçüncü sınıf, modern proletarya– aslında hep ya da hiç dışında herhangi bir payı [parçası] olamaz" (Rancière 2004, 9 [2011, 28]). Olmayan parçanın parçası, bu nedenle siyasi alandan dışlanmış ampirik bir grubun nesnelliğine işaret etmez. Ne marjinalleştirilmiş bir öteki tespit ederek bir kimlik siyasetinden söz etmenin bir diğer yoludur ne de proletaryanın eşanlamlısıdır. Bilakis, olmayan parçanın parçası, belli bir düzenin, hiçbir parçaya sahip olmayanlarca yarıda kesilmesini gösterir.

Rancière'in olmayan parçanın parçası kavramı, geriye kalanımız olarak halk ile bölen ve bölücü bir güç olarak halkı düşünmenin bir yolunu sağlar. Halk, hiçbir parçası olmayanların parçası olarak anlaşıldığında, halkı ampirik bir bilinene indirgemenin ya da ona topluluğun bütünlüğü muamelesi yapmanın önüne geçilir. Bunun yerine halk, bir boşluk belirtir ve bu boşluk tarafından belirtilir. Onu bir parçadan (eski metinlerde zenginlikten ve erdemden) mahrum bırakan suç ve adaletsizlik tarafından nitelendirilir ve siyasallaştırılır.

Bir parça olmayan parça, mevcut bir düzende, o düzenle diğer olası düzenlemeler arasında bir boşluk belirler. Olmayan parçanın parçasının Lacan lügatindeki karşılığı *objet petit a*; yani bir süreç ya da bağın fazlalığı olarak üretilen imkânsız, biçimsel bir nesne; teşvik eden ya da bıktıran türden bir boşluk; bize seslenen eksiklik ya da tam aradığımız şey olmayış, Santner'ın gösteren stresidir. Lacancı bir anlamdaş önermek, bu parçanın büyük bir parça olduğu; dışlanmanın insanların dışlanması ve onların dahil edilmesinin ille de siyasi anlamda iyi bir şey olduğu anlamına gelecek şekilde ampirik bir belirleyici olmadığı gerçeğini vurgular. Örnek vermek gerekirse, "dini tutuculuk" liberal bir düzende parçası olmayan parçaya verilen bir isim olabilir. O parçayı dahil etmek, tutucu dinin dışlanmasına dayanan düzeni çarpıtacak ve bozacaktır. "Kapitalist", komünist bir düzende parçası olmayanı belirtir. Kapitalisti dahil etmek, özel mülkiyetin ve sömürünün ortadan kaldırılmasına dayanan bir düzeni zayıflatacaktır. Kısacası, Rancière'in olmayan parçanın parçası kavramının faydası, evrensel sınıfın yerini alması veya yeni bir tarihsel özne-nesne belirlemesi değildir. Halkın çekimini ve nitelendirilmesini, kendisiyle kesişmemesini göstermesidir.

Geriye kalanımız olarak, olmayan parçanın parçası olarak halk, komünizmin günümüzdeki öznesi için bir belirleyici olarak "proletarya" ve "çokluk"tan daha iyi olsa da, sınıf mücadelesi, vasıtasıyla toplumun ortaya çıktığı temel karşıtlık –varlıklılarla geriye kalanımız arasındaki bölünme– için bir ad olarak gerekliliğini sürdürür. "Sınıf mücadelesi", aslında sosyalliği teşkil eden bir düzenlenmiş ilişkiler dizisi bulunmadığı olgusunu açıkça gösterir (Žižek 2006, 55-60). Her unsurun, bir yeri tamamen işgal ettiği toplum yoktur. Onun yerine, toplum, başarısızlıklar ve çözümler, birleşimler, baskılar, bölünmeler ve dışlamalar yoluyla meydana gelir. Toplum, natamam, kopmuş ve karşı çıkılmıştır. "Sınıf mücadelesi", ampirik şekilde belirlenmiş ve demografik olarak ortaya çıkarılmış toplumsal gruplar arasındaki bir çatışmanın olumluluğu yerine, bu natamamlığı, kopmayı ve karşı çıkılmayı tanımlar. Marx'ın meşhur ilkel birikim açıklamasında belirttiği gibi, kapitalizm, sınıf mücadelesinin bir etkisidir.

Kendini belli bir üretim tarzı içinde ortaya koymasından ötürü kapitalizmin sınıf mücadelesi için bir diğer terim olduğunu da söyleyebiliriz. Žižek şöyle yazar: "Sınıf mücadelesi, toplumsal gerçeklik içerisindeki belirli failler arasındaki bir çatışmaya indirgenemez; failler arasındaki (detaylı bir toplumsal çözümleme yardımıyla tarif edilebilen) bir farklılık değil, bu failleri oluşturan bir karşıtlıktır ('mücadele')" (Žižek 2011, 201). Sınıflar, onları doğuran, birçok alanda –kültürel, yasal, teknolojik, ulusal ve geçmişteki mücadelelerin diğer bu tür örneklerinde– verilmiş mücadelelerden daha önce gelmez. Ve sınıflar bu mücadelelerden önce gelmediği için siyasetleri, kaçınılmaz olan ya da doğalcı bir biçimde oluşturulmuş çıkarların zorunlu bir neticesi olarak önceden belli olmaz. "Sınıf mücadelesi"nin belirlediği muhalefet, siyasi belirlenime açıktır. Dinsel, milliyetçi, halkçı, özgürlükçü ve diğer yönlerde şekillenebilir. Bu nedenle, komünistlerin karşı karşıya kaldığı sorun, belirli bir sınıf öncüsü saptamak değil de, komünizmin neden kapitalizme en iyi alternatif olduğunu netleştirmek ve onu elde etme mücadelesini organize etmeye ve ilerlemesine yardım etmeye katılmaktır.

Žižek'in Lacan yorumlaması, birleşme anlatısının kullanımının ve onun, proletaryaya tarihsel görevini yerine getirmesini buyurmasının uygunluğu aleyhine başka bir argüman daha sunar: Büyük Öteki yoktur. Büyük Tarihin Ötekisi; dünyada eylemlerimizi temellendirebilen veya güvence altına alabilen kaçınılmaz ilerlemenin ya da özgürlüğün gerçekleştirilmesinin hikâyesi diye bir şey yoktur. Olumsallık ve belirlenimlerin çeşitliliği, sistemleri, modelleri ve izlek bağımlılıklarını beraberinde getirir. İnsan eylemleri, planlanmış ya da planlanmamış, örgütlü ya da bireysel, –önceden kestirilemeyen olaylar ve insanlar ile başkaları tarafından yapılan eylemlerin karmaşık, birbirine bağlı ve beklenmedik etkileri de dahil olmak üzere– geriye dönük şekilde tarih olarak algılanan süreçleri ve akımları etkiler. Siyasi kararlar, tarih mantığı tarafından belirlenmektense, kaçınılmaz biçimde açık ve belirsizlerdir. Yolunda gitmeyen bir şey her zaman olabilir. Birleşme anlatısına gelecek olursak, solcular, tarihin sosyalist tahminlere göre gelişmediği gerçeğiyle mücadele etmek zorunda kalmışlardır. Sosyalizm, komünizme yol açmadı. Dünyadaki tüm işçiler birleşmedi. Kapitalizm, meydana getirdiği krizlere uyum göstermede, büyük ölçüde yönetici sınıfın devlet iktidarını kullanması sayesinde nispeten başarılı olmuştur. Komünizmi inşa etmeyi proletaryanın görevi haline getirmiş tarihsel anlatıya artık başvurmuyoruz.

Birleşme anlatısının çözümlenmesi, işçilerin kapitalist sömürüye karşı mücadele etmedikleri anlamına gelmez. İşçilerin, yönetici kapitalist bir sınıftan yana yöneten devletlere karşı ayaklanmadıkları anlamına da gelmez. Önüne geçilemeyen sınıf mücadelesinin –Marx ve Engels'in hayatta kalmak için emek gücünü satmaya mecbur bırakılanlarla bırakılmayanlar arasındaki karşıtlığın geniş ifadeleriyle yorumladıkları bir mücadele– siyasal şekline dair belli ya da kaçınılmaz bir şey bulunmadığı anlamına gelir. Bunu, üretim araçlarının sahipleri anlamında burjuvazi ile ücretli işçiler anlamında proletarya arasındaki bir mücadele olarak tarif etmiş olsalar da bu, ABD'de, BK'de ve AB ülkelerinde varlıklılarla geriye kalanımız arasındaki bir muhalefet olarak daha mantıklı görünmektedir.

Aşırı derecede varlıklıların önemli bir kısmı, üretim araçlarının sahipleri değildirler: Kamuya ait kurumların CEO'larıdır. Oldukça yüksek yıllık maaşları ve ikramiyeleri, geriye kalanımızın çoğunun ömrü boyunca kazanacağı miktarı aşmasına rağmen, en nihayetinde onlar da çalışanlardır. Böyle geçen yaklaşık bir senenin ardından, bankacılar ve yatırım fonu yöneticilerinin "hayatta kalmak için emek gücünü satmaya mecbur" bırakıldıkları söylenemez. Yaldızlı Çağ'ın kapitalizminde olduğu gibi, neoliberal kapitalizm de finansın hegemonyasına, gücün mali kurumlarda toplanmasına bağlıdır. Duménil ve Lévy şöyle yazarlar: "Neoliberalizm, üst gelir dilimleri için gelirin üretilmesine yönelik –ne üretime yatırıma ne de toplumsal ilerlemeye– bir toplumsal düzendir. Merkezdeki ülkelerde, yurtiçi sermaye birikimi, gelirin üst sınıfların menfaatleri doğrultusunda dağılımı uğruna feda edilmişti" (Duménil ve Lévy 2011, 22). Günümüz kapitalizmi, bir şeyler üretmeye, yüzde birlik kesimin yararlandığı mali ve ticari uygulamalara olduğundan daha az yönelir, ki bu onların devam eden ve gitgide artan tüketimlerini destekler. Geriye kalanlarımızın bazıları, bu mali ve kurumsal elitlere hizmete yönelik işlerde belki muhasebeci ve danışman, belki de kültür, yemek, sağlık ve ulaşım hizmetlerinde görevli, kimileriyse çocuklarının eğitmeni olarak çalışır. Geriye kalanımızın daha da büyük bir oranıysa, işsizler, dilediği şekilde iş bulamayanlar, emekliler, engelliler ve yaptığı işin çoğu için ödeme yapılmayanlardan (özellikle bakıcılık işleri) oluşur. Dünya çapında en az bir milyar insan, kendilerini, kuruluşların sahip olduklarını iddia ettikleri işlerde ücretsiz çalışırken buluyorlar. Karşılığı ödenmemiş emeğin böyle sermayelendirilmesinin belki de en iyi bilinen örneği, CEO'su dünyanın en genç milyarderi olan Facebook'tur. Hemen hemen her internete bağlanışımızda ya da bir cep telefonu kullanışımızda, başka birisi için üretimde bulunuyor, bu başka birisinin sahip olduğunu iddia ettiği veriler ve izler yaratıyoruz. Kolektif eylemlerimiz varlıklıları yaratıyor. Ancak bu eylemler onları aynı zamanda yok da edebilir.

"Geriye kalanımız olarak halk", yani pratik ve iletişimsel faaliyetlerimizin çok ama çok zenginlerin eğlencesi için sömürülmesi, çekip çıkarılması ve gaspı yoluyla meydana getirilmiş halk, kapitalizm tarafından proleterleştirilmiş olanlarımızı tanımlar. Komünizm siyasi olabilirlik ufkumuzken, halkın egemenliği, devletin, bir kolektivite olarak bizim için yönetmek gayesiyle bizim kullandığımız şey olarak görülmesine işaret eder. Kendi ortak geleceğimizi, kendi iyiliğimiz için kolektif olarak idare etmemizdir.

Michel Foucault'nun ekonomik liberalizm için önemli olan egemen bilginin kısıtlamalarına bakışı, komünizmi halkın egemenliği olarak teorileştirme için bir başlangıç sağlar. *Biyopolitikanın Doğuşu* ismiyle yayımlanan 1978-1979 yıllarına ait konuşmalarında, Foucault, 18. yüzyılın sonlarında Avrupa'da (ilk olarak İngiltere, Fransa ve Almanya'da) idari mantıkta bir değişiklik olarak mutlakıyetçilikten liberalizme geçişi gösterir. Foucault, değişikliğin, yeni bir hakikat alanının –yeni bir özne modelinin yanı sıra yönetimin değerlendirilmesine yardımcı olacak yeni kıstaslar sağlayan bir alan– ortaya çıkışına yol açtığını iddia eder. Bu yeni hakikat alanının ortaya çıkması, egemen gücün içini boşaltır ve sonuç olarak daha önce devlette toplanmış otorite ve mantığı, sivil bir topluma yönlendirir – sivil toplumun kendisi bu yönlendirme sayesinde gerçekleşir.

Bu yeni alan siyasi ekonomiydi. Siyasi ekonomi, kendi arz ve talep kuralları, etki ve tepki mantıkları ve neden ve sonuç belirlenimleri olan bir doğal süreçler dizisi keşfetmesi sebebiyle, yönetimi değerlendirmek için gereken yeni malzemeleri temin eder. Siyasi ekonomi için bu süreçler, bilhassa kendiliğinden oluşan mekanizmalara itaat ediyor gibi göründükleri için, bir hakikat –yönetimin doğal sınırlarının hakikati– mahallidir. Egemenin zorla vergi toplama hakkı olabilir, ancak bu iyi bir yönetim örneği midir? Foucault, bu soruyu sormanın egemen güce bir kısıtlama getirmek olduğunu ve dolayısıyla yönetimin mantığını kökten bir biçimde değiştirdiğini açıklar. Eğer hakikat piyasada konumlandırılırsa, yasal biçimde belirlenen hak ilkelerinden, Fransız Devrimi'ne ilaveten doğal hukuk teorisyenleri tarafından da savunulan ilkelerden çıkarılmış olur. Yönetimin gerekçesi ve ölçüsü bu nedenle devlette bulunmaz. Hakikat piyasaya verilir verilmez, piyasa bir doğruyu söyleme mahalli olarak belirir belirmez, yönetimin görevi, bu mahalli güvence altına almak, etrafına sınır çizmek ve denetlemek olur (Foucault 2008, 116).

Homo economicus, ekonomik insan, bu yeni siyasi ekonomi dalına uygun öznedir. Ne tahmin edebileceği ne de denetleyebileceği bir dünyaya bağlı haldeki ekonomik insanın çıkarları, bilemeyeceği ve bilmediği bir dizi rastlantıya, eylemlere ve başka şeylere bağlıdır. Foucault'nun açıkladığı üzere, ekonomik insanın durumu "bu nedenle son derece gayri iradi, belirsiz ve tam hale getirilemez"dir (Foucault 2008, 278). Yine de –ve görünmez elin gizemi de buradadır– bu kolektif körlük şartlarında herkesin fayda görebildiği söyleniyor. Hatta bu kolektif körlük koşulları, herkesin fayda görmesi için gerekli koşullar varsayılır. Kamu yararı gibi bir şeyi kesinleştirmeye yönelik her teşebbüs başarısız olmalıdır, çünkü kolektif fayda yalnızca bireylerin kişisel çıkarlarını gözetmesi yoluyla elde edilebilir.

Tıpkı tekil ekonomik failler gibi, egemen de bütünü göremez: Görünür bir el, hiçbir şekilde bir el olmayacak, kısmi ve çarpıtılmış olacaktır. Ekonomik çıkarlar çeşitliliğini kaynaştırmada başarısız olacaktır. Siyasi ekonomi, "iktisatta egemen olan" ve "ekonomik egemen" gibi şeyler olmadığını gösterir. Foucault'nun yazdığı gibi, *homo economicus* egemene şöyle der: "Yapmamalısın. Ama neden yapmamalı? Yapmamalısın çünkü yapamazsın. Ve yapamazsın çünkü 'güçsüz'sün. Ve neden güçsüzsün, neden yapamazsın? Yapamazsın çünkü bilmiyorsun, ve bilmiyorsun çünkü bilemezsin". Ekonomik insan bu yüzden öylece egemen gücü sınırlamaz. Aksine "egemen gücü, egemenin önemli, temel ve başlıca bir yetersizliğini, bir başka deyişle ekonomik sahanın bütünlüğüne hükmetmedeki acizliğini su yüzüne çıkardığı ölçüde soyar" (Foucault 2008, 283, 292). Liberalizmin siyasi ekonomiyi benimsemesi, birbirlerini koşullayan bir seçimler ve kararlar grubu koyutlayarak yasal egemenliğin içini boşaltır, ki bunun bilgisi ister istemez egemenin aklına gelmez.

Egemen gücün içinin boşaltılması, çeşitli önerileri göz önünde bulundurur. Bunlardan biri, egemeni piyasanın dışında tutan, egemenliğin bir tür bölgelenmesidir. Bir diğeriyse, piyasa süreçlerinin denetlenmesinden ve doğrulanmasından egemeni sorumlu tutar. Bu ikinci versiyonda, denetimle ilgili idari faaliyetlerin uygulamaları, egemen mantığını "bilimsel ve kurgusal akılsallık"tan daha az önemli hale getirir (Foucault 2008, 292). Foucault'ya göre, aslında burada meydana gelen, yönetimi yeni bir alana –sivil toplum– doğru uzatan üçüncü bir gidişattır. İdari gücün uygulanması için yeni bir dal olarak sivil toplum, ekonomik insanların yönetilmesi için yeni bir mekân sağlar. Fertlerin, hak özneleri ya da ekonomik failler olarak değil de, yasal ve piyasaya dair endişelerini, başka unsurlara (sağlık, eğitim, yeniden üretim), onlarla bağ kurdururken birleştiren yeni bir grup yoluyla yönetildiği bir referans düzlemidir.

Liberalizmin (ve daha sonra neoliberalizmin) içini boşalttığı egemenlik, halkın –sivil topluma satın alan, satan ve kontrat yapan aktörler olarak dahil edilen bireyler anlamında halk değil, tahakküm kapasitesine sahip bir kolektif gövde anlamında halk– egemenliğidir. Örneğin, Benjamin Constant'ın, Rousseau'nun genel irade kavramı yerine özel zenginliği oldukça benimsemesi, ekonomik güçleri bireyleştirmenin, siyasal olanları kolektif hale getirmekten en nihayetinde daha etkili olduğu düşüncesine dayanır. Constant şöyle yazar:

> Para, despotizmin önündeki en etkili engeldir [...] Ona karşı güç kullanmak yararsızdır: Para kendisini gizler veya kaçar [...] Antik dönemde yaşayanlar arasında kredi bugün bizim için olduğu kadar önemli değildi. Onların hükümetleri özel bireylerden daha güçlüydü. Bugün ise tersine özel bireyler her yerde siyasi iktidardan daha güçlüler. Servet tüm çıkarlara daha kolay uygulanan bir güç

ve bu yüzden çok daha gerçek ve ona çok daha kolay itaat ediliyor. (Alıntılayan: Canfora 2006, 64 [2010, 74])

Constant, paranın gücünü bireyin gücüyle birleştirir. Yalnızca çok ama çok varlıklıların, hükümetlerden daha güçlü olacak kadar parası olduğu gerçeğini görmezden gelen, Constant'ın despotizmi zapt etme hikâyesi, aynı zamanda halk için çaba sarf eden gerçek ve etkili bir gücün yükselişiyle de ilgilidir.

Foucault'nun açıklamasında, 18. yüzyılın sonunda ve 19. yüzyılın başında ortaya çıkan teorik sorun, hak ve irade öznesi üzerinden düşünülen yönetimle, çıkar öznesi üzerinden düşünülen yönetim arasındaki bağdaşmazlıktır. İlki, geleneksel olarak, vasıtasıyla bireylerin bir dizi gönüllü zorlamaya razı gelerek bir bütünlük halinde bir araya geldiği toplumsal bir sözleşme olarak ifade edilen bir bölünme ve vazgeçme gerektirirken; ikincisi, öznenin kendi çıkarını gözetmesini gerektirir, hatta emreder. Üstelik siyasi ekonomi olarak bu ikinci liberal anlayış, bu çıkar gözetimi için, yeni bir hakikat alanına ek olarak, özgürlük mahalli halini alan yeni bir dal ve çerçeve kurar. Foucault şunu belirtir: "Liberalizm, modern şeklini, tam da çıkarın ekonomik öznelerinin tam hale getirilemeyen çeşitliliğiyle yasal egemenin toplayıcı birliği arasındaki bu önemli bağdaşmazlığın oluşturulmasıyla elde etti" (Foucault 2008, 282). Ekonominin, önce piyasaya, daha sonraysa sınırlı, tuhaf bir rekabet nosyonuna odaklı belli bir versiyonu, yönetime bir engel, hükümetin bilebildiklerine ve yapabildiklerine bir kısıtlama olarak sunulur. Bu kısıtlamanın ortaya çıkışı, Avrupa'da hem doğal hak, toplumsal sözleşme ve yasal irade ideaları, hem de oy hakkının genişletilmesi ve kitle partilerinin kurumsallaşması yoluyla bu idealların örneklenmesi bakımından anlaşılan demokrasinin yayılmasını da beraberinde getirir.

Liberal siyasi ekonomi, ekonomik meseleleri denetleme, yönlendirme, idare etme ve düzenleme iradesine sahip kolektif bir güç olarak halkın sınırlandırılmasıdır. Kolektif gücün aciz bırakılması, onun parçalanıp zaten rekabet içerisinde ve muhalif olan bireylerin varsayımları haline dönüştürülmesidir (Marx'ın *Yahudi Sorunu Üzerine*'de açıkladığı bir nokta). Foucault'nun sivil toplum tartışmasında anlattığı gibi, halkın kolektif gücünün kısıtlanması, onları etkin faillerden pasif bir topluluğa dönüştürür. Sadece bireyler, küçük girişimciler ya da girişimler olarak faaldirler. Piyasa özgürlüğü gibi görünen şey bundan ötürü, halkın birlikte ne paylaştığı ve ürettiği üzerindeki kolektif güce engel olunmasına bağlıdır. Önemli olan gücün –halkın, içinde yaşadıkları temel koşullar hususunda söz sahibi olması– yalnızca kolektifken gerçek olan bir gücün yerini halkın, bilemediği için yönetemeyeceği söylenen bir ekonomi alır. Ekonomi harekete geçer, çünkü halk geçemez. Halk bireysel tekilliğiyle yetinmek durumunda olduğu için, ekonomi kolektif enerjilerin ve sözleşmelerin etkisini ve gücünü elde eder.

Egemenliğin içinin cömertçe boşaltılması, egemenliğin tam bilgi gerektirdiği iddiasına bağlıdır: Ekonomik süreçler bilinemediği için ekonomi üzerinde egemenlik görünüşte olanaksızdır. Bu iddiayı kabul etmemiz gerekmiyor. Ne egemen güç ne de egemen bilgi bütün ya da tamdır. Kısmi, değişken ve karşılıklı olarak belirleyicidirler. Düzeltmeye, yeniden birleşime ve tartışmaya açıktırlar. Halkın egemenliği, bildiklerimizden ileri gelmez; yaptıklarımızdan kaynaklanır: Bizi yaratan dünyayı yaratırız.

Eğer Foucault, ortak bir iradeye göre üretebilen ve dağıtabilen o kolektif güç olarak halkın egemenliğine olumsuz bir yaklaşım öne sürüyorsa –yani liberalizm ve neoliberalizm açıklamaları bu gücün, siyasi ekonominin engel olduğu şey gibi görünmesini mümkün kılıyorsa– o halde Susan Buck-Morss aynı noktaya daha dolaysız bir güzergâh sunmaktadır. Sovyet hukuk teorisinin, sosyalist devleti, işçi halkın siyasi egemenliğine dayandırdığını açıklar: Proletarya diktatörlüğü açıkça ve tamı tamına halkın egemenliğine verilmiş addır (Buck-Morss 2002, 19). Buck-Morss, Fransız tarihçi François Furet'den yararlanarak, proletarya diktatörlüğünü, Fransız Devrimi'nden yayılan siyasi yörüngede konumlar. Proletarya diktatörlüğü, hükümet ve yönetilenler arasında imkânsız bir özdeşlik kurarak halkın gücünü gerçekleştirir. Žižek'in ifade ettiği şekilde, "proletarya diktatörlüğü', demokratik patlamanın kendisinin yol açtığı şiddete verilen bir diğer isimdir" (Žižek 2008, 416).

Buck-Morss, halkın egemenliğinin bu yorumunu, bir hileye dayanmasından ötürü eleştirir: Halkın birliği, onu var eden şiddet ve dışlamadan önce gelmez. Tipik olarak bir düşmanın adlandırılması ve bertaraf edilmesi biçiminde uygulanan bu türden şiddet, haklı gösterilemez. Onu haklı gösterecek olanlar henüz bir kolektif olarak kurulmamıştır.

Bu sebeple güç fazlalılığı, halk ile egemenliği arasındaki özdeş olmama noktasını, yani hükümet ve yönetilenler arasındaki boşluğu belirtir. Buck-Morss şöyle der: "Demokratik egemenlik, halkın meşru cisimleşmesi sıfatıyla tekeline aldığı bütün şiddetle halkın karşısına çıktığında aslında halkla özdeş olmayışına tanıklık ediyordur" (Buck-Morss 2002, 7 [2004, 21]). Buck-Morss'a göre, bu özdeş olmamanın yan etkisi bir kısır döngü ya da yasaya uygunluğun ve aykırılığın ayırt edilemez hale geldiği bir "yabani bölge"dir. Halkın egemenliği, bütünlük, *demos*'un birliğinde yola çıkarak meşruiyeti görünüşte güvence altına alacakken, bunun yerine bölünmeyi harekete geçirir.

Žižek'in "geriye dönük belirlenim"i izahı, "yabani bölge"nin problemini çözer. Hiçbir karar, verilmeden önce tam anlamıyla hesaplanmaz. Her zaman gündeme gelebilmesinin yanı sıra, kararın kendisi gündeme geldiği arka plana katkıda bulunur. (Siyasi bağlantı, çağrıyı haklı gösterecek olanları yaratıyor.) O halde teşhir, egemenliğe has bir sorun değildir. Tüm karmaşıklığı, belirlenemezliği ve hâkimiyetiyle hukuk yapısının bir yönüdür. Herhangi belli bir noktada, bir mahkeme kararının hukuki statüsü, belirsiz, infaza ve yorumlamaya bağlı, mahkemelerde bekliyor, temyize tabi, itiraz edilmiş, düzeltilme ve yeniden yorumlanma sürecinde olabilir. Bir teamül ancak o şekilde onaylandıktan sonra bir teamüldür – ve daha sonra her şeye rağmen çiğnenebilir ve inkâr edilebilir. Yasal olanla olmayan arasındaki değişkenlik, hukukun doğasında vardır. Egemenliğin demokratik bir örneklemesine has değildir.

Daha da önemlisi Buck-Morss'un, halkın, egemenliğiyle özdeş olmayışına, halk ve hükümet arasındaki olmayan bağa yaptığı vurgudur. Bu bölünmenin harekete geçişine problemin kendisi gözüyle bakmasına karşın, ben onu, komünizmin öznesi olarak halk nosyonunun önemli materyalist bileşeni olarak görüyorum. Bölünme, komünizm halkını, halkçılık halkının hayali bütünlüğünden ayırır. Gerçek insanlardan egemen halkın kolektif gücüne kolay (doğallaştırılmış) bir geçiş bulunmasından ziyade, bir boşluk, bütün şeyin ya da düzenin fantezisiyle çelişerek bütünü altüst eder. Egemen, halka ne kadar hitap ederse etsin, halk ve hükümet aynı anda mevcut değildir. Halkın mevcut olduğu yerde kargaşa ve aksama vardır. Hükümetin mevcut olduğu yerde de halk yoktur. Halkın tamamı asla mevcut olamadığı ölçüde –kimisi gelmez, ne olup bittiğinden haberi yoktur, etkili bir konuşmacı tarafından kandırılmıştır, en başından beri yanlış hesaplanmıştır, tamamen farklı düşündüğü için kendisini dahil etmek istememiştir, katılmasına engel olunmuştur– gerekli yoklukları siyasetin boşluğudur. Rancière'in ifadesiyle, "'işçi', 'halk' ya da 'proleter' terimleri tarafından belirtilen gerçeklik, ne maddi bir koşulun olumsallığına, ne de imgeselin yüzeysel fikrine indirgenebilir; ama daima deneyim bölümlerinin ve simgeleştirme biçimlerinin kısmi bir (her iki anlamda da) bağ –geçici ve eleştirel– tanımlar" (Rancière 2011, 14). Halk ayrılmış, bölünmüş ve imkânsızken siyasi anlamda var olamaz. Yalnızca, bir, az veya bazı yoluyla ve olarak siyasaldırlar (hiçbir zaman doğrudan bir cisimleşme olarak değil, sadece sınır olarak): bir kendimizi bize çok olarak tanıtır; birkaç, temaları ve fikirleri mümkün kılar, düzenler ve sağlar; bazı bütün işi yapar. Halk, hiçbir zaman herkesi kapsamaz; bu sırf çok, açık ve eksik olduğu için değil, kendini tam hale koyamadığı içindir. Bir lider, parti ya da anayasanın yönetimi, halk ve hükümet arasındaki olmayan bağlaşımın çukurunu telafi eder ya da doldurur. Bununla birlikte, bu yönetim, halkın egemenliğinin harekete geçirdiği bölünmenin üstesinden gelemez; bölünme diplere kadar gider – karşıtlık temel ve indirgenemezdir.

Giorgio Agamben de halkın özdeş olmamasından söz eder. Bu özdeş olmamaya, egemenliğin boşluğu bakımından anlam vermektense Agamben halkın göndergesinin tümden bazıya, efsanevi, olanaksız hepimizden, imtiyazlılarla geriye kalanımız arasındaki bölünmeye nasıl kaydığını dikkate alır. Şöyle yazar: "'Halk' dediğimiz şey sanki gerçekte birleştirici bir özne değil de, iki zıt kutup arasındaki bir diyalektik dalgalanmadır: bir tarafta bütün bir siyasi gövde olarak Halk kümesi, diğer taraftaysa parçalar halinde bir yoksul ve dışlanmış gövdeler çeşitliliği olarak halkın altkümesi" (Agamben 1998, 177). Halk içindeki kurucu bölünme, kendini dilde dışa vurur. Terim, "halkın egemenliği" ifadesinde olduğu gibi, herkesi kapsayan hayali bir birliği kastediyor olabilir. Aynı zamanda, daha az varlıklıları, yoksulları, işçileri, sömürülenleri, hayatları ve emekleri azın menfaatleri doğrultusunda kamulaştırılan çoğunluğu kastediyor da olabilir. Bu ikinci anlamdaki halka başvurmak, azla çok arasındaki bir bölünmeyi ifade etmek ve siyasallaştırmak, çoğu, ihtiyaçları ve güçleriyle göstermektir.

Agamben'in "diyalektik dalgalanma"sı yine de çok çabuk durur. Yoksul, üreten gövdelerin siyasi gövde (egemen) olduğu bir üçüncü, ve hatta yoksul, üreten gövdelerin siyasi gövde olduğu gerçeğinin, siyasalı bir gövde olarak tam hale getirmenin ya da kapsamanın olanaksızlığının görünmesini sağlayan bir dördüncü bulunmasına rağmen, iki konum arasında bocalar. Gerçi Agamben'in dili, bu ilave hareketler olmadan bile, benim öne sürdüğüm halktaki bölünme yorumlamasını karıştırır. Farklı bölünme imgelerini birbirine ekler. Yani Agamben, iki zıt kutba ve birleştirilmiş bir bütüne ve o bütünden dışlananlara değinir. Zıt kutuplar arasında bir bölünme, bir alan içerisindeki bir bölünmedir (yayılma tarafından ve zorunlu hudutlar olmadan karakterize edilmiş bir alan bile diyebiliriz). Bir bütünle onun dışarısında olan arasındaki bölünme, bu iç bölünmenin yerine geçer ve bu suretle açık alanı birleştirici bir gövde haline getirir. Siyasi sorun böylece, halk içerisindeki, sömürenlerle sömürülenler arasındaki bir muhalefetten; halktan dışlanmaya karşı koymaya kayar (Buck-Morss'u düşündüren sorun). Bu durumda buna karşılık gelen siyasi çözüm dahil edilme gibi görünür ve halkta başlangıçtaki bölünme ve muhalefet meselesi ortadan kalkar.

Halk içindeki bölünmeyi kavramanın, halkın bir bütün ve bir birlik olarak değil de, bir kolektivite içinde ve bir kolektivite olarak gücünü ifade etmeye muktedir, daha iyi bir yolu, arzu ve dürtü arasındaki psikanalitik ayrımdan yararlanır (bkz. Dean 2010a). Freud'un üzerinde durduğu, dürtünün değişiklikleri genellikle bilinirken (tersine dönüşüm, öznenin kendine düşmanlaşması, baskı ve yüceltme), belki daha az bilinen Lacancı dürtü kavramının iki özelliği, vurgulanmalıdır. Bunlardan ilki, *jouissance* ilişkileri; diğer bir deyişle, öznenin keyfini yapılandıran ekonomiler olarak dürtüyle arzu arasındaki farkla alakalıdır. Arzu daima bir arzulama arzusudur, asla tatmin edilemeyen bir arzu, asla erişilemeyen bir *jouissance* ya da keyif arzusu (Žižek 2000: 291). Bunun aksine, dürtü, *jouissance*'ı, tekrarlayan ona ulaşamama sürecinde elde eder. Keyif alınması için hedefe ulaşmak şart değildir. Keyif sürece bağlanır ve böylelikle özneyi kapar. Ne kadar küçük, geçici ya da kısmi olursa olsun, keyif, insanın dürtü döngüsünde üstelemesinin sebebidir. İkinci özellik, *objet petit a*'nın arzu ve dürtüdeki farklı statüleriyle ilgilidir. Žižek bunu şöyle ifade eder:

> Her iki durumda da nesneyle kayıp arasındaki bağ oldukça önemlidir; arzu nesnesi olarak objet a örneğinde, başlangıçta kaybolmuş olan, kendi kaybıyla kesişen, kaybolmuş olarak ortaya çıkan bir nesne bulunur. Dürtü nesnesi olarak objet a örneğindeyse, "nesne" doğrudan kaybın kendisidir – arzudan dürtüye geçişte, kayıp nesneden, bir nesne olarak kaybın kendisine geçeriz. Yani, "dürtü" denilen tuhaf harekete, "imkânsız" kayıp nesne arayışı yol açmaz; "kayıp"ın –boşluğun, kesintinin, mesafenin– kendisini doğrudan uygulamaya koymak için bir itiştir. (Žižek 2008, 328)

Dürtü, kayıptan yontulan bir güçtür. Bir güç olarak kayıptır ya da kaybın arzu alanına uyguladığı güçtür.

Arzulayan halkın ihtiyaçları vardır, ancak birlikte, kolektif olarak, faal biçimde ve ortaklaşa dile getirebilecekleri ihtiyaçlar. Egemenlikleri, ne çoğunluklarına ne de usullerine indirgenebilir. Daha ziyade, yönetim için nedeni ve gerekçeyi belirtir: kamu yararını arzulayan kolektif halk. Dürtüye yakalanan halk, parçalanmış, şebekelere ve kollara ayrılmıştır. Dürtünün yineleyen döngülerine takılıp kalmış vaziyetteki halk, yönetimselleştirilmiş nesnelerden oluştuğunda, bir topluluk olduğunda bile ayrı girişimlerini sürdürür.

Buck-Morss'tan ve Agamben'den yalnızca, ekonomideki egemen olarak halkın gücü biçimindeki komünizm anlayışını ortaya atmak için bahsetmiyorum. Ayrıca komünistlere göre, dahil etme/dışlama ikilisinin, adaletin başlıca eksenini göstermediğini vurgulamak istiyorum. Halkın egemenliği nosyonunun kavramsal getirisi, herkesi içermemesidir; bölücüdür. (Ancak asıl siyasi meselenin, hiç kimsenin demokratik sürece katılma fırsatlarından ya da kapitalist piyasada köşeyi dönme olasılığından mahrum bırakılmamasını sağlamak olduğunda ısrar eden liberal demokratlara kalırsa, dahil etme/dışlama ikilisi gayet güzel işliyordur.) Örneğin, kritik güncel bir mesele, belgesiz işçilerle ilgilidir. Evrakları olmayanların derdine çare, onlara evraklarını –ve dolayısıyla devlete üyelik hakkı– vermektir. Bu fena bir hedef değildir, ancak devlet iktidarını ele geçirmek veya değiştirmektense onu genişleten bir hedeftir. Benzer şekilde, kimileri, sayıları gittikçe artan milyonlarca kenar mahalle sakini tarafından meydana getirilen ikilemin çözümünün, mülkiyet hakkı olduğunu iddia eder – mal sahibini resmi piyasa ekonomisine katan ve aslında sayılmamış kullanım ve değişimin piyasada yarattığı tehdidi ortadan kaldıran bir çare. Kapitalizm temel olarak insanları sömüren bir sistem olduğu, temel olarak onları dışlayan bir sistem olmadığı için bu komünist bir mevki değildir.

Žižek, Badiou ve Rancière'den faydalanarak, dahil edilenlerle dışlananlar arasındaki karşıtlığın, günümüzde kapitalizmi parçalayan temel karşıtlık olduğunu ve bu nedenle komünizm düşüncesi için çok önemli olduğunu ileri sürer. Žižek, dışlanmaya yapılan vurgunun "tam anlamıyla Marksist bir toplumsal karşıtlık kavramı pahasına liberal-hoşgörülü-çokkültürlü açıklık" konusu ile kolayca birleştiğini kabul eder (Žižek 2009, 100). Bununla birlikte, proletaryanın dahil edilmesinin, farklı türden bir dahil edilme olduğunu tartışır -kapitalizmin, onu etkili bir biçimde söken belirtisel dışlama noktasının ("olmayan parçanın parçası") dahil edilmesi.

Kapitalizmdeki değişimlerle ilgili tartışmamın da işaret ettiği gibi, buradaki "proletarya" kavramına çok fazla şey bağlıdır. Bir taraftan Žižek, proleterleşmeyi, insanları "töz"lerinden mahrum bırakan ve onları salt özneere indirgeyen bir süreç gibi görerek, proletaryayı fabrikadan gerektiği şekilde koparır. Diğer taraftansa, dışlamayı proleterleşmenin özel bir türü, bazılarının doğrudan "tözsüz öznellik"i cisimleştirmesine neden olan bir tür, olarak tanımlar. Sistemin maddi kalıntıları, kaçınılamayan ve gerekli yan ürünleridir. Bütün sistem onların dışlanmasına (veya kalıntılar olarak dahil edilmesine) dayandığı için -kapitalizmin, insan döküntüsü, hiçbir rolü ya da işlevi olmayan fazla nüfus ürettiği hakikatini cisimleştirdikleri için– onları dahil etmek sistemin kendisini yok edecektir.

Žižek'in argümanı, proleterleşmeyi bir süreç olarak ifade ettiğinde son derece inandırıcıdır. Ancak proleterleşmeyi (sömürüden ziyade) dışlama biçimi olarak yorumlaması, proleterleştirmenin sermaye için gerekli ve üretici rolünü, proleterleşmenin kapitalizmin insan emeğini kapması ve dahil etmesinin bir biçimi olma şeklini belirsizleştirir. Marx'ın *Kapital*'de tasvir ettiği gibi, ilkel birikimin şiddetli süreci, sermayeye, ihtiyaç duyduğu işçileri temin eder.

Neoliberalizm (üretime ve sermayenin finansa çevrilmesine azalan yatırımlarıyla) proleterleşme sürecini büyütür. Örneğin, iktisatçılar David Autor ve David Dorn, son otuz yıldır sözde gelişmiş ekonomilerde gözlemlenen bir istihdam kutuplaşmasını tarif ederler. Yüksek vasıflı işlerin sayısı artmıştır (Autor ve Dorn bu işlerin nerede olduklarını belirtmezler). Orta seviyede vasıflı, orta sınıf işler de, düşük vasıflı, hizmet sektörü dışındaki işler de gittikçe azalmıştır. Bununla beraber düşük vasıflı düşük ücretli işler tavan yapmıştır. Bu nedenle, madencilik, montaj, işletme ve taşımacılık alanlarındaki işlerin sayısı azalırken, çocuk bakımı, kuaförlük, yemek hizmeti, evde sağlık hizmeti, temizlik ve bahçıvanlık alanlarındaki işlerin sayısı ciddi anlamda artmaktadır (1980 ve 2005 arasında yüzde 53). Autor ve Dorn bu hizmet sektörünün yükselişini, bilgisayar teknolojilerinin yaygınlaşmasına bağlar. Bunu şöyle açıklarlar: "Bilgisayar teknolojisinin düşen maliyeti, rutin görevler karşılığında ödenen ücreti aşağıya çekmiştir, düşük vasıflı işçiler emek arzlarını, yoğun biçimde becerikliliğe, esnek kişiler arası iletişime ve doğrudan fiziksel yakınlığa bel bağlamasından dolayı makineleştirilmesi zor olan hizmet mesleklerine yeniden tahsis etmişlerdir" (Autor ve Dorn 2012). "Yeniden tahsis etme" proleterleşmeye, yani kapitalizmin, ihtiyaç duyduğu işçileri üretimine ve tüketimine delalet eder.

Žižek'in proleterleşmeyi, olmayan parçanın parçasıyla birleştirmesi, gözden çıkarılmış proletere olan kısıtlı odağı ve üretici (malları olduğu kadar hizmetleri de) proletaryayı atlaması nedeniyle tek taraflıdır. Rancière'in tarif ettiği kadim *demos* gibi, Žižek'in proletaryası, özgürlük tarafından nitelenir. Žižek'in proletaryası, olmayan parçanın parçası olarak, "toplumsal gövde içerisindeki yerlerini meşrulaştıracak belirli özelliklerden" yoksundur ve "toplumun hiçbir altkümesine ait olmadan, onun kümesine ait olur" (Žižek 2008, 413). Bu proletarya, serbestlik anlamında, belli bir yere sınırlanmış olmaması, onu konumlandırmış olan özellikler tarafından belirlenmemiş olmasından ötürü özgürdür. Fakat Marx'ın *Kapital*'de açıkladığı gibi, işçinin özgürlüğü, sermayeye bağlılığın biçimi, işçinin kapitalist sisteme dahil edilmesidir. Burjuva devlet, bu dahil edilmeyi tanır: Devletin bakış açısından, bir işçi bir kapitaliste eşittir; her ikisi de birbirleriyle anlaşma yapıp yapmamaya karar vermede özgürdür.

Başka bir zorluk, günümüz iletişimsel kapitalizmine, kurucu bir dışlamayla belirtilmiş (o dışlamanın, şahısları bir olmayan parçanın parçası olarak adlandırdığı) bir bütünmüş gibi davranılmasından kaynaklanır. Boltanski ve Chiapello'nun özetlediği şekilde, dahil etme/dışlama ikilisi bugün bir bütünden ziyade, bir şebekeyi gösterir (Boltanski ve Chiapello 2007). Dışlanmışlar, bağlantıları kesildiği için savunmasız olanlardır; fırsat, güvenlik ve yiyecek-içecek şebekelerine olan bağlardan yoksundurlar. Bir şebeke modelinde belirtisel noktalar, dahil edilmesi tüm sistemi yok eden noktalar yoktur. Yalnızca daha fazla bağ vardır. Bağlar, şebeke biçimine fazla tesiri olmadan eklenebilir ve bırakılabilir. Elbette şebekeler aşırı yükleme, ayrışmalarına ve çökmelerine yol açan kendi kendine organize olmuş kritik durumlar yaşayabilir. Ancak bir şebekenin aşırı yükleme görüntüsü, bir bütün ve onun kurucu dışlanmasınınkiyle aynı değildir – bilhassa şebekeler, arızalar etrafından dolaşabildikleri ölçüde.

Şebekeler, özellikle günümüz iletişimsel kapitalizminin kapsamlı, hızlı, duygulanımlı ağları, arzu boşluğuna tutunma, onu açık tutma problemini doğurur. Siyasi faaliyetin katılımcı medyanın devrelerine kolayca özümsenmesine ek olarak acil yükleme, paylaşma ve araştırma talepleri, eksiği kayıp olarak biçimlendirir ve dolayısıyla onu yüceltir ve günlük olana geri dağıtır. Siyasi çatışmanın şebekelenmiş medyanın sahasıyla yer değiştirmesi, mücadele edenlerin konumlarını, niyetlerini ve topluluklarını devamlı olarak bildirdiğinde bile, mücadelenin topografyasının sürekli genişlemesi gibi ters yan etkilere neden olur. Şimdiye kadar, bu genişleme iletişimsel kapitalizmi, ivme kazanan krizlerle ve acil durumlarla beslenmesinden ötürü güçlendirmiştir. Aynı zamanda, faal protestoda ve sokak direnişinde bulunanların teşhirini ve savunmasızlığını artırır.[5]

Eğer geriye kalanımız olarak halk, komünizmin öznesiyse ve egemenlik müşterek kaynaklarımızın ve durumumuzun kolektif dümeniyse, bu denetim nasıl anlaşılmalıdır? Bu bölümün geri kalanında, Peter Hallward'un iradeciliği kışkırtıcı savunmasını değerlendireceğim. Birleşme anlatısının tarihsel belirlenimciliği artık ikna edici olmadı-

5 Dean 2010b'deki tartışmama bkz.

ğında ve çalışan insanların oluşturduğu geniş sınıfın ne birliği ne de çıkarlarının var olduğu kabul edilebildiğinde, iradecilik, kolektif siyasi iradeyi ifade etmenin en iyi ve uygun yolu mu olacaktır?

Badiou tarafından sunulmuş olan bir düşünce biçimini geliştiren Hallward, halk iradesinin "diyalektik iradecilik"i doğrulamak maksadıyla çağdaş teorinin iradeciliği yaygın biçimde reddetmesinin aleyhinde tartışır. "Ya belirlenimsizliğin (aralı, melez, çokanlamlı, temsili, karar verilemez, kaotik ...) ya da aşırı belirlenimin ("sonsuz" etik yükümlülük, ilahi aşkınlık, bilinçdışı dürtü, travmatik bastırma, makinesel otomasyon) çeşitli biçimleri"ne imtiyaz tanıdıkları için, özbelirlenimin ve kendi kedine özgürleşmenin değerini düşüreceklerin aksine, seferber olmuş bir halkın siyasi iradesi anlamında genel iradenin kabaca Rousseaucu veya Jakoben bir izahını destekler. Hallward'un "irade"den kastı, belli ya da olası olan üzerindeki tatbiki özgürlüğün aşırılığıdır: "Kural koyucu iradenin üstünlüğünü doğrulamak, siyasette tüm harici [...] belirlenim biçimlerinin [...] her şeye rağmen ikincil olduğunda ısrar etmektir." "Halk"tan kastı ise, "her belli durumda, herhangi bir bölücü ya da münhasır çıkarın üzerinde ve üstünde, tamamen ortak (ve dolayısıyla tamamen kapsayıcı ve eşitlikçi) bir çıkar meydana getiren, ileri süren ve devam ettirenler"dir. "Halkın iradesi" bu nedenle "dikkatli, özgürleştirici ve kapsayıcı bir kolektif özbelirlenim süreci"ne işaret eder. "Her iradede olduğu gibi, onun uygulanması da gönüllü ve özerktir, bir tatbiki özgürlük meselesi; her kolektif eylemde görüldüğü gibi, bir araya gelmeyi ve örgütlenmeyi gerektirir" (Hallward 2009).

Hallward'un iradeciliğinin diyalektik bileşeni, halk ve irade arasındaki ilişkide ortaya çıkar. Hallward halka, belirli bir bölgenin sakinleri, belirli bir ulusun yurttaşları ya da belirli bir toplumsal sınıfın üyeleri için ampirik bir belirleme muamelesi yapmaz. Bilakis, onları faal istemleriyle, yani ortaya çıkan genel bir çıkarla olan faal özdeşleşmeleri yoluyla kavrar. Rousseau'da görüldüğü gibi, Hallward ortak, eşitlikçi çıkarı bakımından genel olan bir iradeyle, kısmi ya da özel (genellenemez) bir iradeyi ayırt eder. Bu durumda "irade" ve "halk" karşılıklı olarak belirleyicidirler.

Halk, tamamen ortak bir çıkar meydana getiren, ileri süren ve devam ettirenlerden oluştuğu ölçüde, herhangi bir acil insan kalabalığını, herhangi belli bir hareketi ya da olayı aşar. Diğer bir ifadeyle, meydana getirme, ileri sürme ve devam ettirme, Hegel'in etik yaşamla ilişkilendirdiği ve Marx'ın mücadele tarihlerinde maddi faktörler olarak gördüğü daha geniş gelenekler ve pratiklere işaret eder. Eğer halk tamamen ortak bir çıkar meydana getiren, ileri süren ve devam ettirense, o halde ona bu çıkara hizmet ederken düşünmüş ve yaratmış, savaşmış ve ölmüş olanlar da dahil edilmiştir. Onlar olabilen ve olabilecek halktır. Halk kendini, gösteren streslerde, boşluklarda ve kopmalarda, mevcudiyetlerinde olduğu kadar bir yokluğun gücünde de ortaya koyar.

Keza halk kendini somut siyasi kuruluşlarda da gösterir, kurumlar ve uygulamaların mücadele mahalleri olmasının nedeni de budur. Kurumlar ve uygulamalar, halkın iradesinin göstergeleri, onun belirlenimi ve dışavurumu için araçlar olduğu ve olabildiği için, bu tür bir irade tamamen şeffaf, bilinen ya da gönüllü olarak bile anlaşılamaz. Bireylerin bilinçli seçimine indirgenemeyen bu irade, aynı zamanda bir mücadele yeri olan daha geniş bir öznelliğe hayat verir. O zaman genel iradenin bir arzu yapısını belirttiğini söyleyebiliriz: kolektif içerisinde ve kolektif için seferber olmuş halkta gerekli bir boşluk. Ortak ve özel çıkar arasındaki çatışma sona ermez; kati olarak çözümlenmez. Devam eden açıklığa kavuşma, toplanma ve örgütlenme çalışmalarını gerektiren bir hareket ve süreçtir.

Bölücü bir siyasi özne olarak halk, kendini uygulamaları vasıtasıyla üretir. İradesi, sadece neyin istendiğinin bilgisinden değil, ayrıca halkın kendisinden de önce gelir. Halk istemektedir, o istemin içeriğinin ne olduğu özel bir talebe dayanarak anlaşılamasa bile. Genel irade, onu ayakta tutan uygulamalardan ayrılamaz (indirgenebilir olmasa da) olduğu ölçüde; yeni işgal ve toplanma uygulamaları, onların günlük olandan kopması, kendini yeniden biçimlendirme, başka türlü düşünmeye, yapmaya ve arzulamaya çalışma sürecinde olan bir halk öne sürer. Barikatlar, işgaller, grevler, hacklemeler, boykotlar ve gösteriler, onları isteyen halk üzerinde, belki de muhaliflerinden daha etkilidir. Yine de, halk iradesinin bu harekete geçmelerinin iletişimsel kapitalizmi doğrulayan ve destekleyen alışkanlıklara gerilemesi, genelle özel arasındaki çatışmanın daha önceki gerçekleştirilmesinin devamlı istenmesini, yani genel iradenin devam etmekte olan ve uzun süreli güçlüğünü ileri sürer. Bazen bizi hazırlıksız yakalayan, belli ve tanıdık olana geri çekilmek kolaydır: Yeni bir şey yaptığımızı düşünmeye başlarız, ta ki kapitalizmin yeniliğe olan merakımızı paylaştığını fark edene kadar. Arzu, dürtüye yüceltilebilir. Bununla birlikte, anlık mücadeleler boşuna değildir: gösteren stresleri arta kalır ve onları yazma, hatırlama ve yorumlama pratiği, ortak eşitlikçi bir çıkar meydana getirmeye, ileri sürmeye ve devam ettirmeye yardımcı olur. Bizi meydana getiren pratikleri meydana getirdiğimiz ölçüde, zorluk, aracılığıyla kendimizi olmak istediğimiz halka dönüştürebileceğimiz kalıcı eşitlikçi birliktelik biçimlerinin geliştirilmesindedir.

Hallward'un diyalektik iradeciliği, halkın egemenliğinin kolektif bir eşitlikçi evrenselci arzu açısından anlaşılmasını önerir. Faal, istekli halkın, pasif, bireyleşmiş topluluğa özdeş olmaması ve kolektif ve eşitlikçi olana duyulan arzunun her türlü kurum ve uygulama dizisini ister istemez aşması sebebiyle; egemenlik, halk yönetimine verilen ad olarak, diktatörlükten daha uygun düşer. Tarihsel olarak diktatörlük, geçici bir düzenleme anlamına gelmiştir. İster Roma anayasasında bir hüküm olarak ister devletin zayıflamasına doğru bir adım olarak olsun, diktatörlük yasaya uygunlukla yasadışılığın, güçle hakkın olağandışı yöndeşmesini belirtir. Onun acil durum tedbirlerini ve istisnai durumları akla getiren kısıtlı zamansallığı, sorumluluk ilişkileri dışında yapılan, sadece devrimci heves tarafından haklı gösterilen hareketleri göz önünde tutar. İstisnalar olarak, kaçınılamayan şiddetten ziyade, ölçüsüz şiddete katkıda bulunurlar. Ölçüsüzlük, durumla kaynaşır. Yönetim şiddetinin, istisnai, yanlış fakat haklı gösterilmeye muhtaç halde kalması daha iyidir: Gerekli miydi yoksa intikam, keyif, tikellik tarafından mı harekete geçirildi? Kamu yararına hizmet etti mi? Ettiyse bile haklı gösterilmesi genel olarak istenebilir mi? Halkın devrimci öfkesi sınırsız ve kontrolsüzdür. Ancak bu, yöneten ya da anayasal bir biçime (ne proletarya diktatörlüğü ne de halkın egemenliği) katılamaz ve katılmamalıdır. Bunu yapmak, sanki halkı dönüştürmek bitebilecek bir süreçmiş gibi, devrimci değişim adına ölçüsüz-aşırı tedbirlere yol açar ve olanak tanır.

Halkın yönetimi aşılamaz. Aldığı biçimler mutlaka çeşitlilik gösterir – halkın egemenliği yalnızca veya münhasıran devlet egemenliği biçiminde olmak zorunda değildir. Zira devlet egemenliği, halkın devlet biçimlerini aştığı derecede, sınırlı, geçici ve natamamdır. Ama sadece insanların olmadığı bir dünyada, halkın yönetimine gerek olmayacaktır. Bu yönetim, özyönetim, özdenetim, kendi kendine yönlendirme bakımından düşünülebilir. O halde kişilerin öznel-aşırı, karşılıklı biçimde belirleyici koşullarıyla, kendi kendine idaresi bulunmayan hiçbir kolektif özyönetim olmayacak şekilde, birleştirilebilir ve birleştirilmelidir, düşünülebilir ve düşünülmelidir. Marx'ın komünizmi, herkesin özgür gelişimiyle bağdaşan, her birinin özgür gelişimi olarak tasviri, bu karşılıklı belirlenimi ya da diyalektik iradeciliği ifade eder. Halkın kendi koşulları üzerindeki kolektif belirlenimi olmadığı takdirde, her biri özgür olamaz.

Bu, geriye kalanımız olarak halkın egemenliği tarafından belirtilen anlamdır. Bu egemenliği, komünizm isimlendirdiği ölçüde, komünist hareket onun var olması için gereken koşulları, bu koşulların maddi olduğunu ve yaşamımızın temel koşulları, bizim kolektif belirlenimimizin dışındayken halkın siyasi egemenliğinin imkânsız olduğunu idrak ederek meydana getirmeye çabalar. Tekrarlayacak olursam, bu egemenlik kaçınılmaz biçimde kısmi ve eksiktir. Yaşamımızın önemli belirleyici unsurları –ne zaman doğduğumuz, ne zaman öldüğümüz, ebeveynlerimizin kim oldukları, kimi sevdiğimiz, anadilimiz, hava durumu– belirlenimimizin dışında kalır. Egemenliğin sınırlarının farkında olursak iyi ederiz. Ancak bu sınırlar, diğer belirleyici unsurların da benzer şekilde, onları idare etme teşebbüslerimizin dışında olduğu anlamına gelmez. Kime ne verileceği, kimin neye sahip olduğu, neyin ödüllendirildiği, neyin cezalandırıldığı, neyin genişletildiği, neye engel olunduğuna dair kararları verebiliriz ve zaten veriyoruz. Dolayısıyla, halk olarak kendimize egemenliğimizin olasılığının koşullarını, komünist arzusunu canlı tutan koşulları sağlamak, elbette egemenliğe fazladan kısıtlamalara neden olur – kendi olasılık koşullarına son verip egemen olmayı sürdüremez.

Kaynakça

Agamben, G. 1998. *Homo Sacer*. çev. D. Heller-Roazen. Stanford, CA: Stanford University Press. [*Kutsal İnsan*, çev. İsmail Türkmen, 2001. İstanbul: Ayrıntı Yayınları.]

Autor, D. ve Dorn, D. 2013. The Growth of Low-Skill Service Jobs and the Polarization of the US Labor Market. *American Economic Review*. http://economics.mit.edu/files/1474 [erişim tarihi: Haziran 2012].

Balibar, É. 1977. *On the Dictatorship of the Proletariat*. çev. G. Locke. Londra: Verso.

Boltanski, L. ve Chiapello, E. 2007. *The New Spirit of Capitalism*. çev. G. Elliott. Londra: Verso.

Buck-Morss, S. 2002. *Dreamworld and Catastrophe*. Cambridge, MA: MIT Press. [*Rüya Âlemi ve Felaket: Doğu'da ve Batı'da Kitlesel Ütopyanın Tarihe Karışması*, çev. Tuncay Birkan, 2004. İstanbul: Metis.]

Bureau of Labor Statistics. 2010. *Charting Annual Comparisons of International Labor Force Statistics*. US Department of Labor, bls.gov.

Bureau of Labor Statistics. 2011. *Retail Salesperson: Occupation with Highest Employment in 2011*. 20 Mayıs. US Department of Labor, bls.gov.

Canfora, L. 2006. *Democracy in Europe*. çev. S. Jones. Malden, MA: Blackwell Publishing. [*Avrupa'da Demokrasi: Bir İdeolojinin Tarihi*, çev. Neşenur Domaniç ve Nusret Avhan, 2010. İstanbul: Literatür Yayıncılık.]

Dean, J. 2006. *Žižek's Politics*. New York: Routledge.

Dean, J. 2010a. Drive as the structure of biopolitics. *Krisis*, 2,2-15.

Dean, J. 2010b. *Blog Theory*. Cambridge: Polity.

Draper, H. 1987. *The Dictatorship of the Proletariat from Marx to Lenin*. New York: Monthly Review Press. [*Proletarya Diktatörlüğü Tartışması. Marx'tan Lenin'e*, çev. Osman Akınhay, 2013. İstanbul: Belge Yayınları.]

Duménil, G. ve Lévy, D. 2011. *The Crisis of Neoliberalism*. Cambridge, MA: Harvard University Press.

Foucault, M. 2008. *The Birth of Biopolitics*. çev. G. Burchell. New York: Palgrave Macmillan.

Hallward, P. 2009. The will of the people: notes towards a dialectical voluntarism. *Radical Philosophy*, 155, 17-29.

Hardt, M. 2010. The Common in Communism. *Rethinking Marxism*, 22(3), 346-56.

Henwood, D. 1998. *Wall Street*. Londra: Verso.

Lih, L. 2008. *Lenin Rediscovered*. Chicago, IL: Haymarket Books.

Lukács, G. 2009. *Lenin: A Study on the Unicity of His Thought*. çev. N. Jacobs. Londra: Verso. [*Lenin'in Düşüncesi – Devrimin Güncelliği*, çev. Ragıp Zarakolu, 1998. İstanbul: Belge Yayınları.]

Michel, L. Bernstein, J. ve Shierholz, H. 2009. *The State of Working America*. Ithaca, NY: ILR ve Cornell University Press.

Rancière, J. 2004. *Disagreement*. çev. J. Rose. Minneapolis, MN: University of Minnesota Press. [*Uyuşmazlık: Politika ve Felsefe*, çev. Hakkı Hünler, 2006. İstanbul: Ara-lık Yayınları.]

Rancière, J. 2011. *Staging the People: The Proletarian and His Double*. çev. D. Fernbach. Londra: Verso.

Stein, J. 2010. *Pivotal Decade*. New Haven, CT: Yale University Press.

Žižek, S. 2000. *The Ticklish Subject*. Londra: Verso. [*Gıdıklanan Özne*, çev. Şamil Can, 2005. Ankara: Epos Yayınları.]

Žižek, S. 2008. *In Defense of Lost Causes*. Londra: Verso.

Žižek, S. 2009. *First as Tragedy, Then as Farce*. Londra: Verso. [*Önce Trajedi Sonra Komedi: ya da 2008 Finansal Krizi*, çev. Mehmet Öznur, 2009. İstanbul: Encore.]

Žižek, S. 2011. *Living in the End Times*. Londra: Verso. [*Ahir Zamanlarda Yaşarken*, çev. Erkan Ünal, 2011. İstanbul: Metis Yayıncılık.]

Çeviren: Esma Kartal

DÖRDÜNCÜ BÖLÜM

Occupy ve Özerk Siyasi Yaşam

Saul Newman

Son zamanlarda tanıklık ettiğimiz Occupy hareketleri, –Kahire'deki, Mübarek diktatörlüğünü deviren Tahrir Meydanı'ndan, New York'ta ve dünya genelinde diğer finansal merkezlerdeki Occupy Wall Street hareketine– kimliklerin güce temsil edilmesinden ziyade, özerk mekânlar ve ilişkilerin yaratılmasını içeren yeni bir siyaset biçimini cisimleştirirler. Bu tür hareketlerin gerçekten dikkat çekici tarafı, liderlik yapılarını reddetmeleri ve siyasi talep ve gündemlerin olmayışıydı. Bunun yerine, özgünlükleri, ortaya koydukları kolektif siyasi yaşam biçimlerinde yatıyordu. Bu, hem sol hem de sağdaki birçok kişinin, bu hareketleri siyaset karşıtı, tutarsız ve düzensiz bularak reddetmesine yol açtıysa da; bunun gibi eleştiriler, sadece, finansal sistemin çökmüş despotizminin ve parlamenter siyasetin nihilist saçmalığının ötesinde özerk toplumsal ilişkiler ve siyasi yaşam olanaklarına doğru işaret eden yeni bir siyaset paradigması olan bir şeyi –paradoksal formülleştirmeyle, siyaset karşıtı siyaset olarak nitelendireceğim bir paradigma– kabullenme acizliğini gösterir.

Burada, anarşik ya da özerk diye tarif edeceğim bu yeni siyasi alanı incelemek istiyorum. Bunun yeni teorik araçlar ve kavramlar gerektirdiğini ve birbirine muhalif Halk ya da Çokluk figürleriyle layıkıyla kavranamayacağını ileri süreceğim. Hardt ve Negri tarafından teorileştiren, ikinci kategori, belki ilk kategoriye kıyasla İşgal siyasetiyle daha fazla benzerliğe sahip olmasına rağmen bu tartışmanın terimlerinin büyük değişikliklere uğraması gerekir. Elbette artık burada, bir Lider bekleyen halk figüründen veya Laclau ve Mouffe'un öne sürdüğü hegemonik bir güç ve siyasi temsil projesinden bahsedemeyiz. "Halk" nosyonu, siyasi mücadeleleri, bir güç mantığına ve devleti ele geçirmeye yönelik bir girişime bağlar. Bu noktada benim fikrim, İşgal siyasetinin kendini farklı bir alana –gitgide kırık ve boş bir kabuk halini alan egemen devletinkine değil, özerk yaşamınkine– konumlandırdığı şeklindedir. Dolayısıyla, alternatif bir teoriler dizisi şarttır, ki bunu benliğin geri istenmesi olarak toplu göç ve başkaldırı figürleri aracılığıyla geliştireceğim. Böyle nosyonlar, siyasi ilişkinin devletten ve onun resmi temsili yapılarından, onu gitgide daha fazla aşan özerklik hareketlerine doğru yeniden konumlandırılmasını ileri sürerler. Bakışımızı, egemen figüründen, sessizce ve güle oynaya iktidarı kuşatan, şehrin kapılarında baş gösteren kamplara kaydırmalıyız.

Bu özerk siyaset ufuğuna başvurarak, çoğu insanın oldukça farklı addedeceği bir dizi yakın zamanlı olaya ve fenomene dikkat çekebiliriz: Kahire'deki Tahrir Meydanı –bugün imgelemimizde 1789'da Bastille Baskını ile aynı sembolik gücü yüklenmiş olan– Madrid'de Puerta del Sol Meydanı'ndaki *indignados*, Zuccotti Parkı'ndaki Occupy Wall Street, Londra'daki Occupy St Paul's ve ayrıca Oakland, California'da rıhtımların ablukası ile Wisconsin'de parlamento çalışanlarının işgali. Ancak, cesaretleriyle ön plana çıkan bu olaylar, yalnızca daha geniş ve gizli bir hareketin en görünür ve göze çarpan simgeleriydi – örneğin Avrupa'da üniversitelerin, borsaların ve işletmelerin işgallerinin yanı sıra sayısız fabrikanın ve işyerinin işgalleri. Aslında Occupy ayrı bir hareket değil de, daha ziyade kapitalist toplumların sinir merkezlerinin her tarafına kendiliğinden yayılan, fiziksel, sembolik ve toplumsal mekânların işgalini ve dönüştürülmesini içeren bir taktik, pratik, örgütlenme ve kök-sapsal mobilizasyon tarzı olarak görülmelidir. Burada, WikiLeaks'ten hacktivizme, siber uzaydaki işgallerden de söz edebiliriz. Bana öyle geliyor ki siyaset teorisi, bu yeni alana henüz yetişemedi. Siyaset teorisi genellikle, egemen güç tarafından düzenlenmiş ontolojik bir sahaya yerleştirilmiş görünür, temsili kimlikleri inceler; nasıl yönetildiğimizle veya siyasi gücün üzerine kurulduğu normatif ilkeler ya da kurucu mantıklarla ilgilenir.

Bununla birlikte, İşgal hareketleri hususunda, kimliğin ve onun temsilinin artık etkili ya da önemli olmadığı farklı bir dinamikle karşı karşıyayız. Kimlikleri ve çıkarları –sınıf, toplumsal cinsiyet, etnik köken, cinsellik vb.– taleplerin eklemlenmesi yoluyla güce görünür kılmaktansa, bunun yerine, kendilerini artık özel şekillerde tanımlamayan, tekillikler halinde, Giorgio Agamben'in söylediği gibi "tamamen isimsiz bir şekilde" ve "hiçbir belirtilebilir aidiyet şartı olmaksızın" (Agamben 1993, 85) bir araya gelen insanların birleşmesini görüyoruz. Belki de bu, böyle toplantılarda yaygın biçimde maske giyilmesini açıklar: Bu sadece her yerdeki polis gözetiminden kurtulmanın bir yolu değildir, aynı zamanda bir temsil edilemezlik, alışılmış biçimlerde tanımlanmayı ve temsil edilmeyi reddetme jestidir. Aslında siyasi ve toplumsal temsil aracının telafi edilemez biçimde çöktüğünün bir işaretidir. Bu tür jestlerin ehemmiyetine daha sonra döneceğim, fakat burada ortaya çıkan şey, artık sabit kimliklere ve öznelliklere dayanmayan farklı tip bir aidiyet veya yakınlık olasılığı gibi görünüyor.

Bir Hegemonya Siyaseti?

Önemli toplumsal ve siyasi kimliklerin –bilhassa sınıfınkilerin– yerlerinden edilmesi, aynı zamanda Ernesto Laclau'nun ve Chantal Mouffe'un post-Marksist siyaset teorisinin çıkış noktasıdır. Ufuk açıcı eserleri *Hegemonya ve Sosyalist Strateji*'de, 1960'lardan günümüze kadar ortaya çıkan yeni toplumsal hareketlerin, artık sınıf mücadeleleri olarak, en azından klasik Marksist anlamda, anlaşılır bir şekilde kategorileştirilemeyişine işaret ettiler.

Gerçekten de 20. yüzyıl boyunca Marksist teori, gittikçe parçalara ayrılan ve daralan geleneksel işçi sınıfı gerçekliğiyle başa çıkmak zorundaydı ve bu, farklı toplumsal gruplarla siyasi kimlikler arasında "eşdeğerlik zincirleri" kurmaya çabalayan hegemonik ittifakların teorileşmesini zorunlu kıldı. Hegemonya bu nedenle, gerçek bir toplumsal ve siyasi durumun –belirli bir mücadelenin stratejik ve taktiksel zorunlulukları– Marksist "tarihsel zorunluluk" anlatısından ayrılış anlamına geldiği bir "olumsalın mantığı" (Laclau ve Mouffe 2001, 6) açısından anlaşılabiliyordu. Daha sonra göreceğimiz gibi, bu Marksist "tarihsel zorunluluk" anlatısı ayrıca Hardt ve Negri'nin, biyopolitik İmparatorluk'un üretici dinamiklerinin bir sonucu olarak çokluğun yükselişine dair savına da işlemiştir.

Laclau ve Mouffe'un radikal siyaset teorisine olan katkısı, onun geleneksel Marksist sınıf kimliklerinin özcülüğünü ve devrimci siyasetin Marksist yorumlamalarında mevcut olan ekonomik indirgemeciliği ve belirlenimciliği yapıbozumunda yatar. Esas iddiaları, Marksizmin bir siyasi proje olarak başarısızlığının, kısmen siyaset konusundaki genel ihmalkârlığından –siyasi alanın ekonomik üretim tarzı ve sınıf ilişkilerine indirgenebilir olduğu ve onlar tarafından belirlendiği konusundaki ısrarından– kaynaklandığıdır. Laclau ve Mouffe bunun yerine, siyaseti, toplumsal kimliklerin ve konumların söylemselliği veya inşa edilmişliğine ek olarak bir olumsallık, güç ve karşıtlık sahası olarak görerek "siyasalın özerkliği"ni ileri sürdüler. Gerçekten de, özellikle 20. yüzyılın daha sonraki kısımlarında radikal siyasi öznelliklerin daha heterojen olduğunu, artık sınıf kategorisi vasıtasıyla yeterince ifade edilemeyen ve çıkarlarıyla talepleri artık ille de ekonomik olmayan bir kimlik ve toplumsal hareket çeşitliliği –etnik azınlıklar, öğrenciler, çevreciler, yerli halklar, Queer bireyler, feministler– bulunduğunu ortaya atarak, ana Marksist sınıf kategorisinin uygunluğunu, birliğini ve tutarlığını sorgularlar (Laclau ve Mouffe 2001, 159). Artık imtiyazlı devrimci bir özneden ziyade, bir hareketler, kimlikler ve talepler çoğulluğu vardır. Bu, günümüzdeki mücadelelerin kapitalist sömürüye karşı çıkmadığı değil, ekonomik sömürünün burada daha geniş çaplı olan tahakküm sorununun bir bölümü olarak görüldüğü anlamına gelir. İşte bu, Laclau ve Mouffe'a göre, günümüzdeki siyasi, toplumsal ve ekonomik mücadelelere, Marksistten çok, radikal şekilde demokratik gözle daha doğru biçimde bakılmasının sebebidir; nitekim onların 20. yüzyıldaki çoğalmaları, demokratik devrimin devam etmekte olan eklemlenmesinin ve açık uçlu eşitlik ve özgürlük ufkunun bir parçası olarak görülmelidir.

Bu tahlile kısmen katılıyor ve bazı öğelerinin, Occupy gibi güncel hareketlerle bağdaştığına inanıyorum. Occupy siyaseti, kesinlikle kapitalizm karşıtı olmasına ve finans kapitalizmi diktatörlüğüne ortak bir karşı koyma etrafında birleşmesine karşın, ekonomik yaşam meselesine, daha doğrusu iktisadın nasıl yaşamın aleyhine çevrildiğine yoğunlaşıyor olsa bile, Marksist işçi sınıfı mücadelesi fikrinden çok daha heterojendir. Bu siyaseti, 1999'daki Seattle mobilizasyonuyla başlayan, son on yılda belirmiş bir küresel kapitalizm karşıtı mücadeleler döngüsünün bir parçası olarak görebiliriz. Bu tür hareketler, örneğin işçi sendikaları ve çevreci aktivistler arasındakiler gibi, eşi görülmemiş bir şekilde hâsıl olan, bir dizi çeşitli endişeyle kesişen ittifaklar ve yakınlıklarla nitelenmişlerdir. İş ve onun alçalmaları ve belirsizlikleri ya da büsbütün olmayışı, kuşkusuz, dünya çapında onları yüzüstü bırakmış olan bir ekonomik sisteme karşı koyan insanları seferber etmek için bir temel olmayı sürdürüyor. Ancak bu, yaklaşmakta olan çevresel felaket, küresel ortak alanların hızlıca kuşatılması ve imhası, yerli halkların mülksüzleştirilmesi, devlet iktidarının kuvvetlendirilmesi, hem özel hem de kamusal gözetimin ve denetim teknolojilerinin çoğalması ve ayrıca günlük hayatın, tüketimcilik kültürü yoluyla yabancılaşması gibi diğer meselelerden çoğu kez ayrı tutulamaz. Aslında belki de "kapitalizm karşıtlığı"nı, Laclau'nun ifade şekliyle bir dizi farklı mücadeleyi ve öznelliği birbirine "diken" bir çeşit "boş gösteren" olarak görebiliriz (Laclau 2006, 1-46).

Dahası, Occupy, proletaryanın, öncü parti liderliği aracılığıyla kendini siyasi bir kimlik olarak tayin ettiği Marksist ve Leninist tarzda bir devrimci projeden oldukça farklı görünür. Öyle ki, İşgal hareketlerinin en dikkat çekici yanlarından biri –bunu Madrid, New York ve Londra meydanlarında ve umumi yerlerinde gördüğümüz kadar Tahrir Meydanı'nda da gördük– gündeme hükmeden resmi liderler veya tek bir parti ideolojisinin bulunmamasıydı. İşgalleri organize eden hiçbir merkezi aygıt yoktu. Bu mobilizasyonlar lidersiz ve merkezsizlerdi; onların dinamiği belirli bir ideoloji programı veya siyasi örgütlenme tarzı dayatarak değil, bedenlerin, zihinlerin ve arzuların kolektifçe yoğunlaştırılması tarafından üretilmişti.

Doğrusu bana öyle geliyor ki, aydınlanmış bir öncünün, devlet iktidarının devrimci ele geçirilmesinde işçi sınıfına yol gösterdiği Marksist devrimci anlatı, artık günümüzde etkili ya da düşünülebilir bile değildir. Ne hücum edilecek bir Kışlık Sarayı ne de halihazırda harekete kılavuzluk etmeyi bekleyen bir Lenin veya Mao vardır. Bir devrimden farklı olarak, Occupy'ın hedefi devlet iktidarının ele geçirilmesi ve yeni bir toplumsal ve siyasi düzenin kuruluşu değildir; devrimden farklı olarak, beklemede olan minyatür devletlerden başka bir şey olmayan öncülerden, genel irade temsilcilerinden ve profesyonel siyasi örgütlerden oluşmaz. Bunların yerine, yatay biçimde düzenlenmiş bir özerk, demokratik siyaset deneyi görüyoruz.

Bu nedenle, Laclau ve Mouffe'un post-Marksist hegemonik siyasetin siyasi ufku olarak gördüğü radikal demokrasi nosyonu, İşgal hareketlerinin de önemli bir yanıdır. Bu noktada, bir süredir küresel, kapitalizm karşıtı hareketlerin dikkat çekici bir özelliği olan doğrudan demokrasi ve mutabakat usulü karar almada envai çeşit deneye tanıklık ettik.[1] Burada katılımcı demokrasi, sırf bir karara varma mekanizması değil, –kararlar, merkezi bir liderlik komitesi tarafından kesinlikle çok daha hızlı biçimde verilebilir– daha önemlisi, bir tür etiksel pratiktir. Başka bir deyişle, sadece bir amaca ulaşma aracı değil, bir yaşam biçimidir de. Vakit alan doğrudan demokrasi ve mutabakata göre karar alma pratikleri, yalnızca –temsil nosyonlarının ve yönetilenlerin rızasının bütünüyle anlamsız hale geldiği– resmi parlamenter demokrasinin anlamsız prosedürleri ve çökmüş kurumlarının değil, aynı zamanda siyasi menfaat ve "pragmatizm" mantığının da reddine işaret eder. Finans kapitalizmi kurumlarının dört bir yanımızda çökmekte olduğu –ya da Mısır'da isyanın, şiddetli ve otokratik bir devletin tüm güçlerini ona karşı düzenlediği– finansal bir krizin ortasında, insanlar, çıplaklıkları ve savunmasızlıklarıyla, sanki çok vakitleri varmış gibi son derece titiz bir şekilde bir hakiki demokrasi biçimi uygulamaya koymak amacıyla umuma açık yerlerde bir araya geldiler. Kapitalizm ve devlet mecburiyetleri teknokratik bir yönetim biçimi kabul ettirmeye çalışırken, –gerçekten de böyle rejimlerin ve formüllerin Yunanistan'a ve İtalya'ya dayatıldığını gördük– meydanlarda, parklarda ve sokaklarda direnen insanlar düşünme, ifade etme, tartışma, münazara etme, kararlar verme ve o kararları değiştirme haklarını ileri sürerler; diğer bir ifadeyle siyasi yaşam haklarını, resmi demokrasilerin altında onlardan esirgenen bir hakkı ileri sürerler. Özerk demokratik bir siyasetin, "liberal-demokratik" rejimlerin siyasetin dışına çıkan akılsallığına karşı öne sürülmesinin daha açık bir örneği olabilir mi? Bu Atina agorasını veya ortaçağdaki özgür cumhuriyetleri daha çok anımsatan demokratik dostluk ruhu, resmi siyasi kurumlarımızın çelişen sefaletini meydana çıkarmadı mı?

---

1 Bu konuda bir tartışma için bkz. Graeber 2009.

Ama tam da bu özerk demokratik siyasette Laclau ve Mouffe'un hegemonik siyasetinin ötesine geçen bir şeyler buluyoruz. Laclau ve Mouffe'a göre hegemonya siyaseti, daima bir temsil siyasetidir. Heterojen mücadeleler ve kimliklerden ortak bir siyasi ufuk inşa etmek için en azından geçici olarak bütünün yerini alan ve onların çıkarlarını bir dizi talebin eklemlenmesi yoluyla, her ne kadar kusurlu ve eksik biçimde olsa da, temsil eden özel bir kimlik, grup ya da parti olmalıdır. Hegemonya mantığı, en nihayetinde işçi sınıfının, Komünist Parti'nin entelektüel ve manevi liderliğiyle, nasıl bir karşı-hegemonya ve burjuvazininkinin yerini alacak bir "kolektif irade" inşa edebileceğini göstermeyi amaçlamış Gramsci'ci teoriden türetilmiştir. Gramsci'ye göre parti, siyasi lider olarak görevi "bir Devlet'i fethetmek ya da yeni bir çeşit Devlet kurmak" olan "Makyavel Prens"tir (Gramsci 1971, 253). Laclau ve Mouffe bu parti ve sınıf liderliği fikrini, Gramsci'nin bağlı kaldığı Marksist ve Leninist mirasın bir parçası olduğunu görerek reddetseler de; bununla birlikte, güç merkezlerinin ortaya çıkışını, hegemonik siyaset mantığının kaçınılmaz bir parçası olarak görürler. "Makyavel Prens" rolünü oynayacak tek bir parti olmamasına rağmen siyasi mücadelelerde, bir mücadeleler, konumlar ve kimlikler çoğulluğunu temsil eden ya da onun adına konuşan ortak konumların eklemlenmesini mümkün kılan "düğümsel noktalar" bulunur. Laclau ve Mouffe'a göre hegemonik öznenin "eklemlediği şeye kısmen dışsal olması gerekir – aksi halde ortada hiçbir eklemleme olmaz" (2001, 135). Hareketi temsil eden, onu kendi içinden çıkaran ve dolayısıyla, vasıtasıyla farklı konumlar ve kimliklerin geçici ittifaklar oluşturabileceği ortak bir ufuk ya da sınır inşa eden bir çeşit siyasi kimlik olmalıdır. Bu, bir tür evrensel konum eklemleyebilsin diye, hareketin belli bir aşkınlığını, dışarı veya öteye adım atmasını gerektirir; bundan ötürü bir, çoğu; parça, bütünü, birleştirilmiş bir siyasi kimlik kurarak temsil etmiş olur. Bu temsili işlev olmadan, hegemonik siyaset meydana gelmez. Hegemonya en nihayetinde bir güç projesi, hegemonik bir hareketi oluşturan mücadeleler ve kimlikler, hâkim düzene bir karşı koyma noktasından çıksa bile, bir güç mevkisini devralmayı amaçlayan bir projedir.[2] Aslında Laclau

2 Benzer bir eleştirel noktaya R.J.F. Day tarafından da değiniliyor (bkz. 2005).

ve Mouffe'un analizinde hiç hesaba katılmayan, devlet egemenliği ilkesinin meşruiyeti meselesi ya da siyasetin devletin dışında tahayyül edilebildiği, siyasetin devletinkinden farklı bir mantık içerebildiği düşüncesidir. Belki de özerklik –ya da özerk mücadeleler– düşüncesi, Laclau ve Mouffe için bu yüzden bu kadar problemlidir:

> Eğer özerk hale gelen öznelerin ya da toplumsal güçlerin kimliği, kati olarak kurulsaydı, sorun yalnızca özerklik açısından ortaya çıkarılmış olurdu. Fakat bu kimlikler belli kesin toplumsal ve siyasi varoluş koşullarına bağlıysa, o zaman özerkliğin kendisi, sadece daha geniş bir hegemonik mücadele bakımından savunulabilir ve genişletilebilir. (2001, 140-41)

Burada, Laclau ve Mouffe önemli bir açıdan haklıdırlar: Önceden belirlenmiş özerk kimlikler ve salt özerklik konumu diye bir şey olamaz. Tüm kimliklerin, farklılık ilişkileriyle söylemsel olarak kurulması nosyonunu alırsak, özerk bir kimlik yalnızca başka bir kimlikle ilişkilendirilerek tanımlanacaktır; onun siyasi mücadelelere katılımı –diğer kimliklerle işbirliğini gerektirecek olan– bu yüzden kaçınılmaz biçimde onu kendinden çıkarmalıdır. Böylece kendi özkimliği, neredeyse Derrida'nın eklenti (*supplement*) kavramının, eklediği şeyin özkimliğinin yapıbozumunu yapması gibi, bulaşmış olur. Özerkliği bu şekilde, ölçülemez farklılıklarıyla tanımlanan içe dönük kimlikler açısından anlayacak olursak bu, kesinlikle savunulamaz bir özcülük gerektirecektir.

İşgal hareketlerinin, tekilliklerin yakınsamasına yol açsalar da, hiçbir ayrılıkçı veya tikelci siyaset türüyle ilgileri olmadığı aşikârdır. Tersine, burada bulduğumuz şey, bir açıklık, çeşitlilik ve anlayışlılık ruhu; diğerleriyle bağlantılar ve uyum elde etmeye çalışan, her zaman anarşik bir halde oluşan ve yeniden oluşan bir kök-sapsal hareket; tam da özel, müstakil bir kimlik nosyonunun büyük ölçüde anlamsız olduğu, tekil arzuların ve iradelerin kolektif bir yoğunlaşmasıdır. Bu nedenle bir kimlik siyasetinden ziyade, bu noktada, Roberto Esposito'nun ifadesiyle bir bulaşım (*contemination*) siyasetinden –dokunulmazlığı olmayan bir topluluk siyaseti– söz edebiliriz (bkz. Esposito 2010, 2011).

O zaman, belki özerkliği düşünmenin alternatif bir yolunu önerebiliriz, önceden belirlenmiş ya da tümüyle tamamlanmış bir kimlik değil, kolektif bir özgürlük anlayışı üreten açık uçlu bir ilişkiler, yoğunluklar ve uygulamalar dizisi olarak bir kimlik. Bana kalırsa bu, tam da Occupy hareketinde belirgin olan bu demokratik ritüellerin ve pratiklerin amacıdır –iktidarın hayaletini defetmek. Özerklik muhtemelen, sabit bir kimlik ya da konumu ifade etmektense, aynı zamanda etik ve siyasi olan bir pratik ya da pratikler dizisi olarak düşünülebilir. Bu şekilde anlaşıldığında özerklik, yalnızca diğerlerine bağlı olarak, kolektif demokratik katılım durumlarında deneyimlenebilir. Ancak Laclau ve Mouffe'tan ayrıldığım husus, özerk mücadelelerin hegemonik anlamda, bir iktidar projesinin parçası olarak anlaşılması gerekip gerekmediği sorusudur. Egemen devlet, tek siyasi proje mahalli değildir ve hatta devleti ve onun temsili kanallarını işaret etmeyen özerk siyasi alanların kurulması imkânı vardır.

Bana öyle geliyor ki, küresel kapitalizme karşı koyan ve eğer bakmayı seçersek her yerde görülebilen farklı şebekelenmiş aktivizm ve doğrudan eylem biçimlerinin yanı sıra İşgal hareketleri, artık hegemonik bir mücadele biçimini, en azından Laclau ve Mouffe'un tahayyül ettiği gibi, almaz. Kendilerini birleşik, organize bir siyasi cepheye çeviren temsil edilebilir kimlikler ve konumlardan oluşan "düğümsel noktalar" etrafında örgütlenmiş bir mücadele sahasından ziyade, aynı zamanda resmi temsilcileri ve liderleri olmayan siyasi bir oluşumla karşılaşıyoruz. Devlet iktidarına katılmayı, devrimci bir manada onu devralmayı bile değil, hemen özerk ilişkiler ve oluş biçimleri geliştirmeyi hedefler. Tahrir Meydanı hareketinde bile liderler ya da temsilciler yoktu – ve bu kitle başkaldırısından istifade etmeyi deneyen siyasi partiler yalnızca onun kolektif enerjisinden geçinenler, ona zorla dahil olanlardı.[3] Aslında Tahrir Meydanı, temsil siyasetinin çökmesini ve gayri meşrulaştırılma-

3 Mohammed Bamyeh'nin (2011) "Arap Baharı"nı yorumlarken belirttiği gibi: "Gördüğümüz kadarıyla Arap Baharı, herhangi bir koruyucu entelektüel otorite, siyasi liderlik, örgütlenmiş parti gerektirmiyor gibi duruyor. Hatta devrimin başarısından sonra bile bu unsurlar, somutlaşmayı hâlâ başaramıyorlar: Hiçbir yerde devrimin partisi yok, onun tarihsel ruhunu cisimleştirecek hiçbir lider ortaya çıkmıyor ve entelektüeller de, çoğunun desteklediği fakat hiçbirinin beklemediği devrimlerin anlamını hâlâ uzun uzun düşünüyorlar. Dahası, bu bariz yokluklar –siyasi, örgütsel, entelektüel– başkaldırının partileri, liderleri, ideologları ya da ideolojileri hakkında bir şey bilinmemesinden –hepsi daha önceden denendiği için– ötürü değildi."

sını mükemmel şekilde simgeler: İnsanlar, onların adına konuştuğunu iddia eden her siyasi hizbi reddettiklerini göstermek amacıyla meydana dönerler. Ayrıca Madrid'in Puerta del Sol meydanındaki *indignados* sloganını hatırlamalıyız: "Bizi temsil etmiyorsunuz!" Bu slogan, duyulması ve adamakıllı anlaşılması gereken bir çift anlama sahiptir: Hem sıradan insanların, çıkarlarını artık temsil etmeyen bir siyasi sisteme karşı öfkelerinin feryadı, hem de temsilin temelli reddidir, siyasetçilerin onların adına konuşmasını, onlar tarafından yorumlanmayı (ve kaçınılmaz olarak aldatılmayı) reddetmeleridir. Sanki meydanın sakinleri şöyle diyorlardı: "Bizi temsil etmiyorsunuz ve asla temsil edemezsiniz!"

Tartışmacı Demokrasi

Temsile bu şekilde karşı koyma, Laclau ve Mouffe'un daha yakın zamanlı çalışmalarına bakılarak düşünülmelidir. Chantal Mouffe, liberalizmle demokrasi arasındaki gerginlikleri inceleyerek ve her siyasi ilişkinin mizacında olan karşıtlığı ve dışlamaları örtbas ettiğini iddia ettiği mutabakata dayanan modellerin aleyhine bir "tartışmacı demokrasi" modeli hazırlayarak demokratik siyaseti yeniden eklemlemeye çalışmıştır. Tartışmacı demokrasi kavramını, büyük ölçüde Carl Schmitt'ten türetir – Schmitt için dost/düşman ihtilafı, siyaset için önemlidir ve egemen siyasi düzenin hatlarını belirler (bkz. Mouffe 2000). Bu dost/düşman mantığı, Occupy'da tam olarak namevcut değilse de, mümkün olduğunca genişletildi – hayatları sömürücü finansal kapitalizm tarafından zarara uğramışların ortak, adeta evrensel konumlarını simgeleyen "%1'e karşı %99". Keza, mutabakat modeli bir demokrasinin benimsenmesi, kapsayıcı ve uzlaştırıcı olacak biçimde ve en nihayetinde egemen siyasetin temeli olan düşmanlıktan ziyade dostluk ilişkilerini teşvik etmek amacıyla tasarlandı (bkz. Schmitt 2007). Bu nedenle, Mouffe'un demokratik tartışmacılık siyasetinde sorun teşkil eden husus, kararın egemen bir siyasetine başvurur ve devletin kavramsal hudutlarını yeniden doğrular. Yalnızca yatay siyaset biçimlerine değil, aynı zamanda liberal kozmopolitanizmle bağdaştırdığı uluslaraşırı aktivizme de bu denli eleştirel gözle bakması pek de şaşırtıcı değildir (bkz. Mouffe 2005). Mouffe'a göre demokratik siyaset, bir dışsallık noktasından siyasi karşıtlıklar çıksa bile, ancak devlet düzeni içerisinde doğru düzgün eklemlenebilir ve onun kurumları vasıtasıyla ifade edilebilir: Belki de onun demokrasi teorisinde, parlamenter kurumların –onların bu düşmanca ilişkiyi, "daha güvenli" bir tartışmacılığa dönüştürerek ortaya koyma biçiminden dolayı– güçlü bir savunmasını bulma sebebimiz budur (Mouffe 2005, 23).

Bunun aksine, İşgal hareketinde çok daha ilginç ve radikal, Miguel Abensour'un anarşik isyancı demokrasisine daha yakın olan bir demokrasi anlayışı vardır. Abensour'un "isyancı" demokrasiyle "çelişkili" demokrasi dediği şey arasında yaptığı, Mouffe'un tartışmacı demokrasisine benzetilebilecek ayrım, uzun uzadıya alıntılamaya değer:

> İsyancı demokrasi, çelişkili demokrasinin bir varyantı değil, tam zıddıdır. Çelişkili demokrasi Devlet içerisinde çatışma uygularken, tam da adına yakışır biçimde kendini asıl çatışmanın iptali olarak sunan ve sonuç olarak sürekli ödün vermeye doğru çelişkililik meyleden demokratik bir Devlet, isyancı demokrasi, çatışmayı başka bir yere, Devlet'in dışına, ona karşı ve ana çatışmanın –Devlet'e karşı demokrasi– iptalinin uygulanmasından çok uzağa konumlandırır, gerekirse kırılmadan dolayı küçülmez. İsyancı demokrasi, önce *arkhe*'nin –aynı anda hem başlangıç hem de emir– yani Devlet'in klasik dışavurumuyla yükselen anarşik dürtüyü yeniden harekete geçirmeden gerçek demokrasi olmayacağı sezgisinden doğar (Abensour 2011, xl-xli)

Kendini sırf şu ya da bu hükümete veya şu ya da bu politikaya veya karara değil, devlet iktidarı aygıtının kendisine ve onun doğasındaki tahakküm ve şiddet mantığına karşı konumlandıran özerk bir demokrasi anlayışı oluşturmak mümkündür. Abensour'un öne sürdüğü gibi, belki de, muhalefet ve karşıtlık gösterişini yapan, en sonunda devlet figüründen daha temel bir kopuşu gizleyen ve arasına giren tam da "çelişkili" demokrasidir –ya da Mouffe'un ifadesiyle tartışmacı demokrasi. Ve belki de bu, Mouffe'un karşıtlıktan kaçınmasını ve onu belli etmemesini eleştireceği ve bu isyancı boyuta gerçekten de başvuran, İşgalciler tarafından uygulanan merkezsiz ve mutabakatçı demokrasi biçimleridir. Demokratik dostluk ve dahil etme prosedürleri, daima yeni bir devlet meydana getiren tahakküm ve dışlama mantığının önüne geçmek için tasarlanır: Bu düzene tamamıyla heterojen olan bir şeyin –bir tahakkümsüzlük ruhuna dayanan farklı bir yoğunluklar ve ilişkiler dizisi– ortaya çıkışına olanak vermeleri beklenir. Ancak bu mutabakatın altında mırıldanan kargaşa ve savaş sesini duymazlıktan gelmemeliyiz; sesi kulaklarımıza, mevcut siyasi düzenden temel bir kopuşun sesi olması nedeniyle bu kadar ahenksiz gelmektedir.

İşgal siyasetini ele alırken, bir siyaset karşıtı siyasetten söz edebilir miyiz? Bundan kastım, siyaset pratiğinin, devlet iktidarı düzeninden uzakta paradoksal bir yeniden düzenlemesi ya da yeniden konumlandırmasıdır.[4] Siyasal gerçekçiler –bunlara, farklı fakat aynı zamanda paralel biçimlerde, hem Schmitt'i hem de Mouffe'u dahil edebiliriz– siyasalın özerkliğinden bahsettiklerinde ahlak, din ya da ekonomi gibi diğer konulara indirgenemeyen, kendi mantığıyla bir ilişkiler sahasını kastederler (bkz. Schmitt 2007). Siyasalın asıl alanının, sınırları, bölgeselliği ve Schmitt'in tam merkezinde kavradığı, düşmanlığın istisnası ve ilişkisi üzerine kararıyla egemen devlet olduğu söylenir. Buna karşın, benim bu konudaki fikrime göre, Occupy gibi hareketler, bizlere siyasalın başka mahallerinin de var olduğunu –hatta bu onların ispatıydı– ve egemen devletin, tam tersine gittikçe bir siyasetin dışına çıkma ve güvenlikleştirme makinesi gibi göründüğünü gösterirler. Bu nedenle, muhtemelen, siyasalın özerkliğinin bugün bir anlamı varsa, bu anlamın özerklik siyaseti olması gerektiğini söyleyebiliriz; başka bir deyişle, devlet egemenliğine itiraz eden ve onu aşmaya çabalayan bir siyaset.

Popülizm ve Halk

Mouffe tarafından ortaya atılan tartışmacı demokrasi teorisinin, İşgal siyasetine uygulanamayacağını belirtmiştim. Laclau'nun Halk figürünün akla getirdiği popülist mücadeleler nosyonunun, burada daha fazla etkisi var mıdır? Laclau, popülizm üzerine çalışmasında, "halk"ın kurulmasını inceleyen söylemsel eklemleme mantıklarını tarif eder (Laclau 2005). Bu figürün, Marksist proletarya teorisinde olduğu gibi, toplumsal ve ekonomik güçlerin gelişimi yoluyla teleolojik olarak ortaya çıkan ampirik bir gerçeklik ya da öz olmadığını tartışır. Bilakis, farklı sosyo-politik talepler arasında "eşdeğerlik zincirleri" eklemlenmesinden

4 Bunun, anarşist siyasi düşünce bağlamında daha geniş bir detaylandırılması için bkz. Newman 2010.

doğan siyasi ve söylemsel bir kurgudur. Bu yüzden siyasi sahada dört bir yanımızda beliren farklı kimlikler, talepler ve karşıtlıklar arasında doğal ve gerekli herhangi bir birliği önceden varsayamayız; bu birlik, bir tür ortak siyasi hudut etrafında olumsal bir şekilde kurulmalıdır. Belirttiğim gibi, bir araya gelmesi önceden tanımlanmış bir ortak kimliğe veya çıkarlar dizisine bağlı olmayan heterojen bir topluluk içeren Occupy siyasetinde, kesinlikle böyle bir şey söz konusudur.

Ancak popülist siyaset kavramının daha sorunlu bir hal aldığı nokta, sistem karşıtı bir boyutu cisimleştirmesine rağmen, popülist hareketlerin genellikle bir lider etrafında örgütlenmesidir: Halkın arzuları, tutkuları ve emelleri, mevcut siyasi düzene karşı çıkan Lider figürü içerisine sembolik biçimde yatırılır. Gerçekten de, Laclau'nun özellikle düşkün olduğu sol popülist hareket örnekleri, Arjantin'deki Peronizm ve Venezuela'daki Chávez destekçisi hareketlerdir. Elbette bu tür hareketler –bana kalırsa her popülist harekette örtük bir otoriter boyut bulunsa da– muhakkak açık şekilde otoriter değildir. Yine de, bu siyaset modelini İşgal hareketleriyle uzlaştırmayı zorlaştıran şey, her zaman hiyerarşik ve eşitsiz bir güç ilişkisi olan siyasi liderlik ve temsil; ve "temsil edilenler"in arzularından, bazen zorlamayla, belli bir tekbiçimlilik kurma teşebbüsüdür. Burada Hobbes'un *Leviathan*'ındaki, doğa durumunda heterojen, anarşik çokluğun, devlet gövdesinin içine katılmış, klostrofobik şekilde sıkıştırılmış, onları temsil eden egemenlerine korkulu gözlerle bakar halde tasvir edilen birleştirilmiş bir siyasi halk figürüne dönüşümünün sembolleştirildiği meşhur sayfası aklımıza geliyor. Veyahut, Freud'a göre grubun üyelerini sevgi ve özdeşleşme bağlarıyla bağlayan Lider figürünü düşünüyoruz (bz. Freud 1955; ayrıca Laclau 2005, 52-64). Temsil ilişkisinde örtük olan otoriter boyut, popülist hareketlerde çoğu kez ön plana çıkarılmıyor mu? Occupy gibi hareketlerde, bir lider çevresinde şekillenmekten ve temsil ve cisimleşme yoluyla inşa edilmekten ziyade, yakınlıklar tarafından üretilen bir çeşit kök-sapsal yoğunlaşma olan, farklı türden erotik bir ilişki görmek mümkün değil midir? Occupy hareketinin, başsız bir gövde, lidersiz bir şebeke olması halinde, Laclau'nun ana hatlarını belirlediği popülist mantık pek uymuyor gibi duruyor.

Çokluğun Biyopolitiği: Hardt ve Negri

O halde, bir lider etrafında veya resmi temsil ilişkileri aracılığıyla oluşmayan farklı türden bir siyasi organizma teorileştirebilir miyiz? Bu tam da, sanayi sonrası kapitalist küresel İmparatorluk'un hâkimiyeti altında çalışan ve yaşayanlardan meydana gelen çokluk figürünün içkin ortaya çıkışı olarak gördükleri şeyi inceleyen Michael Hardt ve Antonio Negri'nin projesidir. İmparatorluk'un, enformasyon ve bilgi üretimine göre ayarlanmış "maddi olmayan emek" hegemonyası tarafından nitelendiğini iddia ederler. Günümüz *biyopolitik* üretim çağında, yeni toplumsal ilişkiler ve yaşam biçimleri, iletişim ve ortak bilgi ağlarını çoğaltma yoluyla yaratılır; endüstriyel dönemin fabrikasının yerini, tüm toplumsal ilişkilerin içine işleyen ve modüler iletişim ve denetim kanalları vasıtasıyla yaşamın kendisini üreten "toplumsal fabrika" almıştır (bkz. Hardt ve Negri 2000). Yine de, toplumsal ilişkiler ve kimlikler, kapitalizm ve özel mülkiyet koşulları altında üretilmesine rağmen onları metalaştırmak gitgide zorlaşmakta ve bunlar bir "birlikte-varoluş"a doğru meyletmekteler. O halde, bu üretim biçimiyle beraber ortaya çıkan şey, bu nedenle, emek ve yaşamın bir "ortak-oluş" olasılığı tarafından tanımlanan yeni bir öznellik biçimidir. Hardt ve Negri'nin çokluk adını verdiği bu ortaklık, bir sınıf kavramıdır, fakat Marksist proletarya nosyonundan farklı olduğunu iddia ettikleri bir kavramdır:

> Daha çok bilişsel emek icra edenler tarafından, en azından gelişmiş Batı ülkelerinde –ancak gitgide gelişmekte olan ülkelerde de– tanımlandığı gibi, bir "bilişsel proletarya" olarak daha doğru şekilde isimlendirilebilir (bkz. Berardi 2005). Üstelik varlığı, tam anlamıyla ampirik bir varlık tarafından tanımlanmaktan ziyade, yerinde ya da içkin bir potansiyele dayanır; ve "halk" gibi birleştirilmiş bir kimlikten ziyade, indirgenemez bir çeşitliliği –bir kolektivite ve çoğulluk birleşimi– temsil eder. Bu içkin çeşitliliğin, bir gün İmparatorluk'a karşı çıkacak ve kendini azat edecek ortak bir organizmada, bir tekillikte birleşme eğilimi vardır (Hardt ve Negri 2004, 101).

Hardt ve Negri'nin açıklamasında bilişsel proleter emeğe verilen üstünlüğe karşı her ne kadar biraz şüpheci olsam da,[5] ikisinin çokluk kavramını, küresel kapitalizm altında günümüzdeki siyasi öznellik biçimi olarak önermek için birçok neden vardır. Hardt ve Negri'nin şebekelendirilmiş iletişim, yakınlık, kök-sapsal oluşum ve yatay demokrasiye dayanan alternatif siyasi ortaklık biçimlerine yaptıkları vurgu, bu güncel siyaset biçimlerinin özelliklerini tarif ediyor gibi görünmektedir, hatta bugün birçok aktivist, onların düşüncelerinin geçerliliğini tanımışlardır.[6] Önemli bir şekilde, çokluk, sabit kimliklerden değil de, kendiliğinden birleşen tekilliklerden meydana gelen, tekbiçimli değil, heterojen bir gövdedir. Temsil yapılarına ya da merkezileştirilmiş liderliğe dayanmaz; yatay ve demokratik şekilde kararlar alan başsız, lidersiz bir gövdedir. Bir lider etrafında örgütlenmiş ve Leviathan'ın gövdesine eklenmiş Halk figürünün aksine, çokluğu, başı olmayan anarşik bir gövde, ya da hatta küresel kapitalizmin devreleri ve sinir merkezleri boyunca kıvranan, dalgalanan ve kayan çok başlı bir yılan olarak görebiliriz.[7] Hardt ve Negri bu nedenle, egemenlik figürü olarak gördükleri Halk ile, egemenlikten kaçınan tamamen farklı bir gövdeler ve zihinler ilişkisini cisimleştiren çokluk arasında önemli bir ayrım yaparlar:

---

5 Hardt ve Negri'yi eleştirenlerin birçoğunun, çokluk kavramında örtük olan bilişsel çalışmaya değer biçilmesi olarak gördüğü şeyle ve bunun küresel işbölümlerine önemsememe şekliyle alakalı bir tartışma vardır. George Caffentzis'in (1998), Negri'nin, bu ileri teknoloji sektörlerin, yanlarındaki düşük teknoloji emek biçimlerinin varlığına nasıl bağlı olduğunu göz ardı eden, "tekno-bilimsel emek"e ve "bilgi çalışması"na odaklanışını eleştirmesine bakınız: "Sonuç olarak, 'kırsal bölgelerdeki yeni kuşatmalar', sanayideki 'otomatik süreç'in yükselişine eşlik etmelidir, bilgisayar terhaneyi gerektirir ve siborgun varoluşu köle üzerine dayandırılmış olur."

6 Gerçekten de Hardt ve Negri son kitapları *Duyuru*'da, İşgal hareketlerinden, onları, tekil ve yerelleştirilmiş olmalarına karşın, belirli durumları geçmiş ve başka yerlerde meydana gelen mücadelelerle de haberleşmiş olan çoklukların mücadeleleri olarak görerek doğrudan bahsederler (bkz. Hardt ve Negri 2012).

7 Hardt ve Negri, Marx'ın betimlediği daha gizli köstebek proletaryaya karşılık, çokluğu nitelemek gayesiyle yılan metaforuna başvururlar (bkz. Hardt ve Negri 2000: 52-9).

> Çokluk çeşitliliktir, bir tekillikler alanı, açık bir ilişkiler takımıdır ki ne homojen ne de kendisiyle özdeştir, kendi dışındakilerle ayrımsız, kapsayıcı bir ilişkiye girer. Buna karşın halk kendi içinde özdeşliğe ve homojenliğe yönelirken, farklılığını çizer ve kendi dışında kalanları iter. Çokluk sonu olmayan bir kurucu ilişkiyken, halk egemenlik için hazırlanmış kurulu bir sentezdir. (2000, 103 [2001, 123-24])

Ancak Hardt ve Negri'nin çokluk nosyonuyla zorluk yaşadığım nokta, onu destekleyen içkinci teoriyle ilgilidir. Onların, çokluğun biyopolitik üretimin ve maddi olmayan emeğin devreleri ve düğümleri yoluyla ortaya çıkışı anlatısının, proletaryanın endüstriyel üretim ve fabrika emeğinin çarkları ve makineleri yoluyla ortaya çıkışının Marksist anlatısına bu kadar yakından benzemesinin dikkatten kaçması zordur. Elbette ekonomik, toplumsal ve teknolojik dönüşümlerin, yeni siyaset ve öznellik biçimlerini mümkün kıldığını ya da yeni ortaklık biçimleri için koşulları meydana getirdiğini inkâr etmiyorum. Bununla beraber, buradaki problem, bunun, Hardt ve Negri'nin düşüncesinde, küresel kapitalizmin ve onun biyopolitik süreçleri ve teknolojik gelişmelerinin büyümesinin, çokluğun gelişi ve İmparatorluk'un Ortak Zenginlik'e dönüşümünden önce kaçınılmaz bir safha olarak memnuniyetle karşılandığı belli bir ilerlemeci mantığa yol açıyor gibi görünmesidir. Marx'ın, proleter özgürleşmesi ve komünizmin gelişine doğru gerekli bir adım olarak görülmesi nedeniyle endüstriyel kapitalizmin ilerlemesini ve uluslararası hale gelmesini birçok bakımdan övmesi gibi, Hardt ve Negri de İmparatorluk'un ivme kazanmasını, beraberinde özgürlük umudunu da getirdiği için memnuniyetle karşılıyor gibidirler. Belirttikleri gibi, "Çokluk, karşı-olma istenci ve özgürlük arzusuyla, öte tarafından çıkmak üzere İmparatorluğa yüklenmelidir" (2000, 218 [2001, 232]). Fakat bu, gerçekte ne anlama geliyor? İmparatorluk'un tüm süreçlerini, yıkıcı olanları bile, hızlandırmaya çalışmamız gerektiği anlamına mı geliyor? Geleneksel toplulukların yersiz yurtsuzlaşmasını, yerli kültürlerin ve yaşama biçimlerinin yok olmasını veya doğal dünyaya saygısızlığı ve dünya kaynaklarının tüketilmesini yüceltmemiz gerektiği anlamına mı geliyor; Hardt ve Negri'nin yer yer yaptığı gibi, teknolojinin hayata ve doğaya hücumlarını ya da siborgların gelişini fetişleştirmeli miyiz (bkz. 2000, 217-18)? Batı Aydınlanması'nın modernite anlatısının bütünleyici bir parçası olan, bir şiddete, ırkçılığa ve sömürgeci tahakküme direniş yaklaşımı olarak "modernite karşıtlığı" söylemini doğruladıklarında, bu ilerlemeci anlatının tehlikeleri bir dereceye kadar kabul edilir; ancak bu, yalnızca modernitenin kendi içindeki bir tür içsel çukur ya da çatlaktan ortaya çıkabilir, tıpkı biyoiktidara direnişin, biyoiktidar sahası içerisinden ortaya çıkışı gibi (bkz. Hardt ve Negri 2009, 67-82). Bu noktada, düşüncelerinde, örneğin tekno-bilimsel gelişmelere, genetik manipülasyona, çevresel saygısızlığa ve adeta tüm yaşamın iletişimsel biyopolitik kapitalizm tarafından kapsanmasına direniş meselesini muğlaklaştıran, Ben Noys'un (bkz. 2010) hızlandırmacı bir mantık şeklinde adlandırdığı şeyle birleştirilmiş, en basit ifadeyle, bir gerginlik bulunur.

Toplu Göç, Faal Yaşam ve Başkaldırı Siyaseti

Bu belirsizliklere rağmen Hardt ve Negri'nin çokluk kavramı, analizimiz için bizlere bazı kullanışlı içgörüler ve kavramsal araçlar sunar. Eğer onu Hardt ve Negri'nin doldurduğu ilerlemeci yükten sıyırabilirsek, bilhassa *toplu göç* nosyonu, bugün kapitalizme ve devlete direnişin güncel biçimlerini düşünmenin faydalı bir yoludur. Paolo Virno toplu göçü şu şekilde tanımlar: "Toplu göç kavramını burada, Devlet'i kitle halinde terk edişi, genel entelektle siyasi Eylem arasındaki ittifakı ve Entelekt'in kamusal alanına doğru bir hareketi tanımlamak için kullanıyorum" (Virno 1996, 196). Toplu göç, Virno'nun Cumhuriyet dediği yeni bir özerk kamusal alan çeşidi yaratan bir faal ve alakadar geri çekilmedir – kapitalizmin ve devletin işlerinden, kurumlarından, pratiklerinden ve ritüellerinden. Bununla bağlantılı bir şekilde, Franco Berardi, toplu göçü, mevcut düzenden (kapitalist çalışma ve devletçi siyaset düzeni) bir "çıkarma" olarak sivil itaatsizlik düşüncesiyle ve "kendimiz ve topluluğumuz için en faydalı ve münasip olanı yakalama kabiliyeti" olarak gördüğü bir "faal yaşam" tasdikiyle bağdaştırır (Berardi-Scotini).

Bana öyle geliyor ki, toplu göçün bu birbiriyle ilişkili iki özelliği, İşgal siyasetiyle alakalı önemli bir şeyler söylüyor. Hakiki bir kamusal alanı, onu işgal ederek, kamp kurarak ve kamusal alanı, kullanılmaması gereken bir şekilde kullanarak –yani onu tam da bir kamusal alan olarak kullanarak– geri kazanma ve yeniden yaratma fikri, belki de günümüzde sivil itaatsizliğin ve reddin tasavvur edilebilecek en radikal jestidir. Burada hatırımıza, hayatını agorada alenen ve herkesin gözü önünde yaşamış, sokaklarda ve pazar yerlerinde çıplak vaziyette yatan Kinik Diyojen skandalı geliyor. Varoluşunun skandalı, yaşamla siyaset ve özel yuvayla kent meydanı arasındaki ayrımı çökertmekti. Michel Foucault, 1984'te Collège de France'daki son derslerinde, Diyojen'i, hakikati söyleme cesaretinin ve varoluş etiğinin her jestte ve edimde, insanın günlük hayatı ve faaliyetlerinde cisimleştiği bir hakiki felsefi yaşam örneği olarak düşünmüştür. Etik yaşam, ister istemez rezil bir yaşam ve de çileci bir yaşamdı, toplumun aşağılaması eşliğinde alenen yaşanan bir yaşamdı – sokaklarda yatan bir köpeğin yaşamı. Belki de Foucault'nun, *bios philosophikos* kavramından kastı buydu: "Doğru yaşam olarak *bios philosophikos*, insanın, bir zorluk olarak kabullenilen, bir alıştırma olarak uygulanan ve diğerlerinin suratına bir skandal olarak fırlatılan hayvanlığıdır (Foucault 2011, 265). İşgal hareketlerinde, dünyanın çeşitli şehirlerinde türeyen kamplarda, yeni bir çeşit siyasi ve felsefi yaşama bir bakışı görebilir miyiz? Utanmadan, korkusuzca sokaklarda uyuma ve yaşamanın güzel ve basit jesti, 19. yüzyılın devrimci barikatlarının kuruluşunda olduğu gibi, dünyamızdaki gerçek bir kırılma anını belirtir.

Bu manada "faal yaşam", Hannah Arendt'in *vita activa*'sına hem benzer hem de ondan farklıdır (bkz. Arendt 1998). Bu, artık, çıplak hayatla siyasi yaşam, özel ve kamusal alanlar arasındaki klasik ayrıma bakılarak düşünülmez; bu ayrım Diyojen tarafından radikalce sona erdirilir. Bunun yerine burada sunulan ve İşgal hareketlerinde uygulamaya dökülen şey, siyasetin yaşamda, yaşamın siyasette cisimleşmesidir.

Siyaseti bu bakımdan düşünmek, farklı bir dil ve pratikler dizisi gerektirir. Yeni bir siyaset dili deneme teşebbüsünü, tam da Occupy hareketini nitelemiş olan tuhaf jest kullanma yetisinde görmüyor muyuz? Zaten maske giyilmesini bir kimlik reddi –daha doğrusu yeni bir kimliksizlik kimliği yaratma girişimi; bir anonimlik ya da hatta *tekillik* kimliği– şeklinde yorumlamıştım. Ama ayrıca demokratik müzakerelerde belli bir karara katılıp katılmadığını belirtmede, mutabakat ya da fikir ayrılığı bildirmede kullanılan sessiz jestlerden de söz edebiliriz. Ancak bu anlatılamazlık jestleri sayesinde, yerleşik siyasi iletişim ve temsil biçimlerinin kısıtlamaları yeterince ifade edilebildi ve yeni iletişim kurma biçimleri keşfedilebildi. Belki de bu anlamda Occupy, "flash-mobbing" olarak bilinen şeyin siyasete daha uygun bir biçimi olarak görülebilir. İşletmelerin ve mağaza zincirlerinin, kurumsal vergi iptaline protesto olarak UK Uncut grubu tarafından hazırlıksız işgalleri, bunun bir örneğidir.

Berardi'nin tartıştığı sivil itaatsizlik nosyonu da burada oldukça önemlidir. Ret jesti, yetkililer tarafından söylendiğinde dağılmayı reddetme, bir kolektif gönüllü *kulluk yapmama* siyaseti olarak düşünülebilir. Étienne de La Boétie'nin (bkz. La Boétie 1942 [1548]) çok uzun süre önce farkına vardığı gibi, gücün üzerimizdeki nüfuzu, eninde sonunda kırılgandır ve sadece üzerimizdeki kendi gücümüzün ortadan kaldırılmasıdır; güce isteyerek boyun eğerek aynı zamanda onu yaratmış ve yeniden doğrulamış oluruz. Ancak bunun diğer tarafı, gücün güçsüzlüğü ve güçsüzlüğün gücünün şaşırtıcı idrakidir. İnsanların bu cesur ret jestlerinde bulunduğu gerçeğini kendimize hatırlatmanın bir yoludur; Foucault'nun "bile bile inatçılık" olarak isimlendirdiği şey yoluyla (Foucault 1996, 386). Gücün radikal biçimde yok olması, bir yıkım hareketi ya da herhangi bir muazzam devrimci karşılaşmadan daha çok, güce sırtımızı dönmemizi ve yalnızca birbirimize güvenmemizi gerektirir. İşgal siyasetinin, gönüllü kulluktan azat olmamızın uygulamaya konulmuş hali olduğunu öne sürmek isterim.

O halde bu, devrim siyasetini yeniden düşünmemiz ve onun yerine ya da en azından ona ek olarak, başkaldırı düşüncesini benimsememiz gerektiği anlamına gelir. Başkaldırı, güç aygıtının ele geçirilmesinden ziyade, ona daha fazla esir olmayalım diye kendimizi mikro-politik ve etiksel olarak dönüştürmemizi gerektirir. Anarşist Gustav Landauer, devletin aslında insanlar arasında belli bir ilişki –bir davranış ve etkileşim tarzı– dolayısıyla ilişkilerin ve davranışların belli bir manevi ve etik dönüşümü yoluyla aşılabilecek bir şey olduğunu bizlere göstermiştir (bkz. Buber 1996, 47). Eğer devlet, sırf devrilebilen ya da idaresi bir devrimle ele geçirebilen dışsal bir aygıt olarak görülürse, o zaman devlete mütemadiyen yeniden şekil vermeye mahkûm oluruz.

Bunun yerine, arzular, günlük faaliyetler, ritüeller ve diğerleriyle ilişkiler düzeyinde güce –siyasi ve ekonomik güç– tabi olma şekillerimizi göz önünde bulundurmalı ve yeni, özerk ilişkiler ve varoluş biçimleri yaratmayı denemeliyiz.

O halde başkaldırı, devrimci siyasetin tersine, özne seviyesinde başlar ve bu karmaşık ve moleküler bağları, ekleri, idealleştirmeleri, fantezileri, bağımlılıkları ve arzuları gevşetmeye çabalar. Max Stirner bu ayrımı aşağıdaki önemli ifadelerle belirtir:

> Devrim ve başkaldırıya, anlamdaş olarak bakılmamalıdır. İlki, durumların, yerleşik durumun ya da statünün, devletin ya da toplumun alaşağı ediminden oluşur ve bu nedenle siyasi veya toplumsal bir harekettir; ikincisinin aslında kaçınılamaz sonucu, şartların bir dönüşümüdür, yine de ondan değil de, insanların kendilerine karşı hoşnutsuzluğundan başlar, silahlı bir ayaklanma değil bireylerin ayaklanması, ondan doğan düzenlemelere aldırmadan ayağa kalkmadır. Devrim, yeni düzenlemeler hedeflemiştir; başkaldırı, bizim düzenlenmemize daha fazla izin vermememize, kendi kendimizi düzenlememize yol açar ve "kurumlar"a parlak umutlar bağlamaz. Başarılı olduğu takdirde yerleşik olan, kendi üzerine çökeceği için, yerleşiğe karşı bir mücadele değildir; yalnızca yerleşiğin içinden benin ön plana çıkmasıdır. (Stirner 1995: 279-80.

Belki de başkaldırı üzerine düşünmenin yolu, devrimden farklı olarak, ikincisi bir güçsüzlük konumundan çıkarken –ki güç elde etmeye çalışmasının sebebi de budur– ilkinin bir özgürlük konumundan hareket etmesidir. Belirli hiçbir özgürleşme projesi sunmaz; bilakis zaten sahip olduğumuz özgürlüğün farkına varılması ve uygulamaya dökülmesidir. Devrimler daima yeni bir düzen ve yeni bir dizi düzenleme dayatmasıyken, başkaldırı, özerk eylem ve özdüzenleme kapasitelerimizin bir doğrulamasıdır. En önemlisi, başkaldırı benliğin kurtarılması ve onun devamlı ve alışılmış biçimde güce teslim edilmesinin kesilmesidir.

Sonuç

Bu bölümde, yakın zamanda tanıklık ettiğimiz İşgal hareketlerinin, hegemonik bir talep ve temsil siyaseti ya da biyopolitik kapitalizmin içkinci ontolojisi aracılığıyla ifade edilemediğini ileri sürdüm; burada ne Halk ne de Çokluk tümüyle yeterli figürlerdir. Buna karşın Occupy, siyaset için, gücün devralınmasının ve programlar için uğraşılmasının, özerk ilişkiler ve varoluş biçimleri yaratılmasından daha az önemli hale geldiği yeni bir ufuk açar. Bazıları yeni yeni oluşuyor olmasına ve belirsiz durumlarına rağmen bu hareketler yine de bize gelecekteki alanımız olacak özerk bir siyasi yaşamın olanaklarına bir bakış sağlarlar.

Kaynakça

Abensour, M. 2011. *Democracy against the State: Marx and the Machiavellian Moment.* çev. M. Blechman ve M. Breaugh. Cambridge: Polity Press. [*Devlete Karşı Demokrasi: Marx ve Makyavel Momenti*, çev. Zeynep Gambetti ve Nami Başer, 2002. Ankara: Epos Yayınları.]

Agamben, G. 1993. *The Coming Community.* çev. M. Hardt, Minneapolis, MN: University of Minnesota Press. [*Gelmekte Olan Ortaklık*, çev. Betül Parlak, 2000. İstanbul: Monokl.]

Arendt, H. 1998. *The Human Condition*, 2. baskı. Chicago, IL: University of Chicago Press. [*İnsanlık Durumu*, çev. Bahadır Sina Şener, 2008. İstanbul: İletişim.]

Bamyeh, M. 2011. Anarchist, liberal and authoritarian Enlightenments – Notes from the Arab Spring. *The New Significance* [online 1 Ağustos]. http://www.thenewsignificance.com/2011/08/01/mohammed-bamyeh-anarchist-liberal-and-authoritarian-enlightenments-notes-from-the-arab-spring/ [erişim tarihi: 2 Ocak 2013].

Berardi, F. 2005. What does Cognitariat mean? Work, desire and depression. *Cultural Studies Review* (Eylül), 11(2), 57-63.

Berardi, F. (ve Scotini) *Disobedience and Cognitariat: A Conversation with Franco Berardi (Bifo).* http://www.pushthebuttonplay.com/dlwd/scotini/disobedience/pdf/interview_bifo-scotini_en.pdf [erişim tarihi: 9 Ocak 2013].

Boétie, É. de La. 1942. *Discours sur la servitude volontaire* (1548). çev. H. Kurz, New York: Columbia University Press. http://www.constitution.org/la_boetie/serv_vol.htm [erişim tarihi: 9 Ocak 2013]. [*Gönüllü Kulluk Üzerine Söylev*, çev. Mehmet Ali Ağaoğulları, 1995. Ankara: İmge Kitabevi.]

Buber, M. 1996. *Paths in Utopia.* New York: Syracuse University Press.

Caffentzis, G. 1999. The end of work or the renaissance of slavery? A critique of Rifkin and Negri (Bahar 1998). *Common Sense*, 24, 20-38. http://www.ecn.org/finlandia/autonomia/theend.txt [erişim tarihi: 6 Ocak 2013].

Day, R.J.F. 2005. *Gramsci is Dead. Anarchist Currents in the Newest Social Movements*. Londra: Pluto Press.

Esposito, R. 2010. *Communitas: The Origin and Destiny of Community*. çev. T. Campbell. Stanford, CA: Stanford University Press.

Esposito, R. 2011. *Immunitas: The Protection and Negation of Life*. çev. Z. Hanafi. Cambridge: Polity.

Foucault, M. 1996. What is critique?, *What is Enlightenment: Eighteenth Century Answers and Twentieth Century Questions* içinde, der. J. Schmidt. Berkeley, CA: University of California Press.

Foucault, M. 2011. *The Courage of Truth: The Government of the Self and Others II. Lectures at the Collège de France, 1983-1984*. çev. Graham Burchell. Basingstoke: Palgrave Macmillan.

Freud, S. 1955 [1921]. *Group Psychology and the Analysis of the Ego, The Standard Edition of the Complete Psychological Works of Sigmund Freud*, Volume 18, 1920-1922. çev. ve der. J. Strachey. Londra: Hogarth. [*Grup Psikolojisi ve Ego Analizi*, çev. Büşra Yücel, 2012. Ankara: Alter Yayınları.]

Graeber, D. 2009. *Direct Action: An Ethnography*. Oakland, CA: AK Press.

Gramsci, A. 1971. *Selections from the Prison Notebooks*. çev. ve der. Q. Hoare ve G. Nowell-Smith. Londra: Lawrence & Wishart. [*Hapishane Mektupları*, çev. Attila Tokatlı, 1966. İstanbul: Gerçek Yayınevi.]

Hardt, M. ve Negri, A. 2000. *Empire*. Cambridge, MA ve Londra: Harvard University Press. [*İmparatorluk*, çev. Abdullah Yılmaz, 2001. İstanbul: Ayrıntı Yayınları.]

Hardt, M. ve Negri, A. 2004. *Multitude: War and Democracy in the Age of the Empire*. New York: Penguin. [*Çokluk. İmparatorluk Çağında Savaş ve Demokrasi*, çev. Barış Yıldırım, 2004. İstanbul: Ayrıntı Yayınları.]

Hardt, M. ve Negri, A. 2009. *Commonwealth*. Cambridge, MA: Belknap Press of Harvard University Press. [*Ortak Zenginlik*, çev. Efla-Barış Yıldırım, 2011. İstanbul: Ayrıntı Yayınları.]

Hardt, M. ve Negri, A. 2012. *Declaration*. http://antonionegrienglish.files.wordpress.com/2012/05/93152857-hardt-negri- declaration-2012.pdf [erişim tarihi: 9 Ocak 2013]. [*Duyuru*, çev. Abdullah Yılmaz, 2013. İstanbul: Ayrıntı Yayınları.]

Laclau, E. 2005. *On Populist Reason*. Londra: Verso. [*Popülist Akıl Üzerine*, çev. Nur Betül Çelik, 2005. Ankara: Epos Yayınları.]

Laclau, E. 2006. *Emancipation(s)*. Londra ve New York: Verso. [*Evrensellik, Kimlik ve Özgürleşme*, çev. Ertuğrul Başer, 2003. İstanbul: Birikim.]

Laclau, E. ve Mouffe, C. 2001. *Hegemony and Socialist Strategy: Towards a Radical Democratic Politics*. 2. basım Londra ve New York: Verso. [*Hegemonya ve Sosyalist Strateji*, çev. Ahmet Kardam, 2008. İstanbul: İletişim Yayınları.]

Mouffe, C. 2000. *The Democratic Paradox*. Londra: Verso. [*Demokratik Paradoks*, çev. A. Cevdet Aşkın, 2002. Ankara: Epos Yayınları.]

Mouffe, C. 2005. *On the Political*. Londra ve New York: Routledge. [*Siyasal Üzerine*, çev. A. Mehmet Ratip, 2010. İstanbul: İletişim.]

Newman, S. 2010. *The Politics of Postanarchism*. Edinburgh: Edinburgh University Press.

Noys, B. 2010. *The Persistence of the Negative: A Critique of Contemporary Continental Theory*. Edinburgh: Edinburgh University Press.

Schmitt, C. 2007. *The Concept of the Political*. çev. G. Schwab. Chicago, IL: University of Chicago Press. [*Siyasal Kavramı*, çev. Ece Göztepe, 2009. İstanbul: Metis Yayıncılık.]

Stirner, M. 1995. *The Ego and its Own*. der. D. Leopold. Cambridge: Cambridge University Press.

Virno, P. 1996. Exodus, *Radical Thought in Italy: A Potential Politics* içinde, der. P. Virno ve M. Hardt ve çev. M. Boscagli vd. Minneapolis, MN: University of Minnesota Press. [*İtalya'da Radikal Düşünce ve Kurucu Politika*, çev. Sinem Özer ve Selen Göbelez, 2005. İstanbul: Otonom.]

Çeviren: Esma Kartal

BEŞİNCİ BÖLÜM

Hegemonya mı Post-hegemonya mı? Söylem, Temsil ve Gerçeğin İntikam(lar)ı

Yannis Stavrakakis

Giriş

Ernesto Laclau, söylem teorisi yöneliminin temelinde duran şeyin, bir *dolaysızlık* eleştirisi olduğuna pek çok kez dikkat çekmiştir. Örneğin Laclau, söylem teorisinin felsefi kökenlerine dair kısa, programlı bir önermede şunları belirtir:

> [Söylem teorisinin] kökeni, 20. yüzyılın başlattığı üç başlıca felsefi gelişmeye dayanır. Üç durumda da ilk olarak bir dolaysızlık, şeylere kendilerinde olduğu şekilde doğrudan erişim yanılsaması vardır. Bu üç yanılsama, gönderge, fenomen ve işaretti. [...] Belli bir noktada, bu başlangıçtaki dolaysızlık yanılsaması üç akımda sona erer –bu bakış açısından, tarihleri birbirlerine büyük ölçüde paraleldir– ve söylem teorisinin başka bir biçimi için zemini hazırlamaları gerekir. Bu, söylemsel aracılıkların sırf türev olmayı bırakması ve kurucu hale gelmesi anlamına gelir. (Laclau 2005)

Bir dolaysızlık yanılsamasından, söylemsel aracılığa ve onun toplumsal ve siyasi gerçekliğin oluşumundaki kurucu rolüne yapılan bir vurguya bu tür bir geçiş, post-Marksizmin kendini tanımladığı siyasi gelenekler, yani Batı'daki radikal gelenek ve onun Marksist çekirdeği hususunda da görülür. Aslında Marksist geleneğin *Hegemonya ve Sosyalist Strateji*'deki yapıbozumu esasen, gerçeğin bütünlüğüne ve onun öngörülebilir tarihsel (eskatolojik) gelişimine doğrudan erişim ve denetim talebinin bir yapıbozumudur (Laclau ve Mouffe 1985). Öyleyse beklendiği üzere, söylem teorisinin karşılaştığı en ciddi direniş, bu tür bir dolaysızlığı savunanlardan çıkmıştır. Söylem teorisinin eleştirisi genellikle dolaysızlığın bir dönüşü –gerçeğin bir intikamı– şeklini almıştır.

Bu dönüş, çeşitli biçimlere bürünebilir; hatta göreceğimiz gibi, bir hayli farklı biçimlere bürünmüştür. Bu bölüm ekseriyetle, Laclau ve Mouffe'un hegemonya ve söylem teorisini biyopolitik gerekçelere dayanarak reddeden argümanlar üzerine odaklanacak; özellikle Richard Day, Scott Lash ve Jon Beasley-Murray'nin konuyla ilgili çalışmaları eleştirel gözle ele alınacaktır. Bu araştırma topluluğu, güce sözde söylemsel olarak aracılık edilmediği, onun dolaysız biçimde ve münhasıran biyopolitik, duyuşsal bir gerçek üzerinde işlediği biyopolitik, hegemonik olmayan tahakküm mekanizmalarının öneminin –bir şekilde– altını çizer. Bu eleştiri, öncelikle bir tür gerçek kavramı –ilk olarak ekonominin materyalist gerçeği– üzerine dayandırılmış uzun bir söylem teorisi eleştirileri geleneği içerisine konumlandırılacak.

Dolaysızlık Eleştirisi, Gerçeğin İntikamı: Başlangıçlar

Sanırım hepimiz bu eleştirinin, söylemsel yönelimin 1980'lerde Norman Geras ve yoldaşları tarafından reddedilişinde belirgin olan geleneksel tarzına aşinayızdır. Nesnel bir gerçeğin savunucusu olarak konuşan Geras, "göreci" söylem teorisini, en "temel varoluş olgularından", maddi gerçekliğin tüm söylemleri koşulladığından şüphe duymakla suçlamıştı (Howarth 2000, 113). Geras'a göre, ekonominin önceliği, sınıf çıkarlarının nesnelliği ve sosyalizmin geçerliliğinin inkârının yanı sıra, Laclau ve Mouffe daha ileri, daha temelci bir inkârdan suçludurlar: "Ve hatta son olarak, toplum ve tarih, birleştirici bir ilke ya da ilkeler tarafından veya birleştirilmiş bir açıklama ve bilgi çerçevesi içerisinde anlaşılabilir kılınabilir" (Geras 1987, 44). Böyle bir birleştirici ilkenin varoluşunu ve üstünlüğünü kabul etmemek, bu anlayışa göre, materyalizm karşıtı idealizme neden olur (Geras 1987, 59). Söylem teorisi, "siyaset ve ideoloji sahalarının üstanlam haline geldiği, daha genel anlamda, 'sembolik'in her şeyi kapsayacak kadar yayıldığı bir perspektif", böyle bir "mahcup idealizm"den açıkça suçludur (Geras 1987, 65).[1]

---

1 Geras böyle bir argüman geliştirmede yalnız değildi. Aşağı yukarı aynı dönemde, Ellen Meiksins Wood da şunu iddia etmekteydi: "Sınıftan özerk şeyler olarak kav-

Ama bu birleştirici ilke ne olabilir? İşte Geras'ın söylemsellik öncesi, fazla teorik bir dolaysızlığa olan bağlılığı bu noktada bütünüyle meydana çıkar:

> Bunlar ne kadar sıklıkla inkâr edilirse edilsin, ya bir yüksek felsefi argümanda, ya da bir popüler iddiada, söylemsellik öncesi bir gerçeklik ve fazla teorik bir nesnellik, her rasyonel soruşturmanın vazgeçilmez temelini ve aynı zamanda farklılık gösteren görüşler ötesinde ve arasında anlamlı iletişim durumunu oluşturur. Bu temel ortadan kaldırılırsa, karşıt söylemlerin veya paradigmaların referans noktasız, boşu boşuna yumruklaşır halde bırakıldığı sonsuz, göreci bir karanlığa sürüklenilir. (Geras 1987, 67)

Her ne kadar *ad hominem* bir düzeyde küçümseyici ve aşağılayıcı olsa da (özellikle bkz. Geras 1987, 41-2) bu eleştiri Laclau ve Mouffe'un, düşünce çerçevelerinin epistemolojik ve ontolojik yönlerini yine *New Left Review*'de yayımlanan yanıtlarında daha detaylı dile getirmelerine olanak sağladı. Savlarının ana fikri, idealist olmanın ötesinde, söylemsel temsile yapılan bir vurgunun, düşünceden bağımsız nesnelerin varlığını kabul eden gerçekçi bir konumla mükemmel biçimde uyuşmasıdır (Laclau ve Mouffe 1987, 87). Buna karşın elzem fark, varoluşun, bir nesnenin mevcudiyetinin (*ens*), "tarihsel ve değişmekte olan" *varlığı* (*esse*) belirlememesidir: Nesnelerin varlığıyla ilgili "hakikat", gerçeklere dayanan veya başka türlü, teorik ve söylemsel bir bağlam içerisinde kurulur ve hiçbir bağlam içinde olmayan bir hakikat fikri düpedüz saçmadır (Laclau ve Mouffe 1987, 87). Nesnelerin hakikatine herhangi bir anında erişim burada söylemsel temsil aracı olur.[2]

Peki, idealist/gerçekçi ihtilafından idealist/materyalist ihtilafına geçtiğimizde ne olur? Bu hususta Laclau ve Mouffe idealizmin, hakikatin kavrama indirgenmesini gerektirdiğini gösterirler: "Hakikatin akılcılığının doğrulanması ya da antik felsefe terimleriyle, bir nesnenin

---

ranan ideoloji ve 'söylem'in ana tarihsel belirleyiciler haline getirilmesiyle, politika kesin olarak sınıftan koparılmış oldu" (Wood 1986, 47 [2006, 76]).

2 Böyle açıklamalar, sonradan toplumsal yapılandırmacılık olarak bilinmeye başlanan şeyin temelini meydana getirmiştir; gerçeklik gibi diğer uygun seçenekler yerine "hakikat" sözcüğünün seçilmesinde görülebilen güçlü Foucaultcu etki gözden kaçmamalıdır.

hakikatinin –varoluşundan ayrı olarak– biçim olduğunun doğrulanması" (Laclau ve Mouffe 1987, 88). Ancak bunun sonucu olarak, idealizm ve materyalizm arasındaki sıkı muhalefet istikrarsızlaştırılır ve dolayısıyla Hegel, materyalizmi, kusurlu ve ham bir idealizm tipi olarak işlemesinde haklı çıkarılır (Laclau ve Mouffe 1987, 91). Laclau ve Mouffe'un bakış açısına göre, idealizmden uzaklaşma, bir tek nesnenin varoluşuna odaklanmaktan ileri gelemez, çünkü toplumsal ve siyasal açıdan önemli hiçbir şey sırf bu varoluştan meydana gelmez: "Böyle bir uzaklaşma, nesnelerin varlığının tarihsel, olumsal ve yapılı karakterini göstermeyi; ve bunun, o varlığın bir toplumun yaşamını bir bütün olarak kuran ilişkisel durumlar grubunun içine yeniden konulmasına bağlı olduğunu göstermeyi kapsayan, biçimin sistemli biçimde zayıflatılması üzerine yani *gösteren*in anlamlı fakat değişken ve belirsiz *maddeselliği* içerisine dayandırılmalıdır." (Laclau ve Mouffe 1987, 91). Böylece ontolojik merkeziyet, söylem ve temsile, siyasi merkeziyet ise hegemonyaya atfedilmiştir.

Geras daha sonra bu konuya *New Left Review*'de yayımlanan başka bir metinde geri döner, gerçeğe olan saplantısı daha alt başlıktan bellidir: "Tözsüz Ex-Marksizm: Laclau ve Mouffe'a Gerçek Bir Yanıt Olma" (Geras 1988). Fakat şaşırtıcı biçimde, Laclau ve Mouffe'un, kendisinin orijinal eleştirisinin "belli bir ontoloji meselesine, nesnelerin düşünceden bağımsız şekilde var olup olmadığına" tahsis edilmiş iki sayfasına verdiği güya orantısız önemden rahatsız olmuş gibi bir hali vardır. "Bazı giriş niteliğinde yorumlardan sonra Laclau ve Mouffe, cevaplarının tamı tamına yüzde 40'ını bu iki sayfaya ayırarak başlarlar." (Geras 1988, 55). Birkaç satır aşağıda noktayı oldukça çarpıcı ve retorik bir biçimde kabul ediyor gibi göründüğünde, şaşkınlık yerini hayrete bırakır: "Şunları tartışmayacağım: a) Laclau ve Mouffe'un gerçek anlamda felsefi 'idealistler' olup olmadığını. Öyle olmak istiyorlarsa, bu konu hakkında münakaşa edecek değilim" (Geras 1988, 55). Basitçe söylemek gerekirse, Laclau ve Mouffe'un söylemi, temsili ve hegemonyayı dolaysız bir gerçek perspektifine göre kuramlaştırmalarına yapılan ilk saldırı böylelikle sona erer. Ancak bu daha başlangıçtır...

Hegemonyanın Hegemonyasına Meydan Okuma

Günümüzde benzer bir reddetme, tamamen farklı bir araştırma alanında görülebilir. Bu kez eleştiri, söylemle temsile yapılan vurguyla beraber, "hegemonya" kategorisinin kendisinin statüsünü hedef alır. Üstelik "ihanete uğramış" (Marksist) bir tutuculuğu savunarak geçmişten doğmaz, aksine bugünü ve geleceği, biyopolitikanın ve duygulanımın acil dolaysızlığını ifade ettiğini öne sürer – bu, eleştirel toplum ve siyaset kuramında şu sıralar bir hayli revaçtadır. Spinoza gibi klasik filozoflarla, Michel Foucault ve Giorgio Agamben, Gilles Deleuze ve Antonio Negri gibi çağdaş teorisyenlerin eserlerine olan muazzam ilgi, bu fikri fazlasıyla kanıtlar. Bu yönelim genellikle, hegemonyanın, günümüzde siyaseti anlamak için elverişli bir teorik ve analitik matris olarak kabul edilmemesiyle aynı zamana denk gelmiştir; burada tartışılan şey, en basit ifadeyle, "hegemonyanın hegemonyası"dır (Day 2005).

Richard Day'in çalışmaları, bu tip argümanlar için zemini hazırlamada yardımcı olmuştur. Day "alışılageldiği gibi siyaset"e, bir başka deyişle siyasi mücadeleyi ve radikal aktivizmi, hegemonyayla karşı-hegemonya arasındaki bir oyun içerisine sınırlamaya karşı çıkar:

> Bariz çözüm [kapitalist küreselleşmeyle nasıl mücadele edileceğine dair] bir karşı-hegemonya kurmaya çalışmak, tarihsel dengeyi, mümkün olduğunca ezilenlerin lehine çevirmektir... Ancak bu şekilde konuşmak, neoliberalizm mantığı içerisinde kalmaktır; *hegemonyanın hegemonyası* dediğim şeyi kabullenmektir. Bundan kastettiğim, toplumsal değişimin sadece eşzamanlı olarak ve hep birlikte, bütün bir ulusal ya da uluslarüstü uzam boyunca elde edilebileceği varsayımıdır. (Day 2005, 8)

Bu itirazın temeli ağırlıklı olarak siyasaldır ve Day'in onu desteklemek için topladığı kanıtlar, "En Yeni Toplumsal Hareketler" olarak adlandırdığı şeylerde görülebilen yeni aktivizm tiplerinden gelir: Onu günümüz radikal aktivizmiyle alakalı olarak ilgilendiren şey, belli radikal grupların bu kapandan "*karşı-hegemonik* yerine *hegemonik olmayan* bir biçimde çalışarak" kaçmalarıdır. Radikal değişim amaçlarlar, ama "devlet iktidarını ele geçirerek ya da etki altına alarak değil", böylece hegemonya mantığına "tam da özünde" meydan okumuş olurlar (Day 2005, 8).

Day'in hegemonya anlatısında, Laclau ve Mouffe'un çalışmaları merkezi bir konuma sahiptir. İkilinin projesinin belli yönlerine olumlu bakmasına rağmen Day, Laclau ve Mouffe'un argümanında önemli yer tutan, belli bir rejime etkili meydan okumaların, bir hüsrana uğramış talepler silsilesinin bir "eşdeğerlikler zinciri" oluşturacak şekilde bağlanması, bu ayrı momentleri muhalif bir ideal etrafına kısmen yerleştiren bir temsil ufku, şu anki hegemonyaya karşı çıkan düğümsel bir nokta aracılığıyla yeni bir söylemsel eklemlenmenin oluşumunu önceden varsaydığı düşüncesini kabullenmede oldukça zorlanır. Buradaki problem, tam da eşdeğersel zincirlerin kurulmasının, hegemonik blokların inşasının ve toplumsal dönüşümün, temsil süreçleri yoluyla gerçekleşmesidir (Day 2005, 75). Temsil, taleplerin sembolik olarak ifade edilmesine dayanan ve toplumun gerçek anlamda yeniden kurulmasını sağlayacak radikal bir fırsata asla müsaade etmeyecek bir arzu mantığı içerisinde köleleştirilmemizi gerektiren bir siyaset anlamına gelir: "Neoliberal küreselleşme bağlamında bir talep siyaseti gütmek, en son çıkan otomobili, giysiyi veya buzdolabı çeşidini elde etmeye çalışmak gibidir biraz. Doldurulması umut edilen bir eksiklik hissedilir, ta ki gerçekleşmesini arzulamanın azalmak yerine artmış olduğunun farkına varılana kadar" (Day 2005, 83).

Day, bu sistemin tamamen dışına çıkma kabiliyetimizi abartmamaya bir hayli özen gösterir ve bu tür bir çıkışın çoktan başarıldığını da iddia etmez:[3] "Bu kapandan kaçma hiç de basit ya da kolay bir süreç değildir, yine de bazı siyasi özneler bunu yapmaya başlamışlardır –tereddütle, kısmen ve örtük biçimde" (Day 2005, 84). Böyle bir çıkışın, talep siyasetinden ve arzu etiğinden uzaklaşıp bir gerçek etiği tarafından desteklenen bir edim siyasetine doğru radikal bir kayışı önceden varsaydığı düşünülürse, başka nasıl olabilirdi ki? (Day 2005, 88-9). Bunların ilki "tahakküm ve sömürü yapılarının içeriğini değiştirebilir, ancak biçimlerini değiştiremez" (Day 2005, 88). İkincisiyse, kısmen Žižek (Day 2005, 89-90) ile postyapısalcılık ve ötesinin yanı sıra anarşist ve

---

3 Ancak, arzu mantığını ağırlıklı olarak kapitalizmle bağdaştırarak, onun prekapitalist soyağacını görmezden gelerek, bu çıkışın ihtimalini biraz daha umut verici renklerle betimler.

post-anarşist gelenek içerisindeki birçok akım tarafından kavramlaştırıldığı gibi (Deleuze, Agamben, vb.), evrenselleştirilmiş karşı-hegemonik bir temsile eşdeğersel eklemlenmeyi reddeden, derhal bütünlük arz etmeyen fiziksel müdahaleye öncelik tanıyan ve birbirleriyle temsili ve merkezileşmiş olmayan yakınlık ilişkilerine giren bir özerk mücadeleler serisi açısından hegemonyanın düşünülmesinden ve etkili direnişin kavramlaştırılmasından radikal bir kopmaya olanak verir.

Post-hegemonyanın Doğuşu

Day, Laclau ve Mouffe'un hegemonyayı söylemsel/temsili kuramlaştırmasına meydan okur, fakat ölüm belgesini hazırlayacak kadar ileri gitmez. Bu, birkaç sene sonra, "post-hegemonya" kategorisinin teorik sahası içinde ortaya çıkışıyla birlikte vuku bulacaktır. Hatta bu argümanın, ilgili literatürde en az iki farklı varyantının ifade edilmiş olduğu görülebilir.[4] İlk argüman tipi, hegemonyanın belli bir bağlamsallaştırılması aracılığıyla ilerler ve hegemonyanın kültürel ve siyasal mücadeleleri anlamada belirli bir dönem haklı olarak önemli olmuş olmasına karşın, artık böyle olmadığı sonucuna varır – bu ilk olarak Scott Lash (Lash 2007) tarafından öne sürülen savdır. İkinci tip, bu tür bir bağlamsallaştırmanın tersine, hem cephesel ve tam hem de artzamanlı bir ret ileri sürer – Jon Beasley-Murray'nin (Beasley-Murray 2010) ortaya koyduğu argüman da budur. Şimdi bunları sırayla inceleyelim.

Scott Lash 2007 tarihli *Theory, Culture and Society* makalesinde, bir "post-hegemonya" çağına girmiş olduğumuzu iddia etmiştir (Lash 2007). O halde burada, ilk olarak Ernesto Laclau ve Chantal Mouffe tarafından geliştirilmiş söylem teorisinin, iktidar ilişkilerinde yeni bir döneme girilmiş bir dünyada geçerliliğinin reddini görüyoruz:

> 1970'lerde kültürel çalışmaların başlangıcından beri, "hegemonya" bu hâlâ gelişmekte olan disiplinde belki de çok önemli tek kavramdır... Şimdi burada hegemonyanın kusurlu bir kavram olduğunu tartışmak istemiyorum. Hatta hegemonya kavramının aleyhinde konuşmayı hiç istemiyorum... Bunun yerine tartışmak istediğim

4 "En az" diyorum çünkü terimin tüm mevcut kullanımlarına değil de, yalnızca Laclau ve Mouffe'un çalışmaları üzerinde etraflıca duranlara değineceğim.

> şey, onun belli bir devir için büyük doğruluk değeri olduğudur. Bu devrin kapanmaya başladığını iddia etmek istiyorum. Şimdi aksine iktidarın ekseriyetle post-hegemonik olduğunu öne sürmek istiyorum. (Lash 2007: 55)

Scott Lash, söylemsel hegemonya teorisinin, yani ideolojik/söylemsel araçlar tarafından elde edilen, kısmen rıza ile tahakküme odaklanan kuramların ölüm ilanına işte bu şekilde başlar (Lash 2007, 55). Bu elbette iyi niyetli bir ilandır. Bir ret teşkil ediyor olsa bile, söylem teorisinin 1980'lerde ve 1990'ların başında, aralarında Norman Geras'ın da bulunduğu kişiler tarafından sert biçimde reddedildiği birinci dalganın aksine saygılı bir reddir. Lash gerçekten de, hegemonyanın açıklayıcı gücünü ve Laclau ve Mouffe'un gücü "genellikle söylem yoluyla göstergesel şekilde işleyen" bir şey olarak inceleyen hegemonik paradigmadaki merkezi konumunu takdir eder (Lash 2007, 58, 68).

Ancak retorik atmosfer oldukça farklı olsa bile, argümanın kendisi Gerasvari bir eleştiriden çok da uzak değildir. Her iki durumda da[5] ana fikir, söylem teorisinin, temsil düzeyine odaklanarak daha önemli ve temel bir düzeyi, gerçek düzeyini atladığıdır. Bu daha önceden bahsi geçen teşebbüs edilmiş gerçeğin intikamının bir diğer biçimidir. Bunların üzerinden yıllar geçti, bu da elbette demek oluyor ki, söylem teorisinin önem vermediği bu gerçek, birinci dalga eleştirmenleri için en çok toplumsal sınıfın klasik materyalist anlatımıyla anlaşılırken, Lash'e göre vaziyet artık böyle değildir:

> Semboliğin ya da imgeselin tersine, gerçek, temsil düzeninden tamamıyla kurtulur. Biz –yani gücün büyük oranda post-hegemonik olduğunu düşünenler– Žižek'e (bkz. Butler, Laclau ve Žižek 2000) katılıyoruz. Kısmen katılıyoruz. Post-hegemonik düzende hem tahakkümün hem de direnişin, gerçek vasıtasıyla meydana geldiğini düşünüyoruz... Gerçek... dile getirilemezdir. Ontolojiktir. Post-hegemonik düzende güç, ontolojik bir hal almaktadır... Post-hegemonik güç ve kültürel çalışmalar, bilişsel muhakemelerden çok bir varlık meselesidir. (Lash 2007, 56).

5 Durum, Day'de de böyleydi.

Lash bu gerçeği tanımlamak için ilkin yararlandığı Lacancı jargonu bırakıp, önce Agamben'e, sonra daha kapsamlı olarak Hardt ve Negri'nin Spinoza yorumlamalarına ve detaylandırmalarına yönelir. Sonuç olarak, post-hegemonik gücün gerçeği Spinoza'nın *potentia*'sıyla örtüşme eğilimi gösterir: "kuvvet, enerji, potansiyel" (Lash 2997, 59). Post-hegemonik siyaset, bu ilkel yeni-dirimselci gerçeığin etrafında döner: "Şeyin kendisinin hareket ettirici kuvveti, ortaya çıkışı, oluşu" (Lash 2007: 59). Söz konusu olan, rıza meydana getirme ya da bir mutabakat sağlama, hatta normalleştirme bile değildir; şimdi, "güç içimize girer ve bizi içeriden inşa eder" (Lash 2007, 61), "bizi tam da varlığımızdan kavrar" (Lash 2007, 75). Bu nedenle kapsamlı bir "fiili, üretici kuvvet"in içkinlik (immanence) (Lash 2007, 66, 71) sahası içerisine sımsıkı yerleştirilmiş haldeyizdir.

Tipolojimizi biraz karmaşıklaştıracak olursak, *Theory, Culture and Society*'nin aynı sayısında, Nicholas Thoburn iki ret dalgası arasında köprü kuruyor gibi görünen bir argüman ileri sürer. Bunu, ekonomiyi, biyopolitika ve duyuşsallık araştırmalarından ödünç aldığı terimlerle yeniden yorumlayarak yapar. Dolayısıyla, söylem teorisi ve post-Marksizm, kapitalist dinamiklerin ve buyrukların toplumsalı istila etme şekillerine gerekli önemi vermedikleri için eleştirilseler de –neyse ki yine Gerasvari bir nefretin hakareti olmadan– bu dinamikler "üretimin, yoğun toplumsal, teknik, ekonomik ve duyuşsal ilişkilerin örüntülenişi –ya da harekete geçirilişi, düzenlenmesi ve dağılımı– olarak görülen bir üretimin geliştirilmiş bir anlayışı" yardımıyla canlandırılır (Thoburn 2007, 79-80). Bu tasvirin merkezinde, aşağıda Brian Massumi'nin çalışmalarına bir atıfla üzerinde durulan, duygulanımın alt belirtici ya da hatta önceden belirtici bir bedensel etkinleştirme tarzı olarak yarattığı sorunsal yer alır.

> Duygulanım, bir bedenin durumunu değiştiren, bireysel ve toplumsal uygulamada somut etkileri olan bir yoğunluk –sevinç, korku, sevgi, keder, merhamet, gurur, öfke yoğunluğu– deneyimidir... duygulanım, deneyimin, kültürel çalışmaların hareketini, kültürün belirtici uygulama olarak kavranışından oldukça açık bir şekilde uzakta gösteren çok önemli bir boyutudur. (Thoburn 2007, 84).

Şüphesiz, bu doğrultu Patricia Clough'ın "duyuşsal dönüş" olarak tabir ettiği şeyin, eleştirel kuramın "bedensel maddeye içkin olan bir dinamizm"e doğru yöneltilmesinin göstergesidir (Clough 2008, 1).[6]

Serbest Post-hegemonya

Lash'in post-hegemonya hakkındaki makalesinden sadece üç sene sonra sayı, kitabı andıran bir eser olarak Jon Beasley-Murray tarafından yayımlandı. Beasley-Murray, aynı zamanda elzem bir farkın altını çizerek projesinin Lash'inkiyle benzerliklerini kabul eder: "Lash'in post-hegemonya anlayışı tamamen zamansaldır: Sadece gücün artık post-hegemonik olduğunu öne sürer. Benim amacım, hegemonya fikrinin daha kapsamlı bir eleştirisini sunmaktır" (Beasley-Murray 2010, xi). Beasley-Murray'nin hegemonya ve söylem tenkiti, Day ile, hegemonya teorisinin –ve ona dayanan sahaların, kültürel çalışmaların ve sivil toplumun– esas itibariyle, anlamaya giriştikleri güç yapılarını kopyalamaları nedeniyle siyasi anlamda şüpheli olmaları düşüncesini paylaşır (Beasley-Murray 2010, xvi).[7] Fakat aynı zamanda Lash ile, güç ilişkilerinin bedensel gerçeğinin belirgin bir idrakini paylaşır: "Güç doğrudan bedenlere tesir eder" (Beasley-Murray 2010, xiii). Bu yine şüphesiz Geras'ın üzerinde durduğu ekonomi gerçeği değildir: "Hegemonya kuramındaki esas kusur, ekonomiyi hafife alması değildir;

---

6 (Duygulanımlı) gerçeği, yeni materyalist bir ekonomi ve sınıf okumasına bağlayan oldukça ilginç bir meleze dayanan benzer (iyi niyetli) bir Laclau eleştirisi, Madra ile Özselçuk'un ve J.K. Gibson-Graham'dan kaçınan diğerlerinin eserlerinde bulunabilir; bkz. örneğin, Özselçuk ve Madra 2005.

7 İronik olarak, bu sıkça Hardt ve Negri'ye yöneltilen eleştirinin –post-hegemonik argümanların arkasındaki başlıca bir ilham kaynağı– aynısıdır:

> Kendileri tam da küresel kapitalizmin yapılarını kopyalamaktan fazlasını yapmasalar da, bu adı geçen biçimler, kaçış çizgileri açmak veya [...] çokluğun gücünü dışa vurmak amacıyla aynı zamanda yıkıcı ya da devrimci farz edilirler... Dolayısıyla çokluğun yetkilendirilmesi, herhangi bir baskıcı güce herhangi bir karşı koymayı içermekten ya da hatta kapitalizmin teşvik ettiği uygulamalardan çok az sapan bir eylem planından farklı biçimde, Hardt ve Negri'nin belirttikleri gibi, yalnızca çokluğun, farkında olmadan zaten hep sahip olduğu gücün farkına varılmasını gerektirir... Eğer akılları olsaydı, iktidardakilerin kendileri *İmparatorluk* gibi kitaplar yazarlardı. (Kordela 2007, 2-4)

kültürü devletin, ideolojik temsilleri kurumların, söylemi alışkanlığın yerine koymasıdır" (Beasley-Murray 2010, 60). Fakat Beasley-Murray, farklı ve daha bütünsel bir argüman ortaya atmada seleflerinin tümünü alt etmesine rağmen, bir de hepsinde bulunan gerçeğin müdafaasını özetler: "Laclau burada belirtici olan ve olmayan unsurları ayırt etmede muvaffak olmayan geliştirilmiş bir söylem kavramı sunarak aygıtları ve söylemleri bir araya getirir" (Beasley-Murray 2010, 60).

Beasley-Murray'nin, hegemonya teorisini ve bilhassa Laclau'nun çalışmalarını eleştirisi bütüncüldür: "Hegemonya diye bir şey yoktur ve hiçbir zaman olmamıştır... hep post-hegemonik zamanlarda yaşadık: Toplumsal düzen aslında hiçbir zaman ideoloji yoluyla sağlanmamıştı... Toplumsal düzen, alışkanlık ve duygulanım ile sağlanır... Toplumsal değişim de alışkanlık ve duygulanım ile elde edilir" (Beasley-Murray 2010, ix-x).[8] Daha kitabın önsözünden, amacın sadece hegemonya teorisini temelli reddetmek olmadığı, aynı zamanda onun yerine başka bir şey, programlı bir şekilde temsil ve söylem ötesi olarak koyutlanmış bir şey getirmek olduğu bellidir. Bu "post-hegemonya teorisi" üç önemli kavram etrafında dile getirilir: alışkanlık, duygulanım ve çokluk. Böylelikle Beasley-Murray, kanı yerine alışkanlığın rolünü vurgulayarak hem rızanın hem de zorlamanın ötesinde bir alan çizer; odak noktası, *habitus*'un işleyişidir: "bilincin altında harekete geçirilen ve yeniden üretilen toplumsal oyunun kurallarına karşı kolektif cisimleşmiş bir his." Duygulanıma vurgu yaparak, akılsallık ve rızanın ötesinde kişisel olmayan ve cisimleşmiş bir yoğunluk akışından bahseder. Post-hegemonya teorisini destekleyen kavramsal üçlüyü, "halk"ın yerine çokluğu koyarak sonlandırır (Beasley-Murray 2010: x). En önemlisi, üç kavramın hepsi de, içkin süreçleri kasteder ve dolayısıyla temsilin ötesinde konumlandırılmıştır (Beasley-Murray 2010, xi).

Anlaşılır biçimde, Laclau'nun teorisi, onun "hegemonya teorisi yorumunun, kültürel çalışmalar için tümüyle gelişmiş ve nüfuz sahibi olan olması" sebebiyle burada asıl hedeftir (Beasley-Murray 2010, 15). Öyle ki, kültürel çalışmalarda egemen olan söz dağarcığı, "güçten, hege-

---

8 İlginçtir ki, hem Lash hem de Beasley-Murray bazen Laclau'nun, çalışmalarında ideolojiyle söylem arasında yaptığı önemli ayrımdan bihaber gibidir.

monya ve karşı-hegemonya, direniş, kural çiğneme ve yıkma üzerinden söz etmeye başladı" (Beasley-Murray 2010, 19). Ama özellikle ilginç olan, söylem teorisinin niteliklerini eleştirmenin haricinde, Beasley-Murray'nin halkçı siyaseti detaylı olarak tartışması ve hatta kendisi de Arjantinli olan Laclau'nun eserleri için önemli bir ilham kaynağı görevi görmüş olan bu paradigmatik örnekte bile, hegemonya teorisinin eksik olduğunu ve post-hegemonik bir yaklaşımın kolaylıkla başarılı olabileceğini göstermek amacıyla Arjantin'deki Peronizm fenomenine odaklanmasıdır.

Beasley-Murray'nin yorumlamasındaki asıl sorun, bir kez daha, Laclau'nun temsile olan itimadıdır: "Siyasal oyunun mükâfatı, taleplerin tatmininden ziyade temsili meşruiyet haline gelir" (Beasley-Murray 2010, 56).[9] Bu bilhassa güç yapılarının dolaylı bir kabulünü işaret ettiği derecede sorunlu olarak betimlenir: Laclau "devleti olduğu gibi kabul eder ve onun gücünü asla sorgulamaz" (Beasley-Murray 2010, 55). Soyut bir seviyede, sonuç bellidir – ve kulağa epeyce tanıdık gelmektedir: "Nihayetinde Laclau'nun projesi, toplumu, şartlarının anlamı (çünkü her zaman anlamlı, temsilidirler), onu teşkil eden çeşitli mücadelelere ve eklemlemelere tabi olan, herkesi kapsayan bir söylemsel ağ şeklinde tasviri tarafından bozulur" (Beasley-Murray 2010, 54). Ampirik analiz seviyesinde, Laclau'nun yorumlaması ziyadesiyle sınırlı olmakla kalmaz, ayrıca "Laclau'nun Peronizm analizi, toplumsal düzenin gerçekte söylemin altında ve hegemonik projelerin belirgin başarısızlığına rağmen

---

9 Beasley-Murray'nin bu hususta tamamen gözden kaçırdığı şey, ortaya koyduğu ikili karşıtlığı istikrarsızlaştıran sembolik evrenin, taleplerin kendilerinin oluşumundaki kurucu rolüdür. Gereksinim, talep ve arzu arasındaki Lacancı ayrım, bu noktada bilhassa geçerlidir. Lacan'da gereksinim düzeyi ve onun dolaysız –içgüdüsel– tatmini başlangıçta herkeste –insanlar ve insan olmayanlar, hayvanlar– aynıdır. Fakat insanlar, toplumun sembolik karakteri yüzünden, gereksinime ve onun tatminine böyle bir dolaysız bağı kaybetmeye zorlanırlar – ve/veya onlara bunu yapma ayrıcalığı tanınır. Her gereksinim, onu giderme ya da engelleme gücüne sahip Öteki'ye (ilk olarak anneye) bir talep şeklinde dile getirilmelidir. Bundan dolayı talep, biyolojik gereksinimi ifade etmeye ek olarak, bir de öznenin, aracılığıyla tanıması, tasvibi ve sevgisi sonuç olarak önemli bir değer kazanan Öteki'ye olan bir temsili bağlılık ilişkisine dahil edilen araç işlevi görür. Talebin (koşulsuz sevgi için) bu ikinci boyutu, yalnızca en nihayetinde tatmin edilmesi imkânsız olmakla kalmaz, aynı zamanda tam da ilkini bulaştırdığı için insanın gereksinimi geri dönülemez bir biçimde rayından çıkar. Bkz. Stavrakakis 2007, 46.

ne şekillerde sağlandığına tekrar dikkat çekebilir. Gücün bu eklemsizliğinin, alışkanlık ve duygulanım yoluyla bedenlerin üzerine doğrudan uygulanmasını ele almamız gerekir" (Beasley-Murray 2010, 59).

Post-hegemonik Söylemin Yapıbozumu

Tüm bu teorik-politik projelerin geçerliliği nasıl belirlenmelidir? Gerçeğe yaptıkları bunca vurguyla onlar ancak söylem olarak, yorumlanacak, yapıbozumu yapılacak ve ayrıca değerlendirilecek temsiller ve argümanlar olarak ele alınabilir.[10] Day'de, Lash ve Beasley-Murray'de bulunan aşırıcı iddialardan sakındığı için bu nispeten kolaydır. Onun özenle inşa edilmiş söylemi, daima sınırlardan, bir azınlık bakış açısından tartışır (Day 2005, 203, 206). Kendisinin söylemsel hegemonya teorisi eleştirisinin ampirik olarak temellendirilmiş olduğu ölçüde, öncelikle bulgusal geçerliliği üzerinden yargılanmak zorunda kalacaktır. Day gerçekten de dikkatimizi "En Yeni Toplumsal Hareketler"indeki toplumsal ve siyasi faaliyetin –hegemonik yaklaşımlar içerisinde yeterince tartışılmayan bir faaliyet tipi– yatay eksenine çekmede çok başarılıdır.[11] Buna karşın, benim asıl itirazım, çoğu durumda bir özerk mücadeleler çokluğunun, tarihsel olarak yalnızca bu mücadelelerin ortak karşı-hegemonik bir temsil ufuğu içerisine eklemlendikleri takdirde etki etmiş olmalarıdır – Yunan *aganaktismenoi* hareketinde böyle olmuştu ve "Arap Baharı"nda da durum böyle gibi görünüyor; aynı zamanda 2001 krizinden sonra Arjantin'de yaşanan da buydu. Bu nedenle, yataycılıkla hegemonik süreçler arasına bir duvar dikmek yerine, onların indirgenemez birbirlerine geçmelerini ve bunun yarattığı fırsatları ve zorlukları incelemek daha verimli olmaz mı?

Prentoulis ve Thomassen, konuyla ilgili İspanyol *indignados* ve Yunan *aganaktismenoi* tahlillerinde bu hareketlerin, retorik amaçlarının tersine "yataylıkla dikeylik, özerklikle hegemonya ya da temsilin öte-

---

10 Buna ek olarak, bu tür argümanların dile getirilmesi, muhtemel okurların rızasını kazanmayı amaçlayan küçük ölçekli bir hegemonik projeyi gerektirir. Bunun, argümanların kendilerinin post-hegemonik içeriğiyle tutarlı hale nasıl getirilebileceği oldukça belirsiz olmayı sürdürür.

11 Ben de bu "deneyler"in bazılarının değerine dikkat çekmiştim; bkz. örneğin, Stavrakakis 2007, 281.

sine geçmekle temsili yapıları kabullenmek arasındaki gerginlikler"in önüne geçememiş oldukları hipotezini ikna edici bir şekilde kanıtlarlar (Prentoulis ve Thomassen 2012, 2). Hatta kapanışı, iki özel gerginlik bölgesinin altını çizerek yaparlar – biri siyasi temsile, diğeriyse iki hareket içerisindeki özerklik ve yataylık uygulamasına ilişkin:

> İlk durumda, temsil aleyhine konuşanlar için bile temsil, cazip olmasa da en azından kaçınılamaz görünür. O halde mesele, temsilden kurtulmaktan ziyade nasıl daha iyi temsil biçimleri oluşturulabileceğine dönüşür. İkinci durumda, içerisinde protestocuların eşit seslerinin duyulabileceği hareketin uzamının kendisi (meclisler ve gruplar, davranışsal normlar vs. arasındaki ilişkiler tarafından tanımlanan) temsili bir uzamdır. (Prentoulis ve Thomassen 2012, 12)

Bu örneklerde görülen şey, ortaya çıkmakta olan çokluğun yavaş yavaş, genelde halkçı partilerden biri veya öteki (solcu) tarafından temsil edilen "bir halk"a yükseltilmesidir: Günümüz Yunanistan'ındaki SYRIZA, Arjantin'deki Kirchner'in Peronistleri. Bu diyalektiği kabul etmekten kaçınmanın tek yolu, münhasıran ilgili koreografinin ilk adımına (heterojen taleplerin ve faaliyetlerin çoklu ortaya çıkışı) odaklanmaktan ve ikincisine (onların hegemonik albenisi olan halkçı bir temsil sahası içerisine kaydı) gözlerimizi yummamızdan geçer. Örneğin bu, Arditi'nin "Post-hegemony" başlıklı makalesinde yaptığı şeydir. Bu nedenle, Arditi, nasıl "Asambleas de Barrio'nun, piqueteros gruplarının, fabrika devralmalarının, işsizlerin ve orta sınıfların 2001'de yekvücut olduğunu" detaylarına kadar belgelerken, Arjantin krizi bağlamı içerisinde, onları, ancak Kirchnerler tarafından daha sonraki (kısmi) hegemonyalaştırılmalarına hiçbir atıfta bulunmayarak "hareket halindeki çokluk" olarak sunabilir (Arditi 2007, 212). Hatta ilginçtir ki, "Kirchner" ismi, makalesinde bir kez bile geçmez. Hikâyenin yalnızca ilk kısmı anlatılır, ki bunu izleyen şey düşünülecek olursa, bu meşru biçimde "halkçılık öncesi" veya "hegemonya öncesi" bir safha olarak sunulabilir. Bu, böyle her mücadelenin er ya da geç hegemonik bir şekle bürünmeye mecbur olduğu anlamına gelmez; fakat genellikle bu –ABD'deki Occupy hareketinde olduğu gibi– meydana gelmediğinde, bu durumun söz konusu hareketin geleceğine kısıtlamalar getirmesi muhtemeldir.

Day elbette bir dizi teorik argüman da ileri sürer, ancak bunların çoğuna Lash ve Beasley-Murray de katıldığı için, şimdi onların kendi kuramlaştırmalarına yönelebilir ve hepsini birden ele alabiliriz. İronik biçimde, söylem teorisini ve onun hegemonyayı kavramsallaştırmasını reddetmenin bu en yeni ve pek ayrıntılı biçimlerinin bazı yönleri, fazlasıyla basitleştirici bir akıl yürütmeye ihanet eder ve buna göre eleştirilmesi gerekir. İlk olarak, Lash'in tasarısı, iki ayrı dönemi –birinde söylemsel aracılık, güç ilişkilerinin bileşeniyken, diğerinde odak noktası biyopolitik gerçek ve post-hegemonyadır– ve dizisel geçişi birinciden ikinciye yerleştiren bir dönemselleştirmeye dayalı gibi görünür. Bu noktada en azından iki önemli problem baş gösterir:

1. Her şeyden önce bu anlatının yapısı, sözde eskatolojik bir yapıdır. Lash'in hegemonyadan post-hegemonyaya geçişi, ancak sembolik aracılığın kaldırılması ve buna eşlik eden bir dolaysızlık artışı istikametinde ilerleyen yeni bir tarih felsefesi olarak tarif edilebilir. Belki de Giorgio Agamben'in *Kutsal İnsan*'ının da, biyopolitik paradigmayı, toplumsal ve siyasi hayatın gitgide daha çok yönünü saran geri çevrilmez bir akıntı olarak algılayan benzer bir tarih felsefesine dayanıyor olması yalnızca bir tesadüften ibaret değildir (Agamben 1998). Bu tabloda ne olumsallık ne de siyasal için yer vardır (Kalyvas 2005) ve hem Agamben'in hem de Lash'in, bu köhne tarihsel tasarıdan kaçınmak amacıyla neden Foucault'nun soy kütüğünden yararlanmadığı gerçekten şaşırtıcıdır.
2. İkinci ve en önemlisi, Day'in, Lash'in ve Thoburn'ün savı, büyük ölçüde ikili, birbirini dışlayan ve muhalif terimlerle kavramlaştırılmış olan bir dizi ikili karşıtlığı önceden varsayar: içeri/dışarı, önce/sonra, hegemonya/post-hegemonya, temsil/gerçek, anlam/varlık, dikeylik/yataylık, söylem/duygulanım. Şurası kesin ki, hem böyle hiyerarşik ikilikler –çoğunun Derridacı ve Lacancı çevreler içerisinde zaten yapıbozumu yapılmıştır– öne sürme stratejisine hem de bunların birçoğunun kavramsal ve analitik çıkarımlarına karşı şüpheci

davranmamız gerekir. Benim görüşüm, Day, Lash ve Thoburn'ün, kavramsal olarak ayırt edilebilen –ve ayırt edilmesi şart olan– boyutların, tarihsel bir karşılıklı taahhüt ve ortak kurulum diyalektiği içinde eşzamanlı olarak işleyebildiğini fark edememeleridir. Örnek vermek gerekirse, psikanalizdeki dürtünün içgüdüsel ve temsili/toplumsal yönünü tabii ki ayırt edebiliriz; fakat dürtü, şu iki boyut olmadan somut olarak oluşturulamaz: sembolik ve gerçek.

Bu tür bir ortak kurulum onların ikiciliklerini kökten istikrarsızlaştırır. Örneğin bedenin, sembolikle gerçek arasındaki sürekli bir diyalektik mahalli olduğunu farz edersek –bir gerçek, bir de gösterenlerle işaretlenmiş bir beden vardır– bedenin denklemin sadece gerçek tarafına nasıl tahsis edilebildiğini anlamak zordur. Aslında söylem teorisi ve psikanaliz alanlarında yapılan yeni araştırmalar, dikkat çeken ve uzun vadeli hegemonik özdeşleşmelerin (milliyetçilik, halkçılık) hem başarılı bir sembolik eklemlemeyi hem de onun duyuşsal, libidinal yatırımını, *jouissance*'ın harekete geçmesini gerektirdiğini fazlasıyla göstermiştir.[12] Neticede mesele, hegemonya ve post-hegemonya devirlerini birbirlerinden radikal biçimde ayırmak, söylemle duygulanımı ve sembolikle gerçeği birbirini dışlayan boyutlar olarak sunmak değildir; bunların birlikte özneler, nesneler ve sosyo-politik düzenler kurmak için etkileştikleri farklı ve muhtelif şekilleri her tarihsel konjonktürde incelemektir. Her halükârda, post-hegemonik bir bakış açısından kabul edilecek en ufak şey –burada Arditi bu sonucu kabul edecek kadar cesurdur– "ya hegemonyanın ya da toplu göç, çokluk ve radikal sivil itaatsizliğin olduğunu ileri sürmenin, miyopça ve ideolojik –kelimenin aşağılayıcı anlamıyla– olacağı"dır (Arditi 2007, 221).

Hegemonya ve sözde post-hegemonya, sembolik ve gerçek, temsil ve ötesi arasındaki kurucu birbirine geçmeyi kabullenememe, aynı zamanda Beasley-Murray'nin savında da aşikârdır ve en kapsamlı örneklemesini burada edinir. Bu yüzden söylem teorisinin bu belirli post-hegemonik eleştirisinin, en tuhaf öz-çelişkilere sürüklenmesi tesadüfi değildir – bu

12 Bu hususta bkz. Laclau 2005, Stavrakakis 2007, özellikle 5. bölüm.

Essex Ekolü ile hiçbir bağlantısı bulunmayan eleştirmenler tarafından bile ifade edilen bir şeydir:

> [...] yazılanların çoğunun polemik aşırılığı, argümanı saptırıyor gibidir ve tarihle kuramın çeşitli çarpıtılmalarına yol açar. Bunların hepsi en abartılı haliyle, hegemonyayı reddetmenin ilk jestinin, bir ikna olmamışlık endişesi hissini veren hem retorik elçabukluğu hem de kavramsal şiddet gerektirdiği ilk bölümde görülebilir. Laclau'nun işlenişi son derece serttir ve Negri'nin muhtemelen çok daha tehlikeli onto-teolojisinin çok daha kibar eleştirisiyle tezat oluşturur. (Derbyshire 2011)

Gerçekten de başlangıçtan itibaren, argümanı içeriden istikrarsızlaştıran söylemsel momentlerle karşılaşıyoruz. Dolayısıyla, Beasley-Murray'nin eksensel tezi, hegemonya teorisini bir rasyonalizm biçimi, antisiyaset olarak, "devlet kurumlarının içkin süreçlerden ortaya çıktığı ve meşruiyetlerini bilincin oldukça altında, kelimelere ihtiyaç duymadan sağladığı" (Beasley-Murray 2010, 67) temsili olmayan bir post-hegemonya teorisinin lehine eleştirse de, yine de nasıl oluyorsa "aşkınlık ve egemenlik yanılsaması" üretilir (Beasley-Murray 2010, ix). İçkinlik hüküm sürer ama aşkınlık her nasılsa tekrar ortaya çıkar; temsil reddedilir ama bu tasarıya dadanır: Gücün kelimelere ihtiyacı yoktur, oysa ancak kelimeler ve söylem sayesinde etkili hale gelir. Ama bu nasıl mümkün olur? Kendini biyopolitik bir fundamentalizme, post-hegemonya teorisinin ilk varyantında bulunandan da radikal bir ikiciliğe adamış olan Beasley-Murray, herhangi bir makul bağlantı temin etmekten aciz olmaya devam eder. Konumu, paradoks ve *edimsel çelişki* arasında gidip gelir.

Mesela, halkçılığı uygun örnek olarak seçmesinin nasıl tamamen başarısızlıkla sonuçlandığına dikkat ediniz. Gayet açıkça Laclau'nun tasarısına itiraz eden Beasley-Murray "Peronizmin, alışkanlığın kurumsal aşılanmasının başlıca bir örneği [olarak]" altını çizer (Beasley-Murray 2010, 25). İlkelerine sadık kalarak, temsilin ötesinde bir süreç olarak anladığı bir süreç: Bundan ötürü Peronist hareketi, "ideolojisiz veya söylemsiz yapabilen bir duygulanım meydana çıkaran organik, organize bir topluluk" gerektirir (Beasley-Murray 2010, 30). Bu iddianın, üzerine formüle edildiği temel nedir? Şaşırtıcı biçimde, tek destekleyici kanıt, temsil sahasının kendisinden, Peron'un konuşmalarından, yani sırf kelimelerden gelir: "Peron'a göre hakiki vatanseverlik 'bir çeşit sevgi' olduğu için 'onu ya hissedersin ya da hissetmezsin... Bu yüzden konuşmalara, simgelere ya da törenlere lüzum kalmayacaktır'. O halde bu duygulanım, Peronist alışkanlıklara neden olur: 'Bu topluluk tehlikede olduğu zaman, onu dış ya da iç düşmanlarına karşı müdafaa etme eğilimini ve ihtiyacını hissetmeyen kimse kalmayacaktır'" (Beasley-Murray 2010, 30). Gerçekten de böyle heyecan verici, düşünümsel olmayan, analitik bir saflığa benzer örnekler düşünmek zordur!

Beasley-Murray argümanının karşılaştığı problemlerin, giderek kendisi de farkına varıyormuşçasına, başlangıçta dışladığı şeyin dolaylı bir kabulüne tedricen kapılır. Hiç var olmamış bir hegemonyadan, yavaş yavaş kurucu fakat hiyerarşik bir ikiliğin tanınışına geçeriz. Burada halkçıkla ilgili sorun şudur ki,

> [...] toplumsalın tutarlı olduğu çift evreyi basitleştirir. Bunu, aşkınlığın içkinlikten, öznel duygunun kişisel olmayan duygulanımdan, belirtici söylemin belirtici olmayan alışkanlıktan, halkın çokluktan ve kurulmuş gücün kurucu güçten üretilmesinde kullanılan mekanizmaları belirsizleştirerek –kendisi de bu mekanizmalardan biri olduğu için– yapar. [...] Toplumsal düzen, hem sessiz kötü yanını hem de onun başkası tarafından seslendirilmiş, konuşturulmuş fakat başka birinin sesiyle konuşturulmuş olduğu süreci açığa çıkarmak amacıyla parçalarına ayrılmak zorundadır. (Beasley-Murray 2010, 63)

İşte Beasley-Murray, birden ikiye geçmeye bu şekilde mecbur kalmıştır – bu geçişi, ortaya çıkmakta olan ikiliği, en bayağı, "yanlış bilinç" ve altyapı/üstyapı metaforlu Marksizmi hatırlatan terimlerle betimleyerek vasıflandırmak uğruna en azından Lash yalnızca aşamacılıkla suçlanabilir! İçkinlik, duygulanım ve belirtici olmayan alışkanlık, sahici altyapı olarak ön planda tutulurken; aşkınlık, söylem ve temsil onların sahte lakin –açıklanmayan bir sebepten dolayı– her daim mevcut ve kuvvetli yedekleri olarak belirirler. Son ama önemli olarak, hegemonik temsilin başkası tarafından seslendirilmesini yaftalamış olan Beasley-Murray, ironik bir şekilde, söylemin ve duygulanımın eşit olan değerini başka birisinin (Kraniauskas'ın) sesiyle konuşarak kabul etmek durumunda kalır: "Anlam tarafından el konulmuş, sevgi tarafından el konulmuş: Halkçılığın çift evresi işte budur" (Beasley-Murray 2010, 64).[13]

Sonlara doğru geriye kalan tek seçenek, ona göre semboliğin "temsili ya da 'sırf' sembolik demek olmadığı" (Beasley-Murray 2010, 191-2) ve inancın münhasıran "bir beden meselesi" (Beasley-Murray 2010: 196) haline geldiği bir tür Orwellci "yenikonuş" kurmaktır. Argümanını, ideolojiyi "içkin ve duyuşsal" (Beasley-Murray 2010, 177) olarak yeniden tasarlama çabasında faydalandığı Žižek'e kısaca değindikten sonra, insanların genelde ideolojiye, söyleme ve temsile atfettiği etkileri üreten bir "cisimleşmiş sağduyu" olarak Bourdieu'nün *habitus*'una başvurur (Beasley-Murray 2010, 177). Bu sadece Žižek'in içkinlik ve aşkınsallık üzerine görüşlerini çarpıtmak için değildir; sırf "Bourdieu'yü biraz isteksizce okumak"tan da çok daha fazlasıdır (Beasley-Murray 2010, 178). Eğer Beasley-Murray için alışkanlık siyaseti "söylem ve temsil altında işliyor" ise (Beasley-Murray 2010, 180), Bourdieu'nün temsile karşı saf tutmaya direndiği açıktır. Bunun yerine, "yapılar ve temsiller arasında kurulma eğilimi gösteren yapay ihtilafı aşmak" gayesiyle, nesnelcilikle temsiliyetçilik arasındaki diyalektik ilişkiyi tutkuyla vurgulama taraftarı gibi görünüyor (Bourdieu 1990, 125-6).

Şimdi diğer büyük *habitus* sosyoloğuna, Norbert Elias'a dönecek olursak, bir kez daha benzer bir diyalektikle karşı karşıya kalırız. Elias'ın başlıca amaçlarından biri şüphesiz, toplumların, vasıtasıyla üyelerinin duyuşsal ekonomilerini düzenledikleri karmaşık mekanizmaları, öznel otomatizmlerin ve bilinçaltı reflekslerinin belirli değer biçilmiş kodların, adabın ve davranış kurallarının içselleştirilmesi ve öz-kısıtlama dayatan üstbenci bir evrenin gelişimi aracılığıyla yaratılmasını içeren mekanizmaları incelemektir (Elias 2000). Ancak bedenlerin bu şekilde düzenlenmesi –mesela sofra adabı yoluyla– kendini dile getirilmemiş bir "huy" olarak ancak neyin "uygar" sayılıp neyin sayılmadığının egemen temsiliyle, bir diğer deyişle hegemonik bir toplumsal değer biçmeyle ilişkili olduğu ölçüde kurulabilir – ve Saussure'den bildiğimiz üzere değer, farklılığı önceden varsayar, ki bu böylelikle sembolik/göstergesel

13 Beasley-Murray, bu çift evrenin iki teriminin de türediği Kraniauskas'tan uzun bir alıntıyı böyle özetler.

bir saha içerisine sımsıkı konumlandırılmış olduğumuz anlamına gelir. Ayrıca adabın öznel içselleştirilmesinin toplumsallaşma ile gerçekleştiği ölçüde, söylemin onun imtiyazlı bölgesi olarak kabul edilmesi büyük önem arz eder. Elias muhteşem *Uygarlık Süreci* adlı eserinde, Avrupa'da uygar adabın gelişmesinde oldukça etkili olmuş bütün bir söylemsel davranış edebiyatı türünü sunmak ve çözümlemek için epey enerji harcar. Son ama önemli olarak, Beasley-Murray'nin temsil, dil ve söylemi küçümsemesinin aksine, hem Bourdieu hem Elias önemli çalışmalarını bu alanları özenle araştırmaya adamışlardır (Bourdieu 1991, Elias 1991).

Karşılıklı Taahhüt: Söylemsel/Duyuşsal Hegemonyalar?

Bourdieu'nün ve Elias'ın sözü edilen yönelimi, hegemonya ve post-hegemonya, sembolik ve gerçek, söylemsel temsil ve ötesi arasındaki ihtilaflar söz konusu olduğu sürece ileriyi gösterir. Anlatmaya çalıştığım gibi, bu birbirine geçme ve karşılıklı taahhüde odaklanma, tam da Day, Lash ve Beasley-Murray'nin öne sürdüğü akıl yürütmede eksik olan şeydir. Aslına bakılırsa bu birbirine geçmenin sözümona entelektüel atalarının ve yoldaşlarının çalışmalarında nasıl yazıldığını hesaba katmada hepsinin başarısız olması oldukça şaşırtıcıdır.

Mesela, Nigel Thrift'in, temsilsizlik teorisinin başlıca destekçilerinden birinin eserlerine bakalım. Thrift'in radikal ampirizminin bu metinde çözümlenmiş post-hegemonik kuramlarla birçok ortak noktası vardır, çünkü onun temsilsizlik teorisi, –"bu uygulamalara göre eğitilmenin, her failin diğerlerini onlara sadık hale getirmesinin ve varsayılanın çoğu durumda devam edeceği (acı "doğal") gerçeğinin bir sonucu olarak "maddi çalışma toplulukları veya zamanla yeterince istikrar kazanmış üsluplar" şeklinde anlaşılan pratiklere yoğunlaşır (Thrift 2008, 5). Temsilsizlik teorisi, toplulukların ve şeylerin maddeselliğine, duygulanım ve duyumun önemine dikkat çeker. Fakat Thrift, temsili reddetmeme konusunda oldukça dikkatlidir. Bu tür bir hamle, kapitalist gelişimde de örtük olan "niyetten otomasyona" tehlikeli bir bozulmaya yol açacaktır: "Her halükârda, makinesel uçurumun dik yüzü üzerinde hümanist bir çıkıntıya sımsıkı tutunmak istiyorum…

Niye mi? Çünkü şeylerin nasıl göründükleri nasıl olduklarından çoğu zaman daha önemlidir" (Thrift 2008, 13).

Maurizio Lazzarato'nun etkileyici borç ekonomisi analizi de benzer bir rota izler. Lazzarato, borç ekonomisinin bir "moleküler ve bireysel öncesi seviye" kapsadığını belirtmeye isteklidir: öznelliğin ve temsilin ötesinde işleyen makinesel bir seviye (Lazzarato 2012, 147). Etkisi, yalnız "söylemsel", ideolojik, "ahlaki" bir seviyede açıklanamaz (Lazzarato 2012, 147). Ancak borç/para, aynı zamanda güven, ahlak, temsil vasıtasıyla da işler: "Bir özdeşleşme nesnesi yaratarak", öznel kuruluşa etkili bir şekilde katkıda bulunur. Lazzarato'ya göre "Gramsci'ci 'hegemonya' kavramı (mali sermaye hegemonyası) burada Foucault'nun 'yönetimsellik'ine oranla daha az alakalı görünmesine" (Lazzarato 2012, 107) rağmen, nihai vargısı bir "öznellik üzerinde iki misli 'nüfuz'"u kabul etmektir (Lazzarato 2012, 149).

Lazzarato'nun Foucault'ya olan referansından yararlanacak olursam, Foucault'nun hem Beasley-Murray'nin hem de Lash'in argümanındaki yerinin marjinal olduğunu belirtmek de açıklayıcıdır. Biyopolitik savını öne sürmedeki en önemli figür olduğunu düşünürsek, bu neden böyledir? Söyleme olan önceki arkeolojik odağının yerini, daha sonraki yapıtlarında soya dair öncelikler aldığında bile, söylem, güç ve bilginin, özneler oluşturarak ve uygulamalarla ilişkilere şekil vererek temas ettiği düzlem olmayı sürdürdüğü için değil midir? *Cinselliğin Tarihi*'nin birinci cildinden alınan aşağıdaki paragraf, bu hususta belirticidir ve uzun uzadıya yer verilmeyi hak eder:

> Cinsellik üzerine söylenenler bu iktidar mekanizmalarının basit izdüşüm yüzeyi olarak çözümlenmemelidir. Çünkü iktidar ve bilme tam da söylem içinde eklemlenirler... Söylemler de, suskunluklardan farksız biçimde, sonsuza değin iktidara boyun eğmiş ya da ona karşı oluşturulmuş değillerdir. Söylemin aynı zamanda iktidarın hem aracı hem sonucu olabileceği, ayrıca karşıt bir strateji için engel, tökez, direnme noktası ve çıkış da oluşturabileceği karmaşık ve istikrarsız bir bütünü kabul etmek gerekir. Söylem, iktidarı harekete geçirir ve üretir; onu güçlendirir ama yıpratır, zayıflatır ve silinmesini de sağlar. (Foucault 1978, 100-101 [1986, 106-107])

Aslına bakılırsa, Foucault'nun biyopolitika ve biyoiktidarla ilgili savını, böylesine programlı açıklıkla ortaya attığı bu ciltte, söylem ve "söyleme kışkırtma" (Foucault 1978, 17 [1986, 23]) düğümsel noktaları oluşturur – ana tarihsel odak noktası, cinsellik etrafında bir "hakiki söylemsel patlama"dır: "18. yüzyıldan beri, cinsellik, bir tür genelleşmiş söylemsel coşkuyu kışkırtmayı kesmedi. Ve cinselliğe ilişkin bu söylemler, iktidardan ayrı veya ona karşı değil, tam da onun uygulama alanı ve aracı olarak çoğaldı" (Foucault 1978, 32). Bu yeterince kötü değilmiş gibi –Lash ve Beasley-Murray tarafından ileri sürülen argüman türleri için– bir de Foucault, bedenin (burjuva) "hegemonya"daki –*Cinselliğin Tarihi*'nde defalarca kullanılan bir kategori– rolünü tanımaya sürüklenir (Foucault 1978, 125, 126, 127, 141).

Day, Lash ve Beasley-Murray, temsil ve duygulanım, sembolik ve gerçek, söylemsel hegemonya ve biyopolitika arasındaki kurucu birbirine geçmeyi ifade etmede aciz olmakla kalmayıp –tam da Foucault, Elias, Bourdieu, Thrift ve Lazzarato'nun yapıtlarının mümkün kıldığı ve teşvik ettiği şey– Laclau'nun söylemsel hegemonya teorisinin bir karikatürüne bağlı kalarak aynı zamanda, benzer bir istikamette yol almakta olan söylem teorisi alanı içerisindeki gelişmeleri dikkate almayı da becerememişlerdir. Bu durumun herhangi bir bahanesi olamaz, çünkü bu gelişmeler, onların argümanlarının hazırlanmasından çok daha önce belirginleşmiştir. Kısacası, ödevlerini esaslı bir şekilde yapmamışlardır. Mesela Laclau'nun psikanalitik kuramla olan, duygulanımın, *jouissance*'ın ve gerçeğin statüsü üzerine uzun diyaloğunu nasıl kaçırmış olabilirler? Gerçekten de, *Hegemonya ve Sosyalist Strateji*'nin yayımlanmasından kısa süre sonra Laclau'nun Žižek ile söyleşmeleri, son derece verimli bir söylemin (gerçek) sınırlarını dile getirme süreci başlatır. Bilindiği üzere, bu dile getirme ilk olarak Lacancı gerçeğin olumsuz kiplerine odaklandı: bir karşıtlık, altüst etme ve heterojenlik olarak gerçek (Biglieri ve Perelló 2011). Ancak hepsi bu kadar değildi. En önemlisi, Laclau, daha 2003'te duygulanım ve *jouissance* problematikleriyle, yani Lacancı gerçeğin daha olumlu kipleriyle ciddi biçimde uğraşarak bir adım ilerler (Glynos ve Stavrakakis 2003; Laclau 2003,

2004).[14] Kendisi de duygulanım ve *jouissance* temalarının şimdiye dek söylem teorisi içerisine "oldukça üstünkörü ve iptidai bir şekilde" (Laclau 2003, 278) dahil edildiğini kabul ederek, bu nedenle söylemsel bir hegemonya teorisiniteorisini yanlışlayan bir dış tehdit olarak değil de (Day, Lash ve Beasley-Murray'nin düşündüğü gibi), daha fazla teorik düzeltme ve analitik gelişme için içsel bir zorluk olarak görülmeleri gerektiğini de kabul etmiştir (Laclau 2004).[15]

Psikanalitik kuram, söylemsel, yapıbozumcu, retorik ya da yorumlayıcı türden analizlerin, her ne kadar gerekli önkoşullar olsalar da, toplumsal öznenin ruhsal ekonomisinde bir yer değiştirme meydana getirmek şöyle dursun, belirli özdeşleşme nesnelerine bağlılığı açıklamak için bile çoğunlukla kâfi olmadığını ileri sürer. Fakat, uygulamada söylem ve duygulanım arasında bir *ortak kurulum* ve *karşılıklı taahhüt* diyalektiği görevi gören şeyi yakalamak için, her boyutun özgüllüğünü izah edebilen kavramsal araçları geliştirmek gerekir. Kavramsal öncüllüğü böyle bir birliğe dayanan kavramlar için bile, farklılığın önceden kurulumu elzemdir. Örneğin Lacancı kuramda *jouissance*, haz ve acının paradoksal birliğini cisimleştirir. Bu özelliklerden biri eksik olduğu takdirde, *jouissance*'tan bahsedemeyiz. Burada icap eden paradoks, "haz" ve "acı"nın ayrı, hatta zıt olarak belirgin bir kavramsal kavranışı olmadan yakalanabilir mi? Aslında onların sağlam birliklerine dikkat çeken bir kavramın gücü ve özgünlüğü, tamamen bu kavramsal önceden farklılaştırmaya bağlıdır. Ve elbette tam tersi de doğrudur. Freud'un gösterdiği gibi, kavramsal ihtilafın radikal olduğu durumlarda bile (mesela *Eros* ve *Thanatos* arasındaki ihtilaf), birbirlerine geçme uygulamada kaçınılmaz olabilir: "Bu içgüdülerin hiçbiri diğerinden daha az önemli değildir; yaşam öngörüleri her ikisinin de aynı zamana denk düşen ya da karşılıklı zıtlaşan eyleminden doğar [...] Bir eylemi

---

14 Çelişkili bir biçimde, bu Lacan'a dönüş, Laclau'yu post-hegemonya teorisyenlerinin en önemli ilham kaynaklarından birine, Spinoza'ya yaklaştırıyor da olabilir. Kiarina Kordela'nın Hardt ve Negri eleştirisinde inandırıcı bir şekilde tartıştığı üzere, "Spinozacı-Marksist düşünce, belki de günümüzdeki münasip ifadesini Lacancı psikanalizde buluyor"dur (Kordela 2007, 2).

15 Laclau'nun bu boyutlarla olan tedrici uğraşının ayrıntılı bir izahı için, bkz. Stavrakakis 2007, Bölüm 2.

olası kılmak için, böyle bileşik güdülerin bir karışımı bulunmalıdır" (Freud 1991, 356 [2004, 330).

Laclau 2004'te hegemonik işlemlerin duyuşsal boyutunu açıklama görevini söylemsel bir eklemlemenin biçimini, gücünden kavramsal anlamda ayırt ederek çoktan kabul etmişti:

> [...] retoriğin açıklayabileceği şey, üstbelirleyici bir yatırımın aldığı *biçim*dir, yatırımı ve onun dayanıklılığını açıklayan *güç* değildir. Bu noktada başka bir şeye dikkat çekilmelidir. Her üstbelirlenim, sadece mecazi yoğunlaştırmalar değil, aynı zamanda katetik yatırımlar gerektirir. Yani, duygulanım düzenine ait olan bir şey, toplumsalı söylemsel olarak inşa etmede asli bir role sahiptir. Freud bunu zaten biliyordu: Toplumsal bağ libidinal bir bağdır. Ve duygulanım, bu yazıda daha önceden belirttiğim gibi, anlamlandırmaya eklenen bir şeyden ziyade, onunla eştözlü olan bir şeydir. Bu yüzden, retoriği, toplumun hegemonik kuruluşuna bağlı bulunan işlemleri ve onun tarafından girilen biçimleri açıklamada ontolojik olarak asli görüyorsam, psikanalizi bu tür bir kuruluşun arkasındaki dürtüleri açıklamak için tek geçerli yol olarak görüyorum – hatta onu, insan gerçekliğini anlamak için en elverişli yaklaşım olarak görüyorum. (Laclau 2004, 326)

Bu yönelim, *Popülist Akıl Üzerine*'nin (Laclau 2005b) yayımlanmasıyla birlikte Laclau'nun çalışmalarında daha da merkezi bir hal alır. Bu, şu anlama gelir: Day, Lash ve Beasley-Murray tarafından ortaya konulan itirazların ifade edilmesinden çok önce, Laclau onları bir diğer (psikanalitik) kaynak vasıtasıyla çoktan göz önünde bulundurmuştu: "Laclau'nun kendisi bunların bir kısmına, bilhassa, Beasley-Murray'nin anıştırdığı fakat aynı şeyin benzeri olarak görmenin dışında çok az üzerinde durduğu bir yapıt olan *Popülist Akıl Üzerine*'de, *jouissance*'ın Lacancı bir açıklamasına, eklemsel anlamlandırma işine gerekli bir ilave olarak başvurarak karşılık vermiştir" (Derbyshire 2011). Post-hegemonya teorisyenlerinin, Laclau'nun hegemonya teorisinin, *söylemsel* bir hegemonya teorisi olmanın yanı sıra, ayrıca *duyuşsal* bir hegemonya teorisi olduğu anlamına gelen bu önemli noktayla ilgilenmede niçin muvaffak olmadıkları gizemini hâlâ korumaktadır. Bu çok yazıktır çünkü esas itibariyle post-hegemonik argümanlardan geriye kalan şey, dikkat çekmeye çalıştığım tüm öz-çelişkilerle kısıtlamaları saymazsak, aslında onun aynı zamanda duyuşsal bir hegemonya teorisi olduğudur. Gordillo bu vargıyı, Beasley-Murray'nin çalışmalarına atıfta bulunarak doğrudan teyit eder:

> Beasley-Murray açıklayıcı bir biçimde, Peronizmin son altmış yıldır Arjantin'de hegemonik olduğunu ya da 1940'larda Perón ve Evita'nın, çoklukla bu ülkede daha önceden hiç görülmemiş şekillerde uyum yakaladığını asla sorgulamaz. Sorguladığı şey, bu hegemonyayı, onun duyuşsal gücünü atlayan, rasyonalize edilmiş, aşkın kavramlarla (ideoloji, temsil, bilinç) açıklama teşebbüsleridir: milyonlarca insanın Perón ve Evita ile bedensel, çoğu kez ifade etmesi zor, duyuşsal bir düzeyde özdeşleşmiş oldukları gerçeği. İşte bu yüzden Beasley-Murray'nin öne sürdüğü şey, duyuşsal bir hegemonya kuramıdır. (Gordillo 2011, 8)

Yine de, Laclau'nun, daha 2003 ve 2005 yılları arasında tam da böyle bir kuramın oluşturulmasına olan doğrudan ilgisi düşünülürse, şu soruyu sorma hakkı doğar: Bunun için biraz geç değil mi?

Sonuç

En başından beri, Ernesto Laclau ve Chantal Mouffe tarafından ifade edilen söylemsel hegemonya teorisi, (teorik ve siyasal) dolaysızlık yanılsamalarını radikal biçimde eleştirerek hızla, uzun bir liste dolusu gerçek intikamcılarının hedefi haline gelmiştir. Geras'ın saf nesnelci gerçekçiliği tarafından düzenlenmiş oldukça zayıf önerisinin ardından, bu tartışma süratle "hegemonya" kategorisinin kendisinin statüsüne ve onun söyleme ve temsile olan bağlılığına yoğunlaştı. Lash ve Beasley-Murray, teorik-politik post-hegemonya projelerini iki ana varyantıyla ileri sürmeden önce, ilk olarak Richard Day hegemonyanın hegemonyasına meydan okudu. Tüm bu projelerin detaylı bir sunumu ve yapıbozumu, onların güçlerini ve zayıf noktalarını değerlendirmemize yardımcı olmuştur. Siyasal anlamda, siyasi faaliyetin, söylemsel hegemonya kuramları içerisinde çok az incelenen belli yönlerinin altını çizseler de –özellikle ilk formülleştirilmelerinde– bu yatay uygulamalar ve hegemonik siyaset arasındaki, birçok güncel örnekte görülebilen indirgenemez bağları –daha geniş siyasi çıkarımları için asli olabilecek bağlar– açıklamayı beceremezler.

Aynı zamanda teorik olarak, bu bölümde tartışılan post-hegemonik kuramlar, Laclau'nun, söylemin ve temsilin (gerçek) sınırlarını Lacancı kuramla ilgilenmesi aracılığıyla hesaba katmaya dair samimi ve uzun süreli istekliliğini ifade etmeyi de başaramazlar. Görmüş olduğumuz gibi, bu sınırlar gitgide çalışmalarına hâkim olmuştur. İlk önce, ontolojik bir imkânsızlık ufku içerisinde söylemsel varlığın kapsayıcı olmayan karakterini belirten olumsuz bir yazı elde ederler, ki bu her hegemonik eklemlemenin kısmi ve geçici karakterinin radikal bir dışavurumuyla sonuçlanır. Daha sonra, temsil ve *jouissance*, söylemsel eklemleme ve duyuşsal yatırım arasındaki kurucu birbirine geçmeyi kabul ederek daha olumlu bir yazı elde ederler. Her canlı teorik-politik gelenek, "üretim aşamasında", devamlı yenilenmeye açık vaziyette kalmalıdır. Söylem kuramında durum böyledir, bu hem Laclau'nun yörüngesinde hem de genel olarak Essex Ekolü içerisindeki konuya ilişkin çalışmalarda görülebilir.[16]

Bu, çoğu post-hegemonik eleştirmen tarafından bir şekilde görmezden gelinir. Tek taraflı bir dolaysızlık arzusu, aracısız saflığında bir "gerçek tutkusu" tarafından yönlendirildikleri için genellikle temsilin ve söylemin hakiki bir bastırılmasına sevk edilirler – bu, tam da entelektüel ilham kaynaklarının ve yoldaşlarının birçoğunun kaçınmayı başardıkları şeydir. Fakat bastırılmış olanın dönüşü olmadan bastırma söz konusu olamaz; dolayısıyla temsil ve söylem, post-hegemonik argümanları, bir çelişkiden diğerine sürükleyerek onlara dadanmak için döner. Eğer burada olumlu bir katkı varsa, bunun hegemonyanın bitişiyle hiçbir alakası yoktur. Bilakis, onun duyuşsal tarafının üzerinde durmayla alakası vardır, bu eleştirilerin dile getirilmesinden çok önce Laclau'nun kendisi de bunu vurgulamıştır.

16 Bkz. örneğin, Glynos 2012.

Kaynakça

Agamben, G. 1998. *Homo Sacer*. Stanford, CA: Stanford University Press. [*Kutsal İnsan*, çev. İsmail Türkmen, 2001. İstanbul: Ayrıntı Yayınları.]

Arditi, B. 2007. Post-hegemony: Politics Outside the Usual Post-Marxist Paradigm. *Contemporary Politics*, 13(3), 205-26.

Beasley-Murray, J. 2010. *Posthegemony*. Minneapolis, MN: University of Minnesota Press.

Biglieri, P. ve Perelló, G. 2011. The Names of the Real in Laclau's Theory: Antagonism, Dislocation and Heterogeneity. *Folosofski Vestnik*, XXXII(2), 47-64.

Bourdieu, P. 1990. *In Other Words: In Praise of Reflexive Sociology*. Stanford, CA: Stanford University Press.

Bourdieu, P. 1991. *Language and Symbolic Power*. Cambridge: Polity.

Clough, P. 2008. The Affective Turn: Political Economy, Biomedia and Bodies. *Theory, Culture and Society*, 25(1), 1-22.

Day, R. 2005. *Gramsci is Dead*. Londra: Pluto Press.

Derbyshire, P. 2011. Romanticism of the Multitude. *Radical Philosophy*, 169. https://www.radicalphilosophy.com/reviews/individual-reviews/romanticism-of-the-multitude [erişim tarihi: 2 Mart 2013].

Elias, N. 1991. *The Symbol Theory*. Londra: Sage.

Elias, N. 2000. *The Civilizing Process. Sociogenetic and Psychogenetic Investigations*. İkinci basım. Oxford: Blackwell. [*Uygarlık Süreci, Cilt 2*, çev. Erol Özbek, 2013. İstanbul: İletişim.]

Foucault, M. 1978. *The History of Sexuality, Volume 1: An Introduction*. New York: Pantheon Books. [*Cinselliğin Tarihi*, çev. Hülya Tufan, 1986. İstanbul: AFA Yayıncılık.]

Freud, S. 1991. "Why War?", *Civilization, Society and Religion* içinde, Kitap 12. Londra: Penguin Freud Library. [*Uygarlık, Toplum ve Din*, çev. Emre Kapkın, 2004. İstanbul: Payel.]

Geras, N. 1987. Post-Marxism? *New Left Review*, 163, 40-82.

Geras, N. 1988. Ex-Marxism Without Substance: Being a Real Reply to Laclau and Mouffe. *New Left Review*, 169, 34-61.

Geras, N. 1990. *Discourses of Extremity*, Londra: Verso.

Glynos, J. 2012. Body, Discourse and the Turn to Matter, *Language, Ideology, and the Human: New Interventions* içinde, der. S. Bahun, ve D. Radunović. Farnham: Ashgate.

Glynos, J. ve Stavrakakis, Y. 2003. Encounters of the Real Kind: Sussing out the Limits of Laclau's Embrace of Lacan. *Journal for Lacanian Studies*, 1(1), 110-28.

Gordillo, G. 2011. Affective Hegemonies. https://posthegemony.files.wordpress.com/2011/04/gordillo_hegemonies.pdf [erişim tarihi: 26 Mart 2013].

Hardt, M. ve Negri, A. 2009. *Commonwealth*. Cambridge, MA: Harvard University Press. [*Ortak Zenginlik*, çev. Efla-Barış Yıldırım, 2011. İstanbul: Ayrıntı Yayınları.]

Johnson, R. 2007. Post-hegemony? I Don't Think So. *Theory, Culture and Society*, 24(3), 95-110.

Kalyvas, A. 2005. The Sovereign Weaver: Beyond the Camp, *Politics, Metaphysics, and Death: Essays on Giorgio Agamben's* Homo Sacer içinde, der. A. Norris. Durham, NC: Duke University Press.

Kordela, K. 2007. *Surplus: Spinoza, Lacan*. Albany: State University of New York Press.

Laclau, E. 2001. Can Immanence Explain Social Struggles? *Diacritics*, 31(4), 3-10.

Laclau, E. 2003. Discourse and Jouissance: A Reply to Glynos and Stavrakakis. *Journal for Lacanian Studies*, 1(2), 278-85.

Laclau, E. 2004. Glimpsing the Future: A Reply, *Laclau: A Critical Reader* içinde, der. S. Critchley ve O. Marchart. Londra: Routledge, 279-328.

Laclau, E. 2005a. Philosophical Roots of Discourse Theory. Centre for Theoretical Studies in the Humanities and Social Sciences, University of Essex. http://www.essex.ac.uk/centres/theostud/documents_and_files/pdf/Laclau%20-%20philosophical%20roots%20of%20discourse%20theory.pdf [erişim tarihi: 26 Mart 2013].

Laclau, E. 2005b. *On Populist Reason*. Londra: Verso. [*Popülist Akıl Üzerine*, çev. Nur Betül Çelik, 2005. Ankara: Epos Yayınları.]

Laclau, E. ve Mouffe, C. 1985. *Hegemony and Socialist Strategy*. Londra: Verso. [*Hegemonya ve Sosyalist Strateji*, çev. Ahmet Kardam, 2008. İstanbul: İletişim Yayınları.]

Laclau, E. ve Mouffe, C. 1987. Post-Marxism Without Apologies. *New Left Review*, 166, 79-106.

Lash, S. 2007. Power after Hegemony: Cultural Studies in Mutation? *Theory, Culture and Society*, 24(3), 55-78.

Lazzarato, M. 2012. *The Making of the Indebted Man*. New York: The MIT Press/Semiotexte. [*Borçlandırılmış İnsanın İmali: Neoliberal Durum Üzerine Deneme*, çev. Murat Erşen, 2014. İstanbul: Açılım Kitap.]

Özselçuk, C. ve Madra, Y.M. 2005. Psychoanalysis and Marxism: From Capitalist All to Communist Non-all. *Psychoanalysis, Culture and Society*, 10, 79-97.

Prentoulis, M. ve Thomassen, L. 2013. Political Theory in the Square: Protest, Representation and Subjectification. *Contemporary Political Theory*, 12, 166-184. http://www.palgrave-journals.com/cpt/journal/v12/n3/abs/cpt201226a.html [erişim tarihi: 26 Mart 2013].

Stavrakakis, Y. 2007. *The Lacanian Left*. Albany: State University of New York Press.

Thoburn, N. 2007. Patterns of Production: Cultural Studies After Hegemony. *Theory, Culture and Society*, 24(3), 79-94.

Thrift, N. 2008. *Non-representational Theory*. Londra: Routledge.

Wood, E. M. 1986. *The Retreat from Class*. Londra: Verso. [*Sınıftan Kaçış – Yeni "Hakiki" Sosyalizm*, çev. Şükrü Alpagut, 2006. İstanbul: Yordam Kitap.]

Çeviren: Esma Kartal

ALTINCI BÖLÜM

Genelleştirilmiş Karşıtlık ve Laclau ile Negri Arasındaki Tartışmada Siyasal Ontoloji[1]

Paul Rekret

Michel Foucault, yakın zamanlı bir röportajda, çağdaş düşüncenin bir "zararlı alışkanlığı" olarak gördüğü şeyden bahsederken, "şimdiki zamanın veya tamamlanmanın ya da geri dönen başlangıcın analizini tam da tarihte mevcut bir kırılma ya da en önemli nokta olarak" düşünen felsefi hareketi küçümser (Foucault 2000, 449). Foucault'nun, Jason Read'in "şimdiki zamanın narsisizmi" (2003, 158, 2011) dediği olguyu tasviri, başka yazarların yanı sıra Nietzsche veya Heidegger okumuş olanlara yabancı gelmeyecektir, ancak burada ondan Ernesto Laclau ve Antonio Negri arasındaki herkesçe bilinen tartışmanın şartlarını anlamak amacıyla bir final görevi görebildiği ölçüde söz edilmiştir. Bu bölüm, Laclau ve Negri arasındaki polemiğin, 20. yüzyılın sonlarında ve 21. yüzyıldaki geleneksel işçi sınıfı mücadelesi biçimlerinin çöküşünün, her ikisinin de daima üstü kapalı ve işler vaziyette olarak ifade ettiği ontolojik süreçlerin daha yeni, şimdiki zamanda, belirgin hale geldiğini doğrulamaya yaradığı "narsisistik" hareket bakımından anlaşılması gerektiğini öne sürmeye çalışır. Ontolojik bir evreye dönüş, iki düşünüre de bir genel çekilme çağında toplumsal karşıtlığı yeniden düşünmeleri için gerekli teorik araçları temin eder. Ancak bunun sonucu olarak toplumsal mücadele şartları, eninde sonunda, kendileri de doğrulama ötesinde olan genelleştirilmiş ontolojik aksiyomlara bağlı hale gelir.

1 Bu bölümün eski bir taslağı, *In Defence of Politics*, Annual Conference of the Political Studies Association'da "Hegemony, Biopolitics and Radical Change Today" paneline sunulmuştu. (Belfast, Nisan 2012.) Katılımcılara geribildirimlerinden dolayı teşekkür ederim.

Laclau ve Negri arasındaki tartışmayla uğraş genellikle, bu iki teori arasında, toplumsal mücadele anlayışlarımızı genişletebilecek bir çeşit uzlaşma bulmaya çabalamıştır (Kioupkiolis 2010, Bratich 2011). Fakat bu tür bir konum, mücadele için ontolojik bir "temel" sağlama girişiminin, bizi aksiyomlarımızı savunmanın –diğer hepsinin dışlanmasına yol açarak– zorlu konumuna götürdüğünü kabul eder etmez kullanılabilir olmayı bırakır. Bu nedenle Laclau'nun, Hardt ve Negri'nin *İmparatorluk* eserini incelediği "İçkinlik Toplumsal Mücadeleleri Açıklayabilir Mi?"[2] yazısında başlıktaki soruya verilen cevap kesinlikle hayırdır (Laclau 2001, 3). Negri, onun gibi alaycı bir biçimde, Laclau'nun projesini "çok şeker bir sınıflararası işbirliği kavramı" olarak tarif etmiştir (Negri ve Casarino 2008, 163). Bu doğrultuda, bu bölüm hem Laclau'nun hem Negri'nin, karşıtlığa ontolojik bir statü tahsis eden geleneksel işçi sınıfı kimliği anlayışlarına indirgenemeyen bir toplumsal karşıtlık kavramı düşünmeye çalıştığını ileri sürer. Bununla birlikte, ikisi de bunu temelde farklı şekillerde yapar. Aralarındaki tartışma tam da karşıtlığın ontolojik statüsünü kavramanın iki birbirine rakip ve kıyaslanamaz yoluna istinaden başlar. Siyaseti ontolojik bir evre içine yerleştirmek ve düşünmek, aralarındaki tartışmanın da bu seviyede meydana gelmesini ve aslında siyasal bir ontolojinin iki rakip temel iddiası anlamına gelmesini gerektirir. Dolayısıyla, analiz ve tartışmanın, şartlarına uymayan tüm fenomenlerin dışlanmasına yol açarak genelleştirilmiş ontolojik aksiyomların savunması etrafında döndüğü teorik bir çıkmaza yönlendiriliriz.

Siyasal Ontolojinin Tarihsel Aracı

Laclau ve Negri, siyasi teorileştirmenin yerini ontolojik bir bölge üzerine doğrudan konumlandırarak, çoğu yeni siyaset teorisine özgü olan, "istikrarsız" ontolojilere daha geniş "post-temelci" bir dönüşü gösterirler (Marchart 2007). Varoluşun olumsal, çoklu, eksik veya oluş olarak belli bir izahı, siyasete daha temel ve "radikal" bir boyut atfeder ve bu nedenle "ahlaki ve siyasi özneleri dengeleme, mutabakat inşa etme, anlaşmaları devam ettirme ya da toplulukları ve kimlikleri pekiştirme gibi adli, idari

2 "Can Immanence Explain Social Struggles?" –çn.

ya da düzenleyici vazifeleri" zayıflatır (Honig 1993, 2). Eğer post-temelci düşünürler tarafından ifade edilen geniş iddia, siyaset felsefesiyle siyaset biliminin uyumsuzluğu, farklılığı, çatışmayı ya da mücadeleyi ortadan kaldırmaya çabalayarak siyasalın "yerini değiştirdiği" veya onu inkâr ettiğiyse, o zaman post-temelci siyasi düşüncedeki ontolojik dönüşün geniş çapta paylaşılan amacı siyasalın varlığını kendi içinde düşünme ve siyaseti geleneksel olarak kısıtlandığı adli veya düzenleyici görevlere hapsetmeme teşebbüsü olarak tanımlanabilir. Bir diğer deyişle amaç, sabit ve düzenlenmiş toplumsal ilişkileri, sayesinde ortaya çıktıkları daha birincil olan belirlenemezlikle, değişkenlikle, olumsallıkla ya da yaratıcılıkla ilişkilendirmektir. Laclau ve Negri, siyaset teorisindeki ontolojik dönüş başlığı altına konulabiliyorlarsa, bu varlığın esas belirleyici özellikleri iki düşünür için de toplumsal mücadelenin koşullarını oluşturduğu ölçüdedir.

Yine de Laclau ve Negri, bir bütün olarak bu paradigmaya yapılan en yaygın eleştiri –böyle teorilerin ürettiği ontolojik anlatıların, analiz edecek ya da karşı koyacak mühim kaynaklar sağlamaksızın, salt günümüz kapitalizminin toplumsal koşullarını yansıttığı– hususunda eşsiz bir taraf seçmiş oldukları derecede, post-temelci emsallerinin birçoğundan ayrılırlar. Post-temelci siyasal ontolojilerin özgürleştirici bir teori için araçlar temin etmektense, sırf sonucu olarak ortaya çıktıkları siyasal ve ekonomik süreçleri yansıttıkları iddia edilir (Harvey 1992, Strathausen 2006). Eğer bir teorinin kategorileri, sadece statükoyu yansıtmak amacıyla ikna edici bir biçimde ortaya konulabilirse, görünüşte eleştirel düşünce, yanlış tanınmış biçimde, kabul edilmiş siyasi önvarsayımlarda ve toplumsal yapılarda yinelemekten fazlasını yapmaz (Bosteels 2011, 63-4). Farklılık, çeşitlilik, oluş gibi kavramların önceliğinin doğrulanması üzerine yoğunlaşan siyasal ontolojilerin, nasıl yalnızca hareketlilik, yaratıcılık ve esneklik görüleri ve pratiklerine değer biçen "yeni kapitalizm ruhu"nu yansıtmak ve betimlemekten başka bir şey yapmadığı açık değildir (Boltanski ve Chiapello 2005). Başka bir ifadeyle, Alain Badiou'nun (1999, 58 [2005, 46]) Marx'ın sermayenin geleneksel toplumsal ilişkileri sürekli olarak bozma gücüne başvurusuna atfen iddia etmiş olduğu gibi, kapitalizm eğer gerçekten de ontolojinin "tarihsel aracı" ise, o zaman post-temelci hareketi kabaca tanımlayan olumsallığın doğrulanması epey gerileyici görünmeye başlar, bilhassa 1848'te "katı olan her şeyin buharlaştığı" iddiasında çoktan bulunulduğu düşünüldüğünde (Marx ve Engels 1998).

Ontolojinin kapitalist mantığın sonsuz kapsamıyla bu kesişimi göz önünde bulundurulursa, hem Laclau hem de Negri, 20. yüzyıl sonu ekonomik, toplumsal ve siyasal şartlarında siyasi varoluşun temel süreçleri olarak baktıkları şeyin ortaya çıkışını ya da gerçekleşmesinin koşullarını açıkça saptar. Dahası, her ikisi de kabaca "post-Marksist" bir iddiadan yola çıkar: Geleneksel Marksist üretim mantığı ve işçi sınıfı öznelliğine tahsis edilmiş özgürleştirici önselcilik (apriorizm) 20. yüzyıl sonunda artık geçerli değildir, belki de hiçbir zaman değildi. Laclau'ya göre bu, kapitalizmin artık bir bütünlük olarak düşünülemediği ve bunun yerine yerelleştirilmiş güç merkezlerinin bir çeşitliliği olduğu, ayrıca siyasileşmiş bir proleter kimliğinin çöküşünün, bir çekilme olarak değil de mücadelenin olabilirliğinin artışı olarak kategorize edilmesi gerektiği anlamına gelir. Buna karşılık, Negri'nin daha sonraki çalışmaları kısmen, kapitalist değer mantığının, sosyal yaşamın her ânına yayılır yayılmaz, değerin artık o yaşamın üretim güçleri etrafında düzenlenerek ve kontrol edilerek elde edilmediği, asalak bir şekilde edildiği iddiasına dayanır. Aşağıda göreceğimiz gibi, Negri'ye göre, sermaye yaşama ne kadar çok sızarsa yaşam sermayeden o kadar özerk hale gelir. Bu bariz biçimde farklı görüleri birleştiren şey, belirli bir tarihsel konjonktürün sırf yeni bir toplumsal mücadele sahası olarak görülmediği, aynı zamanda siyasalın "narsisistik" ifşasının tek mekanizması haline geldiği biçimdir. Kapitalizm gerçekten, günümüzün toplumsal şartları, siyasetin ontolojik mizacının sonunda gerçekleştirildiği ya da ifşa edildiği teleolojik son görevi gördüğü ölçüde her iki düşünür için de ontolojinin "tarihsel araç"ıdır. Şimdi ilk olarak Laclau ve Negri'nin şimdiki zaman teşhislerini, ondan çıkardıkları ontolojilere bakmadan önce inceleyelim.

Post-Marksizm ve Siyasi Olumsallık

Laclau'nun teorik girişimi boyunca şimdiki zamanın benzersiz statüsü, mütemadiyen tek bir gerekçe tarafından tanımlanır: geleneksel Marksist tarihsel zorunluluk mantığından uzaklaşıp post-Marksist bir siyasi olumsallık mantığına dönme. Chantal Mouffe ile beraber yazılmış olan *Hegemonya ve Sosyalist Strateji*'de oldukça detaylı biçimde belirtildiği gibi, yazarlar 20. yüzyıl Marksist teorinin, kapitalist gelişimin gerçekliklerinin Marksist kategoriler altında sınıflandırılamadığının ilerici bir tasdiki tarafından nitelendiğini iddia ederler (Laclau ve Mouffe 1985, viii). "Küreselleşmiş" ve "örgütsüz" bir kapitalizmin ortaya çıkışı ve toplumsal aktörlerin yeni toplumsal hareketler çevresinde çoğalması, geleneksel Marksizmin, toplumsal düzenin temel bir anlaşılabilirliği ilkesi sağlamadaki yetersizliğini açığa vurdu, öyle ki her zaman geçerli olan durum, ampirik siyasi varyasyonların altında hiçbir değişmeyen öz olmaması, inkâr edilemez biçimde belirgin bir hal alır (Laclau ve Mouffe 1985, 18, 159-71; Laclau 1990, 45, 52-9, 90, 97-8; 2005, 230-32). Laclau'ya göre iki belirli tarihsel dönüşüm, geleneksel Marksist kategorilerin içsel uygunsuzluğuna işaret eder. İlki, "örgütsüz" kapitalizmin ortaya çıkışı, ekonomik süreçlerden hiçbir birleştirici mantık çıkarsanamadığı için bütünlük nosyonunun etkisini azaltmıştır. Laclau bunun yerine "oldukça çeşitli yapısal şebekelerin bir kısmını oluşturan farklı kapitalist ilişki biçimleri" bulunduğunu belirtir (Laclau 1990, 26; 2005, 230-32). İkincisi, "ekonomik özcülük"ün, her yapısal farklılığın "bir bütünlük içerisinde kesin bir konum olarak anlaşılan tek bir anlama dayandırılması yoluyla" düzeltildiği ve sonuç olarak sınıfı her üstyapısal unsura ait olarak tahsis eden toplumsal karşıtlığın indirgenişini gerektirdiğini savunur (Laclau ve Mouffe 1985, 115). Post-Fordist üretimdeki "ekonomik parçalanma" artık tek ya da benzersiz bir sömürü ilişkisi bulunmamasından ve dolayısıyla toplumsal ve siyasi faillerin çoğalmasından dolayı sınıfın siyasi bir kategori olarak merkeziliğinin çöküşüne sebep olur (Laclau 1990, 82-3). İşçi sınıfı veya siyasi öznelerin çoğalması için herhangi bir *önsel* özgürleştirici statünün kaybı, bilhassa 1970'lerde ve 1980'lerde yeni toplumsal hareketlerin yükselişi ve karşıtlık noktalarının sınıfın birciliğinden ırka, toplumsal cinsiyete, ekolojiye vs. çoğalması tarafından ifade edilir (Laclau ve Mouffe 1985, 85; Laclau 1990, 82-3).

Laclau, Gramsci'nin hegemonya kavramını, hepsi de 20. yüzyıl kapitalizminin olumsal siyasi ve ekonomik gerçekliklerini geleneksel teleolojiye dahil etme çabalarında sonuçta başarısız olmalarıyla nitelenen Kautsky, Plekhanov, Bernstein, Sorel ve Luxemburg üzerinden geçerek tarihsel bir teorik gelişmeler dizisinin sonuna yerleştirir. Laclau'ya göre, siyasi olumsallığa Gramsci'ci bir imtiyaz tanıma, belirlenimci mantıktan çekilmeyi gerektirmiştir fakat onu en nihayetinde belirli bir sınıf kavramına dayandıran bir "özcü çekirdek" taşıması nedeniyle hâlâ sınırlıdır (Laclau ve Mouffe 1985, 69). Uygulamaya koyduğu mutlak surette post-Marksist hareket, siyasi olumsallık unsurunu tüm tarihsel zorunluluk nosyonlarını yıkmak –öyle ki önemli ve birleşik bir özne kategorisinin yeri bir "öznelerin çoğulluğu" ile değiştirilsin– amacıyla sınırlarını zorlayarak hegemonya teorisini yeniden ifade etmek içindir (Laclau ve Mouffe 1985, 75-85). Başka bir deyişle Laclau'ya göre işçi sınıfı öznelliğinin çöküşü, yeni direniş oluşumlarının ortaya çıkmasının şartlarını meydana getirir; ırkçılık ve cinsiyetçilik karşıtı, ekolojik ve nükleer karşıtı hareketler vs. Daha da önemlisi Laclau, üretim ve toplumsal hareketlerdeki değişiklikler tarafından biçimlendirilmiş geniş yapısal dönüşümlerin, Marksizm tarihinde işçi sınıfının imtiyazlı bir özgürleşme faili olarak özdeşleşmesinin sadece olumsal bir olay olduğunu ortaya çıkardığını iddia eder. Bu nedenle, Laclau'nun şimdiki zaman tanısı, kendi hegemonya teorisinin altında yatan esas iddianın temelini oluşturur: "imtiyazlı kırılma noktalarının ve siyasi mücadelelerin birleşik bir siyasal uzama kaynaşmasının" olmadığı iddiası (Laclau ve Mouffe 1985, 152). Dolayısıyla, Laclau'nun akademik projesi, toplumsal hareketlerin çoğulluğunu ve çeşitli hareketleri bir araya getirecek bir halkçılığı doğrulayan bir radikal demokrasi projesine yöneltilmiştir.

Negri daha sonraki çalışmalarında, özellikle Michael Hardt ile beraber kaleme aldıklarında, projesini, 1990'ların sonlarındaki toplumsal hareketlere ve bilhassa o dönemde çoğalmış olan ve daha derin bir siyasal mantığı açığa vurduğunu düşündüğü Halk Forumlarına ve küreselleşme karşıtı protestolara bir yanıt olarak konumlandırdığı ölçüde, Laclau'nunkine yakın bir teorik başlangıç noktasına sahiptir. Laclau gibi Negri de (Hardt ile veya Hardt olmadan) sınıf mücadelesini geleneksel işçi sınıfı anlayışına indirgemeyecek, 20. yüzyılın sonlarındaki siyasi mücadelelere katılmış failler çeşitliliğiyle yüzleşen, post-Marksist bir siyaset teorisi geliştirmeye çabalar. Laclau ve Mouffe için 20. yüzyıl sonunda yapısal dönüşümler tarafından biçimlendirilmiş dönüşümler, emekle sermaye arasındaki karşıtlığın siyasi kimlik üzerine çeşitli mücadeleler içinde yalnızca biri olduğu anlamına gelirken, Negri'nin çalışmalarına hâlâ geniş bir üretim maddi kategorisi kavramı olarak sınıf mücadelesi biçim verir. Hardt ve Negri'nin projesi bu sebeple en iyi biçimde, sınıf mücadelesini geleneksel işçi sınıfı nosyonuna indirgemeyecek, günümüz kapitalizminde siyasi mücadelelerde yer almış heterojen aktörler çeşitliliğiyle ilgilenen post-Marksist bir siyaset teorisi geliştirme teşebbüsü şeklinde anlaşılabilir. Negri'ye göre, çağımızda kapitalist mantığın tüm toplumsal ilişkilere yayılması, sınıf karşıtlığının merkezi bir siyasi kategori olarak yok olmasını gerektirmez ancak onun tüm toplumsal ilişkilere yayılmasını gerektirir.

Negri'ye göre yeni bir siyaset düşünme ve yapma yolu için bağlam, 1968'de başlamış olan, toplum üzerinde kapitalist denetimin doğasındaki nesnel bir geçiş tarafından tanımlanan toplumsal dönüşümdür. Biçimsel kapsayıştan gerçek olana yapıcı dönüşümün ya da Negri'nin genelde "biyoiktidar" dediği şeyin, kapitalist üretim ilişkilerinin toplum üzerinde etkili hegemonya uyguladığında meydana geldiği söylenir. Sermaye, toplumun bütününe nüfuz eder etmez ve kapitalist emek biçimleri mutlak tahakküme yaklaşır yaklaşmaz, "toplumun tamamı, kocaman bir fabrika haline gelir ya da hatta fabrika toplumun bütünü boyunca yayılır. Bu durumda, üretim toplumsaldır ve tüm faaliyetler üreticidir" (Negri 2005, 204). Gerçek kapsayışın "postmodern" çağında, kapitalizm diğer tüm güçleri, sosyal yaşamın bütün unsurları sonsuz bir fabrika gibi değer üretecek şekilde kapsar. Kapitalist ilişkilerin, toplumsal varoluşun tüm öğelerine böyle yayılışı, ulusal özerkliğe dayanan egemenliğin zayıflaması ve onun yerini yeni bir küresel kapitalist komuta ya da güç biçiminin almasıyla aynı doğrultudadır. Laclau'nun 20. yüzyıl sonunda güç merkezlerinin çoğullaştırılmasına dair savına paralel olarak Negri, kapitalist gücün bu yeni "imparatorluk" biçiminin bir merkezi bulunmadığını iddia eder. Hardt ve Negri, küreselleşmenin artan yoğunluğunun, yeni bir güç biçiminin "tek bir yer altında birleşmiş bir ulusal ve uluslarüstü organizmalar dizisinden oluşuyor" iken, ulus-devletin tarihsel egemen güçlerinin düşüşte olduğunu öne sürerler (Hardt ve Negri 2001, 2).

Bu yüzden Negri de Laclau gibi toplumsal mücadele olasılığını günümüzün ekonomik ve toplumsal şartlarını belirleyen bozulmaların dışına konumlamaya çalışır. Ancak bunu Laclau'nun yaptığı gibi üretim kategorisinin hemen hemen tamamını reddederek değil emeğin doğasındaki yakın zamanlı dönüşümlere kabaca maddeci denilebilecek bir biçimde bakarak yapar. Postmodern üretim çağında, işle yaşam arasındaki ayrımlar çökmekle kalmaz; aynı zamanda bugün emek, sırf "yaşam aracı" değil de sosyal yaşamın kendisini de ürettiği ölçüde maddi değildir ve dolayısıyla biyopolitiktir (Hardt ve Negri 2009, 132-3). Değer yalnızca maddi nesnelerde değil, yaşamın kendisinde bilgi, hisler, fikirler, toplumsal ilişkiler ve duygulanımlar gibi maddi olmayan mallar biçiminde birleştirilmiş emek yoluyla üretilir. Bu, örneğin, trafik sıkışıklığı, parklar, "dinamik" kültürel ilişkilerin varlığı gibi değerleri ölçmek amacıyla gayrimenkul iktisadı gibi alanların sözümona "dışsallıklar"a gittikçe artan yoğunlaşması ile ispat edilmiştir (Hardt ve Negri 2009, 154-5).

Negri içinde bulunduğumuz devrin bu geniş nitelemesinden, toplumsal mücadele ve karşıtlık için yeni olasılıklar konumlandırır ve Laclau gibi bunu geleneksel proleter kimlik mantığının aksine yapar. Bu maddi olmayan üretim safhasında, değerin kapitalist soyutlamaları, söz edilecek bir iktidar dışarısı bulunmaması için bütün toplumsal ilişkilere nüfuz ederken, Hardt ve Negri'ye göre sermaye, üretim konusunda sadece asalak bir role sahiptir (Hardt ve Negri 2009). Maddi olmayan emek, kendi üretim ilişkilerini düzenlediği için kendine değer biçen ve gitgide kapitalist denetimden bağımsız bir hale gelir (Hardt ve Negri 1994, 278, 280, 309; 2009, 149, 352-3). Bu nedenle post-Fordizmde kapital ilişki, asalak ve aşkın bir biyoiktidar ile "çokluk"un özerk ve maddi olmayan, biyoiktidarın temellük etmeye çalıştığı biyopolitik üretimi arasındaki tamamen aracısız bir karşıtlık biçimine bürünür. Hardt ve Negri, özerkliği ve bağımsız yaratıcılığı düşünülecek olursa, maddi olmayan emeğin, "imparatorluk"un iktidarının ve herhangi bir aracılık olmadan kapitalizmin ötesinde toplumsal bir varoluşa işaret ettiğini iddia ederler.

Bu nedenle Negri de Laclau gibi, toplumsal mücadele olasılığının şartlarını, toplumsal karşıtlık mantığının, sosyal yaşamın tüm unsurlarına yayılmasını sağlayacak şekilde üretimdeki değişimlerin altüst edici etkilerine ve yeni toplumsal aktörlerin ortaya çıkışına oturtur. Yine de, Laclau'nun toplumsal mücadeleyi geleneksel Marksizmin ekonomik özcülüğü olarak gördüğü şeyden uzaklaştırıp bir siyasi olumsallık mantığına konumlandırma amacıyla Negri'nin üretim güçlerine yapılan değişikliklerde bulunan özgürleştirici potansiyele odaklanması arasındaki ayrılık açık ve belirgindir. Buradaki her şey, bu iki düşünür arasındaki polemiğin şimdiki zamanı anlamının bu iki yoluna istinaden vuku bulacağını sezdirir. Ekonomik dönüşümlerin, karşıtlığın doğasının nedensel etkilerindeki farklılıklar ve bu konumlar için kanıtların sağlanma ve değerlendirilme yollarıyla ilgili epistemolojik sorular ortadadır. Ancak durum böyle olmamıştır. Yukarıda açıklığa kavuşturulmuş olan karşıtlık anlayışları her iki düşünür için de, yalnızca, siyasetin bağlı olduğu daha temel ontolojik süreçlerin tezahürleridir. İşte analizleri bu daha temel düzeye dayanır ve durumun böyle olduğunu düşünürsek aralarındaki tartışma ancak birbiriyle rekabet içinde ve karşıt iki ontolojik ifade düzeyinde meydana gelir.

Siyasal Ontoloji ve Genelleştirilmiş Karşıtlık

Eğer kapitalizm gerçekten de Badiou'nun tahmin ettiği gibi ontolojinin tarihsel aracıysa, o halde hem Laclau hem de Negri bu araçtan önce gelen fakat yalnızca onun aracılığıyla gerçekleşen siyasal ontolojiler koyutlarlar. Bu yüzden, Laclau'nun çalışmalarında bu, siyasi mantığın üretim ilişkilerinden büsbütün ayrışımı biçimini alırken, Negri'de üretim güçlerinin kapitalist düzen gereksiniminden ayrışımı söz konusudur. Ancak ontolojik bir söylem, dolayısıyla şimdiki zamanda bütünüyle açığa çıkmış toplumsal varoluş koşullarının kendilerinin aksiyomatik bir ifadesi yoluyla, ikisi de bu alanı Laclau'da "söylemsel"in siyasi mantığı veya Negri için çokluğun yapıcı gücü yönünden teorileştirecektir. Bu ontolojiye dönüş iki teorisyen için de mühim bir amaca hizmet eder. Aşağıda öne süreceğimiz gibi, ancak güncel koşulların üstü daima kapalı bir siyasal ontoloji ortaya koyduğu öne sürülerek, bariz bir sendikalizmin, güvencesizliğin, kanaatkârlığın ve yoksullaşmanın artışının çekilme dönemi yalnızca iyimserlik için değil aynı zamanda siyasalın ta kendisinin doğasının ifşası için dayanak olarak iddia edilebilir. Aralarındaki münakaşa, siyasalın çok farklı ontolojileri sebebiyle meydana geliyorsa, bu, sınıf mücadelesinin zayıflamasına ve küresel kapitalizmin sonsuz yayılımına, geri çekilme olarak değil de karşıtlığın yaygınlaşması olarak bakma ihtimali, şimdiki zamanı sahip olunan ontolojik hakikatlerin tek taşıyıcısı olarak gören "narsisistik" anlayışa bağlı olduğu içindir.

Laclau'nun çalışmalarının merkezinde, Marksist teoride, karşıtlığın bir tarihsel zorunluluk mantığından uzaklaşıp siyasi olumsallığın indirgenemezliğine dayandırılmasına bir dönüş tamamladığı yönündeki iddia vardır. Bu argüman, temel aksiyomatik ontolojik varsayımına dayanır: toplumsalın bir aşırılık ya da "sonsuzluk" tarafından tanımlanması (Laclau 1990, 90-91). Laclau bunu, siyaset teorisindeki ontolojik dönüşün daha geniş şartlarını yakından yansıtan bir dille ifade eder: "Toplumsal bütünlük sorunu yeni terimlerle ortaya atılır: 'bütünlük' 'toplumsal'ın sınırlarını, ikinciyi belirli bir nesneye ('toplum'a) dönüştürerek oluşturmaz. Bilakis toplumsal, toplumu kurma girişimlerinin sınırlarını aşar" (Laclau 1990, 90-91). Toplumsalın sonsuzluğuna olan aksiyomatik talep göz önünde bulundurulursa, toplum tanım gereği kapalı bir bütünlük olacak şekilde "dikilemez". Laclau bu sonuca, ("söylemsel" olarak adlandırdığı) belirsiz bir "farklılıklar oyunu"nun en sonunda her ehlileştirme veya bütünleştirme teşebbüsünü bozduğu postyapısalcı kavrama atıfta bulunarak varır (Laclau ve Mouffe 1985, 95-6). Bu "oyun"un açıklığı, kısmi bütünlüklerin veya hegemonik anlam merkezlerinin geçici olarak düzeltilebildiği bir "yapıcı zemin" görevi görür fakat bütünleştirme, farklılıkların akışı bu tür yapımları her zaman aksatacağı için en nihayetinde imkânsızdır (Laclau ve Mouffe 1985, 112-13). Laclau'nun söylem ontolojisi bu nedenle, açıklığı kurma ya da üstesinden gelme girişimi indirgenemez fakat imkânsız olduğu ölçüde post-temelcidir. Üstelik bu ontolojinin, anlamın söylem alanından kısmi saplanmasının eklemleme pratikleri vasıtasıyla meydana geldiğini ileri sürdüğü derecede siyasi olduğu da söylenir. Söylemler arasında bağlar, aralarındaki farkçı ve eşdeğer ilişkilerin inşası yoluyla oluşturulur ve değiştirilir (Laclau ve Mouffe 1985, 113).

Laclau'nun geniş karşıtlık anlayışı ve dolayısıyla siyasi olumsallık anlayışı söylem teorisinin sonucudur. Her kolektif kimlik veya düzen ilişkisel olarak inşa ediliyorsa tüm kimlikler, diğer bazı kimlikleri ve söylemleri oluşumlarında ister istemez dışladıkları ölçüde eksik olacaklardır. Bu yüzden her toplum, birliğin kendisinin, olmadığı şeye karşı olarak, yani dışlama vasıtasıyla kurulması nedeniyle hiçbir kimlik tam ya da bütün olamadığı derecede bir "yapıcı dışarı"ya sahip olacaktır (Laclau ve Mouffe 1985, 137; Laclau 2005, 51). Laclau'nun tercih ettiği örnekte, emekle sermaye arasındaki karşıtlık, üretici ilişkinin –bu, ilişkiyi bir tür öze dayandırmak için olacağı için– doğrudan sonucu olamaz; tam tersine üretim ilişkisine karşı harekete geçirilmek için bu ilişkinin dışında bir unsura bağlıdır (mesela işçinin bir ev satın alma kapasitesi) (Laclau 1990, 11; 2000, 202; 2005, 149). Belirli hiçbir talebin veya kimliğin toplumsalın farklılıklar oyununu tam olarak kaplayamamasından ötürü, bütün kimlikler ve bütünlükler yenilemeye ve dönüşüme geri alınamaz biçimde açıktır. Bu nedenle Laclau'ya göre sınıf analizi, söylemsel olumsallık mantığının zaten hep geçerli olmasından dolayı sınıf kimliği zaten kendi kendine yeterli olamayacağı için sırf bu söylemsel karşıtlık teorisini doğrular. Ayrıca siyasal bir ontolojiye dönüş Laclau için, olan şeyler en nihayetinde yalnızca bir söylemsellik sahası içerisinde var oluyorsa, o halde herhangi bir belirli toplumsal düzen gerekliliğinin yokluğu, her düzenin potansiyel olarak karşıtçı bir ilişkiye siyasileştirildiği anlamına geldiği için toplumsal mücadele olasılığının bir teminatı işlevi görür. Bu nedenle Laclau'ya göre sınıf mücadelesinin yerini yeni toplumsal hareketlerin bariz biçimde alması tarafından örneklendirilen siyaset teorisinin Marksist eleştirisinin uygun olmaması, zaten hep geçerli olan durumun ontik bir ifşası görevini görür: sınıf kimliğinin bir söylem sahasındaki olumsal siyasi eklemlemelerin sonucu olması. Başka bir ifadeyle, sınıfın günümüz toplumsal hareketlerindeki belirgin merkezsizleşmesi, sadece daha derin bir ontolojik hakikati –söylemin var olan şeyler olduğunu– doğrulamaya yarar.

Bu açıklama göz önünde bulundurulursa, Laclau'nun tarif ettiği toplumsal değişimin nihai nedensel gücü ve aynı zamanda bu dönüşümlerin "aracı", kendi içinde kapitalizm ya da başka bir toplumsal değişim dinamiği olamaz; çünkü bu tür bir izah sadece, kendisi de söylemin belirsiz farklılıklar oyununa maruz vaziyette olan sosyal yaşamın belirli bir hegemonik eklemlenmesi olacaktır. Bu yüzden, örneğin, Laclau kapitalizmin de diğer tüm toplumsal düzenler gibi söylemsel eklemlenmenin sonucu olması ve dolayısıyla bir yapıcı dışarısının bulunması gerektiği için bir bütünlüğe varamayacağını sürekli doğrulamıştır (Laclau 1990, 56; 2005, 230, 236). Buradaki çıkarım şudur: Kapitalizm denilen bir şey var olabilir ve bu toplumsal tahakküm biçiminin küresel yayılması, yeni mücadele noktaları açığa çıkarmaya devam edebilir, ancak bu güçler ve neden oldukları bölünmeler yalnızca söylem mantığını gösterecektir. Laclau sınıf mücadelesinin yerini yeni toplumsal hareketlerin aldığı ve karşıtlığın üretim ilişkileri alanının ötesine uzandığı bir devrin ruhuna başvursa da bu tarihsel gelişmeler, zaten hep toplumsal ilişkileri belirlemiş olan bir söylem mantığına epifenomenaldir ve onu ortaya koyar.

Teorisyenin ontolojisini, sonunda tarihsel bir çağın ufkunda belirgin hale gelmiş olarak konumladığı benzer bir ontolojik narsisizm Negri'nin çalışmalarına siner. Gördüğümüz gibi Negri'nin daha sonraki yapıtları, maddi olmayan emeğin ve biyopolitik üretimin hegemonyası tarafından tanımlanan bir devirde, kapitalist komuta dayatması kendi kendine örgütlenen ve değer biçen bir "çokluk" üzerinde meydana geldiği ölçüde, üretici çokluğun gitgide daha da asalaklaşan bir sermayeden özerk hale geldiği iddiasına dayanır. Her ne kadar emek sürecindeki dönüşümler tarafından var edilse de çokluk ontolojik bir kurucu gücün cisimleşmesi ve gerçekleşmesidir. Yani, çokluk esas bir "kurucu" güç, herhangi bir toplumsal düzenden önce ve ondan fazla ısrarcı bir özgürlük ve yaratıcılık dürtüsü ifade eder, öyle ki varoluşun kendisi yıkıcı olarak tanımlanır (Hardt ve Negri 200, 221). Negri çoklukta cisimleşmiş olan kurucu gücün, bütün yeniliklerin ve hayal gücünün kaynağı olduğunu iddia etmesine karşın tanım gereği faal olan ve gücünü sadece daima sırayla kontrol altına almaya ve kurumsallaştırmaya çalışması gereken çokluktan alan kurucu bir güce karşıdır (Negri 1999, 2, 3). Toplumsal varoluşun kendisi, Negri tarafından, gerçeklik birincil ve yaratıcı bir aşırılık tarafından tanımlanacak şekilde sürekli bir yaratma süreci olarak tasarlanır (Negri 1999, 287, 335).

Çokluğun kurucu gücü her zaman var olmuştur, sermayeden önce gelir, ancak (burada tekrar post-temelci temanın ön plana çıktığını belirtmeliyiz) ontolojik önceliğine karşın, mevcut "kurulmuş" gücün yasal ve kurumsal çerçeveleri tarafından durmaksızın asimile edilir. "Kurulmuş" güç resmi yazılı anayasalar, hiyerarşik kurumsal düzenler ya da her türlü sabit siyasi aracılık biçiminde, normal durummuş ve sadece onu aşan devrimci anlar tarafından vurgulanmış gibi görünüyor olabilir, fakat kurucu gücün önceliğine dair iddia tam tersinin söz konusu olduğunu kasteder. Kurucu güç, en çok siyasi hiyerarşileri imha etmiş o devrimci kırılmalarda görülebilseler de (buna örnek olarak Amerikan ve Bolşevik devrimlerini gösterirler) kurucu güç ne istisnaidir ne de gelgeçtir (Negri 1999, 335; Negri ve Casarino 2008, 168). Bilakis, kurucu güç sadece olan şeydir ve bu sebeple kurulmuş güç, ikincinin kendisinin içsel ve değişken sınırını işaretleyendir (Mandarini 2005: 17). Bununla beraber ontolojik çokluk zaten hep var olmuş olsa da ancak özerk biyopolitik üretimin siyasi çokluğunda belirgin hale gelir. Biz kapitalist değerin tüm toplumsal ilişkilere yayıldığı imparatorluk iktidarı çağına yerleştirilir yerleştirilmez, karşıtlık herhangi bir aracılık tarafından tanımlanmayı durdurur (Hardt ve Negri 2001, 225). Laclau'nun tersine, karşıtlık burada olumsal siyasi söylemlerin eklemlenmesiyle tanımlanmaz, aksine kurucu ile kurulmuş güç arasında aracısız ve doğrudan bir karşıtlık bulunur. Karşıtlık bu nedenle, imparatorluğun içerisinden çıktığı için sermayenin, sosyal yaşamın tüm unsurlarını kapsayışına içseldir; yine de mücadelesi, sermayenin çokluğun gücüne daima asalak ve geride olmasından ötürü mümkün olmayı sürdürür. Karşıtlık ve devrim bu nedenle, çokluğun zaten hem ontolojik olarak hem de yıkıcı "toplu göç"ü onu imparatorluktan azat edecek şekilde kendini ekonomik ve siyasal olarak çoktan yönetmeye başlamış olması anlamında zaten özerk olduğunun tanınmasına dayandırılır.

Burada aşikâr olması gereken oldukça önemli benzerlik, iki düşünürün de toplumsal, siyasi ve ekonomik şartları, siyasal ontolojinin tezahüründeki son aşama olarak görmeleridir. Bu hareketin birkaç etkisi vardır. İlk olarak teorisyenin, bariz siyasi geri çekilme ve işçi sınıfı mücadelesinin gerilemesi çağında, toplumsal mücadele için ontolojik bir teminat koyutlamasına imkân verir. Ama genişletilmiş bir karşıtlık kavramını savunan argüman, her iki argümanın yükünün de yalnızca sağladıkları şimdiki zaman çözümlemesi üzerine değil, toplumsal varoluşun temel varlığının en sonunda şimdiki zamanda gerçekleştirildiği iddiasına da bindiği anlamına gelir. Başka bir deyişle iki düşünür de savlarının bölgesini ontolojik aksiyomların sahasına kaydırır. Bu yüzden Laclau'ya göre sınıf çözümlemesi, tüm fenomenlerin dahil olduğu farklılıklar oyununun mutlak yataysallığının soyutlamalarındaki karşıtlık olasılığını gerçekleştirir ve doğrularken, Negri içinse imparatorluğa karşı çokluğun özerkliği, çokluğun sırf genelleştirilmiş bir kurucu gücün cisimleşmesi olduğu yönündeki iddiaya bağlıdır. İki düşünür için de karşıtlık bu nedenle, siyasalı ontolojik bir evreye yerleştirmekten ibaret post-temelci harekete dayandırılır.

Tartışma ve Siyasal Ontolojinin Sınırları

Örtük bir ontolojinin gerçekleştirilmesinin nihai ânına konumlanacak "narsisistik" çağrı, ilk iddia siyasalın kendisinin bölgesini doğru şekilde konumlandırmış olmaya bağlı olduğu ölçüde daha büyük bir probleme yol açar. Eğer çokluğun özerkliği, onun kurucu güç olarak ontolojik bir bölgeye eklemlenmesine dayanıyorsa, o zaman Negri bu ontolojiyi destekleyen ampirik iddiaları çürütecek eleştiriler alma tehlikesiyle her zaman karşı karşıyadır. Örneğin, maddi olmayan emeğin, sermayenin denetimi ve düzenlemesinin dışında kaldığı varsayımının, sermayenin maddi olmayan üretimin düzenlenmesinde –mesela teknoloji ağlarının altyapısında– dahi aracı bir rol oynadığı boyutu küçümsediği ve azımsadığı sıklıkla ileri sürülür (Žižek 2009, 139-48; Dean 2004; Passavant 2004). Birtakım eleştirmenler de, Hardt ve Negri'nin maddi olmayan emeği, değer üretiminin hegemonik biçimi olarak kavrayışlarının, sermaye birikiminin ve artı değerin temellükünün biçimlerinin eşitsiz, çoklu olmasını ve tek bir evrensel gerçek kapsayış süreci olmamasını fark etmediklerini öne sürmüşlerdir. Bu, küresel Kuzey ile Güney ya da hizmet işi ile bilgi işi arasındaki farklılıkları düşünürsek bilhassa geçerlidir (Aufheben 2006, Campfield 2007). Negri'nin argümanının dayandığı, çoklukla imparatorluk arasındaki münhasırlık kavramıyla ilgili sorunlar, siyasal ontolojisiyle alakalı daha derin endişeler tarafından yansıtılır. Önemli bir şekilde, eğer kurucu ile kurulmuş güç arasında mutlak bir asimetri bulunmadığı iddiası korunmazsa, bu durumda Negri bu iki güç arasındaki ayrılık edimini ve dolayısıyla karşıtlık olasılığını açıklamaktan âciz olur. Yani, kavrayışlı bir yazarın ifadeleriyle, problem "biyopolitik denetimin sayısız aygıtı tarafından doldurulmayacak, kışkırtılmayacak ve kısıtlanmayacak kolektif bir komünist özne olan yaşamın üretimi ve yeniden üretimindeki işlemlerin nasıl yalıtılacağı"dır (Toscano 2007, 113). Dahası, çoklukla imparatorluğun ayrılığı açıklanacaksa, Hardt ve Negri gerçek anlamda özerk tekillikler için kimi kriterler –sırf benzetimlerini değil– sağlamak zorunda kalacaklardır (Toscano 2009: 380-81). Daha sonraki eserlerinde aile, kurum ve devlet eleştirilerinde biraz bunu yapma teşebbüsü sunsalar da, bunlar en iyi ihtimalle muğlak kalır (bkz. Hardt ve Negri 2012; Murphy 2012, 226-7).

Eğer Negri'nin ontolojik çokluk anlayışı, onun bütün toplumsal fenomenleri çoklukla imparatorluğun mutlak dikey asimetrisine dahil etmesine yol açıyorsa –ki bu çokluğun özerkliğini garanti altına alır– Laclau'nun bütün toplumsal fenomenlerin ait olduğu söylem ontolojisinin mutlak yataylığı, herhangi bir fazla-söylemsel maddeselliğe her türlü referansı dışladığı ölçüde eşit derecede genelleştirilmiştir (Boucher 2008; Eagleton 1990, 203, 209; Geras 1990, 127-68; Osborne 1991, 210-15). Eleştirmenlerin belirtmiş olduğu üzere, ekonomiği, Laclau'nun yaptığı gibi, olumsallık mahalli olarak siyasaldan (yanlış) gereklilik alanı olarak tamamıyla ayırmanın kendisi yeni bir gereklilik –siyasalın önceliğininki– koyutlamaktır (Eagleton 1991, 213). İkinci olarak, açıklamasında siyasal iktisadı ve sonuç olarak yapısal bir analiz için herhangi bir yeri dışlamış olan Laclau'ya çığır açan kendi 20. yüzyıl çözümlemesini izah etmek için bir neden kategorisi kalmaz (Boucher 2008, 21, 24-5). Söylemsel yorumlama açıklamanın yerine geçer geçmez Laclau'nun yeni toplumsal hareketlerin ortaya çıkışını açıklamak için kendi söylem kategorisi dışında hiçbir aracı kalmaz. Bütün siyasi fenomenlerin söyleme dahil edilmesi, aynı zamanda Laclau'yu, karşıtlıkların değerlendirilebildiği ve çözümlenebildiği herhangi bir kriterden yoksun olduğu ölçüde Negri'ninkine benzer bir soruna sürükler. Yani Laclau'nun siyasal ontolojisinde, ezenle ezilen arasında niteliksel bir ayrım bulunmaz (Norris 2002). Tercih ettiği karşıtlık örneği, Marx'tan ödünç alınmış olmasına rağmen Laclau'nun mantığında karşıtlığın proletarya ile dişçiler (burjuvazi yerine) arasında olmaması için hiçbir sebep yoktur. Laclau'nun ontolojisiyle ilgili daha derin problem, tüm toplumsal mücadeleler ve sermayenin kaplamı özgürlüğün yayılması olarak görüldüğü ölçüde burada karşıtlık anlayışında bellidir (Boucher 2008, 110; Osborne 1991). Siyasetin kendisi söylemsel eklemlemeler demek olduğu için, toplumsal mücadelelerin hepsi, olan şeyi doğrulama işlevi görebilir, öyle ki Negri gibi Laclau da onları ayırt etmeye yarayacak daha fazla kriterden yoksundur. Laclau'nun sağladığı ve sağlayabileceği tek kıstas, belirli mücadelelerin veya hareketlerin, ontolojik statülerini olumsal şeklinde açıkça doğrulama oranıdır. Bunu yapmayı başaramayan siyasi hareketlerin, ideolojik yanlış tanıma, her kimliğin ve toplumsal düzenin olumsallığını ve tikelliğini görmedeki başarısızlığı tarafından tanımlandığı sürece "yanlış bilinç"ten suçlu oldukları söylenebilir (Laclau 2009, 186).

İki Kıyaslanamaz Siyasal Ontoloji

Laclau ve Negri'ye yöneltilen bu kesin eleştiriler, siyasalı ontolojik şartlara post-temelci şekilde konumlama hareketinin toplayıcı bir etkisi olduğunu doğrular. Aynı zamanda sonunda bizleri, Negri ve Laclau arasındaki tartışmanın bu iki özel siyasal ontoloji nedeniyle meydana geldiğini görebileceğimiz bir konuma yerleştirirler. İşte bu bağlamda Laclau'nun, Hardt ve Negri'nin çoğunluk kavramının siyasetin olabilirliğini büsbütün ortadan kaldırdığı yönündeki ana argümanını anlayabiliriz. Laclau'ya göre Hardt ve Negri, özne olarak çokluk yalnızca kapitalist sömürü vasıtasıyla gerçekleştiği ölçüde ekonomist bir teleolojide ısrarcıdırlar, ki bu sonuç olarak ikincinin kendi özerkliğini gerçekleştirmesine yol açar. Hardt ve Negri bu nedenle, Laclau'nun bütün projesini ona karşı belirlediği bir ekonomik gereklilik mantığını harekete geçirmekle suçlanırlar. Laclau için, çokluğun özerkliğinin gerçekleşmesi olarak anlaşılan siyasi devrim, toplumun, kendisine tam saydamlığını gerektireceği için siyasetin tam bir kapanımını ifade edecektir (Laclau 1996). Laclau, *İmparatorluk*'ta yer alan özgürleşme kavramıyla, belirli bir failin "kendini evrensel bir kurtarıcı olarak sunduğu" kendi hegemonya teorisinin terimleriyle tanımlanmış "siyasi" devrim anlayışını mukayese eder (Laclau 2001, 5). Yani, yukarıda Laclau'nun kolektif bir siyasi kimlik oluşumu açıklamasında görmüş olduğumuz gibi, halkın farklı talepleri ve mücadeleleri, sembolik bir eşdeğerlik biçimi yoluyla birleştirilmelidir (Laclau 2005, 108). Halkın taleplerinin geçici birliği ve evrenselliğinin meydana gelmesi için belirli bir talebin (bir "boş gösteren" halini alması için) ve dolayısıyla "daha geniş bir evrenselliğin göstereni" haline gelmesi için yok olması ya da kendini tikelliğinden arındırması gerekir (Laclau 2005, 95). Bu yüzden evrensellik ve kolektivite yalnızca geçici ve kısmidir (Laclau 2005, 71). Laclau'nun karşıtlığı kendi siyasi olumsallık mantığına dayandırdığı düşünülürse, kolektif bir kimliğin ortaya çıkışı her zaman, eklemsel pratiklerin ve belli taleplerin "boş" bir evrensel talep tarafından temsil edimlerinin neticesi olacaktır.

Fakat Negri'nin siyasal ontolojisinin perspektifinden bakarsak, bu terimlerle düşünülen her kolektif kimlik ve her temsil edimi çokluğun özgürlüğünün ve yaratıcılığının kısıtlanması anlamına gelecektir (Hardt ve Negri 2009, 305). Hardt ve Negri, Laclau'ya cevaben söylem çerçevesinden bakılan kimliğin bir "hapishane" haline geldiğini iddia ederler (Hardt ve Negri 2009, 331). Hardt ve Negri'nin bakış açısından Laclau'nun hegemonya teorisi ve onun gerektirdiği beraberindeki eklemleme edimleri, Laclau'nun doğru ontolojik bölgeye asla razı olmaması nedeniyle, çokluğa baskı uygulayan bir kurulmuş güç teorisi anlamına gelir. Laclau'nun söylemsel eklemleme nosyonunun aksine, Hardt ve Negri çokluğun "münasip bir siyasi örgütlenme kavramı" olduğunda ısrar ederler (Hardt ve Negri 2009, 165-6). Eklemleme pratiklerine olan bariz ihtiyaca cevap olarak bir metafor ileri sürerler; çokluğun "ritmi şefsiz devam ettiren bir orkestra" olduğunu belirtirler (Hardt ve Negri 2009, 173). Hardt ve Negri'ye göre kolektif bir kimliğin siyasi inşası edimi, çokluğun birliği ve özerk örgütlenmesi, post-Fordizmdeki ekonomik üretim biçimlerinde zaten ortada olduğu için gereksizdir (Hardt ve Negri 2009, 176, 353). Yakın zamanlı çalışmalarında çokluğun siyasi bir projenin sonucu olacağı hususunda ısrarcı olsalar da, bunu çokluğu oluşturan tekilliklerin, karşıtlıklar ve yenilikler arasındaki benzerlikler aracılığıyla bir araya getirildiği "paralelizm" kavramına göre tanımlarlar (Hardt ve Negri 2009, 2012; Murphy 2012, 228). Laclau'nun, çokluğun oluşunu yalnızca düzelttiğini ve baskı altında tuttuğunu iddia ettikleri "kimliklerin bir zincirdeki bağlar gibi birleştirilmesi" anlayışının karşısına, "tekillikleri aralarındaki ortak varoluşu kuran bir özgürleşme sürecinde dönüştüren" kendi paralelizm açıklamalarını koyarlar (Hardt ve Negri 2009: 350). Karşıtlıklar arasındaki paralellerin, Laclau gibi teorisyenlerce gerekli ve indirgenemez addedilen birlik ve hiyerarşiden ziyade kimlikleri şiddet yoluyla düzeltmeden ortak projelerin farkına varan eklemleme süreçleri tarafından artırılabileceğini öne sürerler.

Tartışmanın en nihayetinde iki kıyaslanamaz siyasal ontoloji seviyesinde meydana gelmesi, Laclau'nun Hardt ve Negri'nin karşıtlığın kaynağı konusunda hiçbir açıklama sunamadıklarını ve bunun yerine sırf doğal bir "karşı-oluş" ya da içsel bir isyan eğilimi koyutladıklarını iddia etmeleriyle daha da belirgin bir hal alır (Laclau 2001, 7; 2005, 240). Laclau'nun siyasal ontolojisinde karşıtlık daima, belirli yerine getirilmemiş talepleri eşdeğersel bir zincir ve dolayısıyla halka ait bir kolektif talep olacak şekilde belli bir toplumsal düzene karşı birleştiren eklemsel bir pratiğin sonucudur, öyle ki Hardt ve Negri'nin açıklamasında böyle bir eklemsel pratiğin olmayışı, isyanın ortaya çıkışının ancak "cennetten bir armağan" şeklinde açıklanabilmesini gerektirir (Laclau 2005, 241). Laclau, bir hegemonya teorisi olmadan Hardt ve Negri'nin, sadece siyasi bir öznenin birliğine kör, Rousseaucu bir inançla baş başa kaldıklarını belirtir. Hatta bunu, Laclau'ya ve diğer eleştirmenlere yanıt verirken, Negri'nin belli bir kurulmuş toplumsal düzen içerisindeki aracılığından ve durumundan daima daha önce olan bir mutlak direniş ontolojisine dayalı modern karşı-gelenek (Machiavelli, Spinoza ve Marx'ta yer alan) olarak teorileştirdiği şeye bağlılıklarında devamlı olarak ısrar ettiklerinde kendileri de doğrularlar (Negri 1999; Hardt ve Negri 2009, 176). Bu ontolojiye olan bağlılıkları düşünülecek olursa, Laclau'nun söylem teorisiyle beraberindeki eklemleme ve temsil kavramları, çokluğun kurulmuş güç tarafından bir kez daha indirgenmesi, onun içsel olan, düzenden ve kurumlardan kaçma ve onlara direnme eğiliminin bastırılması anlamına gelecektir (Hardt ve Negri 2009, 176).

Bu noktada her şey, bu iki siyasal ontolojinin hangisine öncelik tanınacağına ya da belki tanınıp tanınmayacağına bağlıdır. Laclau'nun söylem ontolojisinin konumundan, çokluk teorisi ister istemez söylemler farklılığı oyununun siyasi olumsallığını indirgiyor ve inkâr ediyor gibi görünecektir. Benzer şekilde, Hardt ve Negri'nin bakış açısından, Laclau'nun hegemonya teorisi ve beraberindeki karşıtlık anlayışları, çokluğun birincil gücünün bastırılmasını gösterecektir. Siyaset, ontolojik bir evre içinde düşünüldüğünde, siyasi tartışma, sonunda varoluşun doğasının şu ya da bu açıklamasının önceliğine dair sonsuz bir üstünlük sağlama oyununa dönüşür. Teoriler arasında eşzamanlılık bundan dolayı, bir konumun benimsenmesinin muhakkak diğerinin siyasi anlamda kısıtlanması ve dolayısıyla toplumsal mücadelenin koşullarının indirgenmesi anlamına geldiği düşünülürse, bir olasılık olarak dışlanır. Bu teorik, döngüsel siyasi tartışmalar çıkmazı, siyasi mücadele olasılığını, siyasileşmiş bir işçi sınıfının yokluğunda veya zayıflaması durumunda güvence altına alma girişimi içerisinde post-temelci siyasal ontolojinin kaynaklarına dönüşün doğrudan bir sonucudur. Post-temelci siyaset teorisi gerçekten de teorisyenin toplumsal karşıtlığın geçişsizliğini belirsiz biçimde doğrulamasını ve hatta kendi zamanını karşıtlığın son gelişmesi olarak kendinden emin bir şekilde koyutlamasını mümkün kılar. Fakat bunu ancak siyasetle siyasi tartışmanın bölgesini genelleştirilmiş bir ontolojininkine kaydırarak yapar. Sonuç olarak ne kadar post-temelci olurlarsa olsunlar, yine de sonuçta dünyayla alakalı genel ifadeler anlamına gelen ve bu yüzden özel olan ve muhatabınkiyle kıyaslanamayan rekabet içerisindeki aksiyomatik ontolojik beyanların döngüselliği veya gidip gelmesi içerisine girmiş oluruz. Ontolojiye bağlı haldeki siyaset teorisiyse, sonsuz özgönderim dairelerine yakalanmış olur.

Kaynakça

Arditi, B. 2007. *Politics on the Edges of Liberalism*. Edinburgh: Edinburgh University Press.. [*Liberalizmin Kıyılarında Siyaset*, çev. Emine Ayhan, 2010. İstanbul: Metis.]

Aufheben. 2006. Keep on Smiling: Questions on Immaterial Labour. *Aufheben*, 14, 23-44.

Badiou, A. 1999. *Manifesto for Philosophy*. Çev. M. Norman. New York: State University of New York Press. [*Felsefe İçin Manifesto*, çev. Nilgün Tutal, 2005. İzmir: Ara-lık.

Boltanski, L. ve Chiapello, E. 2005. *The New Spirit of Capitalism*. Çev. F. Gregory. Londra: Verso.

Bosteels, B. 2011. *The Actuality of Communism*. Londra: Verso.

Boucher, G. 2008. *The Charmed Circle of Ideology: A Critique of Laclau & Mouffe, Butler and Žižek*. Melbourne: Re-Press.

Bratich, J.Z. 2011. Post-Marx Beyond Post-Marx: Autonomism and Discourse Theory, *Discourse Theory and Critical Media Politics* içinde, der. D. Lincoln ve P. Sean. Londra: Palgrave Macmillan.

Campfield, D. 2007. The Multitude and the Kangaroo: A Critique of Hardt and Negri's Theory of Immaterial Labour. *Historical Materialism*, 15, 21-52.

Casarino, C. ve Negri, A. 2008. *In Praise of the Common: A Conversation on Philosophy and Politics*. Minneapolis, MN: University of Minnesota Press.

Dean, J. 2004. The Networked Empire: Communicative Capitalism and the Hope for Politics, *Empire's New Clothes: Reading Hardt and Negri* içinde, der. J. Dean ve P. Passavant. Londra: Routledge.

Foucault, M. 2000. *Aesthetics, Method and Epistemology. Essential Works of Michel Foucault Volume Two*. Der. J. Faubion. Çev. M. Hurley vd. Londra: Penguin.

Hardt, M. ve Negri, A. 2000. *Empire*. Londra: Harvard University Press. [*İmparatorluk*, çev. Abdullah Yılmaz, 2001. İstanbul: Ayrıntı Yayınları.]

Hardt, M. ve Negri, A. 2004. *Multitude: War and Democracy in the Age of the Empire*. New York: Penguin. [*Çokluk. İmparatorluk Çağında Savaş ve Demokrasi*, çev. Barış Yıldırım, 2004. İstanbul: Ayrıntı Yayınları.]

Hardt, M. ve Negri, A. 2009. *Commonwealth*. Londra: Harvard University Press. [*Ortak Zenginlik*, çev. Efla-Barış Yıldırım, 2011. İstanbul: Ayrıntı Yayınları.]

Hardt, M. ve Negri, A. 2012. *Declaration*. New York: Argo Navis. [*Duyuru*, çev. Abdullah Yılmaz, 2013. İstanbul: Ayrıntı Yayınları.]

Harvey, D. 1992. *The Condition of Postmodernity: An Enquiry into the Origins of Cultural Change*. Londra: Wiley. [*Postmodernliğin Durumu: Kültürel Değişimin Kökenleri*, çev. Sungur Savran, 2014. İstanbul: Metis.]

Honig, B. 1993. *Political Theory and the Displacement of Politics*. Ithaca, NY: Cornell University Press.

Kioupkiolis, A. 2010. Radicalising Democracy. *Constellations*, 17(1), 137-54).

Laclau, E. ve Mouffe, C. 1985. *Hegemony and Socialist Strategy*. Londra: Verso. [*Hegemonya ve Sosyalist Strateji*, çev. Ahmet Kardam, 2008. İstanbul: İletişim Yayınları.]

Laclau, E. 1996. *Emancipation(s)*. Londra: Verso. [*Evrensellik, Kimlik ve Özgürleşme*, çev. Ertuğrul Başer, 2003. İstanbul: Birikim.]

Laclau, E. 2000. *Contingency, Hegemony, Universality*. Londra: Verso. [*Olumsallık, Hegemonya, Evrensellik*, çev. Ahmet Fethi, 2009. Adıyaman: Hil Yayınları.]

Laclau, E. 2001. Can Immanence Explain Social Struggles? *Diacritics*, 31(4), 3-10.

Laclau, E. 2005. *On Populist Reason*. Londra: Verso. [*Popülist Akıl Üzerine*, çev. Nur Betül Çelik, 2005. Ankara: Epos Yayınları.]

Lefort, C. 1988. *Democracy and Political Theory*. Çev. D. Macey. Cambridge: Polity Press.

Mandarini, M. 2005. Translator's Introduction, A. Negri, *Time for a Revolution* içinde. Londra: Continuum. [*Devrimin Zamanı*, çev. Yavuz Alogan, 2005. İstanbul: Ayrıntı.]

Marchart, O. 2007. *Post-Foundational Political Thought: Political Difference in Nancy, Lefort, Badiou and Laclau*. Edinburgh: Edinburgh University Press.

Murphy, T.S. 2012. *Antonio Negri: Modernity and the Multitude*. Cambridge: Polity.

Negri, A. 1999. *Insurgencies: Constituent Power and the Modern State*. Çev. M. Biscagli. Minneapolis, MN: University of Minnesota Press.

Negri, A. 2005. *The Politics of Subversion: A Manifesto for the Twenty-First Century*. Çev. J. Newell. Londra: Polity. [*Yıkıcı Politika: 21. Yüzyıl İçin Bir Manifesto*, çev. Akın Sarı, 2006. İstanbul: Otonom.]

Norris, A. 2003. Against Antagonism: On Ernesto Laclau's Political Thought. *Constellations*, 9(4), 554-73.

Passavant, P.A. 2004. From Empire's Law to the Multitude's Rights: Law, Representation, Revolution, *Empire's New Clothes: Reading Hardt and Negri* içinde, der. J. Dean ve P. Passavant. Londra: Routledge.

Read, J. 2003. *The Micropolitics of Capital: Marx and the Prehistory of the Present*. Albany: State University of New York Press. [*Sermayenin Mikropolitikası: Şimdiki Zamanın Tarihöncesi ve Marx*, çev. Ayşe Deniz Temiz, 2014. İstanbul: Metis.]

Read, J. 2011. A Million Blooms: Tiqqun and Negri on the Actualisation of Ontology. *Unemployed Negativity*. http://www.unemployednegativity.com/2011/07/million-blooms-tiqqun-and-negri-on.html [erişim tarihi: Eylül 2012].

Strathausen, C. 2006. A Critique of Neo-Left Ontology. *Postmodern Culture*, 16(3). https://muse.jhu.edu/login?auth=0&type=summary&url=/journals/pmc/v016/16.3strathausen.html [erişim tarihi: Ocak 2013].

Toscano, A. 2007. Always Already Not Now: Negri and the Biopolitical, *The Philosophy of Antonio Negri, Volume Two: Revolution in Theory* içinde, der. T. Murphy ve A.K. Mustafa. Londra: Pluto.

Toscano, A. 2009. The Sensuous Religion of the Multitude: Art and Abstraction in Negri. *Third Text*, 23(4), 369-82.

Žižek, S. 2009. *First as Tragedy, Then as Farce*. Londra: Verso. [*Önce Trajedi Sonra Komedi: ya da 2008 Finansal Krizi*, çev. Mehmet Öznur, 2009. İstanbul: Encore.]

Çeviren: Esma Kartal

YEDİNCİ BÖLÜM

Bir Çokluk Hegemonyası: Hatları Karıştırma

Alexandros Kioupkiolis

> Gözlerimizin önünde bir siyasi paradigma değişikliğinin meydana geldiği açıktır... Kendini "birçok farklı siyasi inanca sahip insanların lidersiz direniş hareketi" şeklinde tanımlayan Occupy Wall Street, tam da politika taleplerini eklemlemeyi ya da eski ideolojileri benimsemeyi reddetmesi nedeniyle siyasi anlamda itaatsizdir... Partizan siyasetin yapısına, politika reformların talebine, partilerle özdeşleşme çağrısına ve savaş sonrası döneme hükmetmiş olan çoğu ideolojiye karşı koyar.
>
> Harcourt 2011

Bernard Harcourt'un Occupy siyasetinin yeniliği üzerine açıklamaları, hem günümüzdeki demokratik militanlık tanımları hem de belli bir ölümün örtük ilanını yapmaları açısından oldukça tipiktir: hegemonik siyasetin, terimin olağan ("hâkim" – "geleneksel") ve teknik (Gramsci'ci) anlamıyla ölümü. Yaklaşık son on yılın siyaset teorisi ve praxisi; kimlik, ideoloji, bütünlük, parti ve devlet aygıtı, temsil ve hiyerarşik, yukarıdan aşağı iktidar siyaseti olarak bakılan hegemonyanın ölüm belgesini defalarca hazırlamıştır (Holloway 2005; Arditi 2007; Gordon 2008; Hardt ve Negri 2009, 2012; Beasley-Murray 2010; Giovanopoulos ve Mitropoulos 2011; Newman 2011). Richard Day (2005) bunu, yeni toplumsal hareketlerdeki anarşist akımları incelediği kitabının ismine kazımıştır: *Gramsci Öldü*. Hegemonya ölmüştür ya da ölüm döşeğinde, son yirmi yıl boyunca gerçekleşen yoğun demokratik mobilizasyonun çeşitli mahallerinde yatıyordur. Jon Beasley-Murray'in de (2010, ix, xi, 27, 30) aralarında bulunduğu kimilerine göre, iktidarın kendisinin rejimi, ideolojiye ve hizaya getirilmiş insan yığınının rızasından ziyade içkin alışkanlıklara ve duygulanımlara bağlı olması bakımından –hakiki Gramsci'ci-hegemonik biçimde olması gerektiği gibi– aynı zamanda post-hegemoniktir.

Açıkça ya da değil, aynı varsayım 2011 yılının, "Arap Baharı"ndan Kuzey Amerika'daki Occupy hareketine, İspanyol *indignados* ve Yunan *aganaktismenoi* aracılığıyla yayılmış olan küresel demokratik başkaldırılar üzerine gelişmeye başlayan literatürü de kaplar. Ortak *doxa*, bu kolektif hareketlerin sırf temsile, parti partizanlığına, sabit ideolojilere, merkezileştirilmiş liderliğe, toplayıcı devlet merkezli programlara, para ve siyasetçilerin diktatörlüğüne, halkın veya insan yığınının homojen birliğine önem vermemiş olması değildir. Direniş pratikleri vasıtasıyla hegemonik siyaseti, kamusal alanlarda özerk olarak örgütlenerek kolektif deneyler ve taban düzeyindeki eylem yoluyla parçalayacak yeni bir demokratik dünya inşa etmeye ve onu önceden göstermeye koyuldular. Çeşitliliği memnuniyetle karşılayan ve tekilliklerin özgürlüğünü bastırmadan işbirliğini mümkün kılan yatay, merkezsiz ağlar yaratan, herkese açık olan eşitlikçi, karşılıklı mutabakata dayalı düşünme süreçleri oluşturmaya çalıştılar (Giovanopoulos ve Mitropoulos 2011, 45-9, 70, 77, 145, 178, 280; Castañeda 2012; Dhaliwal 2012; Fuster Morell 2012; Hardt ve Negri 2012, 7, 9, 87, 111).

2011'deki birbirine bağlı demokratik isyanlar ve deneyler, özyönetimin yerel, açık ve halka açık toplantılarda yeniden bölgeselleştirilmesi, ülkeler arası ağ iletişiminin yüz yüze etkileşimle yoğun birleşimi, direnişi post-kapitalist gerçek bir demokrasinin etkin oluşumuyla eşleştirmek amacıyla kolektif bir iradenin öne sürümü gibi birtakım dikkate değer yeniliklere imza attı. Bununla beraber, bu hareketler son yirmi yıl süresince vuku bulmuş, diğerlerinin yanı sıra Zapatista ayaklanmasını, küresel adalet hareketini ve Latin Amerika'daki çeşitli isyanlarla yaratıcı direnişleri içeren görünüşe göre hegemonik olmayan ya da hegemonya karşıtı mücadelelerden oluşan daha uzun bir sarmala eklenmişlerdi (Day 2005, Holloway 2005, Arditi 2007, Maeckelbergh 2009, Beasley-Murray 2010). Bu nedenle, siyaset teorisi ve pratiğinin farklı örnekleri, hegemonyayı en az milenyumun başından beri alışkanlıkla tarihin çöp kutusuna göndermiştir; en son Arap, *indignados* ve Occupy hareketleri de post-hegemonik değirmene adeta tahıl ilave etmiş oldular.

Ancak günümüzdeki çoğu eleştirel düşünce ve aktivizmin aksine, bu bölüm bahsi geçen ölüm ilanlarının, sadece neoliberal tahakküm düzenini devirmediğimiz için değil, aynı zamanda eşitlikçi demokratik mücadelelerin hegemonik siyasetin temel eksenlerini –eşitsiz iktidar, temsil, tutarlık-birleşim, karşıtlık ve tikellik/tümellik diyalektiği– öylece bir köşeye atmaktansa, onlara ciddi ölçüde yeniden şekil vermesi gerektiği için de erken olması üzerine kurulacaktır. Diğer yandan, hegemonya tanınmayacak ve radikal biçimde yeni bir şekle bürünmeli, hiyerarşik, homojenleştirici ve ideolojik kapanımlarını sökebilen çok kısımlı bir biçim almalıdır. Çağdaş siyasi düşüncenin terimleriyle, Hardt ve Negri'yi, sırayla post-hegemonik çeşitlilikler ve halkçı demokratik hegemonyanın en nüfuz sahibi düşünürleri, Laclau'ya karşı konumlandırmalıyız. Fakat ayrıca onları, kalıntısal tahakküme karşı tetikte kalan siyasi düşünce ve praxis tarzlarında temas ettirmeli, güç dengesini, özerk çeşitliliğiyle çoğun lehine olacak şekilde yeniden bölüştürmeye çalışmalı ve tekillikler arasında etkili, açık temsil ve koordinasyon süreçleri başlatmalıyız. Buradaki amaç, çokluğun muhtemel bir hegemonyasını, kolektif özerkliğin günümüzdeki iradelerinin ışığında her ikisinin de yerleşik kavranışlarının yapıbozumunu yaparak ve yeniden kurarak tahayyül etmektir.

Çoklu Biyopolitikaya Karşı Post-Marksist Hegemonya

2000'de *İmparatorluk*'un yayımlanmasından, son büyük girişimleri olan *Duyuru*'ya (2012) kadar Hardt ve Negri (2012, 5), bilindiği üzere, neoliberal imparatorluğa karşı çağdaş demokratik mücadelelerin kolektif öznesinin, "çokluk" açısından kavranması gerektiğinde çok iyi bilindiği üzere ısrar etmişlerdir; çokluk, yalnızca yüzyılın başındaki alternatif küreselleşme hareketinin çeşitli faillerini değil, aynı zamanda "son zamanlardaki Arap Baharı'nın, *indignados* ve Occupy hareketlerinin iç örgütlenmelerini" de eşit derecede sağlaması planlanan bir kavramdır.

Çokluk, yeni bir toplumsal üretim tarzı, kolektif bir özne ve post-Fordist "maddi olmayan emek" ya da "biyopolitik üretim" biçimlerinden doğmuş siyasi bir mantığı tanımlar (Hardt ve Negri 2000, 287-94; 2004, 66, 109, 114-15, 198, 219).[1] Farklılıklar konusundaki ısrarlarına rağmen üretim şartları, farklı toplumlar arasında her zamankinden daha çok ortaklık sergiler. Geniş iletişim ağları, enformasyon ve bilginin yayılması, toplumsal ilişkilerin yeni teknolojiler vasıtasıyla genişlemesi, toplumsal ve ekonomik çevrelerin artan benzerlikleri, sermayenin yönetimi altında çalışan herkes arasında daha yakın bağlar dokur. Kapsamlı işbirliği aracılığıyla maddi olmayan emek, yeni ortak bilgi, iletişim ve toplumsal ilişkiler meydana getirir (Hardt ve Negri 2004, xv, 114-15, 125-9). Çokluk böylece ikiliğiyle ortak varoluşu ortaya koyar, emek dönüşümlerinin çoktan iliştirilmiş olduğu işbirliği ve iletişim ağları ve üretilmekte olan yeni ortak fikirler, duygulanımlar ve ilişkileri ortaya koyar.

Ortak varoluşun maddi olmayan emeği, geleneksel endüstriyel emeğin yerini tam olarak almamıştır. Fakat görüntüsünde çağdaş emek ve üretim alanının biçimini değiştirmiştir. Hizmet işi, enformasyon teknolojileri, iletişimsel ve duyuşsal emek, geleneksel üretim pratiklerini de "örneğin tohumlar hakkında bilginin denetiminin tarımı etkilediği şekilde" yeniden düzenler (Hardt ve Negri 2004, 115). Oldukça etkili bir şekilde, maddi olmayan üretimi simgeleyen ağ yapısı, emperyal ordulardan göç örüntülerine ve sinirsel işlevlere kadar her şeyi düzenlemenin ve anlamanın bir yolu olarak sosyal yaşama yayılır (Hardt ve Negri 2004, 65, 108-15, 142).

"Biyopolitik" emek, dar ekonomik bir anlamda maddi malların imalatıyla sınırlı değildir, ayrıca bilgi, duygulanımlar, imgeler, iletişim, toplumsal ilişkiler ve yaşam biçimleri dönüştürür ve üretir. Biyopolitik üretim, ekonomik alanı, sosyal yaşamın bütün yönlerini –ekonomik, kültürel ve siyasal– etkilemesi ve onlara neden olması nedeniyle diğer tüm toplumsal alanlardan ayıran engelleri yıkar. Bundan dolayı toplumda yeni öznelliklerin kurulumuyla doğrudan alakalıdır (Hardt ve Negri 2004, xvi, 66, 78). Bu, maddi olmayan üretimde işlenmekte olan yeni öznelliklerin ve yaşamın çeşitli katmanlarına yayılan yeni sosyallik figürlerinin, fazlasıyla eşitlikçi ve aynı zamanda özgürlükçü

1 Çokluğun aşağıdaki açıklaması şu makalemden alınmıştır: "Radical Democracy, Biopolitical Emancipation and Anarchic Dilemmas" (Kioupkiolis 2010).

olmalarından dolayı, güçlü özgürleştirici etkiler bulunduruyor olabilir. Bu, çokluk, sırf biyopolitik emeğe değil, aynı zamanda Zapatistalardan Seattle'a günümüzdeki emperyal biyoiktidara direnişin örüntülerine de hâkim olan ayırt edici bir toplumsal ve siyasi örgütlenme çeşidini cisimleştirdiği içindir: "hegemonya"yı parçalarına ayıran dağıtılmış ağ.[2]

Bu siyasi aracılık ve birliktelik modelinde, diğer farklılıkların üzerinde dikey olarak yükselen, bütüne vekâlet eden ve tekillikleri kısmen Gramsci'nin hiyerarşik tarzıyla ve Laclau'nun hegemonyasıyla belirli bir kimlik altında sınıflandıran bir baş aktör bulunmaz.[3] Ortak varoluş, farklılıkların kapsayıcı bir tikelliğe nazaran ikincil hale getirilmelerinden doğmaz; tekil bileşenlerin kendileri arasındaki etkileşimden ve işbirliğinden kaynaklanır. Katılım ve kolektif karar alımı, hiç de sorumluk sahibi olmayan temsilcilerin ve liderlerin yerini alır. Çokluğun sürü zekâsı, tekilliklerinin özerk girdisi ve katılımı yoluyla eylemi koordine edebilir; dolayısıyla çokluk aracı yapıları çalıştırabilir ve merkezileştirilmiş liderlik veya temsil olmaksızın kendi topluluklarını yönetebilir. Hardt ve Negri (2004, 337-40), sayısız bağımsız faili birlikte çalıştırabilen ve onların öznel dışlamalar ve hiyerarşiler olmadan kolektif bir sonuca varmalarını sağlayabilen etkili merkezsiz bir biyopolitik emek prosedürünü sergilemek amacıyla açık kaynak programlamaya başvururlar. Her biri sürekli gelişen ve herkes için yararlı olan somut bir netice üreten ortak bir havuza, öneriler ve düzeltmelerle özgürce katkıda bulunur. Merkezileştirilmiş bir komuta yapısı yerine, işbirliği içerisinde olan düğümlerin indirgenemez bir çoğulluğu vardır. Seattle ve daha sonra zirve toplantılarındaki militan küresel adalet eylemleri, Halk Forumları ve internet toplulukları, ağ mobilizasyonunun yatay işleyişinin çeşitli örneklemelerini sunar (Hardt ve Negri 2004, 86-7, 208-11, 217-18, 340).

"Dağıtılmış ağ", yapılandırılmış olan fakat yine de dışlanma ve karşıtlık üzerinden tanımlanmayan bir toplumsal oluşumu örnekler.

2 Çokluğun ağ yapısı ve onun özellikleriyle ilgili bkz. Hardt ve Negri 2000, 294-9, 308-19 ve 2004, xiii-xv, 57, 82-8, 142, 222, 288, 336-40, 350.

3 Laclau'daki bu hegemonya anlayışı için diğerlerinin yanı sıra bkz. Laclau 1996, 43, 54-7, 98-100; 2000, 207-12; 2005a, 100. Gramsci'nin hegemonyası için bkz. Gramsci 1971, 152-3, 181-2, 239, 244, 266, 333, 418.

Karmaşık bir şebekedeki düğümler olarak birbirleriyle birleşen farklı birimlerden meydana gelir. Bağlantılar, yatay şekilde ortaya çıkarlar ve herhangi bir merkeze ve kati sınırlara sahip değildirler. Her düğüm diğeriyle doğrudan iletişim kurabilirken, yeni düğümler süresiz olarak katılabilir. Bütün farklılıklar tekilliklerini sürdürürler ama benzer koşullar paylaşırlar ve aynı iletişim ağında iç içedirler. Ortaklık, ekseriyetle farklılıkların dinamik işbirliğinde ve etkileşiminde bulunur. İnternet, böyle bir şebekelendirilmiş topluluğun paradigma örneğidir (Hardt ve Negri 2004, xiv-xv). Esas itibariyle, Hardt ve Negri (2004, 217-18, 222, 288) şebekelendirilmiş çokluğun Deleuzecü "kök-sap"ını, hem modern siyasetin hegemonik egemenliğine hem de dağılmış farklılıkların postmodern anarşisine bir alternatif olarak ileri sürerler.

Kök-sapsal eklemleme, karşıt kimlik/farklılık ikilisiyle yer değiştirir, ki bu dışlamaları şart koşar ve farklılıkları her şeyi kapsayan bir kimliğe ikincil hale getirir. Onun yerine, tamamlayıcı tekillik/topluluk bağı, özerk birimlerin yatay etkileşimi aracılığıyla gruplaşmalar ve çakışmalar üretir. Çokluğu toplumsal özgürleşme öznesinin hâkim modern anlayışlarından ayıran da budur: Halkın tek kimliğinde ya da kitlelerin tekbiçimliliğinde saklanamayacak bir tekil farklılıklar çeşitliliğinden oluşur. Çokluk, aynı zamanda endüstriyel proletaryanın artık hegemonik olmadığı ve üretimin biyopolitik hale geldiği küresel ekonomideki son değişimleri yakalamaya çalışır. Çokluk, bugün sermayenin yönetimi altındaki toplumsal emeğin ve üretimin tüm farklı figürlerini benimseyebilir (Hardt ve Negri 2004, xiv-xv, 106-7).

Çokluğun çoksesli ve karnavalı andıran kalabalığı, emperyal iktidara karşı siyasi militanlıkta bulunan eşitlikçi ve özgürleştirici bir kolektiften ibaret değildir. Aynı zamanda, karşıtçı ilişkilerde dışlamaya, tahakküme ve kuşatmaya karşı gelerek farklılıkların ve onların eşit bağlantılarının özgürce dışavurumunu teşvik eden bir "mutlak demokrasi"nin gelişine de delalet eder. "Çokluk projesi sadece eşitliğin ve özgürlüğün olduğu bir dünyayı arzulamayı ifade etmez, aynı zamanda onu gerçekleştirmek için gerekli araçları da sağlar." Çokluğun maddi olmayan üretimden doğan toplumsal öznesi, bugün ilk defa, hepimizin "dilediğimiz gibi davranmakta ve seçmekte özgür" olduğu bir demokrasinin gerçekleşmesini mümkün kılar (Hardt ve Negri 2004, xi, 241).

Laclau, Hardt ve Negri'nin çokluğunu, siyasi aracılığın ve mücadelenin yaşadığımız zaman için oldukça yetersiz bir kavranışı olarak, Jacques Rancière'in aynı figüre eleştirel saldırısını örnek alarak, yerden yere vurmuştur. Rancière'e (2010) ve Laclau'ya (2001, 2005a, 239-44) göre söz konusu çokluk, toplumsal "sistem"in evrimini yönlendiren üretim güçlerinin geçersiz Marksist bir teleolojisini diriltir ve karşıtçı siyasi özneleri etkin bir şekilde ayarlama gereksinimini belirsizleştiren derin komünal bir tözün içkin, kendiliğinden işleyişini (doğal bir topluluk olarak çok) kasteder. Laclau (2001, 6-8) bu eleştiriyi iki ana yöne çeker. İlk olarak, çokluğun izahının, tarihsel bir dönüşüm gözetmek için belirli mücadelelerden bir "kolektif irade"nin yaratılışını mümkünleştirecek herhangi bir siyasi eklemleme teorisinden yoksun olduğunu iddia eder. Çokluğun birliği görünüşe göre bir farklı eylemler ve mücadeleler çoğulluğunun kendiliğinden bir araya gelmesinin etkisidir. Ancak tarihte ve siyasette, belirli mobilizasyonların hedeflerinin çakışmayacağının ya da tutarlı ve etkili bir değişim gücü yaratacak şekilde birleşeceklerinin garantisini hiçbir şey vermez. Topluluklar doğanın bir armağanı değil varlıkların asli bir çeşitliliğinden ve bölünmesinden doğan siyasi kurulum süreçlerinin sonucudur. İkinci olarak Hardt ve Negri'nin çokluk kavramı, öznel bir dönüşüme ve toplumsal faillerin siyasi bir kurulumuna olan ihtiyacı dile getirecek herhangi bir inandırıcı siyasi öznellik teorisine dayanmaz. Zulme karşı "doğal bir direnme iradesi"ni varsayar, ancak bu tür bir irade belirli hedeflere karşı geliştirilmeli ve yöneltilmelidir. Sonuç olarak çokluk var olmayan bir şeydir ve onun teorisi, kafa karıştırıcı ve zayıflatıcı olduğunu düşünmesek bile, çağımızda kolektif eyleme ve siyasi örgütlenmeye yol gösteremez.

Laclau'ya göre (2001, 6), post-Marksist hegemonya teorisi, her "çokluk" ve değişimin tüm siyasi özneleri "karşıtlığı ve hegemonyayı önceden varsayan siyasi eylem yoluyla" kurulmalıdır. Laclau (2005b, 258), aslında hegemonya mantığını yorumlarken onu bizzat siyasalın mantığıyla özdeşleştirir. Hegemonya, aracılığıyla yeni bir toplumsal oluşumun, hâkim bir rejim ve muhalif bir cephe veya rakip siyasi projeler arasındaki karşıtçı yüzleşme yoluyla devreye sokulduğu en iyi siyasi süreçtir. Daha spesifik olarak hegemonya, tümellikle tikellik arasındaki, muhakkak

a) eşdeğerlik zincirleri; b) boş gösterenler; c) eşitsiz iktidar ve d) temsil içeren bir diyalektiğe bağlıdır (Laclau 2000, 207).

Siyasi karşıtlıklarda, değişik talepler, çatışmalar ve faaliyetler, belirli bir düşmana ortak muhalefetleri sayesinde eşdeğer hale gelebilir ve dolayısıyla içeriklerinin özel farklılıklarının ötesine uzanan bir "eşdeğerlik zinciri" inşa edebilirler. Eğer bu zincirin içerisindeki belirli bir güç, bir koordinasyon ve birleşmenin düğüm noktası görevi görerek tüm eşdeğer mücadelelerin ve taleplerin bir "genel temsilcisi" olmak için ayaklanacak olursa, zincir bir "kolektif irade/özne" haline gelecektir. Hegemonik bir güce dönüşmek için eşdeğersel zincirin belirli bir üyesinin adının veya amaçlarının bütün farklı partiler, faaliyetler ve hareketler topluluğunu temsil eden ve bir arada tutan daha geniş bir sembol haline gelmek amacıyla, ayrı içeriği kısmen boşaltılmalıdır (Laclau 2000, 210-11; 2005a, 93). Bu boş gösteren ("adalet", "değişim", "dayanışma") bütün farklılıklar dizisini temsil eder ve topluluğun "olmayan doluluğu", yani belirli taleplerin baskısını yapan çeşitli partilerde eksik olan şey anlamına gelir. Bu şekilde bir tikellik, bir tümelliğin işlevini takınır ve daha geniş bir çıkar kolektivitesi adına hareket eden ve konuşan bir güç haline gelir (Laclau 1996, 43, 54-7; 2000, 207-12).

Hegemonya siyaseti, hem mücadele topluluğu içerisinde (belirli bir bileşenin, onun lider gücü olmak için ayaklanması gerektiği için) hem de yeni bir hegemonik düzen kurulacaksa dışlanması ve zamanla bastırılması gereken karşıtçı kutba karşı eşitsiz bir güç dağılımını gerektirir (Laclau 2000, 207-8). Hegemonik pratikler, güçlerden ve çıkarlardan oluşan yekpare bir bloğun adına tümel görevleri yürüten bir tikellik içerdikleri ölçüde, aynı zamanda bünyeleri gereği temsil süreçleridir. Laclau (1996, 98-100) siyasi temsilin, başka yerlerin yanı sıra parlamenter kurumlarda meydana gelen türden siyasi etkileşim vasıtasıyla belirli bir topluluğun kısmi tercihlerini genelleştirmek ve onları diğer toplulukların ve genel olarak toplumun çıkarlarıyla uyumlu hale getirmek için elzem olduğunu da öne sürmüştür. Temsil, temsilcinin dağınık, bölünmüş ve marjinalleştirilmiş toplumsal kimliklerden kolektif bir irade oluşturmada önemli bir rol oynadığı, gitgide artan toplumsal parçalanma şartları altında daha da zaruri bir hal alır.

Son olarak Laclau (2005a, 154, 239) için en iyi hegemonik özne adı, çokluk değil, "halk"tır. Hegemonyanın ve siyasalın mantığını, aynı şekilde "toplumun iki kampa ikili karşıtlık biçiminde bölünmesini" gerektiren halkçılık mantığıyla birleştirir: "kendini bütün olduğunu iddia eden parça olarak sunan" ve "bir toplumsal talepler çoğulluğunun eşdeğerliğinden küresel bir kimliğin kuruluşu"nu önceden varsayan bir bölünme (Laclau 2005a, 83). Laclau (2005a, 100), hegemonya kavramını halkçı terimlerle kavrayarak onda bir değişiklik yapar: "Grubun bir bireysellik etrafında sembolik birleşmesi –ve burada Freud ile aynı fikirdeyim– bir 'halk'ın oluşumunun doğasında vardır."

Çokluğu Siyasileştirme

Hardt ve Negri'nin *Çokluk* (2004), *Ortak Zenginlik* (2009) ve *Duyuru* (2012) kitaplarında yer verilen yeni kavramsal çokluk detaylandırmalarının ışığında, Rancière ve Laclau'nun kendiliğindencilik, teleoloji ve siyasi olmayan mizaç suçlamaları, etkilerinin –tamamını olmasa bile– çoğunu kaybetmiştir. Hardt ve Negri (2004, 159, 220, 226, 354-5; 2009: 165, 169) tarihsel eğilimlerin yeterli olmadığını gittikçe daha çok vurgulamışlardır. Çokluk yeni, "mutlak" bir demokrasinin siyasi öznesi olarak henüz kurulacaktır. Biyopolitik üretkenlikten doğan ortak toplumsal cisim, henüz somut bir gövde biçimini almamıştır ve farklı siyasal amaçlara hizmet eden çeşitli şekillere bürünebilir. Çokluğun demokrasisi, koordineli siyasi çabalar talep eden bir projedir. Kapitalist kriz, otomatik olarak kapitalist imparatorluğun çöküşüne neden olmayacak, biyopolitik tekillikler çeşitliliği tam özerkliğe doğru ilerlerken küresel sermayeden toplu göçe kendiliğinden erişemeyeceklerdir. Ayrıca Hardt ve Negri'nin *Duyuru*'daki (2012: 1, 7-8) en yeni argümanları, 2011'deki demokratik mücadelelerin harekete geçirilmiş ilkelerini örnek alarak bir çokluk demokrasisi inşa edecek kolektif öznelerin ve kurucu güçlerin siyasi kurulumu için bir teorinin taslağını daha ayrıntılı olarak çizmeye çalışır.

Bu ayaklanmalar, siyasi ve diğer yapıların, onları değişen ihtiyaçlara ve toplumsal çatışmalara göre ayarlamak ve özgür ve eşit bir demokrasi için yeterli olacak cinsten öznellikler kurmak amacıyla hâlâ devam eden düzenlenmesini mümkün kılan kurucu süreçlere ön ayak oldu (Hardt ve Negri 2012, 45-6). 2001'deki demokratik başkaldırılar, etkili özyönetimi geri kazanmaya çalışarak, merkezileştirmiş liderliğe, kapalı ideolojilere ve siyasi partiler tarafından temsile sırt çevirmiş olan failler ve pratiklere yer verdi. Hiyerarşileri altüst eden ağlar vasıtasıyla, gerçek kamplar ve doğrudan kolektif karar alımı meclisleri kurarak yatay olarak örgütlenmişlerdi, ki bu yeni toplumsal hakikatlere ve duygulanımlara sebep oldu. Kolektif düşünme, çatışmalara açık çoğul süreçler ortaya koyarak ve farklılıkları birbirine "yapıştıran" kararlar alarak –dolayısıyla ayrı görüşleri olumsal şekillerde harmanlayarak– azınlıklarla ilgilenebiliyor ve tekil farklılıkları benimseyebiliyordu. Geçici çoğunluklar, tekbiçimli ve tekanlamlı gövdeler değil de, "farklılıkların bitiştirilmesi" idi (Hardt ve Negri 2012, 64 [2012, 75]). Bu tür yeniliklerin izinden giderek, yasama, yürütme ve yargının şekli federalist biçimlerde değiştirilebilir; bu, etkileşim içinde olan kapsamlı bir güçler ve meclisler çeşitliliğini birbirine kenetleyerek ortak özyönetimi teşvik edecektir. Bunlar toplumsal alanlar boyunca yatay biçimde yayılacak ve herhangi bir kapsayıcı, merkezileştirilmiş otorite altına dahil edilmeden beraber düşüneceklerdir (Hardt ve Negri 2012, 89-90).

İndignados ve Occupy hareketleri aynı zamanda hem özel mülkiyetin hem de kamu mülkiyetinin yönetimine, sürdürülebilir ve adil bir ekonomi bağlamında müşterek sahip olunan ve kolektif olarak idare edilen kaynaklara serbest erişim elde etme ihtimaline işaret ederek itiraz etmiştir. Bu hareketler ayrıca, kökeni yerel şartlar olan yerleşik yavaş siyaseti hedeflemişler, fakat aynı zamanda milli sınırları aşarak iletişim kurup küresel kaygıları dile getirmişlerdir (Hardt ve Negri 2012, 5-7, 39-40, 63-4).

Bu yüzden demokratik dönüşüm, halihazırda işleyen çok kısımlı bir gücün otomatik etkisi değildir. Çaba gerektiren, siyasi bir kolektif özneler ve kurucu güçler oluşturma girişimidir. Biyopolitik üretim ve yeni demokratik mobilizasyonlar, zemini hazırlamış ve bazı talimatlar geliştirmişlerdir, ancak herhangi bir kesin, tam anlamıyla gelişmiş çözüm ya da nihai edinim önermemişlerdir (Hardt ve Negri 2012, 101-4). Çokluk, temel ilkeleri, yeni biyopolitik emek biçimleri ve yeni toplumsal hareketler tarafından tedarik edilen özerk, eşitlikçi ve ortak bir demokrasinin kurulumu için bir siyasi proje olarak öne sürülür. Laclau'nun hegemonik siyasetle içkin, teleolojik çokluklar arasındaki ikileminin yanlış bir ikilem olduğu ve alternatif siyasi örgütlenme tarzları arasında seçim yapma olasılığını engellediği ortaya çıkar. "Tek alternatif kendiliğindenlik ve hegemonya değildir. Çokluk, ortak varoluştaki tekilliklerin çelişkili ve işbirliğine dayanan etkileşimleri aracılığıyla, kendini örgütleme gücünü geliştirebilir" (Hardt ve Negri 2009, 175).

Yine de Hardt ve Negri (2004, 88, 94-5, 114-15, 219-22; 2009, 165-6), çokluğu baştan siyaset dışına çıkarma eğilimi gösteren kimi ontolojik ve tarihsel materyalist güvencelere tutunurlar. Bu nedenle yatay çeşitliliklere, toplumsal özgürlüğe giden farklı yolların uygunluğu üzerine siyasi anlaşmazlığın zorluklarına karşı, çokluğu günümüzde demokratik değişim için tek yol olarak tasvir ederek bağışıklık kazandırmaya çalışırlar. *Ortak Zenginlik*'in (2009) siyasi antropolojisinde, ontolojik "teminatlar" antropolojik bir "sevginin gücü"nden çıkarılır. Hardt ve Negri (2009, 192-9) sevgiyi ve ortak varoluşu birincil güçler olarak görürler. Ortak varoluşun sevgi dolu, çoğul gücünün ırkçılık, faşizm ve diğer hiyerarşik ve kimliğe dayanan kurumlar yoluyla çarpıtılması ve engellenmesi demek olan "kötülük", türev olarak görülür – özgün ve bağımsız varoluşa sahip olmayan birincil güçlerin yozlaşması. Sevginin gücü, daima açık, yatay ve çok kısımlı olan örgütlenme örüntülerinde tecelli eder. Sevgi, her sabit dikey ilişkilerde engellenişinde ve yozlaştırılışında birincil gücü sayesinde bu sınırlardan geçmeyi başarır ve kendini tüm tekilliklerin serbest katılımına tekrar açar. "Kötülüğün sevgiden türemesi sebebiyle, kötülüğün gücü ister istemez daha azdır [...] sevgiyle hareket ederek kötülükle mücadele edecek güce sahip oluruz [...] savaşacağız ve kazanacağız" (Hardt ve Negri 2009: 198).

Tarihsel-materyal garantiler, onların biyopolitik emek açıklamalarında kanıt olarak gösterilir. Bu, "birisi platforma çıkacak olsa sessizliğe gömülecek, şefsiz bir orkestra" gibi koordine edilen günümüzdeki üretim ağlarının, bir üretici tekillikler çeşitliliğinin hiyerarşik olmayan işbirliği yoluyla işlediğini göstermek içindir (Hardt ve Negri 2009, 173). Bu ne egemen ne de hegemonik olan kolektif özörgütlenme modeli, ortak varoluşun günlük yaradılışında kurulabilirse çokluğun kolektif karar alımı ve özyönetim için siyasi kapasitesinin artık bir sorun olmayacağını iddia ederek devam ederler (Hardt ve Negri 2009, 175-6).

Bu tür bir siyaset dışına çıkarmaya göre ve kısmen onun sonucu olarak çoklukla hegemonya arasında kesin bir ikili karşıtlık ortaya atılır. "Çokluk, hegemonyasız içkinlik düzleminde eklemlemeler vasıtasıyla oluşur." "Biyopolitik üretimin ihtiyaçları... siyasi temsil ve hegemonyayla doğrudan çelişir" (Hardt ve Negri 2009: 169, 305). "Siyasetin çoğul işleyişinin, hegemonik bir güç içerisine dahil edilmiş bir halkçılık biçimi olmadığına dikkat ediniz" (Hardt ve Negri 2012, 83). Ancak bu ikiciliğin saflığı tetkike karşı koymaz. Günümüzün daha fazla eşitlikçi olan özgürlük mücadelelerinde, hegemonya siyaseti (gücün, temsilin, kısmi birleşimin "boş gösterenler" çevresinde toplanması) özerk çeşitliliklerin siyasetinden ayrılmaz ve ayrılmamalıdır. Makalenin geri kalanında üç farklı adımda çözülecek iddia da budur.

İlk önce, Hardt ve Negri'nin ontolojik ve tarihsel-materyal teminatlarının fazla değeri olmadığı ortaya atılacaktır. Dikey hiyerarşiler ve eşitsiz güç ilişkileri, yatay demokratik halkların bünyesinde olan ihtimallerdir ve eğer bu halklar değişken tahakküm örüntüleriyle ilgili farkındalık oluşturacak ve onlara karşı mücadeleyi sürdüreceklerse bu belirtilmelidir. Sonra, Laclau'nun anlatımındaki hegemonik güç siyasetinin göze çarpan anlarının, isyancı çeşitliliklerin son zamanlardaki dışavurumlarında açıkça görülebildiği –Hardt ve Negri'nin kendi açıklamalarında bile– öne sürülecektir. Son ama önemli olarak, özerk çeşitlilikler, bugünün yönetici güçlerini devirerek kolektif özgürlüğün çoğul imgelerinde dünyayı değiştirme gücünü elde etmek istiyorlarsa, siyasi müdahalenin hegemonik biçimlerini etkin bir biçimde elde etmeye çalışmalıdırlar. Bununla birlikte, böyle çokluklar daha fazla özgürlük ve eşitlik arzuluyorlarsa egemen hegemonyayı yeniden düzenlemelerinde onun yaygın yapılarına etkili bir şekilde itiraz etmeli, onları çarpıtmalı, bozmalı ve yeniden biçimlendirmelidirler.

Hatları Aynı Anda İdare Etme

Hardt ve Negri (2009, 194) sevginin birincil gücünü ve onun diğer güçlükleri üstesinden gelme kapasitesini yüceltseler de aynı zamanda yolunda giden sevgiyle alakalı doğal ve otomatik hiçbir şey olmadığını kabul ederler. Bu müphemlik daha geniş bir dalgalanmanın göstergesidir ve bir yandan yatay olarak örgütlenmiş çeşitliliklerin tam özgürlüğü ve eşitliği, "tekillerin mutabakatını ve her birinin özerkliğini", herhangi bir birleşik ve egemen güç olmadan birleştirilebildiğinde ısrar ederken (Hardt ve Negri 2009, 196, 175, 359), tekilliklerin çoğu kez birbirleriyle çeliştiklerinin farkına vardıklarında (Hardt ve Negri 2009, 357-8) tekrar belirgin hale gelir. Elbette farklılıklar uyuşmamaya meyilliyseler kolektif birleşme süreçleri ve karşıt görüşlüler üzerine egemen güç uygulanması, bağlayıcı kolektif kararlar hazır olduğunda ve karşıtlıklar herkesin özgür onayını buyuran bir şekilde çözülmediğinde gerekli hale gelecektir. Mesela doğanın "ortak alan"ı ve maddi altyapılar, tüm ilgililer tarafından paylaşılacak ve eşit biçimde idare edilecekse, akla gelen ya da cazip bütün kullanımların ampirik anlamda eşzamanlı olarak uygulanabilir olmaması ve kolektif seçimlerin rekabet içindeki alternatifler arasında yapılması gerekeceği muhtemeldir. Hardt ve Negri'nin eseri *Duyuru*'dan (2012, 70 [2012, 75]) bir örnek verecek olursak, "Hem kentsel ihtiyaçları hem de tarımsal tüketimi karşılayacak kadar suyun bulunmaması halinde, örneğin, dağıtım koşulları gerekli bilgilerle donanmış bir insan topluluğu tarafından demokratik olarak kararlaştırılmalıdır".

2011'deki demokratik "işgaller"den yola çıkarak, çoğunluğun iradesini, farklı görüşleri ve arzuları olumsal biçimlerde bir araya getiren bir "yapıştırma" süreci vasıtasıyla pek çok farklılığı içine almak amacıyla dahilen çoğullaştırmanın yollarını düşünürler (Hardt ve Negri 2012: 64). Ama kamunun yaptığı seçimlerdeki tüm ikilemlerin ve çekişen farklılıkların tüm karşıtlıklarının evrensel uzlaşmaya varılarak üstesinden gelinebileceğinin garantisini ne verebilir? Bu tür garantilerin esasen açık olan ve önceden kestirilemeyecek ihtimallerle dolu bir dünyada bulunması zordur. Çözülemez bölünmeler olasılığı, yaratıcı öz-ayrıştırma yapabilen ve herkesi kapsayan bir kimlik veya insan doğasının, mantığın ve tarihin, önceden oluşturulmuş bir uyum temin eden ya da nihai bir yakınsama garantisi veren değişmeyen kanunları tarafından birbirine bağlı olmayan heterojen tekillikler evrenine içselmiş gibi görünür. Bu tam da Hardt ve Negri'nin (2009, 358, 378-9) yatay çeşitliliklerinin ikamet ettiği dünyadır. Ve bu dünya, çokluğun ilişkileri ve kurumları içerisinde egemen çoğunlukçu güçlerin ve işlemlerin yinelenmesine karşı onlara hiçbir güvence sağlayamaz; farklı iradelerin serbest birleşimi mevcut olmadığında, belli seçenekleri dışlama ve azınlıkçı tercihleri bastırma gereksinimine karşı hiçbir güvence bulunmaz.

Belirsiz ve çoğul bir evrende bizleri siyasal çıkmaz, bitmeyen iç savaş ya da belirli toplumsal tercihlerin zorlayıcı dayatması arasında bir kararla karşı karşıya bırakan toplumsal çatışma olasılığını göz ardı edemeyiz. Bu nedenle, hegemonik, egemen yönetimin yeniden ileri sürülmesinin önüne geçemeyiz. Bu yeniden ileri sürülme marjinal bir olasılık değildir; evrensel mantık, doğa ve tarih kanunları tarafından önsel olarak birleştirilmediği için karşıtçı bir şekilde bölünebilen bir dünyanın açıklığının mizacında vardır. Bu vargı, aslına bakılırsa Hardt ve Negri'nin kendi analizlerinden çıkar – bunu kabullenme hususunda her ne kadar isteksiz görünseler de. Aynı sebepten ötürü, hegemonya siyasetinin bir diğer önemli boyutunun, yani temsilin, bölünemeyen ortak mallarla ilgili olan bağdaşmaz farklılıklar arasında egemen karar alımı koşullarında tekrar su yüzüne çıkması muhtemeldir. Karar, herkesin iradesiyle örtüşmeyecek, topluluğun ve onun kolektif çıkarlarının belli bir şekilde anlaşılmasını temsil edecektir. Temsilin gerçek ve kalıcı bir yok edilişi ancak toplumun kendine tam anlamıyla mevcut olabildiği, yani tüm üyelerinin karar alımında yer alacağı ve müzakerenin nihai sonucu üzerine tam bir mutabakata varacağı durumlarda düşünülebilir (Laclau 2001: 6). Böyle bir koşulun, herhangi bir büyük ve dahilen çeşitli birliktelikte zamanla yinelenmesini beklemek mantıksızdır.

Tarihsel materyalist argüman, biyopolitik emekte tamamen açık ve yatay özörgütlenmenin asıl olabilirliğini göstermede daha başarılı değildir. Ampirik araştırmalar, dağıtılmış ağlarda –biyopolitik üretim ilişkilerinin ayırt edici toplumsal biçimi– "güç yasaları"nın işleyişini gösterir. Ağın her düğümünün, başka bir düğüme bağlanabilmesine ve düğümlerin önceden oluşturulmuş sınırlar olmaksızın yayılabilmelerine ve çoğalabilmelerine rağmen, iletişim süreçlerinde önemli merkez işlevi gören, az sayıda, oldukça bağlantılı düğümlerin ortaya çıkma eğilimi vardır (Hands 2011, 110-12, 122-3). Hardt ve Negri'nin (2009, 173) en sevdiği ortak alan örneği olan, "şefsiz bir orkestra" gibi işleyen açık kaynak topluluklar bile, aksine tanıklık ederler: katkıda bulunanlar topluluğu tarafından üretilen bilginin akışını denetleyen ve açık yazılımların gelişimini çeşitli evrelerinde yöneten, iyi tanımlanmış bir ana programcılar çekirdeğinin etkin mevcudiyeti (Ljungberg 2000, Valverde ve Solé 2007, Leadbeater 2009).

Yukarıda belirtilenlerden çıkarılacak ilk sonuç, eşitsiz güç ve merkezileştirilmiş denetim sıfatıyla hegemonyanın, çokluğun fiili ve makul kertelerinde hep varolan bir olasılığı olmasıdır. Bu yüzden açıklık, yataylık ve etkili siyasi eşitlik, hiyerarşi ve "diktatörlük"ün mevcut olan bağlarına karşı devam eden uyanıklık, ilgi ve meydan okuma gerektiren daimi çabalar olarak sürdürülmelidir.

Daha ileri bir adımda, Laclau'nun hegemonik siyasetinin çeşitli öğelerinin, sırf özerk, çeşitlilikler siyasetindeki olumsuz kalıntılar ve ihlaller olmadıkları, onların etkili işleyişini sürdürecek şekilde doğasında oldukları ve onlarla uyumlu oldukları iddia edilebilir. *İndignados* ve Occupy hareketlerine dikkatli bir bakış, bu noktanın bir başlangıç örneklemesini sağlayabilir.

Temsilcilere, hiyerarşik örgütlenmeye, parti partizanlığına ve ideolojik birliğe açıkça karşı çıkmalarına karşın, "hegemonya"nın çekirdek bileşenleri –boş gösterenler etrafında kolektif kimlikler oluşturan temsil, karşıtlık, eşitsiz güç ve "eşdeğerlik zincirleri" – onların siyasi söyleminin ve eyleminin yapıtaşları olarak dikkat çekerler. Occupy Wall Street hareketinin ana sloganı –"Biz yüzde 99'uz"– en bariz ve belli ispatı sunar. Bu slogan, bir temsil talebinde bulunur, kolektif bir kimlik inşa eder, kolektif bir düşmanla –en yukarıdaki yüzde 1'in elitleriyle– radikal bir karşıtlık ortaya koyar ve adalet ve eşitlik için bir "olmayan doluluk" arzusuna başvurur (Dean 2012, 200-201, 224-32). Jodi Dean'in (2012, 229) belirttiği gibi, "Occupy Wall Street, aslında Amerika Birleşik Devletleri nüfusunun yüzde 99'unun hareketi değildir... Kendini işgal altındaki bir Wall Street çevresinde, yüzde 99 adına seferber eden bir harekettir. Occupy, temel karşıtlığa ilişkin olarak bir bölünme öne sürerek varlıklılarla geriye kalanımız arasındaki boşluğun yanlışlığını gösterir ve onu temsil eder".

Öyleyse, çeşitli Occupy mobilizasyonları, çoğun "birleşip Bir'e dönüşmeden" çok olduğu bir çokluk barındırmamışlardır (Arditi 2007, 213). Değişik inançları ve talepleri olan bir bireyler çeşitliliğini ve özel davalar için mücadele veren farklı grupları kapsamışlardır (Harcourt 2011, Klein ve Marom 2012). Buna karşın, hepsi de, onları ortak bir rakip –"kârı insanlardan ve yeryüzünden önde tutan sistem... işimizden elde ettiğimiz kârlar, küçük bir azınlığa, yüzde 1'lik kesime gider" (Egberts 2012, 60 içinde Rugh)– anlayışında bir araya getirmiş olan ve gösteren OWS altında toplanmış olan hedefler dizisiyle ve direniş tarzlarıyla özdeşleştirmiş olan Occupy etiketiyle ve yüzde 1'e karşı yüzde 99 ana çerçevesiyle bağlantılıydılar.

> Occupy Wall Street kocaman bir çadırdır... Bireylerin ve grupların yapmaları gerekeni yapma ve seçmeleri gereken savaşları seçme özerkliğine sahip oldukları, bir yandan da tüm o mücadeleleri bağlayan çok daha geniş ve kapsamlı bir şeyle dayanışma içerisinde oldukları bir hareket inşa etmeye çalışıyoruz. (Klein ve Marom 2012 içinde Marom)

"Occupy" bugün, birleşip bir Bir'e dönüşmüş olan bir dizi kolektif eylemi simgeler. Bunların hepsi kamusal alanları işgal etmiştir. Hepsi, maddi eşitsizliklere, borca, hacizlere ve artık halkı temsil etmeyen yozlaşmış bir temsili hükümete suç ortaklığı etmelerine neden olan ekonomik sistemi kötülemiştir. Ve devletin belli bir şekilde davranmasını beklemeyi reddedişleriyle ve iç içe geçmiş siyasi hiyerarşileri olan seçim siyasetinden sakınmadaki ortak teşebbüsleriyle bir araya gelmişlerdir. Bunların yerine, halka açık şekilde kapitalist demokrasiye alternatifler uygulayan ve başka, daha eşit ve demokratik bir dünya imgelemini sergileyen biçimlerde herkese eşit ölçüde ulaşılabilir olan çoğul kolektif müzakere ve özörgütlenme pratiklerini desteklemişlerdir (Egberts 2012, Halvorsen 2012, Pickerill ve Krinsky 2012, Tejerina ve Perrugoría 2012).

Laclaucu hegemonyanın tüm standart anları burada açıkça görülebilir. Occupy tipik bir "hegemonik" yönelimle, farklı talepler, direnişler ve faaliyetler arasında, hepsine tamamlayıcı bir ortak anlam sağlayarak bir eşdeğerlik zinciri kurmuştur. Eşdeğersel zincirler, bir talepler, uğraşlar ve anlamlandırmalar çoğulluğunu benimsemek için kendi asıl tikel anlamlarından kısmen mahrum bırakılmış olan boş gösterenler

–"Occupy" ve "yüzde 99"– etrafında bütünleşmiştir, ki bu adaletin, demokrasinin, vs. bir "olmayan doluluk"unu anıştırır. Onların aracılığıyla, çeşitli Occupy eylemlerinde etkili biçimde yer almış aktivistlerden meydana gelen bir tikellik, ortak bir rakibe –yüzde 1'lik kesim– olan bir karşıtlık bağlamında hemen hemen bir tümelliğin –halkın yüzde 99'u– temsilcisi olarak öne çıkmıştır. Son olarak, işgaller açık bir ağdaki düğümler şeklinde gevşekçe bağlanmış olsalar da, bir derece eşitsiz güç toplanması sezilebilir. Başlıca merkezler ön plana çıkmış ve hareketin (ABD'de Zuccotti Parkı, İspanyol ve Yunan Indignantlarda Puerta del Sol ve Sintagma Meydanı) idaresinde öncü bir rol oynamıştır. Diğer yandansa çeşitli önemli "çalışma grupları" ve kendini adamış aktivistler kampları devam ettirmişler ve genel toplantılarda düzenli olarak yer almışlardır (Giovanopoulos ve Mitropoulos 2011; Egberts 2012, 37-8; Dean 2012, 55, 210, 216-17).

Aslına bakılırsa, çokluğun etkili bir özörgütlenmesi için hegemonik mantığın uygunluğu, hegemonik olmayan çok kısımlı siyaseti savunanlar –son kitapları *Duyuru*'da (2012) Hardt ve Negri– tarafından kabullenilir. Bugün çoğun ortak özgürlüğünü ilerletebilecek kurucu bir sürecin ana hatlarını çizerek, makul surette şu soruyu sorarlar (Hardt ve Negri 2012, 56): "İnsanlar şu an acı çekerken güzel kurucu bir sürecin ne faydası var ki? Ya biz mükemmel demokratik bir toplum yaratana kadar yeryüzü çoktan onarılamayacak biçimde bozulmuş olursa?" Her kurucu güç, çevresel bozulmayı önlemek ve temel insan ihtiyaçlarını (yiyecek, barınma, sağlık, vs.) dile getirmek için çeşitli acil gereksinim alanlarında derhal harekete geçecek pek çok demokratik "karşı-güç" ile donatılmış olmalıdır. Bu amaçla, karşı-güçler, "büyük şirketleri ve ulus-devletleri ortak olana erişimi açmaya zorlamak" ve doğal ve toplumsal yıkıma son vermek amacıyla, "zorlama silahları"nın yanı sıra ulusal ve uluslararası hukukun yasal araçlarından istifade edecektir (Hardt ve Negri 2012, 59). Sonuç bölümünde ayrıca varlıklıların mülkiyetlerini bırakmayacaklarını ve iktidardakilerin kendi özgür iradeleriyle iktidarın dizginlerinin düşmesine müsaade etmeyeceklerini hararetli bir biçimde belirtirler (Hardt ve Negri 2012, 101-3). Yönetici güçleri altüst etmek için, kuvvete ihtiyacımız olacak ve "siyasi güçleri ve ihtimali tamamen yeniden düzenleyecek" bir olay için hazırlanmalıyız (Hardt ve Negri

2012, 102). Bir diğer deyişle, gerekli olan şey, bir kırılma olayında çokluğun güçlü öne sürülüşüyle elde edilebilecek yeni bir güç dengesidir. Ve iktidar örgüsünün bu yeniden biçimlenişi, en klasik, Gramsci'ci kavranışıyla, her hegemonik *démarche*'ın merkezinde yatar (Gramsci 1971, 57-8, 109, 172, 404).[4]

Buna ek olarak, "ortak alan"ın açık paylaşımına ve özyönetimine dayanan demokratik bir toplumun, bu tür bir projeyi savunanlarla mücadele içerisindeki çeşitli gruplar –işçiler, işsizler, yoksullar, öğrenciler, ırksal ve toplumsal cinsiyet hiyerarşilerine karşı çıkan insanlar– arasında koalisyonlar oluşturması gerekecektir (Hardt ve Negri 2012, 106-7). Dahası, böyle kuvvet blokları, ayrı kimliklerin ve organizasyonların taktiksel bir ittifakı olarak bir araya gelmemeli, özerk tekilliklerin birbiriyle etkileştiği, etkileşimleri aracılığıyla birbirlerini dönüştürdükleri, birbirlerinden feyzaldıkları ve kendilerini "ortak bir projenin parçası" olarak bildikleri ittifaklar inşa etmelidirler (Hardt ve Negri 2012, 107). Yani, farklılık mantığı, Laclau'nun deyimiyle ortak bir kimlik etrafında gelişen ve Gramsci'nin açıklamasındaki (1971, 333, 418) gibi bir tutku ve anlayış topluluğu oluşturan bir eşdeğerlik mantığıyla tamamlanmalıdır.

Son olarak Hardt ve Negri (2012, 82-3 [2012, 83-6]) Latin Amerika'daki hareketlerle yakın zamanda vuku bulan "ilerici hükümetler" arasında belli bir diyalektik belirler ve onu "ortak olanın kurumsallığı"nı örnekleyen bir şey olarak öne çıkarır. Demokratik karar alımı pratikleri, burada, etkili karşı-güçleri, özerk, uzun vadeli siyasi gelişmelerle ve yeni, demokratik bir anayasanın etik-politik olarak hazırlanmasıyla birleştirerek saydam ve esnek yönetimin çoğul süreçlerini yönetir. Bu paradigmatik açık, çoğul ve eşitlikçi özyönetim aygıtında, radikal hareketler örgütsel ve ideolojik özerkliklerine sahip çıkarlar. Aynı projeyi programlı bir biçimde destekleyen ve aynı ortak yönetim sisteminin parçasını oluşturan hükümetlerle işbirlikçi ve karşıtçı ilişkiler sürdürürler. Çeşitli hiyerarşilere karşı ortak savaşlar yürütürler ama eski tahakküm pratiklerine yeniden dönerken onları temsil ettiğini iddia eden devlet yönetimlerine ve yönetici partilere karşı çıkarlar.

---

4 Antonio Negri, "şimdiye kadar hâkim olmuş bir başkasından daha yukarı yerleştirilmiş olan" "bir kutbun hegemonyası" –"çokluğun ortak varoluşu"– için olan ihtiyacı açık bir şekilde doğrulamıştır (Curcio ve Özselçuk 2010, 322).

Hareketler ve partiler-hükümetler arasındaki bu ayırıcı bağlaşım tarzı, gerçekten de toplumsal hareketlerin, ideolojik homojenliği olan merkezileştirilmiş bir parti altına hegemonik, sosyalist veya halkçı sınıflandırılmasından radikal bir kopuşu gösterebilir (Hardt ve Negri 2012, 81, 83). Ancak bu tür bir tartışmacı etkileşimin, egemen gücü karmaşık bir üzerine düşünülen anlar ve mutabakata dayalı kanun çıkarma inisiyatifleri çoğulluğuna hafifletmesine rağmen tutarlı bir "ortak olanın kurumsallığı" oluşturan "hükümetin yönetim süreçleriyle derin bir politik bütünleşme"yi sürdürdüğü söylenir (Hardt ve Negri 2012, 82 [2012, 85]). Eğer durum böyleyse hükümet, toplumsal hareketlerin çıkarlarını ve siyasi yönelimlerini devlet içinde kısmen temsil etmelidir, aksi takdirde yönetimin "derin bütünleşmesi" bir yalandan ibaret olacaktır. Başka bir deyişle temsil, müttefik bir tarihi bloğun hegemonik gücünü diğer toplumsal güçlerin üzerine kullanmaya çalışan bu siyasi idare kipine, "ulusal oligarşilere, uluslararası büyük şirketlere ya da ırkçı seçkinlere karşı" ortak bir savaş açtığı ölçüde içsel olmaya devam eder (Hardt ve Negri 2012, 81-2 [2012, 84]).

Aynı şekilde hareketlerin ve yönetici partilerin ayırıcı ittifakı, tümellik ve tikellik arasındaki hegemonik diyalektiğin başka bir cisimleşimidir. "Ortak olanın kurumsallığı"nı uygulamaya koyan bloğun tamamı, gücünü muhalif toplumsal kuvvetlere karşı kullandığı ölçüde toplumun bütünüyle örtüşmez. Bu yüzden bütünü tamamıyla kapsamadan tümelliğin ("ortak varoluş"un tümelliği) rolünü üstlenen bir tikelliği temsil eder. Laclau'nun "eşitsiz güç", "eşdeğerlik mantığı", "temsil" kavramları ve "tikellik/tümellik" diyalektiği, kurucu çokluk siyaseti ortasında etkindir.

Hardt ve Negri tarafından ortaya atılan özgürleştirici, eşitlikçi ve kendi içinde çeşitli olan çokluk figürünün ve fiili mobilizasyonlarda tasarlanmış olan toplumsal mobilizasyon ve özyönetim planlarının ötesinde, hegemonik siyasetin en az üç boyutunun, özerk ve eşit birliklerin kuruluşu için gayret eden günümüz hareketlerinde desteklenmesi gerekiyor gibi görünüyor. Köklü çıkarların, plütokratların ve yerleşik oligarşilerin güçlerinden, mülkiyetlerinden ve imtiyazlarından kendi istekleriyle vazgeçmeyeceklerini öne süren mantıklı varsayım hususunda, ilk önce hegemonyayı, mevcut güç bileşimini yeniden şekillendirme ve onu tahakkümü, hiyerarşileri ve dışlamaları asgari düzeye indirmeye çabalayacak farklı bir güç yapısıyla değiştirme mücadelesi olarak elde etmeye çalışmak gerekecektir. Eşitsiz, merkezileştirilmiş güç kalıntıları, açık kaynak topluluklar örneğindeki gibi, aynı zamanda ortak alanın kolektif özyönetimi içerisinde de var olabilir. Herkesin özgürce erişebileceği kodların etkili idaresi, değişen derecelerde tecrübe ve ilgi açığa vuran, potansiyel olarak sınırsız bir kullanıcı topluluğunun gönüllü katkılarını, kodun belirgin bir versiyonunu geliştirme sürecini sorumluluk sahibi bir şekilde denetleyen kendini adamış bir önemli geliştiriciler çekirdeğiyle birleştirir (Ljungberg 2000, Valverde ve Solé 2007, Leadbeater 2009).

İkinci olarak küresel bir sistem veya birleşik bir devrimci cephe olarak değil de çoklu, birbirine kenetlenen ve çatışan topluluklar bakımından daha özgür, çoğul ve eşitlikçi dünyalar ve onları gerçekleştirme mücadeleleri tahayyül edilse bile, kolektif birlik-tutarlılık olarak değişen bir derecede hegemonya, karşılıklı yıkıcı fikir ayrılıkları ve bağdaşmazlıklardan kaçınmak için yine de gerekecektir. Bu, yalnızca toplumsal ve bireysel farklılıkların birbirlerine kendiliğinden bağlanması ve tahrip edici çatışmaların fazla çaba gerektirmeden mucizevi bir şekilde önlenebilmesi durumunda gereksiz olacaktır.

Üçüncü olarak belirli bir gücün evrensel görevleri üstlendiği ve bütün adına konuştuğu temsil ilişkileri ve tikellik/tümel diyalektiği, çoğun iradesinin herkesin iradesiyle kesişmediği her birlikte yeniden üretilecektir. Bu tür bir uyum mantıken hayal edilemez değildir fakat hiçbir evrensel mantığın, doğanın ya da homojen geleneğin, siyasi etkileşimlerdeki farklı anlayışların, değerlerin ve arayışların kolektif yakınsamasını garanti etmediği, özgür, çeşitli ve öz-ayrıştıran tekilliklerden oluşan toplumlarda ampirik olarak olası değildir.

Çokluğun Başka Bir Hegemonyası

Ancak eşitsiz gücün, birleştirmenin ve temsilin biçimsel niteliklerini sergilese dahi, tekilliklerden meydana gelen kendi kendine örgütlenmiş çeşitliliklerin çağdaş bir hegemonyası, hegemonik siyaseti içeriden ve dışarıdan çökerterek, Gramsci'nin ve Laclau'nun yaptığı gibi hegemonyanın birçok eşitlikçi olmayan, heteronom ve ezici saplantılarının üstesinden gelecektir.

Dikey, eşitsiz güç ilişkileriyle başlayalım. "Generaller" tarafından yönlendirilen bir partinin yönetici gücüne karşı (Gramsci 1971, 153), liderlerin ve neredeyse özerk temsilcilerin bağlayıcı işlevine karşı ve güç asimetrilerine olan ihtiyacın düpedüz vurgusuna karşı (Laclau 1996, 43, 54-7; 2000, 207-12) eşitlikçi çok siyaset bugün, parti bürokrasilerini, liderleri ve yukarıdan aşağı temsili reddederek herkesin eşit katılımını teşvik eden ağlarda yatay, hiyerarşik olmayan kolektif bir örgütlenmeyi amaçlar. Hiyerarşilerin ve tahakküm ilişkilerinin eşitsiz kabiliyetler nedeniyle potansiyel devamlılığı ya da tekrar ortaya çıkışı ve şiddete başvurulmadan mutabakata varmadaki olası başarısızlık, boyun eğmek zorunda olduğumuz ölümcül bir durum olarak görülmemelidir. Aksine ona, özgür kolektiflerin mümkün olan azami derecede eşit özgürlük için uğraş vererek, ona karşı farkındalık yaratması ve çeşitli itiraz ve mücadele prosedürleri başlatması gereken her daim mevcut bir risk ve olasılık gözüyle bakılmalıdır.

Pek çok daha küçük meclisi ve değişik mobilizasyonları koordine eden genel meclisler ya da ortak kaynakları, hizmet ettikleri daha geniş topluluklarla yakından etkileşim içinde idare eden açık kolektif süreçlerdeki kendini adamış katılımcı grupları gibi değişen merkezileştirme biçimleri özerk çeşitlilikler tarafından desteklenebilir. Açık eşitlikçi çokluklar içinde değişen dikeylik, toplanma ve yataylık melezlemeleri olabilir. Fakat yaygın zan, kapanımlara, hiyerarşilere ve liderlere karşı olacaktır ve etkili kolektif özyönetim pratiklerinde erişimi açmanın ve gücü eşitlemenin lehine kalıcı bir hareket olmalıdır. Güç asimetrilerinin her zaman tekrar belirmesi muhtemel olduğu derecede veya belirli koşullar altında uygun ve elverişli olabildiği ölçüde, tam yataylık kalıcı bir durumdan ziyade eşitsiz, yukarıdan aşağı ve yoğunlaşmış güç kalıntılarına karşı devam eden bir mücadele ufku olabilir.

O halde eşitlikçi çokluklar, yataylığın ve dikeyliğin kısıtlamalarına karşılıklı olarak itiraz ederek ve onları düzelterek birinin diğeriyle tedirgin biçimde kaynaşacağı ayırıcı birleşimlerini cisimleştirecektir. Bununla birlikte, evrensel olarak açık katılım ve simetrik güç, öncelikler sıralamasında daha yukarıda yer alacaktır. Herkes için doğrudan demokrasi uğraşı, egemen liderlere karşı mücadele ve kolektif özyönetime faal katılım, günümüzdeki demokratik hareketlerin en ileri noktasında bulunurken, Gramsci ve Laclau usulü hegemonik siyasette görünüşte yoklardır.

Radikal bir çokluklar demokrasisinin muhaliflerine karşı, hem onu oluşturma mücadeleleri boyunca hem de daha sonra onu sürdürmek ve geliştirmek için eşitsiz güç kullanmak zorunda kalınacaktır. Fakat eşit ve çoğul özörgütlenme düşmanları, yerleşik çıkarları, hiyerarşileri ve dışlamaları savunanlar olacaklardır, yani tahakküm faillerine karşı kolektif güç kullanılacaktır. Ortak alanın ortak olarak yeniden temellüküne ve doğal bozulmaya dur demek için katı seçkinlere karşı etkili "karşı-güçler"den istifade etmek gerekecektir. Ancak hiçbir egemen güç, eşitlikçi özyönetim planlarını karşıt görüşlülere ve isteksiz diğerlerine zorla kabul ettirmemelidir; zira bu, tam da özerk özyönetim düşüncesine aykırı düşer. Ayrıca eşitlikçi çeşitlilikler içerisindeki her egemen yönetim süreci, egemenliği çeşitli kolektif yönetim mahalleri içine dağıtmaya, çoğullaştırmaya ve hafifletmeye, oldukça eşit partiler arasında mutabakat ve müzakere –gücün bunların bazıları etrafında toplanmasından ziyade– hedefleyerek gayret edecektir.

Hegemonik bloğun birliğine –onun meydana gelme tarzına– geçecek olursak, "en yeni toplumsal hareketler"deki (Day 2005) çeşitliliğin ve özerk kurucu pratiklerin doğrulanması, Gramsci'nin belirttiği, öncü gruplar ve devlet tarafından bütüne dayatılan entelektüel, ahlaki, siyasi ve ekonomik homojenlikle doğrudan çatışan bir birlik ilkesi ileri sürer (1971: 152-3, 181-2, 239, 244, 266, 333, 418). Birliktelik tarzlarındaki, katılımcı ekonomilerdeki vs. yeni özgür ve eşitlikçi çoğullaşma ilkesi, Zapatistaların meşhur bir sözlerinde özetlenir: "Bir hayır, bir sürü evet": neoliberal kapitalizmin küresel hegemonyasına bir hayır, dünyanın farklı yerlerinde yaratmak istediğimiz özgür ve eşit toplum figürlerine bir sürü evet. Tutarlık gereksinimi ve eşit özgürlüğe olan bağlılık, olanaklı ve kabul edilebilir çeşitliliğin kapsamını sınırlayacaktır. Fakat nihai sınırlar önceden tamamıyla belirlenmiş olmayacaktır ve amaç, azami düzeyde iradeli kolektif farkları, herhangi bir evrensel geleneksselliğin veya etkili "ideal özgürlük" dayatmasının ötesinde karşılamak olacaktır.

Farklılıkların birleşimi, soyut, önsel kanunlar tarafından dayatılmayacaktır. Aynı yayılmış ilişkiler ağı içerisinde etkileşen tüm özgürlük toplumlarının münasebeti, çatışması ve katılımı vasıtasıyla şekillenecektir. Bu, katı bir ideoloji birliğinden ya da sabit bir evrensel anayasadan ziyade esnek bir praksis birliğini görüşecektir. *İndignados* ve OWS başkaldırılarında, kolektif kimlik ortak bir ideolojiye veya sabit bir siyasi programa dayanmıyordu. İletişim ve farklılıkları bitiştirmeye ve ortak ya da paralel eylemler üzerine geçici uzlaşmaya varmaya çalışan bir siyasi sürece katılma yoluyla sürekli olarak üretiliyordu. Bu tür kolektif müzakere pratiklerinde, farklılık yalnızca diğer önceden eklenmiş tercihlerle kümelenebilen belli bir şey değildir; farklılıklar yeniden tanımlanabilen ve yeni çakışma noktaları bulabilen dinamik ayrılıklardır. Farklı aktörler tarafından farklı biçimlerde anlamlandırabilen ve devam etmekte olan sürekli siyasi etkileşim aracılığıyla yeniden anlamlandırmaya maruz kalan "Gerçek demokrasi" ya da "Biz yüzde 99'uz" gibi sözde boş gösterenlerin ortak sancakları altında birlikte ilerlerler. Bu ortak gösterenler, belirlenmiş planlarını devam ettirerek hegemonya mücadelelerine daha fazla asker toplamaya çabalayan parti generallerinin savaş bayrağı görevini görmez.

Son olarak, "temsilciler" tarafından temsile ve liderliğe değinelim. Bu, radikal olarak altüst edilmiş olan ve günümüzün çok kısımlı militanlığında yeniden şekil verilen bir diğer yapıcı hegemonya yapısıdır. Evet, Akdeniz'in merkezi meydanlarında ve daha sonra Kuzey Amerika'da kamplar kurmuş olan "aktivist azınlıklar", "halk", ya da yüzde 99'luk kesim adına konuşmuşlardır – her ne kadar bir halk çoğunluğu konusunda beklentileri karşılamış olmaktan epey uzak olsalar da. Ancak bu temsil kipinin, liberal demokrasilerdeki kurulu siyasi temsil biçimleriyle çok az ortak noktası vardır. Temsilciler, ne kapalı bir seçkinler kulübü oluşturur, ne de temsil etmeleri gerekenler üzerinde egemen güce teslim olarak kendilerini toplumdan ayrı tutarlar. Söz konusu seferber olmuş azınlıklar, herkese eşit şartlarda erişim sunan kolektif katılım ve siyasi müzakere mahalleri açarlar. Kamplardaki genel meclisler, herhangi bir sabit liderlik ve dışlayıcı resmi kurallar olmaksızın herkesin özgürce katılımına açık olan ortak kolektif özyönetim havuzları işlevi görmüşlerdir. Bu meclisler, temsili, kolektif temsilcilik yetkilerine dayanarak "temsil edilenler"in –yerine geçtikleri daha geniş toplum ya da halk– faal katılımına ve genişleyen etkisine ulaşılabilir hale getirirler. Temsili kişiliksizleştirirler ve dolayısıyla onun işlevi anonim, hareketli ve değişen insan yığınları tarafından üstlenilir. Sonuç olarak, hiçbir tek temsilci biçimsel anlamda değişmez egemen güçlerle yetkilendirilmiş olmaz ve her yurttaş süreçte yer alabilir. Böyle hareketler tarafından toplum üzerine uygulanabilen "liderlik" sadece kolektif değildir, ayrıca herkese karşı anlayışlı, katılımcı, değişime açık ve geri alınabilirdir. Böylelikle temsili demokrasiyle doğrudan demokrasinin tekil bir birlikteliğini ortaya koyar.

Alain Badiou (2012, 58-62) kamusal mekânları işgal eden militan kolektif mobilizasyonların öznel enerjinin yoğunlaşmasını ortaya koyduğunu iddia etmiştir. "Halk"ı herkese açık halde mevcut hale getirirler ve siyasi "hakikatler" açığa vururlar ("derhal gerçek demokrasi", "hepimiz özgür ve eşitiz" vb.). Ortaya çıktıkları muhtelif toplumlardaki çekimser bireylerden oluşan sessiz, hareketsiz çoğunluklara kıyasla her zaman azınlıkçıdırlar. Buna karşın, yoğunlukları ve yerelleştirilmiş, yoğun varlıkları, onları ülkenin halkını bir bütün olarak temsil ettiklerinden emin hale getirir, öyle ki kimse onu alenen inkâr edemez. Bütünlük, "küçülme" ile temsil edilir ve aktivist azınlık "ülkenin tarihsel kaderinin kendileri olduğunu beyan etmede kabul edilmiş bir otoriteye sahiptir" (Badiou 2012, 60) ve dolayısıyla tüm yeterli temsil sorularını alakasız hale getirir.

Bu iddianın, kısa vadeli, yoğunluğu yüksek kolektif siyaset söz konusu olduğunda biraz geçerliliği bulunabilir. Ama sessiz ve namevcut bir çoğunluğun aktivist, anonim ve açıklama yapmak zorunda olmayan bir azınlık tarafından yönetimini içerdiği ölçüde taban düzeyindeki eşitlikçi özyönetime genel bir yol olarak bir hayli tartışmalıdır. Gerçekten de, "ortak alan"ın tüm sahalarında (teknik altyapılar, doğal kaynaklar, kültür, genel olarak ortak işler) tam siyasi katılıma daimi bir bağlılık, uzun vadede geniş çoğunluk için neredeyse hiç düşünülebilir değildir. Fakat karşı karşıya olduğumuz güçlük, halkın enerjik ve doğrudan demokratik "küçülme"sini siyasal sorumluluk süreçleriyle ve genel anlamda toplum tarafından kurumsal denetimle birbirine bağlamaktır. Bu tür prosedürler aracılığıyla, yabancılaşmış egemen temsilin parçalara ayrılması ve herkese açık kolektif özyönetim meclislerinin kurulumu, iletişim ve toplumsal çoğunluklara cevap verebilme devreleriyle eşleştirilebilir, böylelikle kendini adamış aktivistlerden meydana gelen yeni elitlerin yükselişi engellenmiş ve nüfusun daha geniş alanlarına siyasi huzursuzluk, etkileşim, itiraz ve değişen derecelerde katılım teşvik edilmiş olur. Bu şekilde, çokluğun siyasi bir birliği yalnızca ortasındaki hegemonik siyaset kalıntılarıyla ilgilenebilecek hale gelmez. Aynı zamanda hiyerarşilerin, kapanımların ve yeni tahakküm örüntülerinin içeriden aralıksız yıkımını, hegemonyanın ötesinde bir dünya olasılığını hâlâ onunla denetlenen bir evrende bekleyerek teşvik edebilir.

Kaynakça

Arditi, B. 2007. Post-hegemony: Politics outside the Usual Post-Marxist Paradigm. *Contemporary Politics*, 13(3), 205-26.

Badiou, A. 2012. *The Rebirth of History*. Çev. G. Elliott. Londra, New York: Verso. [*Tarihin Uyanışı*, çev. Murat Erşen, 2012. İstanbul: Monokl.]

Beasley-Murray, J. 2010. *Posthegemony: Political Theory and Latin America*. Minneapolis, MN: University of Minnesota Press.

Castañeda, E. 2012. The *Indignados* of Spain: A Precedent to Occupy Wall Street. *Social Movement Studies: Journal of Social, Cultural and Political Protest* [Online], DOI:10.1080/14742837.2012.708830. http://www.tandfonline.com/doi/abs/10.1080/14742837.2012.708830#.VddSaLKqqko[erişim tarihi: 12 Eylül 2012].

Curcio, A. ve Özselçuk, C. 2010. On the Common, Universality, and Communism: A Conversation between Étienne Balibar and Antonio Negri. *Rethinking Marxism: A Journal of Economics, Culture & Society*, 22(3), 312-28.

Day, R. 2005. *Gramsci is Dead. Anarchist Currents in the Newest Social Movements*. Londra: Pluto Press-Between the Lines.

Dean, J. 2012. *The Communist Horizon*. Londra, New York: Verso. [*Komünist Ufuk*, çev. Nurettin Elhüseyni, 2014. İstanbul: YKY.]

Dhaliwal, P. 2012. Public Squares and Resistance: The Politics of Space in the Indignados Movement. *Interface: A Journal for and about Social Movements*, 4(1), 251-73.

Egberts, L. 2012. The Rise and the Transformation of the Occupy Wall Street Movement. MA Tezi, Utrecht University [Online] http://dspace.library.uu.nl/handle/1874/254172 [erişim tarihi: 17 Ocak 2012].

Fuster Morell, M. 2012. The Free Culture and 15M Movements in Spain: Composition, Social Networks and Synergies. *Social Movement Studies. Journal of Social, Cultural and Political Protest* [Online] http://www.tandfonline.com/doi/abs/10.1080/14742837.2012.710323#.VddWKbKqqkp [erişim tarihi: 12 Eylül 2012].

Giovanopoulos, C. ve Mitropoulos, D. (der.) 2011. *Δημοκρατία under construction. Atina: A/Synecheia Editions.*

Gordon, U. 2008. *Anarchy Reloaded.* Londra: Pluto Press.

Gramsci, A. 1971. *Selections from the Prison Notebooks,* çev. ve der. Q. Hoare vd. Londra: Lawrence and Wishart. [*Hapishane Mektupları,* çev. Attila Tokatlı, 1966. İstanbul: Gerçek Yayınevi.]

Halvorsen, S. 2012. Beyond the Network? Occupy London and the Global Movement. *Social Movement Studies: Journal of Social, Cultural and Political Protest* [Online], DOI:10.1080/14742837.2012.708835. http://www.tandfonline.com/doi/abs/10.1080/14742837.2012.708835#.VddbcbKqqko [erişim tarihi: 12 Eylül 2012].

Hands, J. 2011. *@ is for Activism. Dissent, Resistance and Rebellion in a Digital Culture.* New York, Londra: Pluto Press.

Harcourt, B. 2011. Occupy Wall Street's "Political Disobedience". *The New York Times* [Online, 13 Ekim]. http://opinionator.blogs.nytimes.com/2011/10/13/occupy-wall-streets-political-disobedience/?_r=0 [erişim tarihi: 14 Ocak 2013].

Hardt, M. ve Negri, A. 2000. *Empire.* Cambridge, MA: Harvard University Press. [*İmparatorluk,* çev. Abdullah Yılmaz, 2001. İstanbul: Ayrıntı Yayınları.]

Hardt, M. ve Negri, A. 2004. *Multitude. War and Democracy in the Age of the Empire.* Londra: Penguin. [*Çokluk. İmparatorluk Çağında Savaş ve Demokrasi,* çev. Barış Yıldırım, 2004. İstanbul: Ayrıntı Yayınları.]

Hardt, M. ve Negri, A. 2009. *Commonwealth.* Cambridge, MA: Belknap Press of Harvard University Press. [*Ortak Zenginlik,* çev. Efla-Barış Yıldırım, 2011. İstanbul: Ayrıntı Yayınları.]

Hardt, M. ve Negri, A. 2012. *Declaration.* New York: Argo Navis. [*Duyuru,* çev. Abdullah Yılmaz, 2013. İstanbul: Ayrıntı Yayınları.]

Holloway, J. 2005. *Change the World without Taking Power.* Londra: Pluto Press. [*İktidar Olmadan Dünyayı Değiştirmek,* çev. Pelin Siral, 2003. İstanbul: İletişim Yayınları.]

Kioupkiolis, A. 2010. *Radical Democracy, Biopolitical Emancipation and Anarchic Dilemmas* [Online]. http://www.ebook-downloader.com/downloadinfo/Radical-Democracy-biopolitical-emancipation-and-anarchic-dilemmas-Kioupkioulis-2010-40-497438 [erişim tarihi: 15 Ocak 2013].

Klein, N. ve Marom, Y. 2012. Why Now? What's Next? Naomi Klein ve Yotam Marom in Conversation About Occupy Wall Street. *The Nation*, 9 Ocak [Online]. http://www.thenation.com/article/why-now-whats-next-naomi-klein-and-yotam-marom-conversation-about-occupy-wall-street/ [erişim tarihi: 17 Ocak 2012].

Laclau, E. 1996. *Emancipation(s)*. Londra, New York: Verso. [*Evrensellik, Kimlik ve Özgürleşme*, çev. Ertuğrul Başer, 2003. İstanbul: Birikim.]

Laclau, E. 2000. Structure, History and the Political, *Contingency, Hegemony, Universality* içinde, der. J. Butler vd. Londra, New York: Verso, 182-212.

Laclau, E. 2001. Review: Can Immanence Explain Social Struggles? *Diacritics*, 31(4), 3-10.

Laclau, E. 2005a. *On Populist Reason*. Londra, New York: Verso. [*Popülist Akıl Üzerime*, çev. Nur Betül Çelik, 2005. Ankara: Epos Yayınları.]

Laclau, E. 2005b. The Future of Radical Democracy, *Radical Democracy: Politics between Abundance and Lack* içinde, der. L. Tønder ve L. Thomassen. New York, Manchester: Manchester University Press, 256-62.

Leadbeater, C. 2009. *We-Think*. Londra: Profile Books.

Ljungberg, J. 2000. Open source movements as a model for organizing. *European Journal of Information Systems*, 9(4), 208-16.

Maeckelbergh, M. 2009. *The Will of the Many. How the Alterglobalisation Movement is Changing the Face of Democracy*. Londra, New York: Pluto Press.

Newman, S. 2011. *The Politics of Postanarchism*. Edinburgh: Edinburgh University Press.

Pickerill, J. ve Krinsky, J. 2012. Why Does Occupy Matter? *Social Movement Studies: Journal of Social, Cultural and Political Protest* [Online] DOI:10.1080/14742837.2012.708923. http://www.tandfonline.com/doi/abs/10.1080/14742837.2012.708923#.VddmmbKqqko [erişim tarihi: 12 Eylül 2012].

Rancière, J. 2010. The People or the Multitudes? *Dissensus. On Politics and Aesthetics* içinde, der. ve çev. S. Corcoran. Londra, New York: Continuum, 84-90.

Tejerina, B. ve Perrugoría, I. (der.) 2012. *From Social to Political. New Forms of Mobilization and Democratization: Conference Proceedings*. Bilbao: University of the Basque Country.

Valverde, S. ve Solé, R.V. 2007. Self-organization versus hierarchy in open-source social Networks. *Physical Review E*, 76(4), 046118 (8 sayfa).

Çeviren: Esma Kartal

SEKİZİNCİ BÖLÜM

Halkın Çokluksal Momenti ya da Momentleri: Yerleşik İkilikleri Bozan Demokratik Eylemlilik[1]

Giorgos Katsambekis

Giriş

Son dönemde dünyanın pek çok yerinde görülen kolektif mobilizasyon örnekleri, kolektif öznellik meselesini ve bunun radikal siyasal değişim ya da karşı-hegemonik kırılma/kırılmalar açısından potansiyelini yeniden gündeme getirdi. Mısır'da Tahrir Meydanı –ya da bir bütün olarak "Arap Baharı" adı verilen hareket– İspanya'da *indignados* ve Yunanistan'da *aganaktismenoi*[2] (bu harekete de belki "PIGS Baharı" denebilir), Britanya'da Tottenham ayaklanmaları ve elbette ABD'de Occupy Wall Street hareketi, siyasal değişim için mücadele eden yeni kolektif öznelerin en çok öne çıkan ve tartışılan tezahürlerinden sadece birkaçıdır (bkz. Badiou 2012, Dean 2012, Hardt ve Negri 2012, Žižek 2012). 2010'dan itibaren birkaç ay arayla patlak veren bu olaylarda ya da ayaklanmalarda, bazı kişiler biyopolitik "çokluğun" yükselişini (De Cauter 2011, Hardt ve Negri 2012, 3-5), bazıları "halk"ın dirilişini (Badiou 2012, Dean 2012) ya da "yığın"ın, "kalabalık"ın, kitlelerin hatta neo-lümpen proletaryanın işaretlerini görecektir. Bazıları ise

---

1 Bu makalenin ilk taslaklarından biri Siyasal Çalışmalar Birliği'nin Nisan 2012'de Belfast'ta düzenlenen 62. Uluslararası Yıllık Konferansı'nda sunuldu. İlk taslaklar üzerine yaptığı yararlı yorumlardan dolayı Yannis Stavrakakis'e teşekkür borçluyum. Değerli içgörüleri ve yardımlarıyla taslağın geliştirilmesini sağlayan Alexandros Kioupkiolis'e de teşekkür ederim. Bu katkılara rağmen yazıda hâlâ varolan hatalar, elbette, tamamıyla bana aittir.

2 Öfkeliler.

muhtemelen bu kavramsallaştırmaları ciddiye almayıp sadece yeni "toplumsal hareketler"den bahsetmeyi yeğleyecektir.

Ama baştan bu yorumlama biçimlerinden birini tercih ediyor olsak bile yine de şu soruyu yöneltmek zorundayız: Siyaset teorisinin ve, daha özgül olarak, bir radikal ve çoğul demokrasi projesini desteklemeye yönelik bir teorinin bakış açısından bakıldığında burada, yani "çokluk" ve "halk" ya da "kitleler" arasında yapılan bir seçimde asıl önemli olan nedir? Siyasal düşüncenin görevi ne özneleri kavramsallaştırarak var etmek ne de salt bir toplumsal eylem ve siyasal değişim görüngübilimi üretmekse, bir siyasal özneyi adlandırmanın gerçek etkisi nedir? Bir ad bize demokrasinin öznesi hakkında aslında ne anlatır ve bunun anlamı nedir? Böyle bir öznenin adını belirlemek teorisyenin görevi midir, yoksa kendi adını ve bunun ne anlama gelebileceğini öznenin kendisi mi seçer? Son olarak, bir ad neyi başarabilir ve neyi başaramaz?

Son dönemde kolektif öznellik ve demokratik eylemlilik üzerine yürütülen teorik ve siyasal tartışmalarda en belirgin ayrım çizgisi, "halk" ile "çokluk" arasında ortaya çıkıyor. Bu bölümde hegemonik ve post-hegemonik demokratik eylemlilik anlayışları arasındaki bu tartışmaya dahil olurken iki amacım var: İlk olarak, bir yanda "halk" nosyonuna dayanan hegemonik bir siyaset ve demokratik eylemlilik anlayışını savunan Jacques Rancière, Ernesto Laclau ve Chantal Mouffe (Laclau 2005a, 2005b, Laclau ve Mouffe 1985, Mouffe 2008, Rancière 2010) gibi teorisyenler ile diğer yanda bir post-hegemonik siyaset anlayışını savunan ve biyopolitik çokluğun "mutlak demokrasi"sini tercih eden Antonio Negri, Michael Hardt ve Paolo Virno (Hardt ve Negri 2000, 2004, 2009, 2012, Virno 2004) gibi düşünürler arasındaki ihtilafı irdeleyeceğim. Amacım, iki yaklaşım arasında, yönelttiğimiz sorulara uygun yanıtlar sağlayabilecek olanaklı yakınsama hatları belirleyip belirleyemeyeceğimizi görmektir. Daha sonra 2011 yılının ilkbaharında ve yazında Yunanistan'daki meydanlarda etkili olan ve *aganaktismenoi* adı verilen harekete odaklanan ampirik bir analiz yoluyla teorik argümanlarımı test etmeye çalışacağım. Bu hareket şimdiden ilginç bir teorik ve siyasal tartışma başlatmış durumdadır (bkz. Douzinas 2011a, 2011b, Douzinas ve Papaconstantinou 2011, Frantzis 2011, Giovanopoulos ve Mitropoulos 2011, Kioupkiolis 2011b, Sotirakopoulos 2011, 2012, Vandoros 2011, Prentoulis ve Thomassen 2012).

On binlerce hatta yüz binlerce kişilik topluluklarla protesto gösterileri düzenleyen ve Sintagma Meydanı'nda bir aydan uzun süre kamp kuran bu insanlar kimlerdi? Bu hareket "halk"ın dirilişi ya da yeniden ortaya çıkışı mıydı, yoksa başka ve yeni bir şey, yani bazı teorisyenlerin öne sürdükleri gibi biyopolitik "çokluğun" yeni bir tezahürü müydü?[3] Sonuç itibariyle, bu iki kavramsallaştırma ya da iki kategori/ad arasından seçim yapmak zorunda mıyız, yoksa güncel toplumsal hareketleri, yeni özneleştirme biçimlerini ve demokratik değişim için verilen siyasal mücadeleyi anlamlandırma çabasında bunların ikisini birden kullanmanın bir yolu var mıdır? Başka bir deyişle, bu kategorileri birbirine karşı kullanmak zorunda mıyız, yoksa bunların birlikte var olmaları ve hatta (paradoksal bir biçimde) birbirlerini "içermeleri" olasılığı var mıdır? Peki "çokluk" ile "halk"ın arasında ne bulunuyor? Başka bir deyişle, demokratik eylemliliğe "hegemonik" ve "post-hegemonik" yaklaşımlardan bahsederken zorunlu olarak bir çelişki ilişkisinin söz konusu olduğundan ve bir tamamlama ve çatışmalı ama üretken bir karşılıklılık ilişkisinin söz konusu olamayacağından emin miyiz? Bunlar, böyle bir meseleyi ele alırken yüzleşmek zorunda olduğumuz sorulardan sadece bazılarıdır.

Aşağıda, Hardt ve Negri'nin yorumladığı şekilde, çokluğun örgütlenme ve etkileşime girme, ortaklaşa siyaset yapma ve karar alma biçimlerindeki yenilikleri benimseyebileceğimizi (ve benimsememiz gerektiğini) ve, yine de, demokratik siyaseti kurmakla kalmayıp radikal ve çoğul bir demokrasi projesi için büyük bir önem taşıyan bir özne olarak "halk" nosyonunun şekillendirdiği kavramsal alanın içinde kalabileceğimizi öne sürüyorum (bkz. Tønder ve Thomassen 2005). Bu, elbette, geleneksel, Hobbesçu –ya da başka bir– anlamda, bir lidere ya da somut bir "ortak irade"ye bağlanmış bir halktan; bütünleşmiş, homojen, kolektif bir kader vb. anlayışına sahip bir halktan; pek çok yorumcunun genellikle varsaydığı gibi, biz kendisinden bahsederken

3 Günümüz Yunanistan'ında "Yunan çokluğu"nun 2007 ve 2008'deki tezahürleri için bkz. Kioupkiolis 2011a, 23-63.

zaten mevcut olan bir halktan bahsettiğimiz anlamına gelmez. Sonuçta, güncel siyasal teori, "halk" adını verdiğimiz şeyin, mutlak bir anlamda anlaşıldığı ve biyopolitik bir göndergeye bağlandığı durumlar dışında (uç bir örnek olarak Adolf Hitler'in "Volk" –halk/ulus/kan/ırk– anlayışını gösterebiliriz), hiçbir zaman böyle somut bir göndergeye/biçime ve sabit özgül özelliklere sahip olmadığını göstermiştir. Dolayısıyla, böyle mutlak bir gönderge olmadığına göre, aynı anda uyumsuz gibi görünen –çokluk ve teklik, tekillik ve çoğulluk, hegemonya ve post-hegemonya gibi– özellikleri belirten melez bir kavram önermemiz bile olanaklı olabilir.

Hiç kuşkusuz, –Hardt ve Negri'nin (2000, 287-94) "postmodernleşme" adıyla başarılı bir şekilde açıkladıkları gibi– post-Fordist dönemin büyük toplumsal ve siyasal dönüşümleri, maddi olmayan ve duygusal emeğin yaygınlaşması ve yeni iletişim ve toplumsal ağ kurma teknolojilerinin geliştirilmesi, yeni öznellikleri ve belki de Rancière'in "siyasetin halkı hiçbir zaman geride bir şey bırakmaksızın basit bir şekilde yan yana varolan bireylere ve toplumsal gruplara dönüşmez ve daima başka bir halk onun yerine geçer," (Rancière 2004, 8) sözüyle kastettiği anlamda yeni bir halkı ortaya çıkardı. Günümüzde kolektif ve popüler öznelliklerin devam eden dönüşümleri, halkın yerine başka bir halkın geçmesi; demokrasinin sürekli dönüşümlerinde yeni bir düğüm noktası; üretken bir içsel gerilimin/diyalektiğin parçası şeklinde düşünülebilir.

Bu bağlamda, örneğin, baskıcı hiyerarşik ilişkilerin gerekliliği ya da bir liderin mecburi mevcudiyeti ve böyle bir mevcudiyetin ima ettiği şekilde bir bireyselliğin yukarıdan aşağıya etkileri (manipülasyon, otorite vb.) gibi, bir özne olarak halka atfedilen özgül özelliklerin gerekliliğine karşı çıkarak, Ernesto Laclau ve Jacques Rancière gibi düşünürler tarafından şekillendirilen bir çerçevede hareket edebileceğimizi öne sürüyorum.[4] Bu, izlemeyi amaçladığım ve halkın tarihsel ve ulusal

4 Siyaset teorisinin "halk" olarak gördüğü şeyin özgül bir lidere, simgesel yatırıma ya da bağlanmaya dayanmayan özgül tarihsel tezahürleri olduğunu biliyoruz; 19. yüzyılın sonlarında Rusya'da görülen Narodniçestvo (Pedler 1927) ya da 1840'larda Britanya'daki Chartism hareketleri (Jones 1983) buna örnek gösterilebilir. "Halk"ın lidersiz şekilde tezahür etmesinin örneği ve hatta yeni bir ilerici *halkçı* hareket olarak ABD'deki Occupy Wall Street hareketi de örnek gösterilebilir (Brown 2011).

bağlama bağlı olarak değişebilen özgül (tarihsel, toplumsal, yapısal ya da başka) *içerikleri* ve özellikleri açısından (yani *ontik* düzeyde) değil, *siyasal mantık* açısından (yani *ontoloji* düzeyinde) tasavvur edildiği argüman çizgisinin bir sonucudur. Giorgio Agamben'in ortaya koyduğu gibi, "'halk' terimi için hiçbir yerde tek ve derli toplu bir gönderge mevcut değildir." (Agamben 1998, 177). Kaypak ve tam da kendisini "temellendiren" şeyin "kendisini olanaksız kılacak şey" olma olasılığı nedeniyle paradoksal, daima mevcut bir özne ya da imkân olarak anlaşılması daha doğru olur.[5]

Yapısökümcü bir okumanın ardından (bkz. Derrida 1982, 40-43, Thomassen 2010), doğrudan "çokluk" ile "halk" arasındaki zıtlığa karşı çıkılması gerektiğini öne sürüyorum, çünkü, mutlak bir "*ya/ya da*" bakış açısıyla ele alındığında bu zıtlık "halk/çokluk" ikiciliğinden kaçınan ya da bunu etkili bir şekilde olumsuzlayan diğer tüm olanakları bastırarak siyasal düşünce üzerinde ters etki yaratan bir kısıtlama dayatabilir. Derridacı terimlerle ifade etmek gerekirse, karşı çıkılması gereken, tam da hem çokluk hem de halkın etkin bir şekilde kendi kavramsal kapanışlarını kurma, etkin bir şekilde içerilerini ve dışarılarını belirleme olanaklarıdır.

Hem "halk"ın, hem de "çokluk"un kavramsal alanına giren bir "beklenmedik ortaya çıkış"ın (*irruptive emergence*) (Derrida 1982, 42) olanağını anlamak ve göstermek amacıyla (daha iyi bir terim olmadığı için) benim önerdiğim terim, "*çokluksal halk*"tır. Bu şekilde, halkın kurucu içsel bölünme ve belirsizliğinin ve onun indirgenemez heterojenliğinin ve çoğulluğunun anlamını ve ayrıca 21. yüzyılda kolektif

---

Diğer taraftan, burada Laclau'nun şu görüşüne dikkat çekmek yerinde olabilir: "[Halkın] eşdeğerlikli mantığı tekilliğe, tekillik de grubun birliğinin liderin adıyla özdeşleştirilmesine yol açabilir. [...] Grubun bir bireyselliğin etrafında simgesel olarak bütünleştirilmesi [...] bir 'halk'ın oluşmasına içkindir." (Laclau 2005b, 100, ayrıca bkz. Laclau 2005a, 40). Bununla birlikte, "lider"in işleyişi, ortak ve merkezi bir simge ya da fikir, "değişim" ya da "gerçek demokrasi" gibi bir "boş gösteren" ve hatta birleştirici işleyişiyle indirgenemez bir heterojenlik ve çoğulluğa işaret eden *çokluk* gibi bir gösteren tarafından yürütülebilir.

5 Burada, "siyaseti 'temellendiren' şeyin aslında aynı zamanda onu olanaksız hale getiren şey" olup olmadığını soran Rancière'in bu sözüne göndermede bulunuyorum (Rancière 2010, 86–7).

eylemin ayırt edici özelliği olan çeşitliliği, onun silinemez hegemonik momentlerini ve modern zamanların demokratik devrimiyle bağlantılı olan radikal siyasal değişim için tarihsel potansiyelini gözden kaçırmaksızın tek bir terimde bir araya getirebileceğimizi düşünüyorum.[6]

Son ama önemli bir nokta olarak, burada rakip demokratik eylemlilik anlayışları arasında olduğu gibi bir "anlam savaşı"na dahil olduğumuzda siyasal sürecin merkezine yöneldiğimizin de bilincinde olmak zorundayız. Siyasal ya da bilimsel nosyonlar üzerine karar vermek, sadece daha iyi ve daha doğru argümanlar oluşturma ya da sadece somut bir yöntem meselesi değildir. Bu daima aynı zamanda bir siyasal bağlılık ve siyasal seçim meselesidir; bir kategoriyi diğerine tercih etmemizin pek çok farklı nedeni olabilir ve gerçek anlamda doğru denebilecek nihai bir yanıt yoktur. Rancière'in kelimeleriyle ifade edecek olursak, "siyasal mücadele aynı zamanda kelimeleri sahiplenme mücadelesidir" (Rancière 2011, 78).

Ama öncelikle şu ana kadar yürütülen tartışmanın ana hatlarını ortaya koymalı ve her ikisini de ele almaya girişmeden önce karşıt "kamp"ların argümanlarını kısaca özetlemeliyim.

İhtilafı Ortaya Koymak: Sadece Bir Spinoza - Hobbes Rövanşı Değil

İtalyan siyaset düşünürü Paolo Virno, çalışmalarında "halk" ile "çokluk" kavramları arasındaki ihtilafın kökeninin 17. yüzyıla kadar geriye götürülebileceğini öne sürer. Günümüzde, toplumsal gerçekliği temsil eden yerleşik teorik/analitik kategoriler, araçlar ve modeller dağılmakta olduğu ve yeni özneleştirme biçimleri ve yeni doğan kolektif özneler uygun bir ad arayışında olduğu için siyaset teorisi "radikal bir kriz yaşamaktadır" (Virno 2004, 21). Güncel kolektif eylem alanı, Hobbes ve Spinoza'nın demokratik eylemliliğin özgül öznesini adlandırmak, kavramsallaştırmak ve aynı zamanda anlamak ve nihai olarak inşa

---

6 Burada, *indignados*'tan OWS'ye kadar, bu kitapta ilgi alanımıza giren tüm hareketlerin, demokrasinin kurucu ideali olan *halk*'ı temsil etme iddiasında oldukları gerçeğini göz ardı etmemeliyiz.

etmek[7] üzere uzun süredir beklenen rövanş maçı için bir kez daha sahaya çıktıkları muğlak bir alana dönüşüyor. Bu özne "çokluk" mu olacak, yoksa "halk" mı? Bu konudaki savaş yeniden kızışmış gibi görünüyor. Bu geri dönüşü borçlu olduğumuz Michael Hardt ve Antonio Negri, "halk" nosyonunun hegemonik birlik ve homojenliğine karşın "çokluk" nosyonunun çok boyutlu ve çoğul bir doğaya sahip olduğunu öne sürerek "halk" yerine "çokluk"u kullanmamızı önerirler (Hardt ve Negri 2000, 103; 2004, xiv, 99-102; 2009, 42, 51, 169). Virno da çokluğun "kamusal alanda, kolektif eylemde, topluluksal işlerin ele alınmasında Bir olmaya yakınsamaksızın varlığını devam ettiren bir çoğulluğu ifade ettiği" konusunda hemfikirdir (Virno 2004, 21). Bu tür bir teorileştirmeye yaklaşan başka teorisyenlere göre, bir kavram olarak "halk"ın modasının geçmiş olmasının yanı sıra artık iktidarın yapısı "post-hegemonik"tir ve dolayısıyla yeni özneler ve yeni siyasal eylem biçimlerini gerektirir (Lash 2007, Beasley-Murray 2010).

Çokluğun mutlak demokrasisi olanağını savunanlar için halk, Hobbes'un öne sürdüğü gibi, "birleştirilmiş bir öznedir ve dolayısıyla tek bir kişi tarafından temsil edilebilir" (Hardt ve Negri 2009, 51). Özetlemek gerekirse, çokluk *çoğuldur* ve *çok boyutludur*, bu şekilde hareket eden ve düşünen pek çok kişinin adı ve ifadesidir; halk ise *birdir* ve homojendir ve onu kuran tikelliklerinin bir iradeyle ve bir sesle örtüşeceği varsayılır (Hardt ve Negri 2009, 51, 169). Bu anlayış Claude Lefort'un yıllar önce ifade ettiği "Bir Bütün Olarak Halk fantezisi"ni hatırlatıyor (Lefort 1988, 20). Tarihsel deneyimlerden bunun çok kolay bir şekilde totalitarizme yol açabileceğini biliyoruz. Bu düşünme tarzında halk sadece tikelliğin ve bireysel kimliğin ezildiği ve homojenliğin ve birliğin bunların yerini aldığı bütünleşmiş bir özne olarak algılanabilir. Hardt ve Negri'nin hegemonik siyaset anlayışlarına temel itirazları, onlara göre "halk"ta olduğu gibi "geleneksel" bir özneye bağlı kalarak "mutlak demokrasi" arayışında hegemonik iktidarı, egemenliği ve dolayısıyla hiyerarşik iktidar ilişkilerini yıkmamızın olanaksız olmasıdır.

7 Foucault ve diğer postyapısalcılar gibi ben de siyaset teorisinin çalışmalarının masum ya da tarafsız olmadığına inanıyorum. Teorilerimiz ve belli şeyleri anlama, kavramsallaştırma ve bunlardan konuşma biçimlerimiz de "dile getirdikleri nesneleri sistemli bir şekilde oluşturan pratiklerdir" (Foucault 1972, 49).

Ama çokluğun kuruluşu, iktidarı ortadan kaldırıyorsa ve hegemonik ilişkilerin herhangi bir biçimine dayanmıyorsa, çokluk nasıl var olur ve çokluğun siyasal eylem ve demokratik değişim potansiyeline ne can verir? Hardt ve Negri'ye göre çokluk "hegemonyasız içkinlik düzlemindeki eklemlenmeler yoluyla oluşur" (Hardt ve Negri 2009, 169). Dolayısıyla, çokluğun siyasal eylemi, ilk bakışta, bir siyasal projenin sonucu olarak değil, neredeyse otomatik bir şekilde ortaya çıkar, çünkü çokluk içkin olarak "başkaldırmak" zorundadır. Ve içkin ve kendiliğinden momentsel "eylem birliği", çokluğun kararsız birliğinin yegane paradoksal momentini/momentlerini kurduğu için, ancak bunun tamamen çokluğun doğal dolayımsız var olma ve hareket etme durumuyla ilgili olduğu iddia edilebilir. Dolayısıyla, nasıl bir hayvan varlığını korumak için beslenmek zorundaysa, çokluk da baskıya, "mülkiyet oligarşisi"ne, "İmparatorluk"a" vb. başkaldırmak zorunda gibi görünmektedir. Çelişkili olsa da Hardt ve Negri'nin yakın dönemdeki çalışmalarında çokluğu bir potansiyel, "bir kendiliğinden siyasal özne değil, bir siyasal örgütlenme projesi" (Hardt ve Negri 2009, 169); inşa edilmesi gereken, henüz oluşmamış bir şey (Hardt ve Negri 2004, 105) olarak gördükleri doğrudur. Ama yine de, radikal içkinciliklerinin bazı unsurları varlığını sürdürüyor: "çokluğun kuruluşu [...] doğa durumunu hiçbir zaman terk etmeksizin tamamen siyasaldır" (Hardt ve Negri 2009, 170); çokluk "doğal" bir şekilde ortaya çıkar. Ne var ki, son çalışmalarında neredeyse hegemonik pratiklerin gerekliliğinden bahsedecek kadar uzak bir noktaya ulaştılar: "Demokratik siyasal eylemde bulunma ve ortak olanın kendi kendisini yönetmesi yeteneğine sahip bir çokluk yaratmak zorundayız" (Hardt ve Negri 2012, 46). Hardt ve Negri'nin son dönemdeki formülasyonlarında yukarıda değinilen belirsizlikler ve çelişkiler, onların çokluğu açıklama biçimlerinden de kaynaklanıyor olabilir. Bu açıklama, çoğu zaman zaten "gözlerimizin önünde, gün gibi açık" bir şekilde varolan bir şey ile "sadece çizim tahtasında varolan ve orada inşa edilmemiş ve belki de inşa edilmesi olanaklı olmayan pek çok başka yapıyla aynı mekânı paylaşan" bir şey arasında gidip gelir (Robbins 2010, 189).

Ernesto Laclau, başka teorisyenlerle birlikte (örneğin, Chantal Mouffe, Jacques Rancière, Slavoj Žižek), "çokluk" anlayışı ve hegemonya ötesinde bir siyaset konusunda eleştirilerini iktidar ilişkileri, olumsallık ve hegemonya meselelerine yoğunlaştırmıştır. Bu teorisyenler için önemli olan, Hardt ve Negri'nin toplumsal mücadeleleri ve demokratik eylemliliği teorileştirirken ve anlarken "saf içkinlik"in" işleyişi konusunda ısrarcı olmalarıdır. Elbette, Hardt ve Negri'nin çalışmalarında "olumsuzluk", "eksiklik" ve "dışlama" gibi nosyonların bulunmayışı son derece şaşırtıcıdır. Dolayısıyla, "post-siyasal" ve hatta "anti-siyasal" bir duruşa sahip olmakla suçlanmaları ve bu duruşun, sonunda siyasetin soluklaşmasına, düşüşüne ve hatta *siyasetin sonuna* yol açacağının öne sürülmesi şaşırtıcı değildir (Laclau 2005b, Mouffe 2008, Rancière 2010). Hardt ve Negri, bu bağlamda, olumsuz olarak tanımlanmış bir siyasetle uzlaşamıyorlar ve toplumun kurucu bölünmesini aşmak için "Nietzsche'ci/Deleuze'cü bir olumlama etiği"ni tercih ediyorlar gibi görünmektedir (Laclau 2001, 3). Ernesto Laclau ise, tersine, toplumsal gerçeklikte hegemonyanın ayrılamaz olduğunu ve belli bir tikellik evrensel temsil işlevini üstlenince bir "halk"ın ortaya çıktığını öne sürer (Laclau 2005a, 48-9).[8] Ayrıca, bu düşünce dizisinin algıladığı şekilde "halk" verili bir grup değildir ve heterojen öğelerin çoğulluğundan yeni bir eylemlilik yaratan bir kuruluş eylemi" olarak ortaya çıkar (Laclau 2005b, 224). Çoğulluk ve heterojenlik özgül bağlama bağlı olarak korunur ve çeşitli yollarla eklemlenir; bir "olumsuz" eklemlenme (tikelliklerin ortak bir düşmana karşı verdikleri ortak mücadeleyle birbirlerine bağlanmaları), bir "olumlu" eklemlenme (tikelliklerin ortak bir dava kapsamında birbirlerine bağlanmaları) ya da aynı anda bunların ikisi birden söz konusu olabilir.

Laclau'nun yanı sıra Jacques Rancière de "halk"ın "hiçbir payı olmayanların payı"nın kayda geçirilmesini; dışlananların, "sayılmayanlar"ın, mevcut düzenin dışına çıkan ve dahil edilmeyi talep edenlerin kayda geçirilmesini; "halk" adına konuşan ve hareket eden ve kendisini topluluğun bütünüyle özdeşleştiren tikelliği gösterdiğini öne sürer (Rancière 2010, 33-4, 85). Dolayısıyla "halk" siyasetin özgül öznesi olarak görülür; burada "siyaset", "polis"ten farklı olarak, eşitlikçi bir söylemin kurulması

8 Bu hemen akıllara ABD'nin çeşitli kentlerinde sokağa çıkan ve sayıları on binler düzeyinde olan insanların yüzde 99'u, yani on milyonlarca insanı temsil ettiklerini iddia ettikleri Occupy hareketini getirmiyor mu?

yoluyla yerleşik kimliklerin ve normların sorgulanmasını sağlayan bir *yıkıcı güç/süreç* olarak anlaşılır (Rancière 2010, 36-7).

"Hegemonik" düşünce çizgisine göre, Hardt ve Negri'nin kullandığı "çokluk" kavramı "eylemdeki kendiliğindenliği"ne dayanan doğal/içkin bir birlik sunar. Bu nedenle, bazı meşru sorular ortaya çıkar: Eğer "halk" ya da "çokluk" ya da herhangi bir verili özne doğal bir devrim yapma (ya da yapmama) yatkınlığına sahipse, neden siyasal eklemlenmeye ve siyasal mücadeleye gereksinimin duyulsun? Özgürleşmenin, eşitliğin vb. "doğal bir şekilde" gelmesi kaçınılmazsa neden bunlar için mücadele edelim? Gerçekten de, bir kendiliğindenlik ve içkinlik çerçevesi içinde siyaset düşünülemez hale gelir ve siyasal olarak inşa edilmemiş ve sadece "doğal" olan bir dolayımsız evrensellik hayaletine dönülür (Laclau 2001, 3; 2005b, 242; Mouffe 2008). Ayrıca, her yerde mevcut olan ve özgül bir temeli/biçimi olmayan ve karşısında "çokluk"un doğal bir şekilde ayaklandığı soyut bir düşman biçimi (yani, "İmparatorluk") (Hardt ve Negri 2000)[9] tüm toplumsal mücadelelerin (kısmen) somut aktörlerin belli hedefler için belli düşmanlara karşı yürüttükleri mücadeleler olduğu düşüncesi toplumsal gerçekliğe uygun değildir. Rancière'in ifade ettiği gibi, siyaset her zaman içsel olarak bölünmüş bir toplumsal gövdede, bir halkın diğerine muhalefetini içerir (Rancière 2010, 85).

Dolayısıyla, toplumsal gerçeklikle karşılaşmalar aydınlatıcı olabilir. Örneğin, Hardt ve Negri "Arap Baharı"nı heyecanla selamlamış ve "Araplar demokrasinin yeni öncüleridir," iddiasında bulunmuşlardı (Hardt ve Negri, 2011). Bu iddiaya mutlaka karşı çıkmak zorunda değiliz, ama "Tahrir olayı" hiç de Hardt ve Negri'nin çokluksal post-hegemonik siyaset kavramsallaştırmalarına uyuyor gibi görünmüyor ve daha çok hegemonya için savaşan "halk" (hatta, muhtemelen daha da ötesi "ulusal halk") anlamında bir kolektif mobilizasyon türüne benziyor. 2010–2011 kışında Tahrir Meydanı'nda toplanan kitlelerin "İmparatorluk", küresel

9 Çokluğun eyleminin ayırt edici özelliği, hegemonik açıdan "halk" için olduğu gibi, "tam anlamıyla" ***birlik*** ya da Laclau'nun "eşdeğerlik zincirleri"ne benzeyen bir tür yatay bağlanma ya da eklemlenme değildir (Laclau 2005b, 129-32). Momentsel kararsız birliği sadece evrensel bir rol talep etmeksizin tikellikler olarak kendiliğinden "başkaldırdığı" ya da bir *volonté générale*'i temsil ettiği tekil tezahürlerinde izlenebilir (bkz. Hardt ve Negri 2000, 58).

sermaye vb. gibi bir soyut evrensel düşmanı protesto etmediklerini çok iyi biliyoruz. Bu insanların düşmanları çok açıktı, bu kişinin bir adı vardı ve bu ad Hüsnü Mübarek'ti. Bu ad birleştirici ortak bir düşmanın insani simgesi işlevini gördü; Laclau'nun terimleriyle söylersek, ortak ötekiyi (bir boş göstereni), karşısında toplumsal, dini ve diğer farklılıkları aşan "eşdeğerlik zincirleri"nin oluşturulduğu düşmanı temsil ediyordu. Bu eşdeğerlikler sadece tüm tikellikleri/özneleri "kaplayan bir eksiklik anlamında" vardı (Laclau 2005a, 38); bu eksiklik, "özgürlük", "demokrasi", "olağanüstü halin kaldırılması", "ulusal bağımsızlık", "toplumsal adalet", "istihdam", "onur", "yoksulluk" vb. olabilirdi (Madrigal 2011). Tahrir Meydanı'ndaki insanların çok boyutlu gevşek bir kimliksizlikleri yoktu (bu somut bir kimliksizlik de değildi); onlar, kendilerini, hareketin yazdığı ilk kitapçıklardan birinde belirtildiği gibi bir halk, "Mısır halkı" olarak tanımlıyorlardı (Madrigal 2011). Tahrir Meydanı'nda mobilize olan kolektif özne, ortak davaya vurgu, ortak bir düşmana muhalefet ve ortak ulusal kimliğin büyütülmesi yoluyla dini, toplumsal ve diğer farklılıkları kısmen aşmayı başardı. Hardt ve Negri'nin "birlik/çoğulluk" ya da "Bir/Birçok" şeklindeki antitetik şemaları açısından, kalabalığın en çok attığı sloganlardan birinin "Biz biriz, biz biriz" olması ayırt edici bir özelliktir.[10] Bu örnekte birliği ve tekilliği daha çok vurgulamak mümkün değildir.

> Hıristiyan ile Müslüman, liberal ile İslamcı, köylü ile kentli, genç ile yaşlı, erkek ile kadın, zengin ile fakir, hepsi omuz omuza katillerle savaştı, sokaklarda güvenliği sağladı, yiyeceklerini ve içeceklerini paylaştı, yaralılara baktı ve Mısır Müzesi gibi kamu binalarını vandallardan ve hırsızlardan korudu. *Ulusal bayrak her yerdeydi ve göndere çekilen, dalgalandırılan ve vücutlara sarılan tek simgeydi.* (El-Affendi 2011, 1256; vurgular bana ait)

Yeniden siyasal biçim ve eylem meselesine dönecek olursak, eğer çokluk "örgütlenebilecek bir olanak, siyasal biçimler alabilecek bir örgütlenme

---

10 *Al Jazeera*'nın canlı bloğundan alıntı: "Saat 11.19. Protestoların geride kalan 13 gününde öldürülenler için cenaze namazının kılınacağı öğle ezanından önce Tahrir Meydanı'ndaki kalabalık bir birlik işareti olarak, 'Biz biriz, biz biriz' diye bağırıyor. Diğer bir slogan da 'Doğacak yeni güneş için Müslümanlar ve Kıptiler el ele' (Al Jazeera 2011).

biçimiyse" (Hardt 2004), çokluğun tam olarak kendisini özgül bir "ortak öteki"ye karşı bir bütünlük olarak temsil ettiği momentte bir "halk" olmasını/haline gelmesini önleyen nedir ("yozlaşmış bir devlet", bir diktatör ya da Uluslararası Para Fonu gibi uluslarüstü bir örgüt, "%1"in oligarşisi vb.)? Hardt ve Negri başka bir noktada şunu öne sürerler: "Sorulması gereken soru [...] 'Çokluk nedir?' değil, 'Çokluk ne haline gelebilir?' sorusudur" (Hardt ve Negri 2004, 105). Bu ifadede çokluk tam anlamıyla bir *gücüllük* olarak sunulur; önemli olan daima çokluğun ne olabileceğidir. O halde çokluk neden bir "halk" ya da bir "halk" neden bir çokluk olamaz ya da olmamalıdır? Eğer bu sorunun yanıtı baştan veriliyorsa, bunu sormanın ne anlamı olabilir? Onun çok boyutlu ve çoğul kimliğini koruyan (ve onu "yeni" ve "farklı" ve halktan ayrı kılan) özgül *öğe* ya da *nitelik* nedir ve çokluğun Hardt ve Negri'nin betimlemelerine tam olarak tekabül eden hangi uygun tarihsel örneğini bulabiliriz?

Bir Seçim Yapmalı mıyız?

Yukarıdaki sorulara verilebilecek ilk yanıt başka bir soru olabilir: "Çokluk" ile "halk" arasında bir seçim yapmalı mıyız? Burada gerçekten önemli olan "halk" nosyonunun yerine "çokluk" nosyonunu koymak mıdır? Bunlar retorik sorular olmak zorunda değildir. Bu ihtilaf bizi siyaset teorisinin rolü üzerine bazı temel meselelerle yüzleşmeye iter. Bu, toplumsal ve siyasal gerçekliğin teorileştirilmesi –ve böylece onu değiştirme olanağı bulmamız– anlamına mı gelir? Kendimizi özgürleştirmenin ve özgürlüğün araçlarını mı sağlar? Mevcut toplumsal varlıkları adlandırmaya ve olanaklı yeni toplumsal varlıkları tasavvur etmeye mi yöneliktir? Yoksa söz konusu olan toplumsal gerçekliği aktif bir şekilde inşa etmek midir? Belki de siyaset teorisinin rolü, yukarıdakilerin tamamı ve biraz daha fazlasıdır. Elbette, burada yanıtlanması neredeyse olanaksız olan bu soruları yanıtlamaya çalışmayacağız. Bunu nasıl yapabiliriz?

O halde, "çokluk" ile "halk" arasında bir karar vermeden önce izlenebilecek alternatif bir yol, bu nosyonların temel ve tarihdışı/tarihötesi içeriğinin/içeriklerinin ne olduğuna ya da ne olabileceğine odaklanmak yerine, günümüzde ne anlama gelebileceklerine ve işleyişlerinin toplumsal mücadeleleri ve demokratik eylemliliği nasıl etkileyebileceğine odaklanmaktır. Benim hipotezim, belki de bu iki kategori arasında tercih yapmamızın bile gerekli olmadığıdır; çünkü kolektif özneler istikrarlı somut varlıklar olarak billurlaşmazlar, biçim ve eylem açısından oldukça değişkendirler ve çok farklı şekillerde tezahür edebilirler. Ayaklanmalar ve yeni kolektif öznellikler çoğu zaman verili olanın yüzeyinde çatlaklar açarak, onu rahatsız ederek birlik/çoğulluk, tekillik/evrensellik gibi kısıtlayıcı ikiciliklerin sınırlarını aşar ya da dışına çıkar (bkz. Arditi 2012). "Halk" ve "çokluk", ampirik verilere değil, kolektif/demokratik eylemliliğin belli potansiyel billurlaşmalarına işaret eder. Fiilen ortada, özgül ve sabit olan somut varlıkları adlandırmazlar. Böyle tarihsel öznelere bir tür ayırt edilebilir biçim dayatan unsur, onları anlamlandırmak için kullandığımız kategorilerdir. Sonuçta, Mısır'daki Tahrir Meydanı'nda oluşan kolektif öznelerin ya da Yunanistan'daki Sintagma Meydanı'nda *aganaktismenoi* adı verilen öznelerin bu analiz kategorilerinden birine ya da diğerine mükemmel bir şekilde uydurulabilen özgül özellikleri açıkça ortaya koyduğundan o kadar emin miyiz? Bir çokluğun antagonistik bir güce muhalefet ederken bir "halk" gibi hareket edemeyeceğinden ya da konuşamayacağından ve bunun tersinin de geçerli olamayacağından o kadar emin miyiz? Odak noktamızı özgül içerikten/içeriklerden biçime ve siyasal mantığa/mantıklara kaydırmanın ve hatta tüm kavramsal muhalefetin içerdiği temel kavramsal kısıtlamaları aşmanın "halk" ve "çokluk" gibi kolektif özneleri teorileştirmenin daha iyi bir yolu olabilmesinin nedeni budur.

Bu anlamda, diğer post-işçici düşünürlerle birlikte Hardt ve Negri'nin de halkı kavramsallaştırma biçimindeki temel hatalarından biri, bu kavramı "kesin nitelikleri, sınırları, yapısı ve devamlılığı olan bir grup"la kısıtlamalarıdır (Canovan 2005, 140). Canovan'ın (2005) çalışmasında çok başarılı bir şekilde gösterdiği gibi, böyle kısıtlayıcı bir yaklaşım, en hafif deyimle, sorunludur. Bir halk (tüm diğer kolektif özneler gibi) önceden sabitlenecek belli özelliklere sahipmiş gibi görülemez. Ayrıca *ex nihilo* olarak yaratılamaz, yani hiçlikten ortaya çıkamaz. İnşa edilmek zorundadır. Ve gördüğümüz gibi, Laclau'nun tarzında, belli bir tikellik evrensellik adını edindiğinde (ya da böyle bir iddiada bulunduğunda), bir farklı talepler ve kimlikler zinciri için ortak simge olarak işlediğinde, bir "halk"ın doğum anına tanık oluruz. Bu, elbette, böyle kolektif bir öznedeki tikelliklerin daha geniş bir "biz"e ait olabilmek için özgül ayırt edici özelliklerini bırakmak ya da bastırmak zorunda oldukları anlamına gelmez, sadece (geçici olarak) kendilerini ortak bir davanın ekseninde ya da "hepsini kapsayan" bir eksiklik anlamında yeniden yönlendirdikleri anlamına gelir (Laclau 2005a, 38). Bir halk, bu anlamda, heterojenliğini korumaktan başka bir şey yapamaz (Laclau 2005b, 241) ve hegemonik anlamda siyasal mücadele illa ki tikelliği terk etmekle sonuçlanmak zorunda olmayıp bunun yanı sıra "tamamlayıcı bir anlam"ın kabul edilmesiyle de sonuçlanabilir. "Bu tamamlama, biçimsel olarak birbirinden ayrı mücadelelere izin vermesi ve verili bir güç kümelenmesine meydan okumaya yönelik yeni bir öznellikle kaynaşması açısından kritik önemdedir" (Arditi 2007, 206). Bu şekilde tasavvur edildiğinde halk, özgül olumsal tarihsel koşullara bir yanıt olarak billurlaştığı için hiçbir zaman istikrarlı ve somut bir varlık oluşturmaz. Örneğin 1989'da Leipzig'de yaşanan protesto gösterilerindeki "halk" kısa süre içinde ayrışarak Batı Almanya'daki nüfusu da içeren bir "yeni halk"a dönüştü (Canovan 2005, 4) ve bu, popüler bir öznelliğin daha fazla özneyi kucaklamak için kendini aştığını gördüğümüz pek çok örnekten sadece bir tanesidir. Başka bir deyişle, benim "halk" kavramından anladığım, illa ki kapalı, dışlayıcı, tamamlanmış, homojenleştirici değil, açık, olumsal ve kırılgan, çok boyutlu ve kararsız bir şeydir.

Bonnie Honig, Rousseaucu paradokstan esinlenerek[11] "halk daima karar verilemez bir şekilde aynı zamanda bir 'çokluk'tur" (Honig 2009, 19) görüşünü ortaya atar ve bunun tersi de geçerlidir. Bu bağlamda, mutlaka çokluk ile halk arasında seçim yapmak zorunda değiliz; çünkü çokluk kendisini "onlar" karşısında daha geniş bir birleşmiş "biz" olarak tasavvur ettiği anda çokluğun içinden bir halk ortaya çıkabilir. Bu arada, bir halk da daima çokluksal biçimine geri dönerek çoğulluğunu ve çok boyutluluğunu ortaya koyabilir ve çokluksal kurucu

---

11 Bu paradoksa göre, "iktidar halkın elinde olmalıdır, ama halk hiçbir zaman iktidarını demokratik bir şekilde uygulaması konusunda kendisine güvenilmesini olanaklı kılacak derecede tam (birleşmiş, demokratik) olmayacaktır." (Honig 2009, xvi).

öğelerini olumlayabilir. Başka bir deyişle, "halk"ın halihazırda olanak olarak çokluğu içerdiğini varsayabiliriz, çünkü onun açık, kararsız ve tamamlanmamış doğası, özgül olumsal tezahürlerini ya da nihai bir sabitleştirmeyi önceden belirleyemez. "[T]am bir yumurta-tavuk problemi şeklinde" (Honig 2009, 22), aynı durum "çokluk" için de geçerlidir ve o da halihazırda olanak olarak halkı içerecek şekilde algılanabilir.

Bu çerçevede çokluk halkın bir durumu ya da metonimisi olarak ya da hatta bir iç moment/olanak olarak görülebilir. Hardt ve Negri'nin çokluğun ne şekilde olursa olsun bünyesinde tikelliği ve farklılığı koruyan çoğul ve çok boyutlu doğası konusundaki ısrarlarının "çokluk olarak biz" dedikleri anda çelişkili bir ifade oluşturmasının nedeni budur. Hardt ve Negri'nin analizleri yerinde olsaydı, çokluk kendiliğinden bir "halk"a dönüşmediği sürece herhangi bir kapsayıcı ve birleştirici "biz"e sığdırılamazdı, çünkü bu –kısmen– onun tanımlayıcı farklılığıdır.

Burada benim kastettiğim "biz"in, bir temsil eylemini, bir evrensellik üstlenme eylemini yerine getiren ve hem Laclau'ya hem de Hardt ve Negri'ye göre "halk"ın işleyişini mükemmel bir şekilde kuran "biz" olduğunu vurgulamalıyız. Yine de, bu, iki kategoriyi –ve özneleştirme ve siyasal eylem biçimlerini– somut ve esnetilemez kavrayışlar olarak ele almak zorunda olduğumuz anlamına gelmez, çünkü bu bizi sadece bir tür özcülüğe götürür. Bu, bana göre, ne "hegemonik" ne de "post-hegemonik" tarafın kaçınabildiği bir şeydir. Hegemonik tarafta, Laclau (ve Mouffe) hegemonyayı özselleştiriyorlar gibi görünmektedir; hegemonya –diğerleri gibi sadece bir siyasal eklemlenme mantığından öte– siyasetin gerçek özü haline gelir, çünkü hegemonya olmadan siyaset düşünülemez olur (Laclau 2005c, 258). Post-hegemonik tarafta ise, Hardt ve Negri teleolojileri ve mesihçi teolojiyi andıran radikal içkincilikleri yoluyla siyaseti inkâr ediyor gibidirler; yeni bir demokratik dönüştürme ve özgürleştirme projesini gerçekleştirebilecek olan daima sadece çokluktur (Hardt ve Negri 2004, 99); böyle bir görevi yerine getirmek kaderinde olan bu tikel özne dışında başka bir yol, başka bir olanak yoktur.

Teorik Soyutlamanın Doruklarından Toplumsal Gerçekliğin Engebeli Zeminine: Yunanistan Meydanlarındaki *aganaktismenoi*

Herkes birdi.[12]

Şimdi toplumsal gerçekliğin ve son dönemdeki deneyimlerin tartışmayı derinleştirmemiz için bize ne gibi malzemeler sağlayabileceğine daha yakından odaklanmak istiyorum. Yunanistan son birkaç yıldır Avrupa'nın ve dünyanın ilgisini üzerinde topluyor. Avrupa'daki ve başka yerlerdeki analistler ve siyasetçiler Yunanistan'ın çok yönlü krizini küresel ekonomi için öngörülemez toplumsal ve siyasal sonuçlar getirecek bir domino etkisini tetiklemesi muhtemel bir tehdit olarak görüyorlar. Şu ana kadar Yunanistan hükümetlerinin dayattığı aşırı kemer sıkma önlemleri sonuç vermiş gibi görünmüyor; ülke yakın tarihteki en derin ekonomik krizlerden birini yaşamak açısından rekor kitaplarına girmek üzereyken ülke ve Avrupa Birliği açısından tam bir çöküş yaşama tehlikesi de ortadan kalkmış değil. Durgunluk her geçen gün daha da derinleşirken, işsizlik ve yoksulluk tarihsel boyutlara ulaşırken (ELSTAT 2013) ve demokratik özgürlükler saldırı altındayken Yunan toplumu patlamaya hazır bir kazanı andırıyor (Kouvelakis 2011).

Son birkaç yılda, gayri resmi daimi istisna haline (Agamben 2005) ve 2009'dan bu yana Yunan hükümetlerinin uyguladığı aşırı kemer sıkma politikalarına karşı, çok sayıda ulusal grev, çok geniş katılımlı gösteriler, dayanışma hareketleri, kamu binalarının ve meydanların işgal edilmesi, eylemcilerin kendi örgütledikleri özerk mekânların yaygınlaşması gibi çok çeşitli kolektif eylem ve mobilizasyon biçimlerine tanık olduk. Yukarıdaki hareketlerin hepsini bir bakıma içine alan (ve bunların sonucu olan) en büyük ve önemli hareketlerden biri *aganaktismenoi* adı verilen hareketti. Bu hareket doğrudan adını aldığı İspanya'daki geniş katılımlı *indignados* hareketinin bir devamıydı.

12 Sintagma Meydanı'ndaki *aganaktismenoi*'den biri olan Achileas Stavrou'nun Haziran ve Temmuz 2011'de düzenlenen büyük protesto gösterilerinde Yunan polisinin saldırdığı kitleye atfen söylediği söz (Giovanopoulos ve Mitropoulos 2011: 38).

İndignados'un da bir bakıma "Arap Baharı" mobilizasyonunun devamı olduğu öne sürülebilir.[13]

Her şey Mayıs 2011'de başladı. Yunan hükümetinin ve "troyka" adı verilen oluşumun uyguladığı kemer sıkma önlemleri binlerce insanı işsizliğe ve yoksulluğa mahkûm ettiği için Yunanistan zaten birkaç yıldır post-otoriter tarihindeki (yani 1974'te yedi yıllık diktatörlüğün çöküşünden sonraki) en büyük kitle gösterilerine sahne oluyordu. 2009'da başlayan ve giderek kötüye giden ekonomik durgunluk ve işsizlik sarmalının sonu görünmüyordu (hâlâ da görünmüyor) ve öfke ve kederin eşlik ettiği memnuniyetsizlik toplumda birikip patlamaya hazır bir hale gelmişti. 15 Mayıs 2011 ve izleyen günlerde İspanya'da *indignados* hareketi üyeleri, büyük kitle gösterilerinin ardından Madrid'de Puerta del Sol, Barselona'da ise Plaça de Catalunya meydanlarını işgal ettiler. Günlerce bu meydanlarda kalarak doğrudan demokrasi meclisleri, kemer sıkma önlemlerini ve hükümeti protesto etmeye yönelik eylemler ve sanat/aktivizm gösterileri düzenlediler. İspanya'da oynanan bir futbol maçında açılan "Sessiz olun, Yunanlar uyuyor!"[14] şeklindeki bir pankartın yanlış anlaşılması, Yunanistan'da benzer bir mobilizasyonu tetikleyen ilk kıvılcım oldu. Böylece, 18 Mayıs ve izleyen günlerde hem İspanyolları hem de Yunanları içeren bir topluluk Atina'daki İspanyol büyükelçiliğinin önünde kamp kurarak İspanyol protestocularla dayanışmalarını ilan ettiler. 20 Mayıs'ta Facebook başta olmak üzere sosyal medya sitelerinde Yunanistan'da da benzer bir mobilizasyonu başlatmak üzere Atina'da Sintagma Meydanı'nda ve Selanik'te (yine kentin merkezi bir noktası olan) Beyaz Kule'nin önünde toplanmak için ilk çağrılar yapıldı:

---

13 ABD'deki Occupy hareketinin üyeleri tarafından hazırlanan bir broşür olan *Occupy Wall Street Journal*'ın birinci ve ikinci sayısında Occupy hareketi için 17 Aralık'ta Tunus'ta başlayan, sonra Mısır'a, daha sonra da Londra, İspanya ve Yunanistan'a sıçrayan ve nihayet ABD'ye varan ilginç bir zaman cetveli yer alır (bkz. http://occupiedmedia.us/, erişim tarihi: 11 Ocak 2013'te erişildi). Burada, çok farklı ve birbirlerinden uzak ortamlarda ortaya çıksalar da bu hareketler arasında bir devamlılık olduğu, bu hareketlerin ortak bir şeyleri paylaştıkları yönünde bir algı karşımıza çıkıyor.

14 "Sss silencio, los griegos duermen!"

> Krize ve bizi bu noktaya getiren herkese karşı öfkemizi barışçıl bir şekilde ortaya koyacağız. Kendiliğinden, siyasal partilerden, gruplardan ve ideolojilerden bağımsız olarak.[15]

İnsanlar bu çağrıya tahmin edilemeyecek derecede güçlü bir yanıt verdi. 25 Mayıs'ta on binlerce, belki yüz binlerce insan protesto için Sintagma Meydanı'nda ve Yunanistan'ın başka kentlerindeki merkezi meydanlarda toplandı ve haftalarca bu meydanlarda kaldı. Stathis Kouvelakis'in "meydanların insanları" adını verdiği bu grup, "heterojen bir gruptu ve büyük ölçüde iki büyük partiden uzaklaşan seçmenlerden oluşuyordu. Geleneksel temsil sisteminden dışlanan toplum kesimleri de (geçici işçiler, üniversite mezunu işsizler vb.) bu gruplara katılmıştı" (Kouvelakis 2011, 23).[16]

Aganaktismenoi'nin temel ayırt edici özellikleri ilk bakışta Hardt ve Negri'nin çokluk kavramsallaştırmasını anımsatıyordu. Lideri olmayan ve kendi kendine örgütlenmiş bir mobilizasyon söz konusuydu; kararlar düzenli olarak yapılan ve herkese açık doğrudan demokrasi meclislerinde alınıyordu[17]; bu toplantılarda istisnasız herkesin belli bir süre konuşma hakkı vardı (açık demokratik müzakere, pratiklerinin çok önemli bir özelliğiydi). Toplumsal ve ideolojik heterojenlik ayırt edici özellikleriydi ve ideolojik açıdan ortak bir "renk"i paylaşmıyorlardı. Çalışmaları yeni sosyal ağ teknolojilerine dayalıydı ve iletişim kurmak, fikirlerini yaymak ve eylemlerini koordine etmek için bu teknolojileri yoğun bir şekilde

---

15 20 Mayıs'ta Facebook'ta *aganaktismenoi* imzasıyla yayına sokulan ve halkı 25 Mayıs'ta kentin meydanlarında toplanmaya ve bu meydanları işgal etmeye davet eden çağrı metnidir (Giovanopoulos ve Mitropoulos 2011, 277).

16 Achileas Stavrou'nun betimlemesi, *aganaktismenoi*'nin ayırt edici özelliği olan çok boyutluluğu açık ve net bir şekilde ortaya koyar: "Her yaştan insan, holiganlar, hüsrana uğramış solcular, kot etekli hanımefendiler, yırtık kot pantolonlu gençler, geyler, anarşist eğilimleri olan lümpenler, faşist eğilimleri olan lümpenler, yüksek topuklu ayakkabılar giyen kızlar, eski konformistler, ağır adımlarla yürüyen, mutsuz yaşlılar, göçmenler, motosikletliler, şirket yöneticileri... hippiler... genç ve orta yaşlı işsizler, işten çıkarılmış özel sektör çalışanları, iflasın eşiğindeki ya da iflas etmiş küçük işletme sahipleri, PASOK seçmenleri, Yeni Demokrasi seçmenleri, tüm siyasal partilerin seçmenleri ve ve ve ..." (Giovanopoulos ve Mitropoulos 2011, 31).

17 Bu toplantılara "halk meclisi" adını veriyorlardı ve bazı yorumcular bu meclisleri antik Atina'da *demos*'un demokratik bir şekilde tartışmak ve karar vermek için toplandığı *agora*'lara benzettiler (bkz. Douzinas 2011b, van Versendaal 2011).

kullanıyorlardı. Örgütlenmeleri yatay ilişki içinde olan, merkezi olarak koordine edilmeyen ve belli görevleri ve faaliyetleri yerine getiren açık "çalışma grupları"na dayalıydı (sağlık grupları, iletişim grupları, insanları sakin tutmakla görevli gruplar, sanat grupları vb.) (Douzinas 2011b, Giovanopoulos ve Mitropoulos 2011). Elbette dolayımsız bir şekilde bir araya gelmişlerdi; vücutları belli bir mekânda, işgal edilmiş meydanda yan yanaydı, dolaysız yollarla müzakere ediyorlardı, "şimdi ve burada" ortak kararlar veriyorlar ve ortak eylemlerde bulunuyorlardı.

Peki hareket (kendisi için, kendisinden vb.) konuştuğunda ve dolayısıyla eyleme geçtiğinde ne oluyor? Kendisini ve kendi ötekisini/ötekilerini; içerisini ve dışarısını nasıl tasavvur ediyor? Hareketin söyleminin "düğüm noktası"yla başlayalım. Mobilizasyonların başlangıcından itibaren (İspanya'daki *indignados*'ta olduğu gibi) protestocular arasında bir talep ön plana çıktı: "Doğrudan demokrasi!" (İlk halk meclislerinden sonra İspanyolların "gerçek demokrasi" sloganı Yunancada hafifçe değiştirilerek kullanılmaya başlandı.) Hedef açıktı (daha iyi bir demokrasi) ve düşman da daha en başından itibaren ortadaydı: Daha önce benzeri görülmemiş sosyoekonomik krizden sorumlu tutulan "yozlaşmış siyasal elitler" (ve onları "kontrol" edenler; "troyka" denen oluşum –Avrupa Merkez Bankası, Avrupa Birliği ve Uluslararası Para Fonu– ya da "sermaye"). Slogan "Hepsi gitsinler"di[18]. Düşman daha geniş bir düzlemde kötü bir şöhret kazanmış olan spekülatif "piyasalar" şeklinde de tanımlanabiliyordu (Giovanopoulos ve Mitropoulos 2011, 29). Dolayısıyla, solculardan, merkezcilerden, milliyetçilerden, dindarlardan ve apolitiklerden oluşan heterojen bir kitle, yavaş yavaş, sloganları, pankartları ve elbette açık meclisleri ("halk meclisleri") yoluyla konuşan kolektif bir aktör, bir "biz", yani bir ses olarak şekillendi.[19]

---

18 Sintagma Meydanı'ndaki kitle, sık sık Yunanistan'ı yöneten elitlere ve "troyka"ya hitaben "Memorandumunuzu alın ve buradan defolun" sloganını atıyordu. Bu slogan bize birkaç yıl önce Arjantin'de *piqueteros*'un kullandığı ana sloganı hatırlatıyor: "*Que se vayan todos*" ("hepsi çekip gitsin").

19 Bu meclislerin tutanaklarına ve bu meclislerden ortaya çıkan çeşitli çağrılara, kararlara ve oylama sonuçlarına (daha doğrusu bunların bir seçkisine) şu kaynaktan ulaşılabilir: Giovanopoulos ve Mitropoulos 2011, 327-44. Tutanakları okuyunca ilk gözümüze çarpan, her bireyin kendisini ortak bir düşmanla mücadele eden daha genel bir "biz"in parçası olarak tasavvur etmesidir.

Tıpkı İspanya'daki *indignados* gibi (Charnock vd. 2012), bu hareket de konuşmak istediğinde, halka hitap etmek istediğinde tek bir ses şeklinde kaynaşmakta, kendiliğinden eylemde bulunan/konuşan/talep eden bir "biz" olarak ortaya çıkmaktadır. Bir liderinin olması zorunlu değildir; yukarıdan gelen bir sorgulama yoktur; kolektif özne kendi kendisini sorguluyor gibidir. "Halk meclisi"nde yapılan çeşitli oylamalar dışında, bu tutanakların bir parçası olan her birey daha genel bir "biz"in parçası olarak konuşmuştur. Meclislere bu atıf damgasını vurmuştur (Giovanopoulos ve Mitropoulos 2011, 44). Ve bu muğlak bir "biz" olarak ortaya çıkmadı, *aganaktismenoi* şeklinde bir adı vardı. Bu "biz", "olan bitene artık tahammül edemeyen ve artık mücadele etmek isteyen 'biz' hepimiz"di.[20] Hareket, "elitler", yani "memorandum"da şart koşulan kemer sıkma politikalarını ve işsizliğe ve durgunluğa yol açan neoliberal reformları savunanlar şeklinde bir düşman da belirlemişti.

Burada, mükemmel bir şekilde "siyasal olan"ın Schmitt'çi (ve Laclau'cu) momenti olan bu kendini ve düşmanını adlandırma sürecinde, Laclau'nun "boş gösterenler" olarak adlandırdığı şeyin işleyişini de görüyoruz (Laclau 2005b, 69–71). Sintagma Meydanı'ndaki öznenin adı, yani *aganaktismenoi* başlı başına bir *boş gösteren*'dir. "Yozlaşmış" hükümete, Yunanistan'ın ve Avrupa'nın ekonomik elitlerine, "teknokratlar"a ya da kapitalist sistemin kendisine ya da başka bir şeye karşı öfkeli olmasından bağımsız olarak neredeyse herkes kendisini bununla özdeşleştirebilir. *Aganaktismenoi* içinde bazıları, yani "üst" meydanda toplanan ve oldukça yurtsever, hatta milliyetçi görüşler ifade edenler, muhtemelen Yunan ulusunun dışında olan ve "yeni bir dünya düzeni" hazırladığını iddia ettikleri kişilere, "yabancılara", hatta göçmenlere vb. karşı öfkeliydiler. Bu kişilerin varlığının, kısa süre içinde, benzer deneyimler yaşayan ya da çeşitli baskı biçimlerine karşı halk ayaklanmalarına tanık olan ülkelerle dayanışmayı ifade etmek amacıyla

---

20 Sintagma Meydanı'nda "halk meclisi"nden çıkan ilk oylama sonucu şöyleydi: "Çok uzun bir süredir bizimle ilgili kararlar biz olmadan alınıyor. Biz hayatlarımız ve geleceğimiz için mücadele etmek ve savaşmak üzere Sintagma'ya gelen işçiler, işsizler, emekliler ve gençleriz ... buraya gelmemize yol açanlar, yani hükümetler, troyka, memorandumlar ve bizi sömüren herkes gidinceye kadar meydanlardan ayrılmayacağız" (Giovanopoulos ve Mitropoulos 2011, 279-80).

İspanya, Portekiz, Arjantin, Tunus ve başka ülke bayrakları sallayan çoğunluk tarafından etkisizleştirildiğini ve mobilizasyonun uç noktalarına hapsedildiğini belirtmek de yerinde olacaktır (Giovanopoulos ve Mitropoulos 2011, 47).

Hiç kuşkusuz, meydanda protesto gösterilerine katılan ve kamp kuran on binlerce ya da yüz binlerce kişi, "halk" adına, artık usanan ve öfkesini ifade etmeye çalışan herkes adına konuşuyordu. Ortak düşman, parlamentodakiler, yani bunca yıldır ülkeyi yöneten ve onu bu duruma getirenler tarafından temsil ediliyordu. *Aganaktismenoi* ortak düşmanlarına karşı tikel kimliklerinden feragat etmeksizin "eşdeğerlik zincirleri"yle birbirlerine bağlıydı. Çizdikleri temel antagonizma resmi oldukça açıktı: "Gitmesi gerekenler 'onlar' ve dizginleri ellerine alması gerekenler 'biz', yani 'halk'tır." Hatta *aganaktismenoi*'nin en saf haliyle bir tür ilerici demokratik *halkçılık* kurduğunu bile ileri sürebiliriz (bu hipotezin ayrıntılı bir şekilde ele alınması bu bölümün amaçlarının dışında kalıyor).

Özetleyecek olursak, *aganaktismenoi* – Laclau'cu/Rancière'ci anlamda– halkın bir siyasal momentinin mükemmel bir örneği olarak görülebilir. Protestocular toplumu temel bir ayrım/antagonizma (*biz*, "halk" karşısında onlar, "düzen") çerçevesinde düzenlemekle yetinmediler. "Her zamanki siyaset"i kesintiye uğratıp eşitlikçi bir iddia ortaya atmakla da yetinmediler. Radikal yeniden bir düzenleme eylemi yerine getirdiler, canlı demokratik siyasetin radikal biçimde antagonistik bir alanını, radikal biçimde yeni bir rakip *topos*'u, yani parlamentoya karşı meydanı/meydanları, gerilerinde post-demokratik bir şekilde güncel siyasetin yürütüldüğü çeşitli kapalı kapılara karşı meclislerin açıklığını hayata geçirdiler (Crouch 2004). Tıpkı İspanya'daki *indignados* örneğinde olduğu gibi, "[s]iyasal sahne artık resmi siyasal kurumlar değil, ülke çapındaki meydanlardı" (Thomassen ve Prentoulis 2012). Ve bu eylemi, hareketin geniş çeşitliliğini ifade etmeyi başaran ortak bir ad, bir boş gösteren olarak *aganaktismenoi* adı altında gerçekleştirdiler. Yine de, kendimizi kaptırıp naif bir şekilde bunun hegemonik "halk"ın tipik bir tezahürü olduğunu varsaymamalıyız. Marina Prentoulis ve Lasse Thomassen, hem İspanya'daki *indignados*'u hem de Yunanistan'daki *aganaktismenoi*'yi ele aldıkları ilginç analizlerinde, bunun bu kadar basit olmadığını şu şekilde ifade ederler: Hareket "yataylık ile dikeylik, özerklik ile hegemonya ya da temsilin ötesine geçmek ile temsil edici yapıları kabul etmek arasındaki [...] bir gerilime takılıp kaldı" (Prentoulis ve Thomassen 2012, 2). Çokluk/halk ayrımının sorgulanmasını gerekli hale getiren de tam olarak bu gerilimdir.

"Çokluksal bir Halk"a Doğru mu?

> Bir siyasal nosyonu gerçek anlamda siyasal yapan [...] birçok farklı anlamı olması değil [...] bu nosyon üzerinde bir mücadele verilmiş olmasıdır. Siyasal mücadele aynı zamanda kelimeleri sahiplenme mücadelesidir. (Rancière 2011, 78)

Şimdi teori ile toplumsal deneyim diyalektiği üzerine biraz kafa yormak için halk ile çokluk arasındaki teorik tartışmaya dönmek istiyorum. Çokluğun paradigmatik bir tezahürü olduğu farz edilen (Hardt ve Negri 2012, Douzinas 2011a) Yunanistan'daki *aganaktismenoi* hareketine kısaca baktıktan sonra, teorinin toplumsal gerçeklikle nasıl bir bağlantı içinde olduğunu irdeleyebiliriz. Göstermiş olduğum gibi, *aganaktismenoi* hiyerarşi karşıtı, çok boyutlu ve çoğul, heterojen vb. olması açısından yeni bir özne gibi görünüyor. Bununla birlikte, eğer bu özneyi "biyopolitik çokluk" açısından tasavvur edersek, eylemi/biçimi açısından "halk" olarak teorileştirilen şeyden farklılaşmadığını göreceğiz. Ve elbette bu durum sadece Yunanistan örneği için geçerli değildir, çünkü bu örnek geçmişi ve geleceği olarak kabul ettiği başka bazı mobilizasyonlarla bariz benzerlikler ve bağlantılar gösteriyor.[21]

Dolayısıyla, "halk" önceden sabitlenmiş içerikleri olmayan bir siyasal değişimin potansiyel öznesi, başka öğelerin yanı sıra siyasal olanın bir mantığının billurlaşması olan bir siyasal süreçte temel bir gösteren olarak anlaşılıyorsa, onu *aganaktismenoi*'yle özdeşleştirmekte hiçbir güçlük çekmeyiz. Halk, Laclau ve Rancière'in öne sürdüğü gibi, tikel bir özne, evrensellik rolünü üstlendiğinde ve kendisini ortak ötekinin karşısına koyduğunda var olmaya başlar. Bir kez daha vurgulamalıyız ki bu, tikellik ile evrensellik arasındaki bu diyalektikte heterojenliğin

21 Yukarıda (dipnot 13'te) belirtildiği gibi, *Occupy Wall Street Journal* broşürünün birinci ve ikinci sayılarındaki zaman cetvellerine bakın.

bastırıldığı ve mutlak birliğe indirgendiği anlamına gelmez. Simon Critchley'in kelimeleriyle ifade edersek, halk

> [...] bir ulusal özün tezahürü, bir ırkın iddia edilen birliği, bir ulus-devletin yurttaşları, proletarya gibi özgül bir sınıfın üyeleri ya da din, etnisite ya da başka herhangi bir şeyle tanımlanan özgül bir topluluğun üyeleri [değildir]. Halk toplumsal olarak tanımlanamaz ve herhangi bir bölgeselleştirici terimle kontrol altına alınamaz. (Critchley 2007, 129)

Atina'daki kitle işte bu anlamda topluluğun tamamını temsil ettiğini iddia ediyordu ve kendinden önceki ve sonraki toplumsal mobilizasyonlarda da aynı iddia yankılanıyordu: ABD'deki protestocular "biz yüzde 99'uz" iddiasında bulunuyordu, *aganaktismenoi* "biz halkız" diye bağırıyordu, Tahrir Meydanı'ndaki binlerce Mısırlı "biz biriz, biz biriz" sloganını atıyordu ve bu örnekler daha da çoğaltılabilir. Burada temel nokta topluluğun tamamını temsil etme iddiasıdır ve bu, halkın "evrensel moment"idir ve (zaten olanaksız olan) birliği değildir. Hardt ve Negri'nin "çokluk"la ilgili önerileri burada "halk" için de tam anlamıyla geçerlidir: [Halk] "bir olma değil, yapma süreci – ya da sabit ya da statik olmayan ve bir yapma süreciyle sürekli olarak dönüştürülen, zenginleştirilen, kurulan bir olma süreci [...] olarak anlaşılmalıdır" (Hardt ve Negri 2009, 173).

Dolayısıyla, "halk" gibi bir öznenin amacı, Antonio Gramsci'nin geleneksel hegemonik biçimde söyleyeceği gibi, illa ki "devlet olmak" zorunda olmadığı gibi, illa ki kendisi dışında bir "yapıcı" da gerektirmez. Hedefi, kendisini bir (kararsız ve geçici) evrensel özne olarak, değişimin bir öznesi olarak kurmaktır. Ve tüm temsiller yetersiz ve her düzen geçici ve kararsız olduğu için, bir "halk" hiçbir zaman bir olamaz ve her zaman içeriden ya da dışarıdan gelen itirazlara açıktır. Herhangi bir "halk"ın yükselişi ortadan kaldırılamaz bir olanaktır ve toplumsal mekânın bu tür ortaya çıkmalara açıklığı demokrasi için çok önemli bir öğedir.

Bu durum, post-işçici düşünürlerin önerdiği "mutlak demokrasi" vaadinin pasif kalmaya dolaylı bir çağrının ("İmparatorluk" er geç kendisini yıkacağı için aslında belli orta ya da uzun vadeli hedefleri amaçlayarak mobilize olmak zorunda değiliz) yanı sıra bir radikal dışlama tehlikesini de içerdiği olgusunu gözden kaçırmamıza yol açmamalıdır. Er geç demokrasinin tam anlamıyla gerçekleştiği bir noktaya ulaşabileceğimizi varsayarsak, bu, verili bir (tam olarak "demokratik") sabit düzene karşı herhangi bir talebin, herhangi bir eylemin otomatik olarak anti-demokratik bir tehlike, demokrasiye bir tehdit olarak yorumlanacağı ve dolayısıyla meşru siyasal mücadele alanının dışında görüleceği anlamına gelir. Bununla birlikte, er geç tam olarak gerçekleşmesi yoluyla kendisini inkâr etmeyen bir demokrasiye sadakat, mutlak bir demokrasinin olanaksızlığının ve bunun yanı sıra bir demokrasinin gelmesi için verilecek bir daimi demokratik mücadele gereksiniminin kabul edilmesini önvarsayar (Derrida 2006, 80-82).

Halkı reddetme ya da onu başka bir öznenin karşısına koyarak bu öznenin halkın yerine geçtiğini ve tek gerçek demokratik özne, demokrasiyi tam anlamıyla gerçekleştirmeye muktedir tek özne olduğunu öne sürme stratejisi, bize Brecht'in gerçekliğin Procrustes'in yatağının üzerinde çekilip uzatılarak ona uydurulması gerektiği yolundaki ironisini hatırlatıyor. Mısır'dan İspanya'ya, Yunanistan'dan ABD'ye kadar dünyanın dört bir köşesinde evrensel bir öznenin rolünü üstlenme iddiasındaki tikellikler olarak "halk" adına hareket eden ve böylece radikal bir temsil eylemini yerine getiren pek çok harekete tanık olduğumuz böyle bir dönemde, "halkın öldüğü"; temsilin, modası geçmiş ve demokrasi üzerinde ters etki yaratan bir şey olduğu ve artık radikal demokratik siyaseti İmparatorluğa karşı içkin çokluk çerçevesinde kavramsallaştırmak zorunda olduğumuz söyleniyor. Madalyonun diğer tarafına bakacak olursak, çokluğu tamamen yetersiz ve hegemonik halkın karşısında siyasal olarak "zararsız" bir özne olarak bir kenara atamayız, çünkü gördüğümüz üzere, iki özneyi ayıran çizgi muğlak olduğu gibi böyle bir ayrım demokratik eylemliliği kısıtlayıcı ikiliklerin ötesinde anlama ve teorileştirme çabamız üzerinde ters etkide bulunma potansiyeline de sahiptir. Demokratik özne/özneler kendisine tikel anlamlar atfeden herhangi bir tekil kavrama indirgenemez.

Burada, "'halk'ı özü itibariyle siyasal" bir kavram olarak görmenin bir faydası daha vardır ve bu da "kavramın ayırt edici özelliklerinin doğrudan siyasetin olumsallığını yansıtıyor oluşudur" (Canovan 2005, 140). "Halk", somut bir nosyon değil, ayırt edici özelliği bir *kurucu çokanlamlılık*, kendi kurucu açıklığını ve kaçınılamaz iç gerilimini de gösteren ortadan kaldırılamaz bir muğlaklık olan bir kavramdır. Agamben, Rancière ya da Canovan gibi teorisyenler bu içsel ayrılmayı tanımakta birbirlerine yakınsarlar. "Halk" aynı anda hem parça hem bütün, hem içerisi hem dışarısı, hem halihazırda olan hem *gelecek olan* bir özne gibi görülür (Agamben 1998, 176-80; Canovan 2005, 5, 65-90; Rancière 2010). Ayrıca –kader olmayan ve daima bir seçim meselesi olan– "halk" atfını sürdürerek (en azından Anglofon söylemde) genel olarak insanlığa işaret eden bu terimin enternasyonalist ve evrensel yan anlamını onaylayabiliriz (Canovan 2005, 2, 65). Dolayısıyla halk, sorgulanmaya açık ve daima kararsız ve aynı anda hem en iyiyi hem de en kötüyü yapmaya muktedir "kısmi, siyasal olarak inşa edilmiş bir evrensellik" kurar (Laclau 2005b, 240). Bu nedenle de demokratik eylemliliği daha iyi kapsayan bir kavramdır, çünkü duygusal donukluğa ya da terk etmeye yola açmaz. Siyasal yönelimi, sürekli mücadelelerin, hegemonik ve hegemonik olmayan pratiklerin, ortak davalara tutkulu yatırımların bir sonucudur ve bu da girişimine anlam ve yön kazandırır. Bizi şimdi ve burada eyleme geçmeye davet eden bir özne ya da nosyondur.

"Çokluksal halk" terimini ortaya atmanın halk ile çokluk arasında kaçınılmaz olan ve "halk" kavrayışının bünyesinde zaten varolan kaymayı gösterme çabamızda biraz işe yarayabileceği noktaya ulaşmış gibi görünüyoruz. Siyasal bir özne olarak halk, önbelirlenmiş tarih ötesi içerikleri ve amaçlarıyla somut bir varlıktan çok belli bir mantığı ya da olanağı temsil eder. Demokratik eylemliliğin yeni bir kavrayışı olarak çokluk, demokratik bir fikir olarak "halk"ı sorgular ve zenginleştirir ve biyopolitik üretim çağında ortaklaşa yaratmanın ve siyaset yapmanın yeni biçimlerini vurgular. Halkın çokluksal momenti/momentleri onu sürekli olarak içeriden sorgulayabilecek ve mutlak ve dışlayıcı bir "bir" olmadan koruyabilecek olan şeydir. İlginç bir şekilde, zaten hep varolan bir şeydir. Hardt ve Negri'nin *Ortak Zenginlik*'te ve *Duyuru*'da çokluktan siyasal eklemlenmenin/inşanın bir sonucu olan bir "siyasal proje" olarak bahsederken çekingen bir şekilde ima ettikleri şey budur (Hardt ve Negri 2009, 165-6). Hedefleri, "halk"ın homojenleştirici eğilimlerine karşı çıkmaktır ve bu çabaları aslında hegemonya karşıtı bir projedir. Bu proje şimdiden (bir *boş gösteren* olarak görülebilecek olan) çokluğu güncel demokratik mücadelelerin hegemonik kavrayışı haline getirmek üzere tasarlanmış dört kitaba ulaştı.

Laclau'nun çalışmalarında da halkın çokluksal öğesinin, radikal demokratik proje bünyesinde radikalizmin farklı ve çelişkili kavrayışları arasındaki bir diyalektiğin/etkileşimin çok önemli bir bileşeni olarak "çoğulluk" ve "farklılık" öğesinin izlerine rastlanabilir. "Bu etkileşimin, hakkında karar verilemez karakteri, içinde billurlaştığı olumsal biçimleri kavramsal olarak tam anlamıyla kavramanın olanaksızlığı tam olarak radikal demokrasi adını verdiğimiz şeydir." (Laclau 2005c, 261). Çokluksal bir özne/olanak olarak halk, bu yaratıcı belirsizliğin, karar verilemez bir alandaki karar anının kıyılarında durabilir. Bu nedenle –demokrasinin öznesinin her zaman olduğu gibi– çeşitli koşullar altında ve öngörülemez biçimlerde billurlaşabilecek potansiyel bir özne olarak tasavvur edilir. Otomatik olarak ortaya çıkamaz ve daha çok bir sürekli siyasal projedir, bir eklemlenme sonucudur, "her zamanki" siyasetten ayrılma çağrısı yapan bir "yıkıcı güç"tür; daima yeniden "halk" adı üzerinde hak ve eşit payını talep edebilecek iç ya da dış parçalar tarafından devrilmeye açık olduğu için içsel olarak kendisine karşı çıkan, daima mevcut bir olanaktır ve böylece Derridacı biçimde daima gelecek bir şey olarak demokrasi için sonsuz bir mücadeleyi geliştirir.

Kaynaklar

Agamben, G. 1998. *Homo Sacer*. Stanford, California: Stanford University Press. [*Kutsal İnsan*, çev. İsmail Türkmen, 2013. İstanbul: Ayrıntı Yayınları.]

Agamben, G. 2005. *State of Exception*. Chicago, Illinois ve Londra: University of Chicago Press. [*İstisna Hali*, çev. Kemal Atakay, 2006. İstanbul: Otonom Yayıncılık.]

Al Jazeera. 2011. 6 Şubat tarihli canlı blog – Mısır protestoları, 5 Şubat. Şu adresten erişilebilir: http://blogs.aljazeera.net/middle-east/2011/02/05/live-blog-feb-6-egyptprotests [erişim tarihi: 2 Mart 2012].

Arditi, B. 2007. Post-hegemony: politics outside the usual post-Marxist paradigm. *Contemporary Politics*, 13(3), 205-26.

Arditi, B. 2012. Insurgencies don't have a plan – they are the plan: Political performatives and vanishing mediators in 2011. *Journalism, Media and Cultural Studies* [Çevrimiçi], 1(1). Şu adresten erişilebilir: http://cf.ac.uk/jomec/jomecjournal/1-june2012/arditi_insurgencies.pdf [erişim tarihi: 21 Şubat 2013].

Badiou, A. 2012. *The Rebirth of History: Times of Riots and Uprisings*. Londra ve New York: Verso. [*Tarihin Uyanışı*, çev. Murat Erşen, 2012. İstanbul: Monokl.]

Beasley-Murray, J. 2010. *Posthegemony: Political Theory and Latin America*. Minneapolis, Minnesota: University of Minnesota Press.

Brown, W. 2011. Occupy Wall Street: return of the repressed Res-Publica. *Theory and Event* [Çevrimiçi], 14(4). Şu adresten erişilebilir: http://muse.jhu.edu/journals/theory_and_event/v014/14.4S.brown.html [erişim tarihi: 14 Ocak 2013].

Canovan, M. 2005. *The People*. Cambridge: Polity.

Charnock, G., Purcell, T. ve Ribera-Fumaz, R. 2012. ¡Indígnate!: The 2011 popular protests and the limits to democracy in Spain. *Capital & Class*, 36(1), 3-11.

Critchley, S. 2007. *Infinitely Demanding. Ethics of Commitment, Politics of Resistance*. Londra ve New York: Verso. [*Sonsuz Talep: Bağlanma Etiği, Direniş Siyaseti*, çev. Tuncay Birkan, 2010. İstanbul: Metis.]

Crouch, C. 2004. *Post-democracy*. Cambridge ve Malden: Polity.

De Cauter, L. 2011. The Power of the Multitude! *Mondiaal Nieuws* [Çevrimiçi, 8 Şubat]. Şu adresten erişilebilir: http://www.mo.be/en/opinion/powermultitude [erişim tarihi: 14 Ocak 2013].

Dean, J. 2012. *The Communist Horizon*. Londra ve New York: Verso. [*Komünist Ufuk*, çev. Nurettin Elhüseyni, 2014. İstanbul: YKY.]

Derrida, J. 1982. *Positions*. Chicago, Illinois: Chicago University Press.

Derrida, J. 2006. *Specters of Marx: The State of the Debt, the Work of Mourning, and the New International*. New York ve Londra: Routledge. [*Marx'ın Hayaletleri*, çev. Alp Tümertekin, 2001. İstanbul: Ayrıntı Yayınları.]

Douzinas, C. 2011a. The material presence of the multitude can change the world, *Epohi* gazetesinde yayımlanan söyleşi, 29 Mayıs. Şu adresten erişilebilir: http://www.epohi.gr/portal/politiki/9630 [erişim tarihi: 21 Mart 2012] [Yunanca].

Douzinas, C. 2011b. In Greece, we see democracy in action. *The Guardian* [Çevrimiçi, 15 Haziran]. Şu adresten erişilebilir: http://www.guardian.co.uk/commentisfree/2011/jun/15/greece-europe-outraged-protests [erişim tarihi: 23 Kasım 2012].

Douzinas, C. ve Papaconstantinou, P. 2011. Greece is standing up to EU neocolonialism, *The Guardian* [Çevrimiçi, 27 Haziran]. Şu adresten erişilebilir: http://www.guardian.co.uk/commentisfree/2011/jun/27/greece-bailout-eu-neocolonialism [erişim tarihi: 23 Kasım 2012].

El-Affendi, A. 2011. Constituting Liberty, Healing the Nation: revolutionary identity creation in the Arab world's delayed 1989. *Third World Quarterly*, 32(7), 1255–71.

ELSTAT 2013, *Living Conditions in Greece*. Atina. Şu adresten erişilebilir: http://www.statistics.gr/portal/page/portal/ESYE /PAGElivingcond/content/LivingConditionsInGreece_0113.pdf [erişim tarihi: 11 Ocak 2013].

Foucault, M. 1972. *The Archaeology of Knowledge*. Londra: Tavistock. [*Bilginin Arkeolojisi*, çev. Veli Urhan, 2011. İstanbul: Ayrıntı Yayınları.]

Frantzis, P. 2011. "We the people", *Aristero Vima* [Çevrimiçi, 15 Haziran]. Şu adresten erişilebilir: http://www.aristerovima.gr/blog.php?id=2447 [erişim tarihi: 21 Mart 2012] [Yunanca].

Giovanopoulos, C. ve Mitropoulos, D. (der.) 2011. Δημοκρατία *Yapım Aşamasında*. Atina: A/Synecheia [Yunanca].

Hardt, M. 2004. The Collaborator and the Multitude: An Interview with Michael Hardt, Caleb Smith ve Enrico Minardi. *The Minnesota Review*, no. 61-2. Şu adresten erişilebilir: http://www.theminnesotareview.org/journal/ns61/hardt.htm [erişim tarihi: 2 Mart 2012].

Hardt, M. ve Negri, A. 2000. *Empire*. Cambridge, Massachusetts: Harvard University Press. [*İmparatorluk*, çev. Abdullah Yılmaz, 2001. İstanbul: Ayrıntı Yayınları.]

Hardt, M. ve Negri, A. 2004. *Multitude. War and Democracy in the Age of Empire*. New York: Penguin Press. [*Çokluk*, çev. Barış Yıldırım, 2004. İstanbul: Ayrıntı Yayınları.]

Hardt, M. ve Negri, A. 2009. *Commonwealth*. Cambridge, Massachusetts: Harvard University Press. [*Ortak Zenginlik*, çev. Efla-Barış Yıldırım, 2011. İstanbul: Ayrıntı Yayınları.]

Hardt, M. ve Negri A. 2012. *Declaration*. New York: Argo Navis. [*Duyuru*, çev. Abdullah Yılmaz, 2013. İstanbul: Ayrıntı Yayınları.]

Honig, B. 2009. *Emergency Politics: Paradox, Law and Democracy*. Princeton, New Jersey: Princeton University Press.

Jones, G. S. 1983. Rethinking Chartism, *Languages of Class: Studies in English Working Class History, 1832-1982*. Cambridge: Cambridge University Press, 90-178.

Kioupkiolis, A. 2011a. *Politics of Freedom: Agonistic Democracy, Post-anarchist Utopias and the Emergence of the Multitude*. Atina: Ekkremes [Yunanca].

Kioupkiolis, A. 2011b. Outraged squares. Beyond the banality of the multitude? *Synchrona Themata*, 113, 8–10 [Yunanca].

Kouvelakis, S. 2011. The Greek Cauldron. *New Left Review*, 72, 17-32.

Laclau, E. ve Mouffe, C. 1985. *Hegemony and Socialist Strategy: Towards a Radical Democratic Politics*. Londra: Verso. [*Hegemonya ve Sosyalist Strateji*, çev. Ahmet Kardam, 2008. İstanbul: İletişim Yayınları.]

Laclau, E. 2001. Can Immanence Explain Social Struggles? *Diacritics*, 31(4), 3-10.

Laclau, E. 2005a. Populism: what's in a name, *Populism and the Mirror of Democracy*, der. F. Panizza. Londra ve New York: Verso, 32-49.

Laclau, E. 2005b. *On Populist Reason*. Londra ve New York: Verso. [*Popülist Akıl Üzerine*, çev. Nur Betül Çelik. Ankara: Epos Yayınları.]

Laclau, E. 2005c. The Future of Radical Democracy, *Radical Democracy: Politics between Abundance and Lack*, der. L. Tønder ve L. Thomassen. Manchester: Manchester University Press.

Lash, S. 2007. Power after Hegemony: Cultural Studies in Mutation? *Theory, Culture and Society*, 24(3), 55-78.

Lefort, C. 1988. *Democracy and Political Theory*. Cambridge: Polity.

Madrigal, A. 2011. Egyptian Activists' Action Plan: Çeviri. *The Atlantic* [Çevrimiçi, 27 Ocak]. Şu adresten erişilebilir: http://www.theatlantic.com/international/archive/2011/01/egyptian-activists-action-plan-translated/70388/ [erişim tarihi: 20 Kasım 2012].

Mouffe, C. 2005. *The Democratic Paradox*. Londra ve New York: Verso. [*Demokratik Paradoks*, çev. A. Cevdet Aşkın, 2002. Ankara: Epos Yayınları.]

Mouffe, C. 2008. Critique as Counter-Hegemonic Intervention. *transversal* [Çevrimiçi, Nisan]. Şu adresten erişilebilir: http://eipcp.net/transversal/0808/mouffe/en [erişim tarihi: 20 Kasım 2012].

Pedler, A. 1927. Going to the People. The Russian Narodniki in 1874-5. *The Slavonic Review*, 6(16), 130-41.

Prentoulis, M. ve Thomassen, L. 2012. Political Theory at the Square: Protest, Representation and Subjectification. *Contemporary Political Theory*, Advance Online Publication, 1-19. Şu adresten erişilebilir: http://www.palgrave-journals.com/cpt/journal/vaop/ncurrent/full/cpt201226a.html [erişim tarihi: 26 Mart 2013].

Rancière, J. 2004. Introducing disagreement. *Angelaki*, 9(3), 3-9.

Rancière, J. 2010. *Dissensus: On Politics and Aesthetics*. Londra: Continuum. [*Uyuşmazlık: Politika ve Felsefe*, çev. Hakkı Hünler, 2006. İstanbul: Ara-lık Yayınları.]

Rancière, J. 2011. Democracies against democracy. An interview with Eric Hazan, G. Agamben vd., *Democracy. In What State?* New York: Columbia University Press, 76-81.

Robbins, B. 2010. Multitude, Are You There? *n+1*, 10, 185-96.

Sotirakopoulos, N. 2011. The rise of the Greek Multitude (and why we need to move a step beyond). *Journal of Critical Globalisation Studies Blog* [Çevrimiçi, 20 Haziran]. Şu adresten erişilebilir: http://www.criticalglobalisation.com/blogs/nikoss_rise_of_greek_multitude.html [erişim tarihi: 10 Ocak 2013].

Sotirakopoulos, N. 2012. The notion of the Multitude and lessons from the present cycle of struggles: the case of Greece, *From Social to Political. New Forms of Mobilization and Democratization* (konferans tutanakları), der. T. Benjamín ve P. Ignacia. Bilbao: Universidad del País Vasco – Euskal Herriko Unibertsitatea. Şu adresten erişilebilir: http://www.identidadcolectiva.es/pdf/From%20Social%20to%20Political_Conference%20Proceedings(1).pdf [erişim tarihi: 10 Ocak 2013].

Thomassen, L. 2010. Deconstruction as Method in Political Theory. *Austrian Journal of Political Science*, 39(1), 41-53.

Thomassen, L. ve Prentoulis M. 2012. The death of the indignados movement. *Open Democracy* [çevrimiçi, 28 Mayıs]. Şu adresten erişilebilir: http://www.opendemocracy.net/lasse-thomassen-marina-prentoulis/death-of-indignados-movement [erişim tarihi: 14 Ocak 2013].

Tønder, L. ve Thomassen, L. (der.) 2005. *Radical Democracy: Politics between Abundance and Lack.* Manchester: Manchester University Press.

Vandoros, S. 2011. The multitude at the square. *Book Press* [Çevrimiçi, 20 Temmuz]. Şu adresten erişilebilir: http://www.bookpress.gr/stiles/debate/to-plithos-sthn-plateia [erişim tarihi: 10 Mart 2012] [Yunanca].

van Versendaal, H. 2011. In Syntagma Square, some see the dawn of a new politics. *Kathimerini* [Çevrimiçi, 26 Haziran]. Şu adresten erişilebilir: http://www.ekathimerini.com/4dcgi/_w_articles_wsite3_4_26/06/2011_396010 [erişim tarihi: 10 Mart 2012].

Virno, P. 2004. *A Grammar of the Multitude.* Cambridge, Massachusetts ve Londra: Semiotext(e). [*Çokluğun Grameri*, çev. Münevver Çelik ve Volkan Kocagül. İstanbul: Otonom Yayıncılık.]

Žižek, S. 2012. *The Year of Dreaming Dangerously.* Londra ve New York: Verso. [*Tehlikeli Rüyalar Görme Yılı*, çev. Barış Özkul, Mehmet Öznur, 2013. İstanbul: Encore.]

Çeviren: Hayrullah Doğan

DOKUZUNCU BÖLÜM

Laclau'da ve Hardt ve Negri'de Temsil ve Siyasal Mekân

Andy Knott

Bu bölümde, son dönemdeki teorik tartışmalar ve doğrudan siyasal müdahaleler çerçevesinde, siyasal mekân ve temsil nosyonları ve bu nosyonların arasındaki bağlantılar değerlendirilecektir. Bir yanda Ernesto Laclau'nun, diğer yanda ise Michael Hardt ve Antonio Negri'nin ortaya attığı siyasal mekân ve temsil anlatımları vurgulanacaktır. UK Uncut ve Occupy hareketleri üzerine yapılan değerlendirmeler yoluyla, her iki anlatım da güncel gelişmelerin unsurlarını açıklıyor olmakla birlikte, Laclau'nun anlatımının daha ikna edici olduğu öne sürülecektir.

Demokratik Siyasetin Mekânı: Genel Bir Bakış

Bu altbölümde demokrasiyle bağlantılı olarak siyaset mekânının şematik ve kısa tutulmak zorunda kalınmış bir tarihsel özetine yer verilmektedir. Altbölümün açık amacı, son dönemde yaşanan gelişmeleri tarihsel bir bağlama oturtmaktır, bu alandaki tartışmalara girmek ya da geçerliliğini koruyan literatürü ele almak amaçlanmamıştır.

Antik Atina'da, demokrasi ve mekânın sınırları açık bir şekilde çizilmişti: Siyasetin kendi *topos*'u vardı ve bu *topos* Halk Meclisi'ydi. Diğer her yer siyasetin dışındaki yerler olarak kabul ediliyordu ve buralarda siyaset dışı kişiler –köleler, kadınlar, yabancılar, çocuklar– bulunuyordu. Halk Meclisi'nde siyaset gerçekleşiyordu ve bu siyaset diyalojik, polilojik bir şekilde yürütülüyordu. Halk Meclisi, *demos*'un demokratik tartışmaları ve müzakereleri yürüttüğü yerdi. Atina'da siyasetin kapsamı genişti, meseleleri değerlendirme ve uygulama gücü kendi sınırlarıyla kısıtlanmıyordu ve her mesele *demos*'un değerlendirmesine, müzakeresine ve kararına tabi kılınmıştı. Halk Meclisi'nin iki mekânsal tamamlayıcısı vardı: Atina demokrasisinin tarihi boyunca Halk Meclisi'ne eşlik etmiş olan demokratik kurumsal yapı –Konsey, Komite, Mahkemeler vb.–[1] ve daha sınırlı bir süre geçerli olan bir ek mekânsal genişletme olarak *agora*. *Agora*, meselelerin tanımlandığı ve tartışıldığı ve pozisyonların müzakere edildiği ve planlandığı tamamlayıcı bir söylemsel mekân işlevi gördü.

Modern dönemde, temsili demokrasi 18. yüzyıl sonlarında Amerikan Devrimi'yle başlayarak kurumsallaştı. Bu Amerikalı devrimciler demokrasiye sıcak bakmıyorlardı ve siyaset felsefesinde başat durumdaki siyasal örgütlenme anlayışına bir alternatif önerdiler. Bu anlayışta monarşi, aristokrasi ve demokrasi şeklinde üçlü bir sınıflandırma geçerliydi. Amerikalı devrimciler buna bir dördüncüsünü eklediler: temsil.[2] Temsili, demokrasiden farklı bir örgütlenme biçimi olarak görüyorlardı, çünkü bu iki farklı örgütlenme biçiminde siyasetin farklı şekillerde işlediğini ve siyasetin yürütülmesi için farklı mekânlara gereksinim duyulduğunu çok iyi biliyorlardı.

Artık yaygın olarak temsili demokrasi olarak adlandırılan temsil, siyasetin mekânını genişletmeye çalıştı, ama kısa sürede bu mekânın etrafını çevrelemeye başladı. İktidarı halk adına "mutlak" monarktan aldı ve sonra onu parlamentoyla kısıtladı. Parlamento terimi Fransızca *parler* (konuşmak) kelimesinden türetildi ve (temsilciler tarafından) (siyasal) tartışmalar yürütülen yer –ve bağlantılı diğer kurumlar– anlamında kullanılmaya başlandı. Temsil sistemi, siyaseti üstlenmeye, siyaset yükünü *demos*'tan almaya çalışıyordu. Temsili demokrasiyi temsilin diğer biçimlerinden –örneğin mutlakiyetten– ayırmak için, temsilcilerin bu kapalı siyasal mekânı işgalleri geçici bir süreyle sınırlandırıldı ve her dört ya da beş yılda bir temsil edilenlerin temsilcilerini belirlemeleri ve seçimle işbaşına getirmeleri öngörüldü. Bu geçici işgal, temsil edilenlerin seçim haklarını nasıl ve nerede kullanacakları sorula-

---

1 Bu kurumsal yapı Held'de (2006, 18) Şekil 1.1'de çok iyi bir şekilde açıklanmaktadır.

2 Bu dörtlü sınıflama, başka kişilerin yanı sıra Thomas Paine (2008) tarafından *İnsan Hakları*'nın 3. Bölüm'ünde ve James Madison (1966) tarafından 10 sayılı *The Federalist Papers*'ta yapılmaktadır.

rını ortaya çıkardı. Genişleyen ve iyicil özel alana ilişkin liberal ütopya, seçmenlerin medya yoluyla bu özel alana dolayımını tasavvur etti ve destekledi. Bu önceleri gazetelerdeki, sonrasında ise sinema, radyo ve televizyonlardaki haber yayıncılığıyla yapıldı.

Bu liberal ütopik siyasal mekân anlatımı, 19. yüzyıl boyunca sorgulandı ve bu sorgulama 20. yüzyılda da devam etti. Siyasi partiler temel temsil mekanizmaları olarak pekiştiler ve oy hakkının genişlemesiyle ve kolektivizmin ve işgücünün yükselişiyle birlikte, siyasal miting ve benzeri etkinlikler zamanla gelişti ve siyasal tartışmanın mekânını ve bu tartışmaların ifade edilmesi ve yapılması fırsatını genişletti. 20. yüzyılın son üçte birlik bölümünde, yayıncılıktaki teknolojik gelişmelerin ve kamusal alanın her türlü müdahalesini reddeden ve bireycilik ve özel alanın kutsallığı nosyonlarını ateşli bir şekilde savunan neoliberalizmin giderek hızlanan yükselişinin bir sonucu olarak bu süreç durdu ve tersine döndü.

Marx ve daha sonraki Marksist teori ve pratiğin büyük bir bölümü de sınıf çatışmasını tarihin motoru olarak tanımladığı için bu anlatımı reddetti. Üretim noktasında –ekonomik düzeyde– ve siyaset de dahil olmak üzere diğer tüm düzeylerde yaşanan bu çatışma, altyapı-üstyapı modeline uygun şekilde bunun tarafından belirleniyordu. Hem Laclau'nun hem de Negri'nin anlatımları Marksist gelenekten gelir. Her ikisi de bu geleneği uyarlamış ve geliştirmişlerdir. Şimdi bu iki teorisyenin siyasal mekânı, temsili ve bunların birleşimini nasıl değerlendirdiklerini ele alacağız.

Laclau, Siyasal Mekânlar ve Temsiller

Laclau'nun düşüncesinde temsil kavramı öne çıkan bir özellikken siyasal mekân kavramı kapsamlı bir şekilde değerlendirilmemiştir. Bununla birlikte, bu altbölümde bu iki kavram arasında bir örtüşme olduğu öne sürülmektedir ve son altbölümde Laclau'nun bu iki kavramı teorileştirme biçiminin son dönemdeki siyasal pratiğe ışık tuttuğunu öne süreceğim. Bu altbölümde ilk olarak Laclau'da incelenmemiş siyasal mekân nosyonuna odaklanılacak.

Laclau'nun dili mekânsal metaforlarla ve bununla bağlantılı terminolojiyle doludur. Bunlar arasında, "nötr alan", "yeni siyasal sınırlar", "bölge", "demirleme", "fay", "çatlak", "ufuk", "zemin", "toplumsal olanın topografyası", "söylemsellik alanı" ve daha pek çokları sayılabilir. Bu terimler ampirik bir şekilde ayrık nesnelere atıfta bulunmak için kullanılmaz ve Laclau'nun siyaset üzerine teorik analizini süsleyen kavramsal araçlardır.

Bu analiz, öncül olarak mekânın hem Marksist hem liberal anlatımlarının bir eleştirisine dayandırılır. Laclau'nun post-Marksizme varan teorik güzergâhı, Marksizmin ve özellikle de, Marksizmde ekonomik kategorileri mekânda siyasetin tabi kılındığı belli bir konuma yerleştiren özcü sınıf nosyonlarının kapsamlı ve giderek artan bir eleştirisinden ve bunlardan uzaklaşmaktan geçer. Liberalizm mekânı sıfır toplamlı bir şekilde kamu-özel ayrımı prizmasından görüyor ve özeli kamuya karşı korumaya ve geliştirmeye çalışıyordu. Laclau'nun liberalizmin siyasal mekânsal teorileştirmesi için yaptığı eleştiri, Richard Rorty'nin yaklaşımıyla ilgili olarak yaptığı değerlendirmede ve karşılaştırmada özetlenir (Laclau 1996b). Rorty ve diğer liberaller için kamusal olan tekil bir mekân olarak tasavvur edilir ve kamu ve özel arasındaki sınır esneklikten uzaktır. Laclau'nun demokratik toplum –ve bu toplumların demokratikleşmesi– anlayışı bu öncüllerin ikisine de karşı çıkar: "Demokratik bir toplumun koşulu, bu kamusal mekânların çoğul olması zorunluluğudur: Demokratik bir toplum, elbette, tek bir kamusal mekânın varlığıyla bağdaşmaz. Gereksinimimiz olan şey çok boyutlu bir 'yurttaş cumhuriyetçiliğidir'" (Laclau 1996b, 120). Bu, siyasal mekânın hem çoğullaşması hem de karmaşıklaşması anlamına gelir; bu siyasal mekân farklılaştırılmamış ya da *pürüzsüz mekân* şeklinde anlaşılmamalıdır.[3] Daha çok Laclau'nun "toplumsal olanın

3 Pürüzsüz mekân nosyonu Deleuze ve Guattari tarafından ortaya atılmıştır ve Hardt ve Negri üzerine olan bir sonraki altbölümde değerlendirilecektir. Laclau için toplumsal olan siyasal olanın giderek artan istilası tarafından farklı bir şekilde yapılandırıldığı gibi, toplumsal olanın içindeki her şey de siyasal değildir. Bunun nedeni demokratik devrimden daha önce varolan artık faktörler ve çökelmiş pratiklerdir: "[T]oplumdaki her şey siyasal değildir, çünkü kendi özgün siyasal kurumunun izlerini bulanıklaştırmış pek çok çökelmiş toplumsal biçime sahibiz" (Laclau 2005, 153).

eşitsizliği" adını verdiği şeye atıfta bulunur. Bu durum liberallerin kamusal mekân olarak gördükleri şeyin devamlılığına izin verir, ama alternatif –ve hatta belki rakip– mekânlar tarafından tamamlanır: "Liberal kurumlar –parlamento, seçimler, kuvvetler ayrılığı– korunur, ama bunlar yegâne kamusal mekânı değil, sadece diğerleri arasındaki bir kamusal mekânı oluşturur." (Laclau 1996b, 120).

Bunun tek nedeni kamusal-özel ayrımının zarar görmesi ve bulanıklaşması değil, aynı zamanda bu mekânsal çoğalmanın toplum ile siyaset arasındaki ayrımı kesmesi ve karmaşıklaştırmasıdır. Modern dönem ve demokratik devrimin başlamasıyla birlikte, siyaset toplum içinde ayrı ve bağımsız bir alanda bulunmaktan çıktı ve toplumsal olanın tamamına yatırım yapmaya başladı:

> [...] demokratik devrimle bağlantılı etkilerin üstbelirlenimi kamusal olan ile özel olan arasındaki ayrım çizgisini ortadan kaldırıp toplumsal ilişkileri siyasallaştırmaya başlamıştır... Böylece çürütülmüş olan şey, siyasal olanın benzersiz bir mekânda kurulduğu fikri ve bu mekânın gerçekliğidir. Tanıklık etmekte olduğumuz şey [...] radikal bir şekilde yeni ve farklı siyasal mekânların çoğalmasıdır. (Laclau ve Mouffe 2001, 181)

Bu teorileştirme de siyasal stratejide bir kaymayı gerektirir. Bu kaymayı en iyi şekilde betimleyen, Laclau'nun (Lenin'in savunduğu şekilde) "devleti ele geçirmek" ile (Gramsci'nin savunduğu şekilde) "devlet olmak" arasında yaptığı ayrımdır. Laclau, bunlardan ikincisini savunur:

> O halde, siyasal mekânların çoğalması ve iktidarın tek bir noktada yoğunlaşmasının önlenmesi, toplumun her türlü gerçek anlamda demokratik dönüşümünün önkoşullarıdır [...] Bu durum, klasik Jakobenizmin ve onun farklı sosyalist varyantlarının ima ettiği iktidar ve bilgi yoğunlaşmasıyla bağdaşmayacak bir şekilde, mücadele alanlarının özerkleştirilmesini ve siyasal mekânların çoğaltılmasını gerektirir. (Laclau ve Mouffe 2001, 178)

Siyasal mekânın bu çoğulluğu, çoğullaşması ve karmaşıklaşması postyapısalcı nosyonlar olan (ilk olarak Derrida tarafından ortaya atılan) kurucu dışarısı ve yerinden çıkarmayla bağlantılıdır. Kurucu dışarısı, mekânları ayrık, kolayca tanımlanabilir ve kendine yeten varlıklar olarak gören her tür kavramsallaştırmayı sorunsallaştırır: "[H]eterojenlik homojen mekânın tam kalbinde bulunur [...] Ulaşılamaz bir "dışarısı"nın donukluğu daima doğrudan "içerisi"ni tanımlayan kategorileri matlaştıracaktır" (Laclau 2005, 152). Laclau bu yorumda doğrudan yapının kendisine atıfta bulunuyor, ama bunu farklı siyasal mekânların eklemlenme süreçleri yoluyla bu dışarısını "matlaştırmaya" sürekli olarak uyarlanması izliyor. Başka bir şekilde ifade etmek gerekirse, bu tür mekânlar hiçbir zaman saf bir şekilde kendine yeter değildir –hiçbir zaman saf bir tikellik değildir– bunun yerine, diğer siyasal mekânlarla ilişkiler kurmaya çalışırlar ve eklemlenme yoluyla doğrudan toplumsal olanla meşgul olurlar; seçim sessiz kalmak değil, doğrudan siyasal tartışmalara müdahale etmektir.

Laclau, yerinden çıkarmayı antagonistik güçler tarafından kurulan merkezsizleştirilmiş bir yapıyı teorileştirmek için kullanır:

> Merkezsizleştirilmiş bir yapıyla kastedilen de budur: Sadece bir merkezin yokluğu değil, antagonizma yoluyla merkezsizleştirme pratiğidir [...] merkezler ancak yapı merkezsizleştirildiği için var olabilirler [...] yapı yerinden çıkarıldığı sürece, merkezlerin olanaklılığı ortaya çıkar: Yapının yerinden edilmesine verilecek yanıt, çeşitli antagonistik güçler tarafından tikel eklemlenme düğüm noktaları çevresinde yeniden oluşturulmasıdır. (Laclau 1990, 40)

Bu yerinden çıkarma ve merkezin merkezlere dağılmasına yol açan merkezsizleştirme, siyasetin genişlemesiyle ve/veya yoğunlaşmasıyla sonuçlanır; bu merkezlerin çoğalması, siyasetin gerçekleştiği mekânların genişlemesi anlamına gelir ve daha siyasal olan bir topluma götürür.

Siyasal mekânın bu merkezsizleşmesi ve genişlemesi de, Laclau'ya göre, mekânın zamansallaştırılmasına benzerdir. Bu, mekânın silinmesi değil, onun karmaşıklaşması ve dolayımının olanaksızlığı anlamına gelir. Laclau premodern köylü topluluklarını zamansallığın ihlalinden yoksun ve döngüsellikle ve tekrarla yönetilen "basit" mekânlar olarak tasavvur eder. "Köylü topluluklarında yaygın olduğu üzere, zamanın döngüsel bir ardıllık olarak temsil edilmesi, bu anlamda zamanın mekâna indirgenmesidir" (Laclau 1990, 42). Buna karşılık, yerinden çıkarılmış modern toplumlarda mekân siyasetle, yani, zamanla enfekte edilmiştir: "Yerinden çıkarılma tam da zamansallığın biçimidir" (Laclau 1990: 41). Zaman ve mekânın bu şekilde değerlendirilmesi, Laclau'nun olumsallık ve zorunluluk anlatımıyla uyum içindedir: Bunlar karşılıklı olarak birbirini dışlayan kategoriler olarak değerlendirilmezler, çünkü yerinden çıkarılmış yapılarda zorunlu kategoriler olumsal kategorilerin içinde işlerler. Dolayısıyla, zorunluluğun içindeki olumsallıktan ve mekânın içindeki zamandan bahsedebiliriz. "Mekânların zamanlaşması ya da olanaklı olanın mekânının genişlemesi diye bir şey vardır, ama bu ancak belirlenmiş bir durumda gerçekleşir" (Laclau 1990, 43).

Laclau, bu "saf mekânsallığı" mitin hiçbir şekilde var olmadığı bir mekânsallık olarak değerlendirir:

> Mitin radikal bir şekilde dışlandığı bir toplum ya –her türlü yerinden çıkarmanın uzaklaştırıldığı– [...] tamamen "mekânsal" ve "nesnel" ya da yerinden çıkarmaların temsil ve aşkınlık için her türlü mekândan yoksun olduğu bir toplumdur. Başka bir deyişle, ya mezarlıktır ya da akıl hastanesidir. (Laclau 1990, 67)

"Saf mekân"ın siyasallaşmasını oluşturan, mitin bu şekilde mekâna girişidir; çünkü "[S]iyaset ancak mekânsal olan bizden kaçtığı müddetçe var olur" (Laclau 1990, 68). Bilimsel devrimin ve pozitivizmin gelişmesinin bir sonucu olarak, mitin modern dünyada giderek saf dışı kaldığı tasavvuru yaygınlaştı. Laclau bu görüşe karşı çıkar ve onun –hiçbir şekilde soğuk bakmasa da– eleştirel yaklaştığı modernlik anlatımı mitin güncel dünyaya yeniden sokulmasını da içerir.

Siyaset yoluyla mekânın kesintiye uğraması mitin bu şekilde nesnellik alanına sokulmasıyla ya da o mekânı temsil etmeye yönelik antagonistik çaba yoluyla sağlanır. Bunun sonucunda temsil, siyasetin kaçınılmaz ve ayrılmaz bir parçası haline gelir:

> İradenin oluşumunda temsilin kurucu rolü, görece istikrarlı toplumlarda kısmen gizlenmiş durumdayken artık tümüyle görünür hale geliyor [...] Bu, temsil süreçleri ağından kaçamayacağımız ve temsilin kapsamını ve faaliyet alanını kısıtlamaya çalışmak yerine, onun işleyebileceği ya da beslenebileceği noktaları çoğaltan demokratik alternatiflerin inşa edilmesi gerektiği anlamına gelir. (Laclau 1996a, 99)

Laclau, daha sonra temsili, olumlu bir çerçevede değerlendirir (bir sonraki altbölümde göreceğimiz gibi Hardt ve Negri'yle kesin bir zıtlık içinde) ve şimdi dikkatimizi Laclau'nun temsil anlatımının bir değerlendirmesine çevireceğiz.

Başlangıçta, *Hegemonya ve Sosyalist Strateji*'de Laclau ve Mouffe temsil nosyonundan uzaklaşarak eklemlenme nosyonunu ön plan çıkarırlar. Temsili, çıkarların temsili olarak düşünürler ve burada temsilci ile temsil ettikleri arasında "saydam" bir ilişki vardır: Temsilci temsil edilenin çıkarlarını doğru bir şekilde tespit eder ve destekler. Bu düşüncede, temsil edilenlerin tam olarak şekillenmiş ve sabit kimlikleri olduğu ve temsilcinin bunları ilgili forumlarda doğru bir şekilde yansıtabileceği önvarsayımına dayanır. Laclau ve Mouffe'a göre, ayırt edici özelliği yerinden çıkarma ve hegemonya olan modern ve güncel toplumlar için bu tür "saydam" ilişkiler artık geçerli değildir. Bu tür ilişkiler artık alanı dönüştüren ve her zaman tamamlanmamış nitelikteki öznelerin kimliklerinin inşa edilmesine katkıda bulunan eklemlenme sürecinin etkisi altındadır. Bu kavramsallaştırma, "temsil ilkesinin yerine *eklemlenme* ilkesini koyar. O zaman bu failler arasındaki birlik, onların temelinde yatan ortak bir özün ifadesi değil, siyasal inşa ve mücadelenin sonucu haline gelir" (Laclau ve Mouffe 2001, 65).

Mouffe'la ortak çalışmalarından sonra bu konuyu ele almaya devam eden Laclau temsil kavramını yeniden kullanmaya başlar ve daha önce temsil ile eklemlenmeye ilişkin olarak söylediği sözü dolayım ve eklemlenme şeklinde değiştirir. Tıpkı gerçekçiliğin, bir kelime ile bir şey arasındaki doğrudan tekabülü betimlemesi gibi, dolayım da burada temsil edilenin ve temsilcinin tam kimlikleri arasındaki tekabüle atıfta bulunur. Laclau'nun analizinde temsil, hegemonik toplumların genişleyen bir özelliği haline gelir ve temsil edilen-temsilci ilişkisiyle uyumludur. Laclau'nun tek başına kaleme aldığı çalışmalarda temsil tutarlı bir şekilde, birinin mevcut olması ve mevcut olmayan başka birinin yerini doldurması yönünde bir "*fictio iuris*" [hukuki varsayım] olarak betimlenir (Laclau 1990, 38-9; 1996, 97-8). Az önce ele alınan terminolojiye göre, bu daima (Laclau'ya göre, "*yeniden* mevcudiyet"le [*re*-presentation] eşanlamlı olan) bir eklemlenmedir, (Laclau'ya göre, "*mevcudiyetle*"le [*presentation*] eşanlamlı olan) bir dolayım değildir. "Temsilci ve temsil edilen aynı ve tek iradeyi oluşturuyorsa, temsildeki [representation] "yeniden" ["*re-*"] kısmı kaybolur; çünkü aynı irade iki farklı yerde mevcuttur" (Laclau 1990, 38-9).

Laclau bu sürecin iki ikili özelliğini tanımlar. İlk olarak, temsil edilen-temsilci ilişkisinin pekiştiği yer (örneğin, bir seçim kampanyası) ile temsilcinin başka temsilcilerle politika kararlarını müzakere ettiği yer (parlamento) arasında mekânsal bir farklılık vardır. Bu iki farklı yer yapı ve usul açısından farklıdır, ama aynı zamanda başka üyeleri ikna etmek için farklı teknikler ve taktikler içerir (Laclau 1996a, 98; 2000, 212). Bu ikinci ikilik, temsil edilen ile temsilci arasındaki çift yönlü sürece atıfta bulunur. Laclau, temsil edilenin iradesini ilettiği ve bu iradenin diyalojik olarak temsilci üzerinde yakınsadığı tek yönlü bir hareket tasavvur eden Habermas'tan farklı olarak, temsil edilen ile temsilci arasındaki irade oluşumunda ikili bir hareket olduğunu öne sürer. (Diğer taraftan faşizan anlayış, temsilcinin temsil ettiklerinin iradesini kurduğu ve ilettiği zıt yöndeki tek yönlü bir harekettir.) Bu konuda, Laclau şunları söyler:

> Temsilcinin işlevi, temsil ettiklerinin iradesini iletmekten ibaret değildir ve başlangıçta oluştuğu ortamdan farklı bir ortamda bu iradeye inandırıcılık kazandırmayı da içerir [...] Temsilcinin pasif bir failden ibaret olmaması ve temsil ettiği çıkarlara bir şeyler eklemek zorunda olması temsilin doğasının bir parçasıdır. Bu ekleme de temsil edilenlerin kimliğinde yansıtılır [...] Dolayısıyla, temsil çift yönlü bir süreçtir. (Laclau 2005, 158)

Laclau'ya göre, temsil sürecinden yoksun olan bir toplum, tamamen özgürleşmiş bir toplumdur. Bu tür bir toplumun bir diğer ayırt edici özelliği de iktidar ilişkilerinin gölgesinde kalmasıdır ve bu şekilde Laclau iktidar ile temsil arasında doğrudan bir bağlantı kurar. O halde, iktidar ile temsil sadece kısmen özgürleşmiş bir toplumun değil, tamamen özgürleşmiş bir toplumda öncülük edebilecek kurucu nitelikteki bir eylemden yoksun bir toplumun da işaretleridir. Laclau, tam özgürleşmeyi reddederek, projesi ile bu tür tam olarak özgürleştirilmiş bir toplumu başlatmaya yönelik modern anlatımlar arasında bir çizgi çeker. Güncel karmaşık toplumlarda "toplumsal olanın eşitsizliği" nedeniyle iktidar ve temsilin önemi artar. Bu, doğrudan, kolektif kimlikleri inşa etme gereksinimini harekete geçiren toplumsal olanın parçalanmasını izler.

Bu tür toplumlarda siyasetin yoğunlaşması temsil için artan bir role tekabül eder. Laclau, temsil edilen ile temsilciden bahsederken şöyle der: "Bu ikiliğin iki terimi arasındaki boşluk günümüz toplumlarında zorunlu olarak büyüyecek ve 'temsilciler'in rolü her zamankinden daha merkezi ve kurucu hale gelecektir" (Laclau 1996a, 100). Bu alıntı, başlığı *Emancipation(s)* [Özgürleşme(ler); Türkçede yayımlanan adıyla *Evrensellik, Kimlik ve Özgürleşme*] olan bir kitaptan yapılmıştır. Laclau, tam olarak özgürleştirilmiş bir toplumun, yani özgürleşmenin olanaksız olduğunu, sadece kısmi özgürleşmelerin sürekli etki ve yararlarının olanaklı olabileceğini bildirmek için bu çoğul biçimi tercih etmiştir. Bunu bir umutsuzluk nedeni olarak değil, özgürleşme yerine özgürleşmeleri amaçlayan çoğullaştırıcı bir stratejiyle yanıt verilmesi gereken bir durum olarak görür.

Benzer bir şekilde, özgürleşmenin başarılamamasının alternatifi de temsil değil, temsillerdir.

O halde, tekil olarak temsilden bahsetmek yerine, çoğul olarak temsillerden bahsedebiliriz. Bu zorunlu olarak temsil sürecinin mekânsal genişlemesini içerir ve ayrıca temsillerin daima kısmi olacağını gösterir. Laclau "Peki ya temsil edilebilirlik?" sorusunu sorar. "Toplumsal olanın rasyonel bir zemini yoksa tam bir temsil edilebilirliğin de olanaksız olduğu açıktır. Ama bu durumda, 'kısmi' temsillerden bahsedebiliriz" (Laclau 1996a, 103). Temsillerin bu şekilde genişletilmesi, modernliğin ve temsili demokrasinin ilk zamanlarında etkileyici bir yükseliş gösteren siyasal partinin devam eden büyümesini güçleştirir. Siyasal partinin büyümesi dönemi, birbirinden ayrı partilerin dolayımlananların çıkarlarını saydam bir şekilde dolayımlamalarına dayanan bir dönemdi. Bununla birlikte, dolayımın gölgede kalması ve temsillerin yükselişi siyasal partinin sonunun geldiği anlamına gelmez, sadece alternatif siyasal biçimlerle tamamlandığı anlamına gelir (Laclau 1990: 230-31). 20. yüzyılın son yıllarında Laclau bunu formüle ettiğinde, "yeni toplumsal hareketler" bu tamamlamayı sağladılar; ama son altbölümde, son dönemdeki siyasal gelişmelerin –örneğin, Occupy ve UK Uncut'ın– güncel siyasal sahnede bu tamamlama işlevini gördüğü öne sürülmektedir.

Laclau'nun teorisinin merkezi dayanağına ve temsillerin ve kısmi temsillerin değerlendirilmesine ilişkin olarak kısa bir yorum yapılmalıdır. Yeni durum stratejik olarak bunların hiçbir zaman kısmilikler olarak kalamayacağı, çünkü bunu yapmanın onları anlamsızlığa mahkûm edeceği anlamına gelir. Bu onları iletilemez hale getirmekten çok eklemlenme alanından çıkarır. Bunun yerine, bu kısmi temsiller diğerleriyle birleşerek bir eşdeğerlik zinciri haline gelmeye çalışmalıdır. "Eşdeğerlik zinciri" (Laclau ve Mouffe 2001, 127-34; Laclau 2005, 73-88, 129-32) gibi kavramların –ve "boş gösterenler" gibi bununla bağlantılı başka kavramların (Laclau 1996a, 36-46)– geliştirilmesi Laclau'nun siyaset teorisindeki müdahalelerinin ve katkılarının temel unsurudur. Bu tür bir eşdeğerlik zincirinin oluşumunda, zincirin kendisi yeni bir şeyin inşasını oluşturur ve zincirin kendisi kısmi temsillerinin temsilcisi haline gelir. Dolayısıyla, eşdeğerlik zinciri ile onun kısmi temsilleri arasındaki ilişkiye "temsillerin temsili" adını verebiliriz. Laclau ile Hardt ve Negri arasındaki birincil farklılık noktasını oluşturan da bu "temsillerin temsili"nin rolüdür. Aşağıdaki alıntıda bu ayrım özetleniyor:

> Bir "halk"ın oluşumu eşdeğerlik zincirini oluşturan taleplerin çoğulluğuyla belirlenen bir iç karmaşıklığı gerektirir. Bu, radikal heterojenlik boyutudur, çünkü bu taleplerdeki hiçbir şey, tek başına düşünüldüğünde, herhangi bir türden birlik oluşturma eğilimi göstermelerini gerektirecek bir "açık kader"i ilan etmez – bunlardaki hiçbir şey bir zincir oluşturmaları gerektiği tahmininde bulunmaz. Bu, boş gösterenin homojenleştirici momentini gerekli kılan şeydir. Bu moment olmaksızın, hiçbir eşdeğerlik zinciri olmaz, dolayısıyla boş gösterenin homojenleştiricilik işlevi zinciri oluşturur ve, aynı zamanda, onu temsil eder... Sonuç açıktır: Her halk kimliğinin özü itibariyle temsil edici olan bir iç yapısı vardır. (Laclau 2005, 162-3)

Bu pasajda "açık kader"den bahsedilmesi, bir eşdeğerlik zincirinin sağladığı bu "homojenleştirici momentler" etrafında kurulan bir siyasete herhangi bir dönüşe direnmek amacıyla Hardt ve Negri tarafından önerilen anlatıma örtük bir atıftır. Şimdi Hardt ve Negri'nin siyaset anlatımının bir değerlendirmesini yapmaya odaklanacağız.

Farklılaştırılmamış Mekân ve Temsili Olmayan Siyaset

Antonio Negri'nin çalışması mekânsallıktan çok zamansallığa yoğunlaşır (Negri 1999, 2003). Bu açıdan en heyecan verici önerilerinden biri, tek başına kaleme aldığı kitaplar arasında en önemlisi olan *Insurgencies: Constituent Power and the Modern State*'te [Ayaklanmalar: Kurucu Güç ve Modern Devlet] Fransız Devrimi dönemini zamanla ve Amerikan Devrimi'ni mekânla bir araya getirmesidir. Yine de, öncelikle zamansallığa odaklanmasına rağmen siyasal mekânın teorileştirilmesi de Negri'nin güncel siyaset ve felsefe anlatımının ayrılmaz bir yönüdür.

Temel gelişme, 1970'lerin başında *operaismo*'dan (işçicilik) *autonomia*'ya (özerklik) geçişle birlikte gerçekleşti. Bu geçişe, biri toplumsal analiz düzeyinde ve diğeri siyasal örgütlenmeye atıfla olmak üzere, Negri'nin teorileştirmesinde gerçekleşen ve anlatımına eklenmeye devam eden iki dönüşüm eşlik etti. Toplumsal analiz açısından, *işçicilik* işçi sınıfının "sınıf bileşimi"ni analiz etmeyi amaçlayan bir "ortak araştırma projesi"ne ayrılmıştı. Negri ve *işçicilik,* Dünya Savaşı sonrası İtalyan toplumunu basitleşmiş ve kapitalizmin iki temel sınıfına ayrılmış bir toplum olarak değerlendirir. *İşçiciliğin,* proletaryanın sınıf bileşimine ilişkin araştırması, işçi sınıfının hem sermayeyle hem de siyasi partiler (özellikle PCI) ve sendikalar gibi "temsilci" kurumlarla her türlü ilişkiden yoksun, saf ve ayrı bir varlık olarak değerlendirmesini getirdi. Negri, "Keynes and the Capitalist Theory of the State Post-1929" ["Keynes ve 1929 Sonrası Devletin Kapitalist Teorisi, 1968"] başlıklı önemli ve etkili makalesinde işçilerin sınıf bileşimine ilişkin olarak kendi analizini sundu. Bu makalede Negri *profesyonel işçi* ile *kitlesel işçi* arasında ayrım yapar. Profesyonel işçi, 19. yüzyılın ortası ile 20. yüzyılın başlarında kapitalizmin, Rus Devrimi'nden ve Wall Street'in Çöküşü'nden kaynaklanan ikiz krizleri arasındaki dönemle özdeşleştirilir. Mühendis, profesyonel işçinin örneğiydi ve bu bileşen fabrikada, işçi sınıfının geri kalanı üzerinde Leninist parti tarafından sağlanan öncülük unsuruna benzer bir liderlik uyguluyordu. Negri, bu ikiz krizlerin kapitalizmi profesyonel işçinin nüfuzunun yarattığı tehdidi bertaraf etmek için yeniden örgütlenmeye zorladığını düşünür. Kapitalizmin yanıtı Fordizm, Taylorizm ve Keynesçilik oldu ve bu yanıtlar kitlesel işçi dönemini başlattı. Kitlesel işçiler ayırt edici özelliği uzmanlaşmış emek yerine yarı vasıflı emek ve hem üretim hem de tüketim alanlarında kitlesel faaliyet olan görece farklılaşmamış bir bileşime sahipti. Bu nedenle, Negri'nin analizinin mekânsal odağı, hem sayı hem de ölçek olarak genişleyen endüstriyel bölgelere yakınsar. Bu yoğunlaşma büyük ölçekli fabrikayı, (parlamento gibi) diğer düzeylerin tabi kılındığı temel siyaset mekânı olarak tanımlar.

Negri, bu makaleyi yayımladıktan kısa bir süre sonra, 1968 ayaklanmalarının ve sonrasında petrol krizlerinin yarattığı stagflasyonun kitlesel işçinin çözülüşüne ve toplumsal ya da toplumsallaşmış işçinin onun yerini almasına yol açtığı değerlendirmesini yaptı.[4] Bu değişim, toplumsal analiz için temel sonuçları olan mekânsal bir dönüşümle uyumludur. Hem profesyonel işçinin hem de kitlesel işçinin *topos*'u fabrikanın dört duvarıyla sınırlandırılmıştı. Toplumsal işçinin *topos*'u ise, tam tersine, bu sınırları yıkar ve toplumun bütün alanına yatırım yapar. Bu değişimle birlikte, kritik faktörler olan üretim, sömürü ve çatışma fabrikanın alanıyla sınırlı olmaktan çıktı ve bu faktörler toplumun tamamına yayıldıkça bunların yer değişikliği de genişledi. Bu yer genişlemesiyle birlikte, sadece fabrikadaki işçilere –endüstriyel işgücüne– odaklanmaktan vazgeçildi ve toplumun tamamı ve –kadınlar, öğrenciler, göçmenler (özellikle İtalya'nın güneyinden kuzeyine göçmek zorunda kalanlar) ve işsizler gibi– diğer tabi kılınmış ve marjinalleştirilmiş gruplar da ilgi alanına girmeye başladı. Başka bir deyişle, kitlesel işçi münhasıran üretim alanında boy gösterirken toplumsal işçi üretim ile yeniden üretim arasındaki ayrımı yıktı. Negri toplumsal işçiyi tanımlarken, Marx'ın *Grundrisse*'de (1993) biçimsel boyunduruk ile gerçek boyunduruk arasında yaptığı ayrımdan esinlenmiştir. Gerçek boyunduruk, sermayenin biçimsel boyunduruğunun aşıldığı ve toplu-

---

4 Negri, Keynesçiliğin –ve onun temel figürü olarak kitlesel işçinin– çöküşünü "Reformism and restructuration: terrorism of the state-as factory command" (Negri 1974a), ve "Theses on the crisis: the working class multinational" (Negri 1974b) başlıklı iki makalede teorileştirir. Bu makalelerde Negri kitlesel işçinin halefine çok uluslu işçi adını verir, ama sonradan bunu toplumsal ya da toplumsallaşmış işçi şeklinde değiştirir. Bu değişikliğe ilk olarak "Archaeology and project: the mass worker and the social worker" (Negri 1982) başlıklı makalede rastlanır.

mun tamamının sermayenin yönetiminin ve mantığının boyunduruğu altına girdiği moment anlamına gelir.

Dolayısıyla, bu dönüşümlerle birlikte, fabrikada sınırları açık bir şekilde çizilmiş siyasal mekândan, siyasetin mekânı farklılaşmamış hale gelecek şekilde toplumsal olanın alanın tamamı boyunca genişleyen bir mekâna geçiş vardır. Toplumsal işçi Negri'nin Michael Hardt'la ortak geliştirdikleri projenin siyasal öznesi olan çokluğun öncüsüdür ve onun özelliklerinin birçoğunu taşır. İki yazarın işbirliğinde mekânsallık benzer şekilde farklılaşmamış olarak tasavvur edilir ve *İmparatorluk*'ta yazarlar bu farklılaştırma eksikliğini göstermek için Gilles Deleuze'le bağlantılı üç kavram kullanırlar: kontrol toplumu, pürüzsüz mekân ve topraktan kopuş. Kontrol toplumu Foucault'nun disiplin toplumuyla karşılaştırılır ve onu izler. Disiplincilik Foucault'nun incelediği bir dizi kurumla (hapishaneler, akıl hastaneleri, hastaneler, kışlalar vb.) bağlantılıdır ve tüm bu kurumlar kapatma nosyonu açısından fabrikaya benzer. Negri'nin fabrikadan topluma geçiş için daha önce yaptığı teorileştirmeye benzer şekilde, kontrol toplumunda bu duvarlar yıkılır, ama bu, disiplini ortadan kaldırmak için değil, kontrolü toplumun tamamına yaymak içindir (Hardt ve Negri 2000, 329-30). Deleuzecü pürüzsüz mekân nosyonu, *İmparatorluk*'ta Hardt ve Negri tarafından, tartışmalı bir şekilde, birinci, ikinci ve üçüncü dünyalar arasındaki geçerliliğini yitirmiş teorik ayrımın çözülüşünü ifade etmek ve merkezsizleştirilmiş ve topraktan koparılmış bir imparatorluk nitelemesini desteklemek için benimsenir. "Emperyal egemenliğin mekânı [...] pürüzsüzdür [...] İmparatorluğun bu pürüzsüz mekânında hiçbir iktidar yeri yoktur; iktidar her yerde ve hiçbir yerdedir. İmparatorluk bir *ou-topia* ya da, daha doğrusu bir olmayan yerdir" (Hardt ve Negri 2000, 190).[5] Hardt ve Negri, İmparatorluğu bir dışarıdan yoksun, topraktan koparılmış

5 Kitapta "Pürüzsüz Bir Dünya" diye de bir altbölüm vardır ve Hardt ve Negri bu altbölümde konuyu daha ayrıntılı bir şekilde ele alırlar (Hardt ve Negri 2000, 332-60). Bu kavram *İmparatorluk* üzerine yapılan değerlendirmelerde çok eleştirildi ve bunun üzerine Hardt ve Negri *Ortak Zenginlik*'te bu kavramdan uzaklaştılar: "Emperyalizmin bittiğini ve yeni bir emperyal dünyanın somutlaşmakta olduğunu fark etmek hiçbir şekilde toplumların arasındaki ve içindeki bölünmenin ve hiyerarşinin sona erdiği, hatta azaldığı anlamına gelmez. Kapitalist küreselleşmenin bazı savunucularının dünyanın 'düzleştiğini', küresel ekonominin pürüzsüz bir me-

bir mekân olarak sunarken, topraktan koparma ve iletişim nosyonlarını özellikle yan yana getirirler:

> [...] egemenlik iletişime tabi olmuş gibi görünüyor; daha doğrusu, egemenlik iletişim sistemleri aracılığıyla eklemleniyor [...] İletişimin topraktan koparma kapasitesi benzersizdir: İletişim [...] doğrudan bir düzeni bir mekâna bağlama olasılığına saldırır. Göstergelerin sürekli ve karmaşık bir dolaşımını dayatır. Topraktan koparma birincil güç ve dolaşımdır, toplumsal iletişimin kendisini ortaya koyduğu biçimdir [...] İletişimin mekânı topraktan tamamen koparılmıştır. (Hardt ve Negri 2000, 346-7)

Mekânın bu şekilde iletişim yoluyla topraktan koparılması, Laclau'nun geçici olarak eklemlenme pratikleriyle takviye edilen tamamlanmamış özneler anlatımıyla benzerlikler taşır, ama bu tür *farklılık mantıkları*, Laclau'da eşdeğerlik zincirini üreten *eşdeğerlik mantıklarıyla* birlikte teorileştirilir. Bu, iletişimin rolü ve siyasal mekân üzerindeki etkileri konusunda, Hardt ve Negri tarafından teorileştirilen farklılaştırılmamış –ya da pürüzsüz– mekân nosyonuna göre daha ikna edici bir anlatım sağlar.

Hardt ve Negri, *Ortak Zenginlik*'te bu mekânsal farklılaşmamaya, küçük çaplı da olsa bir açıklık getirirler. Daha önceden yaptıkları siyasetin, toplumsal olanın alanının tamamına yayıldığı iddiasının tersine, Hardt ve Negri burada ortak olanın yerini metropol olarak belirler. "Metropol, biyopolitik üretimin yeridir, çünkü ortak olanın, insanların birlikte yaşamalarının, kaynakları paylaşmanın, iletişimin, mal ve fikir alışverişinin mekânıdır" (Hardt ve Negri 2009, 250). Metropolü tanımlayan iki temel niteliğin mevcut olduğunu öne sürerler: Bunlardan birincisi ortak olanın içine dalmadır, ikincisi ise, "öngörülemez, tesadüfe bağlı karşılaşma ya da daha doğrusu başkalıkla karşılaşmadır" (Hardt ve Negri 2009, 252). Bu iki nitelik, özellikle çokluğun düşmanı imparatorluğun faaliyet gösterdiği siyasal mekânların güçlü bir anlatımı yerine açıkça çokluğun biyopolitik faaliyetlerine atıfta bulunduğu için biraz şematiktir ve yeterince teorileştirilmemiştir. Hardt ve Negri'nin *İmparatorluk*'ta emperyal egemenliğin katmanlarının ve düzeyinin güçlü

---

kân haline geldiğini iddia etmeleri [...] tam anlamıyla ideolojik bir kandırmacadır" (Hardt ve Negri 2009, 228).

bir anlatımını formüle ettikleri kesinlikle doğrudur, ama bu anlatımı teorilerinin başka yönleriyle, özellikle de pürüzsüz mekânla ve topraktan kopuşla entegre etmek güçleşmiştir. Sonuçta pürüzsüz mekân nosyonunu reddetmeleri, ama bunu yaparken bu reddetmenin diğer kavramları (örneğin, modernliğin "yatay" mücadeleleri ile postmodernliğin "dikey" mücadeleleri arasındaki zıtlığı) nasıl etkileyeceğini belirtmemeleri bu açıklık eksikliğini daha da güçlendirir. Hardt ve Negri'nin pürüzsüz mekânı reddetmeleri, Laclau tarafından teorileştirildiği şekilde, bizi, ayırt edici özelliği "toplumsal olanın eşitsizliği" olan bir *topos*'la karşı karşıya bırakabilir mi?

Negri'nin 1970'lerde işçicilikten özerkliğe geçişiyle geliştirdiği ikinci teorik dönüşüm, siyasal örgütlenme alanında gerçekleşti. PCI, İkinci Dünya Savaşı sonrası Batı Avrupa'da kurulan en başarılı komünist partiydi. Bu başarı, partinin Gramsci'nin hegemonya teorisine bağlılığına dayanan sınıf ittifakları kurma stratejisiyle de birleşince siyasal spektrumun solunda bir boşluk yarattı ve bu boşluğu işçicilik ve özerklik doldurdu. İşçiciliğin yanıtı, komünist ve sosyalist partilerle özdeşleştirilen geleneksel hiyerarşik parti yapılarını kopyalamaktı. Yapısal olarak, işçiciliğin parti biçimine öncülük, disiplin ve örgütlenme gibi Leninist ilkeler damgasını vurdu. Özerkliğin ortaya çıkmasıyla bu tür Leninist örgütlenme ilkeleri terk edildi. Özerkliğin amaçlarından biri, işçi sınıfının içinde hâlâ varlığını sürdüren tüm hiyerarşileri ortadan kaldırmaktı ve bunu başarmak için –dikey ya da hiyerarşik– değil, yatay bir örgütlenme biçimi benimsediler. O halde özerklik, aslında, ayırt edici özelliği "parti olmama" biçimi olan bir siyasal partiydi, yani hiyerarşilerin olmadığı ve araçların amaç haline geldiği işçi sınıfındaki hiyerarşileri ortadan kaldırmayı amaçlayan bir "örgütlenmeydi". Negri, işçi sınıfının temsilcilere sahip olmak, güçleri dolayımlamak ve hatta sorumluluğu devretmek yerine, kendi iç örgütlenmesinin kontrolünü ele geçirmesi gerektiğini düşünüyordu: "İşçi sınıfının örgütlenmeyi yeniden ele geçirmek istemesi dışında işçi sınıfına ait herhangi bir parti anlayışından bahsedilemez." (Negri 1974c, 61). Bu görüşün ortaya atılmasıyla birlikte, işçiciliğin ulusal odaklanması ve hiyerarşik parti yapısı yerel inisiyatifi ve özerkliğin özerk örgütlenme(me)sini savunmaya başlar. Burada amaç özerkliğin tamamen işçiciliğin yerini almasıdır.

Bunun sonucunda siyasetin mekânı, açıkça sınırları çizilemez hale gelir ve toplumsal olanın alanı boyunca daha yaygınlaşır. Bu, pürüzsüz mekâna yönelik bir mantıktır.

Hardt ve Negri'nin temsil anlatımı hiyerarşik parti yapılarından uzaklaşmayla bağlantılıdır. Temsili daima olumsuz bir şekilde ele alırlar ve çokluk için tüm temsil özelliklerinden yoksun bir siyaset geliştirmeye çalışırlar. "İki modernliği" egemenliğe karşı demokrasi; aşkınlığa karşı içkinlik; halka karşı çokluk; Hobbes'a karşı Spinoza; ve Hobbes, Hegel ve Rousseau'nun projelerine karşı Machiavelli, Spinoza ve Marx'ın projeleri gibi çeşitli ikilikler yoluyla ifade ederler. İki modernliğin bu ifadesinde temsil egemenliğin temel silahlarından biridir. Hardt ve Negri'ye göre, Hobbes modern egemenlik anlatımlarının temelini sağlar ve Hobbes egemenliğin iki temel özelliği olduğunu düşünür: aşkınlık ve temsil (Hardt ve Negri 2000, 84). Temsil nosyonu –Rousseau'nun genel iradesinde olduğu gibi– demokratik giysilerle süslenmiş olsa bile, nihai olarak aşkın bir şema ortaya koyar ve siyasal topluluğun üyeleri bu şema yoluyla temsillerini güvence altına alan Bire tamamen tabi kılınırlar – ya da, Rousseau'nun terminolojisiyle ifade edecek olursak, herkes genel irade için kendi iradesinden vazgeçer. "Rousseau'nun doğrudan temsil nosyonu, zorunlu olarak bununla bağlantılı olan totalliğin temsili tarafından çarpıtılmış ve sonuçta tamamen etkisiz hale getirilmiştir; ve bu nosyon, Hobbesçu temsil nosyonuyla mükemmel bir uyum içindedir" (Hardt ve Negri 2000, 85).

Hardt ve Negri, Hobbes'un bu bölümün iki temasını –siyasal mekân ve temsili– bir araya getirdiğini düşünürler. Hobbes'un egemenlik projesini açıkça mekânsallıkla yan yana getirirler: "Hobbes, toplumun ve çokluğun üzerinde yükselen ve onları tamamen kuşatan birleştirici Leviathan'ıyla bütün modern siyasal düşünce için mekânsal egemenlik metaforunu kurmuştur. Egemen, modernliğin krizini çözmeye ya da ertelemeye hizmet eden artı-iktidardır" (Hardt ve Negri 2000, 325). Başka bir deyişle, egemenlik toprağa bağlı bir mekânın sınırlarının çizilmesini sağlar ve eşzamanlı olarak bu daha geniş toprağı kontrol eden ve düzenleyen bir Leviathan figüründe bir siyasal mekânı bir araya getirir. Bu kontrol temsil yoluyla işler ve bu yolla egemenin kararı/kararları halkın iradesini temsil etmiş olur.

Hardt ve Negri, *Çokluk: İmparatorluk Çağında Savaş ve Demokrasi*'de, temsili bir "ayırıcı sentez" şeklinde nitelerler (Hardt ve Negri 2004, 241-4). Temsil ayırıcı bir sentezdir, çünkü eşzamanlı olarak birleştirir ve ayırır. Bu bağlantı, toplumsal sözleşmeyle başlatılan egemenlik "momenti" ya da, Hobbes'un terminolojisinde, çokluğun halka dönüşümü olacaktır. Bu ayrım bu kurucu momentten hemen sonra gerçekleşir ve sonrasında devam eder. Egemenin halkı yönetebilmek için ondan ayrılmasını ve hiyerarşik bir yönetimin kurulmasını içerir. Hardt ve Negri bunu şöyle ifade eder: "Temsilin özünü ayırt edebiliriz: Temsil yurttaşları devlete bağlar ve aynı zamanda onları ondan ayırır. Yeni bilim bu ayırıcı senteze dayanır" (Hardt ve Negri 2004, 244). Dolayısıyla, Hardt ve Negri için temsil, kaçınılmaz olarak, her şeyi kapsayan ve egemenin aşkınlığa ulaşmasını olanaklı kılan bir stratejidir. Hardt ve Negri'ye göre hiçbir zaman çoğul biçimiyle temsiller yoktur; temsil kavramı zorunlu olarak aşkın Bir kavramıyla özdeşleştirilir.

Bu temsil anlatımı çok anlaşılır olsa da, güncel siyasal gelişmelere uygulanınca bazı güçlükler ortaya çıkarır. Özellikle, temsilden yoksun bir siyasetin –siyasetin temsil edici olmayan ya da temsil karşıtı bir biçiminin– neler içereceğini anlamak güçleşir. Laclau'ya göre, siyasetten temsili –ve dolayısıyla iktidarı– koparmaya yönelik bu girişim siyasetin gölgede kalmasına yol açacaktır. Hardt ve Negri, geri çekilmeyi, terk etmeyi ve kaçmayı yücelten bir stratejinin temsile alternatif oluşturduğunu öne sürmektedir. Ama bu yaklaşım, bunların nasıl eklemleneceğini ya da, başka bir şekilde ifade etmek gerekirse, bir geri çekilme stratejisinin temsilin kilit önemdeki bir siyasal süreç olduğu bir bağlamda nasıl temsil dışı bir biçimde ifade edileceğini açıklamayı başaramamaktadır. Laclau, "Can Immanence Explain Social Struggles?" [İçkinlik Toplumsal Mücadeleleri Açıklayabilir mi?, 2004] başlıklı önemli makalesinde *İmparatorluk*'a yanıt verir. Bu makalede, Hardt ve Negri'yi çokluğun kendiliğinden bir araya geleceğini hayal etmekle eleştirir ve her tür siyasal dönüşümün, ayırt edici özelliği eklemlenme olan bir siyasal proje yoluyla hayata geçirilebileceğini öne sürer. Hardt ve Negri bu eleştiriye doğrudan yanıt vermemekle birlikte, kendiliğindenlik siyasetiyle bağlantılı belli kavramsal özellikleri terk ederek bu eleştiriyi dikkate aldıklarını göstermiş oldular. Bunlardan en belirgini,

İmparatorluk'ta "mücadelelerin iletilemezliği" adını verdikleri kavramdır. Buna göre çokluğun imparatorluğa karşı mücadeleleri hiçbir zaman birleştirilemez, çünkü yerel koşullar –bunların tekilliği– aktarılamaz niteliktedir (Hardt ve Negri 2000, 52-9).[6] Mücadelelerin iletilemez olduğu tezi, yerini "daima halihazırda" ontolojik çokluk ile "henüz değil" siyasal çokluk arasında çizilen çizgiye (Hardt ve Negri 2004, 219-27) ve *Ortak Zenginlik*'in merkezi amacı olan ortak olanın tanınması, yeniden sahiplenilmesi ve üretilmesi projesine bıraktı. Hardt ve Negri, ortak olanın çokluğa ilişkin olan yatay dağıtılmış ağ yoluyla eklemlenebileceğine inanırlar. Son dönemde sosyal medyanın yükselişi ve yaygınlaşması kuşkusuz bu yönde bir gelişmedir, ama *Duyuru*'da bu biçime ilişkin açık kaygılarını da ifade ederler. "Bilgi ve iletişim ağları üzerindeki kontrolün, *medyalaştırılmışlığı* yarattığına" dikkat çekerler ve ayrıca yatay karar almanın "çoğu zaman aşırı derecede yavaş" olduğunu da kabul ederler (Hardt ve Negri 2012). Bu da ağlaştırılmış bir biçim olarak imparatorluk anlatımlarının devamıdır. Negri'nin metodolojik yaklaşımı çoğu zaman eğilimleri yalıtmak ve tanımlamak şeklinde olmuştur ve bu konuda da, Hardt ve Negri'nin konumu ancak zamanla doğrulanabilir.

Ama şu an için, Hardt ve Negri'nin siyasetin örnek yoluyla temsilleri olarak kabul ettikleri durumlar değerlendirildiğinde siyasetin temsil edici olmayan bir biçimini uygulamak hâlâ sorunludur. Şimdi böyle bir değerlendirmeye bakacağız.

---

6 İletilemezlik tezi modernlikteki ve postmodernlikteki mücadeleler arasındaki ayrıma dayanıyordu. Modernlikte mücadeleler, birleşmeyi sağlamak ve sonuçta tahakkümü ve sömürüyü alt etmek amacıyla hem farklı örgütlenmeler arasında hem de zaman içinde bağlantılar kurmaya çalışması açısından "yatay"dı. Postmodernlikteki mücadeleler ise, tersine, şiddetli bir patlamayla doğuyor ve bir sıçramayla imparatorluk için tekil ve "dikey" bir meydan okuma yaratıyordu: "Mücadeleler yaygınlık, süre ve iletilebilirlik açısından kaybettiklerini şiddet açısından kazandılar" (Hardt ve Negri 2000, 54). *Ortak Zenginlik*'te modernliği izleyen tarihsel bir dönem olarak postmodernliğe atıfta bulunulmaz. Bunun yerine, güncel dönem hâlâ modernlik olarak nitelendirilir, ama bu dönemde biri ana modernlik hattı ve diğeri küçük başka modernlik hattı olmak üzere "iki modernlik" vardır (Hardt ve Negri 2009, 67-128).

Occupy ve UK Uncut

Bu bölüm, siyasal mekâna şematik tarihsel bir genel bakışla başlıyor. Hâkim liberal temsili demokrasi anlayışı, siyasetin mekânını parlamento ve bağlantılı kurumlarla sınırlı olarak tasavvur ederken, bir dizi pratik siyasal müdahale ve teorik yorumlama bu görüşe karşı çıkar. Bu konuda öne çıkan üç teorisyen Laclau ile Hardt ve Negri'dir, ama bu liberal anlayışa karşı çıkan bir dizi başka alternatif anlatım da vardır. Bunlardan en sistemlisi Pierre Rosanvallon (2008) tarafından geliştirilmiştir. Pratik siyasal müdahaleler açısından Laclau, 1980'lerde Mouffe'la birlikte kaleme aldığı çalışmalarda yeni toplumsal hareketlerin ortaya çıkışına odaklanırken Hardt ve Negri Zapatistalara, binyılın başındaki başka küreselleşme hareketlerine ve Irak Savaşı'na karşı çıkanlara dikkat çektiler. Bu altbölümde, kapitalizmin son Büyük Ekonomik Bunalımı'na ve finansal küreselleşmeye tepki olarak doğan iki siyasal hareket olarak UK Uncut'a ve Occupy'a odaklanılacak. Bu bölümde ele alınan iki teorik yaklaşıma ışık tutmak amacıyla bu hareketlerin mekân ve temsil yaklaşımları ve geleneksel parti siyasetiyle ilişkileri değerlendirilecek ve aynı zamanda örgütlenme yaklaşımlarına odaklanılacak. Her iki yaklaşım da son dönemdeki gelişmeleri açıklıyor olmakla birlikte Laclau'nun yaklaşımının, bu hareketlerin yapılarına, amaçlarına ve yöntemlerine daha uygun olduğu öne sürülecek.

UK Uncut, 2010'da göreve gelen Koalisyon hükümetinin başlattığı –ve ağırlıklı olarak kamu hizmetlerindeki kesintilerden oluşan– kemer sıkma programına yanıt olarak ortaya çıktı.[7] UK Uncut bir Twitter etiketi olarak doğdu, ama kısa sürede medyanın ilgisini ve kamuoyunun desteğini kazanarak faaliyetlerini Birleşik Krallık'ın irili ufaklı elli beş kentine yaydı. Hareket çokuluslu şirketlerin vergiden kaçınma girişimlerini vurguluyor ve –hem yeni yasal düzenlemeler, hem de

---

7 UK Uncut'ın yapısal örgütlenmesini, geçmişteki faaliyetlerini ve etkinliklerini ve gelecekteki eylemlere yönelik kılavuzlarını incelemek için www.ukuncut.org.uk sitesini ziyaret edebilirsiniz. Aşağıda UK Uncut'ın demeçleri olarak verilen tüm ifadeler bu siteden alınmıştır. UK Uncut'ın önemine ilişkin bir değerlendirme için bkz. Finlayson (2011) ve Mason (2012, 54-7). UK Uncut'ın analizleri Tax Justice Network'ün (www.taxjustice.net) çalışmalarından etkilenmektedir. Bu kuruluşun görüşlerini Murphy (2011) ve Shaxson'da (2011) bulabilirsiniz.

mevcut düzenlemelerin gerektiği şekilde desteklenmesi ve uygulanması yoluyla– bu girişimlerin ortadan kaldırılması durumunda kesinti zorunluluğunun da ortadan kalkacağını savunuyor. Hareket, faaliyetleri zaman içerisinde evrilmiş ve gelişmiş olsa da, birincil olarak, söz konusu şirketlerin vergiden kaçınma girişimleri ile kesintiye uğrayan hizmetler grubu arasında doğrudan bağlantı kurmak amacıyla, bu şirketlerin perakende satış noktalarını hedefleyerek çoğu zaman hastane koğuşlarında, kütüphanelerde, yuvalarda vb. yaşanan olayları yeniden canlandırıyor. Örgütlenme açısından bakıldığında, faaliyetlerinin büyük bölümü web siteleri ve diğer sosyal medya araçları yoluyla yayılıyor, ağ yapıları gevşek ve gayri resmi ("bizde resmi üyelik yok") ve eylemler ülkenin tamamında bir "gönüllü yurttaşlar ordusu" tarafından öneriliyor, örgütleniyor ve gerçekleştiriliyor: "UK Uncut sizin hareketinizdir. Bir eylem fikriniz varsa ya da caddenizde bir eylem yapılmasını istiyorsanız, bu eylemi siz yapın." UK Uncut, güçlü ve uzun süreli bir "taban" kampanyası yoluyla hükümet ve muhalefet temsilcilerini vergi tahsilatı ve açık azaltma yaklaşımlarını değiştirmek konusunda baskı altına almaya çalışıyor:

> Bir sonraki seçime kadar bekleyemeyiz. Bu kesintilere karşı verdiğimiz savaşı kazanmak istiyorsak (ki kazanabiliriz), argümanlarımızı göz ardı etmelerini ve taleplerimize direnmelerini olanaksız hale getirmeliyiz. Bu da, her aşamada hükümetin kesintilerine direnme gücü olan tabana yayılmış güçlü bir kitle hareketi yaratmak anlamına geliyor.

Bu yaklaşım, seçmen-temsilci siyasetinin yavaş ritimlerinin reddedildiğini gösterse de, aynı zamanda UK Uncut'ın kendisini parti siyasetine ve parlamentodaki temsilcilere alternatif olarak değil, onları tamamlayan bir unsur olarak gördüğünü düşündürüyor. Hareket, eylemlerin önerilmesine, planlanmasına ve hayata geçirilmesine yönelik bir çerçeve sağlayarak partilerin ve temsilcilerin benimsediği politikaları etkilemeye ve dönüştürmeye ve aynı zamanda kamuoyundaki tartışmaya müdahale etmeye ve onun yönünü köklü bir şekilde değiştirmeye çalışıyor.

Hareketin web sitesi ve hareket üyelerinin sosyal medyayı kullanma şekli, eylemler yapmak üzere gönüllü yurttaşları çekme işlevi görüyor. Bu eylemlerin amacı, siyasal tartışmaya girmektir. Bundan etkilenenler arasında faaliyete tanık olanların yanı sıra bu eylemlerle ilgili olarak medyada yapılan yayınları takip edenler de vardır. Bu yayınlar da UK Uncut'ın gündemini tanıttığı gibi, gelecekteki eylemler için yeni üyeler kazandırma işlevi de görüyor. Dolayısıyla UK Uncut, hem temsil hem de katılım işlevlerini yerine getiren karmaşık bir örgüttür. Katılım örgütün düzenlediği çeşitli etkinlikler ve eylemler yoluyla gerçekleşirken örgütün temsille ilişkisi daha karmaşık ve çeşitlidir. Bir yandan, UK Uncut siyasal tartışmayı ve kamuoyunu etkilemek için –vergiden kaçınma ve bunun kamu hizmetlerindeki kesintiler üzerindeki etkileri konusunda– alternatif bir temsil sunmaya çalışır. Bu anlamda, Laclau'nun teorileştirdiği temsilin genişlemesine bir örnek teşkil eder. Diğer yandan, parlamentodaki temsilcilerin politikalarını dönüştürmek yoluyla geleneksel temsil alanına doğrudan müdahale etmeye çalışır.

UK Uncut siyasal mekânın genişlemesinin yeni örneklerinden biri oldu ve perakende satış mağazalarının işlevini yıkarak onları alışveriş alanlarından siyasal eylem, müdahale ve gösteri yerlerine dönüştürdü. UK Uncut'la bağdaştırabileceğimiz iki özellik daha var. İlk olarak, özdeşleştirildikleri açık bir hedefe sahipler. İkinci olarak, bu makalenin yazıldığı sırada planlanmış durumda faaliyetleri olduğu düşünüldüğünde, örgütlerini ve onun profilini iki yıldan uzun bir süre korumuş oldular ve zamansal bir sürekliliğe ulaştılar.[8] Bu dayanıklılık, örgütlenme biçiminin ve örgütün yürütmeyi amaçladığı faaliyetlerin başka siyasal hareketler tarafından da tekrarlanarak siyasal yaşamın yeni ve kalıcı bir özelliği haline gelebileceğini gösteriyor.

Occupy ve sloganı ("biz yüzde 99'uz") doğrudan doğruya bu bölümde ele alınan iki temayla, yani siyasal mekân ve temsille ilgilidir. Siyasal mekân konusunda Occupy'ın pozisyonu açıktır: Hareket bu mekânı genişletmeye çalışır. Hatta hareketin adı bile bu genişlemeyi ilan etmeye yöneliktir. Bu konuda hareket çok büyük bir başarıya ulaştı

---

8 138 aktivistin toplu olarak gözaltına alınması başta olmak üzere, yerleşik düzenin sürekli olarak onları korkutmaya yönelik girişimlerde bulunduğu düşünüldüğünde bu hiç de azımsanacak bir başarı değildir. Mason (2012, 60), polisin bir kara blok protestocusunu alt etmeyi başaramazken neden bu barışçıl aktivistleri gözaltına almayı tercih ettiğini soruyor. Düzenin husumeti ve baskısı değerlendirilen her iki grubun da özelliğidir. Chomsky, *Occupy*'ı (2012, 7), Occupy'ı desteklediği için gözaltına alınan 6.705 kişiye ithaf eder.

ve kısa sürede altı kıtaya ve, bazı tahminlere göre, yaklaşık bin kente yayıldı. Occupy, öncelikli olarak açık ve katılımcı demokratik biçimleri ve tartışmaları uygulamayı ve desteklemeyi amaçlayan kamplar yoluyla kamusal mekânı (yeniden) sahiplenmeye çalıştı. Bir katılımcı bunu şu şekilde anlatıyor:

> Olanaklı olan en yatay ve demokratik mekânı yaratmaya çalıştık. Bunun için birincil aracımız halk meclisiydi [...] en önemli konu, diyaloglar için, demokrasi için, gerçek, doğrudan ve katılımcı demokrasi için mekân açmaktı [...] Merkezi olmayan ama birbiriyle bağlantılı çalışma grupları şeklinde örgütlendik. (Taylor vd. 2011, 8)

Bu alıntının gösterdiği gibi, Occupy'ın dili, yöntemleri ve amaçları ile Hardt ve Negri'nin çokluk için teorileştirdikleri merkezsiz, lidersiz, ağ şeklindeki yaklaşım arasında açık yakınlıklar vardır.

Occupy'ın halk meclisleri ve çeşitli forumları siyasal mekânı genişletmeye çalışmanın yanı sıra siyasetin alternatif mekânsal bir biçimini sağlamayı da amaçlar. Alıntıda değinilen "gerçek, doğrudan ve katılımcı demokrasi"nin biçimi, temsili demokraside sunulan geleneksel, liberal siyasal mekân anlatımıyla doğrudan tezat içindedir ve ona açıkça meydan okur. Bununla birlikte, Occupy, temsili tam anlamıyla reddetmez. Occupy için *içsel* olan doğrudan ve katılımcı yöntemler ile Occupy'ın, bu içselliğin dışarısına yaklaşımı arasında bir karşılaştırma yapılabilir. Kamplar ve bunların katılımcıları, kendileri için *dışsal* olanları temsil ettiklerini –onların temsilcileri olduklarını– iddia ediyorlar. Katılımcıların yaygın bir şekilde benimsenen sloganları "biz yüzde 99'uz", küresel finansallaşmanın az sayıda insanın çok sayıda insana zarar verecek şekilde zenginleşmesi yönündeki etkisini çok iyi yansıtmanın yanı sıra Occupy hareketinin yüzde 99 adına konuştuğu ve onların çıkarlarını temsil ettiği iddiasında da bulunur. Yüzde 99'un çıkarlarının bu şekilde temsili, en çok Occupy'ın mevcudiyetini ve mesajını yaymak için kullandığı çok sayıdaki iletişim biçiminde tezahür eder. Occupy, hedeflediği kitleyle iletişim kurmak için yeni sosyal medya araçlarının tümünü kullanmakta son derece usta olduğunu gösterdi.[9] Andrew Ross,

9 Son dönemde giderek artan yeni sosyal medya araçları ile siyaset arasındaki etkileşimi ele alan iki çalışma yayımlandı: Castells (2011) ve Mason (2012). Hardt

Occupy üzerine kısa sürede hazırlanıp yayımlanan iki seçkiyi gözden geçirdiği yazısında şunları söyler:

> İlk bakışta, Occupy üzerine herhangi bir kitap yazmak gereksiz gibi görünebilir. Sonuçta, hareket, zaten kendi katılımcıları tarafından çeşitli haber siteleri-resmi siteler, blog'lar, tweet'ler, canlı yayınlar ve diğer sosyal medya kanalları ve ayrıca alternatif radyo ve televizyon kanalları, düzenli olarak yayımlanan pek çok kitapçık, gazete, dergi ve başka yayınlar yoluyla çok ayrıntılı bir şekilde belgeleniyor. Daha önce hiçbir protesto hareketi yapıp ettiklerini gerçek zamanlı olarak bu kadar şeffaf bir şekilde belgelememiş ve bu kadar geniş bir kitleye yönelik olarak yayımlamamıştı. Bazı açılardan, hareketin kendi ürettiği muazzam miktardaki medya malzemesinin geleneksel medya yayınlarını gereksiz kıldığını bile söyleyebiliriz. (Ross 2012)

"Temsil edilenler"e yönelik üretimin bu muazzam miktarı, Occupy'ın parlamentodaki geleneksel temsilcilere talepte bulunmak konusundaki isteksizliği ya da bunu doğrudan reddetmesiyle keskin bir tezat teşkil eder. Bu strateji, bu temsilcilerin hareketi kendi kontrolleri altına almalarının önüne geçmek, Occupy'ın siyaset yaklaşımını simgelemek ve bu yaklaşımı temsili demokrasinin yaklaşımından farklılaştırmak için benimsenmişti.[10] Pek çok Occupy kampı en fazla birkaç ay devam etti ve Occupy'ın varoluşsal yoğunluğu ile yeni etkisinin birleşimi hareketin siyasal etkilerini tam olarak anlamayı ya da değerlendirmeyi güçleştiriyor. Occupy, uzun süreli işgal eylemleri yapmak, yeni siyaset mekânları açmak ve mitinglerle gösteriler dışında muhalefetin alternatif ifadelerini bulmak konusunda hiçbir şekilde öncü değildi. Eylül 2011'de başlayan Occupy, 2010'da Şili'de, Birleşik Krallık'ta ve başka yerlerde öğrencilerin ve başka grupların düzenledikleri işgal eylemleri dalgasının, 2011 yazına damgasını vuran Puerta del Sol'deki ve İspanya'nın

---

ve Negri'nin "imparatorluk üçlemesi"nde, özellikle de *Ortak Zenginlik*'te (2009) de bu tema ele alınır.

10 Taleplerin yayımlanması Occupy Wall Street dahil olmak üzere çeşitli Halk Meclislerinde tartışıldı, ama teklif reddedildi. Bununla birlikte, onaylanmayan bu talepler yine de yayımlandı. Örneğin, bkz. http://www.99declaration.org. Occupy'ın talepte bulunmayı reddetmesini belki de en iyi şekilde Judith Butler açıkladı. Bkz. Butler (2011, 193).

başka yüzlerce meydanındaki *indignados* eylemlerinin ve Yunanistan'da Sintagma Meydanı'nda ve başka birçok yerde tekrarlanan eylemlerin ardından geldi. Bu eylemler de 2011'in başlarında Kuzey Afrika'nın ve Ortadoğu'nun pek çok başka yerinde düzenlenen, en bilinen simgesi Tahrir Meydanı olan ve Tunus ve Mısır'daki rejimlerin yıkılmasına ve Libya ve Suriye'de ise uzun süreli iç savaşların çıkmasına yol açan eylemlerin ardından gelmişti. "Arap Baharı" adı verilen bu eylemlerden önce 2004'te Ukrayna'da Bağımsızlık Meydanı'nda düzenlenen Turuncu Devrim'de ve bölgenin başka yerlerinde yaşanan renkli devrimlerde de benzer taktikler benimsenmişti. Occupy'ın tüm bu eylemlerden farkı, etkisinin küresel ölçekte olmasıdır. Bu etkinin yeni sosyal medyanın olanaklı kıldığı ve kolaylaştırdığı hızı, Occupy'ı –binyılın başındaki başka küreselleşme hareketleri ve Irak Savaşı'na karşı kitlesel mobilizasyonlar gibi– daha önceden dünya sahnesinde etkili olmuş, ama daha büyük bir koordinasyon gerektirmiş mücadelelerden farklı bir yere koyar.

Jodi Dean, UK Uncut ve Occupy'ı "öncü aktivistler" olarak adlandırarak şöyle der: "[O]nların çalışmaları parti çalışmalarıdır; burada kasıt seçim demokrasisinin partileri değil, bir önceki yüzyılın duyarlı ve devrimci partileridir" (Dean 2012). Öncücülük genellikle Lenin'le bağlantılandırılır, ama bu güncel siyasal biçimler en az iki açıdan farklıdır: İlk olarak, örgütlenme biçimleri açısından, Lenin'in devrimcilerinin disiplini ve sıkı kontrolü yerini yeni sosyal medyanın da olanaklı kıldığı daha gevşek ve merkezsizleştirilmiş yapılara bırakmıştır (Negri'nin işçicilikten özerkliğe geçişte kabul ettiği gibi); ikinci olarak, bu hareketlerin amacı hiçbir şekilde, *Devlet ve Devrim*'de açıklandığı gibi, devleti ele geçirmek olarak tanımlanamaz ve "devlet olmaya" çok daha yakındır (Laclau'nun Gramsci'yle bağlantılandırdığı gibi). Bu hareketlerin öncücülükleri, neoliberal finansallaşmanın mantığını eleştirmelerinden ve bu mantığı kabul etmemelerinden, bağlılıklarından ve deneyciliklerinden kaynaklanır. UK Uncut ve Occupy'ın örgütlenme biçimlerinin, pratiklerinin ve iletişim ve temsil yöntemlerinin öncü bir gelişme olup olmadığına karar vermek için henüz erkendir. Yine de, bu tür hareketlerin doğmuş olması, hem siyasetin mekânının genişlemeye devam ettiğinin –hatta belki bu genişlemenin doğrulanmasının– hem de temsil nosyonuna daha incelikli ve karmaşık bir yaklaşımın habercisidir.

Bu tür incelikli ve karmaşık bir yaklaşım, liberal temsili demokrasi yaklaşımlarının yanı sıra Hardt ve Negri'nin eleştirel ama biraz fazla basit olan temsil anlatımlarının da karşısındadır. Hardt ve Negri birlikte kaleme aldıkları son çalışmaları olan kısa *Duyuru* (2012) kitabında, daha önceden olduğu gibi, temsili yine giderek modası geçen bir ayırıcı sentez olarak betimlemeye devam ederler. Buna karşılık, Occupy hareketinin temsile karşıt olarak nitelendirdikleri yöntemlerini övgüyle karşılarlar. Ne var ki, Occupy'ı eşzamanlı mücadelelerle ve devrimci faaliyetlerle bağlantılandırmaya çalışırken şunu kabul etmek zorunda kalırlar: "2011'de yaşanan mücadeleler [...] çok farklı yerlerde gerçekleşti ve bu mücadeleleri yürütenlerin çok farklı yaşam tarzları vardı. Bazıları tiranları devirir ve özgür ve adil seçimlerde oy kullanma hakkı talep ederken bazıları ise siyasal temsil sistemlerini eleştiriyor ve reddediyordu" (Hardt ve Negri 2012). Occupy doğrudan ve katılımcı demokratik biçimleri benimsemekle birlikte, hareketin ana sloganı olan "Biz yüzde 99'uz" bir temsil iddiası oluşturur. Bu, siyasetin temsil sonrası ya da temsil dışı biçiminin içerdiği bir sorunu ortaya koyar. UK Uncut ise, tersine, parlamentoyla bağlantılandırılan temsilci-temsil edilen ilişkisinin siyasetin tek biçimi olduğunu reddeder, ama bu parlamenter siyaset biçimini devirmek ve değiştirmek için değil, onu tamamlamak ve sınırlamak için eylemde bulunur. Laclau'nun siyasal mekânın genişlemesine ve temsillerin artan rolüne ve çoğulluğuna ilişkin teorik anlatımı, güncel gelişmeler için daha ikna edici bir betimlemedir. Bu anlatım, bu genişlemiş siyasal mekânların ve onların temsil edici rolünün liberal demokrasiyle bağlantılandırılan geleneksel temsil biçimini tamamlayıcı bir işlev gördüğünü de vurgular. Laclau, bu mekânların etkinliğini artırmak için, UK Uncut ve Occupy tarafından önerilen kısmi temsillerin bir eşdeğerlik zincirine –ya da bir "temsillerin temsili"ne– girmesi gerektiğini de ekler.

Kaynaklar

99% Declaration, The. Şu adresten erişilebilir: www.99declaration.org [erişim tarihi: 1 Şubat 2013].

Butler, J. 2011. Bodies in public, *Occupy!: Scenes from Occupied America*, der. A. Taylor vd. Londra: Verso, 192-3.

Butler, J., Laclau, E., Žižek, S. 2000. *Contingency, Hegemony, Universality: Contemporary Dialogues on the Left*. Londra: Verso. [*Olumsallık, Hegemonya, Evrensellik*, çev. Ahmet Fethi, 2009. Hil Yayınları.]

Castells, M. 2011. *Communication Power*. Oxford: Oxford University Press.

Chomsky, N. 2012. *Occupy*. Londra: Penguin.

Dean, J. 2012. Occupy and UK Uncut: The evolution of activism. *The Guardian*, 27 Aralık, 34.

Finlayson, A. 2011. The philosophical importance of UK Uncut. *Open Democracy* [Çevrimiçi, 31 Ocak]. Şu adresten erişilebilir: www.opendemocracy.net/ourkingdom/alanfinlayson/philosophical-significance-of-ukuncut [erişim tarihi: 1 Şubat 2013].

Hardt, M. ve Negri, A. 2000. *Empire*. Londra: Harvard University Press. [*İmparatorluk*, çev. Abdullah Yılmaz, 2001. İstanbul: Ayrıntı Yayınları.]

Hardt, M. ve Negri, A. 2004. *Multitude: War and Democracy in the Age of Empire*. New York: Penguin. [*Çokluk*, çev. Barış Yıldırım, 2004. İstanbul: Ayrıntı Yayınları.]

Hardt, M. ve Negri, A. 2009. *Commonwealth*. Londra: Harvard University Press. [*Ortak Zenginlik*, çev. Efla-Barış Yıldırım, 2011. İstanbul: Ayrıntı Yayınları.]

Hardt, M. ve Negri, A. 2012. *Declaration*. New York: Argo Navis. [*Duyuru*, çev. Abdullah Yılmaz, 2013. İstanbul: Ayrıntı Yayınları.]

Harvey, D. 2012. *Rebel Cities: From the Right to the City to the Urban Revolution*. Londra: Verso. [*Asi Şehirler*, çev. Ayşe Deniz Temiz, 2013. İstanbul: Metis.]

Held, D. 2006. *Models of Democracy*. 3. Baskı. Cambridge: Polity.

Hirst, P. 2005. *Space and Power: Politics, War and Architecture.* Cambridge: Polity.

Keane, J. 2009. *The Life and Death of Democracy.* Londra: Simon & Schuster.

Laclau, E. 1990. *New Reflections on the Revolutions of Our Time.* Londra: Verso.

Laclau, E. 1996a. *Emancipation(s).* Londra: Verso.

Laclau, E. 1996b. Community and its paradoxes: Richard Rorty's 'liberal utopia', *Emancipation(s)*, E. Laclau. Londra: Verso, 105-23.

Laclau, E. 2004. Can immanence explain social struggles?, *Empire's New Clothes*, der. P. Passavant ve J. Dean. Londra: Routledge, 21-30.

Laclau, E. 2005. *On Populist Reason.* Londra: Verso. [*Popülist Akıl Üzerine*, çev. Nur Betül Çelik, Ankara: Epos Yayınları.]

Laclau, E. ve Mouffe, C. 2001. *Hegemony and Socialist Strategy: Towards a Radical Democratic Politics.* 2. Baskı. Londra: Verso. [*Hegemonya ve Sosyalist Strateji*, çev. Ahmet Kardam, 2008. İstanbul: İletişim Yayınları.]

Lefebvre, H. 2003. *The Urban Revolution.* Minneapolis, Minnesota: University of Minnesota Press. [*Kentsel Devrim*, çev. Selim Sezer, 2013. İstanbul: Sel Yayıncılık.]

Madison, J. 1966. *The Federalist Papers.* New York: Doubleday.

Marx, K. 1993. *Grundrisse: Foundations of the Critique of Political Economy.* Londra: Penguin. [*Grundrisse: Ekonomi Politiğin Eleştirisi İçin Ön Çalışma*, çev. Sevan Nişanyan, 2008. İstanbul: Birikim Yayınları.]

Mason, P. 2012. *Why It's Kicking Off Everywhere: The New Global Revolutions.* Londra: Verso.

Murphy, T. 2011. *The Courageous State: Rethinking Economics, Society and the Role of Government.* Londra: Searching Finance Ltd.

Negri, A. 1968. Keynes and the capitalist theory of the state post-1929, *Revolution Retrieved: Writings on Marx, Keynes, Capitalist Crisis and New Social Subjects (1976-83)*, A. Negri. Londra: Red Notes, 5-42.

Negri, A. 1974a. Reformism and restructuration: terrorism of the state-as-factory command, *Working Class Autonomy and the Crisis*, der. Red Notes. Londra: Red Notes, 33-7.

Negri, A. 1974b. Theses on the crisis: the working class multinational, *Working Class Autonomy and the Crisis*, der. Red Notes. Londra: Red Notes, 39-54.

Negri, A. 1982. Archaeology and project: the mass worker and the social worker, *Revolution Retrieved: Writings on Marx, Keynes, Capitalist Crisis and New Social Subjects (1976-83)*, A. Negri. Londra: Red Notes, 199-228.

Negri, A. 1999. *Insurgencies: Constituent Power and the Modern State.* Minneapolis, Minnesota: University of Minnesota Press.

Negri, A. 2003. *Time for Revolution*. Londra: Continuum. [*Devrimin Zamanı*, çev. Yavuz Alogan, 2005. İstanbul: Ayrıntı Yayınları.]

Paine, T. 2008. *The Rights of Man, Common Sense and Other Political Writings*. Oxford: Oxford University Press.

Rosanvallon, P. 2008. *Counter-Democracy: Politics in an Age of Distrust.* Cambridge: Cambridge University Press.

Ross. A. 2012. Occupy!: Scenes from occupied America, Astra Taylor, Keith Gessen vd. *The Guardian'da yayımlanmış eleştiri yazısı.* 28 Ocak, 9.

Shaxson, N. 2011. *Treasure Islands: Tax Havens and the Men who Stole the World*. Londra: Vintage.

Tax Justice Network. Şu adresten erişilebilir: www.taxjustice.net [erişim tarihi: 1 Şubat 2013].

Taylor, A. vd. 2011. *Occupy!: Scenes from Occupied America*. Londra: Verso.

UK Uncut. Şu adresten erişilebilir: www.ukuncut.org.uk [erişim tarihi: 1 Şubat 2013]

Çeviren: Hayrullah Doğan

ONUNCU BÖLÜM

Meydanlarda Özerklik ve Hegemonya: 2011 Yunanistan ve İspanya Protestoları

Marina Prentoulis, Lasse Thomassen

Giriş: Meydanlarda Hegemonya ve Özerklik

2011'de Yunanistan'da ve İspanya'da gerçekleşen ve *aganaktismenoi* ve *indignados* adlarıyla bilinen meydan hareketleri, sol üzerine eski ve sonuçlandırılamamış bazı tartışmaları yeniden su yüzüne çıkardı. Kriz sırasında geleneksel solun halkın imgelemine hitap etmeyi başaramadığı açıkça ortaya çıkmıştı. Parlamenter siyasetin parçası olan sol, en azından toplumun büyük bir bölümünün gözünde, siyasal düzenin diğer unsurlarıyla birlikte meşruiyetini yitirmişti ve temsil dışı alternatifler üzerinde durulmaya başlanmıştı. Hareketlerin başlattığı tartışmalar mevcut ekonomik paradigmanın başarısızlığına verilen bir yanıttı ve neoliberal kapitalizme meydan okuyan alternatif bir ekonomik vizyon ön plana çıktı. Ne var ki, hareketlerin merkezinde kendi ülkelerindeki demokrasi boşluğunu telafi edecek siyasal bir alternatif olmadığı sürece böyle bir ekonomik alternatifin de olanaksız olacağı bilinci vardı. Troykanın (Uluslararası Para Fonu, Avrupa Birliği ve Avrupa Merkez Bankası) ekonomik programlarına direniş, "halk"tan, yani karar alma sürecinden dışlanmış durumdaki siyasal aktörden gelmek zorundaydı. Kriz ekonomik bir kriz olarak tanımlanmış olsa da, krizin siyaseti de ilgilendirdiği yönünde bir anlayış geçerliydi; gerçekten de toplumun belli bir bölümüyle sınırlandırılamaması anlamında genel nitelikte bir kriz söz konusuydu.

Sol söylemin köşe taşını ekonomik kapitalist modele meydan okumak oluştursa da, meydanlarda gelişen hareketler krizdeki sistemin parçaları oldukları ya da, en azından, temsil edici niteliklerini yitirdikleri gerekçesiyle soldaki partileri ve sendikaları reddettiler. Meydanlarda protesto gösterileri düzenleyen kitleler "ses"lerinin duyulmasını talep ettiler ve resmi siyasal kurumların dışında, farklı bir siyasal örgütlenme biçimi fikrini dillendirmeye başladılar. Bu söylemde, "özerklik" ve "doğrudan demokrasi", bildiğimiz anlamda parlamenter siyasetin karşısındaki bir fikir olarak kullanılıyordu. Hareketlere karşı en sert eleştirilerin geleneksel soldan gelmesi de çok şey anlatıyordu. Örneğin, Yunanistan Komünist Partisi'nin (KKE) gazetesi, hareketin yerleşik düzen için hiçbir tehlike yaratmadığını, hükümetin ve kemer sıkma önlemlerinin reddedilmesi dışında hiçbir alternatif siyasal önerisinin olmadığını ve bu nedenle hem ana akım medyanın hem de bazı siyasal merkezlerin "hoşuna gittiğini" öne sürdü (Papariga 2011) ve hatta protestocuların "aydınlatılmaya" ve rehberliğe gereksinim duyduklarını iddia etti.

Yunan Komünist Partisi ile meydanlardaki hareket arasındaki karşılıklı kuşku, eski bir tartışmayı yeni ve güncel bir çerçevede yeniden canlandırdı: Özgürleşme nasıl gelecek? Yeni bir ekonomik ve toplumsal düzen nasıl ortaya çıkacak? Böyle bir düzen ancak hegemonik bir fail yoluyla mı gelir? Eğer öyleyse, bu fail kim olacak: Parti mi, belli bir sınıf mı, yoksa halk mı? Ya da, tersine, özgürleşme ancak daha özerk –merkezsiz, kendiliğinden ve temsil hiyerarşileri içermeyen– bir örgütlenme biçimi yoluyla mı olanaklıdır?

Biz meydanlardaki hareketleri doğru anlayabilmek ve geleceğe yönelik olarak radikal siyaset üzerine düşünebilmek için hegemonya ile özerklik arasındaki bir diyaloğun gerekli olduğunu iddia ediyoruz. Hegemonyanın ve özerkliğin izlediği iki güzergâh arasındaki karşılıklı kuşkuyu bir "ya biri ya öteki" meselesi olarak görmeyi reddediyoruz. Bu karşılıklı kuşku çok eskilere dayanır ve Mayıs 1968 olaylarında açıkça ortaya çıkmıştır. İşçi ve öğrenci hareketleri kesin bir sınıf kimliğinin ötesine geçince, otoriterliğin tüm biçimlerini reddedince ve sendikaların ve Komünist Parti'nin önerdiğinden çok daha siyasal ve radikal bir gündem ortaya koyunca, Komünist Parti isyanın yanlış yönlendirildiğini, Komünist liderliğe gereksinim duyduğunu ve bu liderliğin olayları kontrol altına alabileceğini ve yönlendirebileceğini öne sürmeye başladı. Mayıs 1968'den itibaren yeni güzergâhlar ortaya çıktı: Sadece otoriterliğin ve solun daha çok çeşitlilik içeren ve kendiliğinden eylem yapan hareketlerin parçası olamamasının geniş çaplı bir eleştirisi değil, teorik olarak, Marksist teorinin aşağıdan gelen siyaseti gelecekteki girişimlerin merkezine koyan olayları açıklayamamasının bir eleştirisi de yaygınlık kazandı.

Mayıs 1968, hegemonya ve özerkliğin konumları arasındaki boşluğu görünür kılmış olsa da, bundan çok önce Leninizm bu iki konumun teorik uyumsuzluğunu açıkça belirtmişti. Lenin'e göre, işçilerin kendiliğinden gelişen hareketleri ile hareketin teorik bilincinin çakışması olanaklı değildi. Sosyalist partinin liderliğine itaat etmediği sürece bir işçi hareketi burjuva ideolojisinin esaretinden kurtulamazdı: "İşçiler arasında sosyal-demokrat bilinç olamayacağını söyledik. Bu bilincin onlara dışarıdan verilmesi zorunludur" (Lenin, alıntılayan: Kolakowski 1978, 386).

Kitleler ile parti, yani eylemde bulunanlar ile düşünenler arasındaki bu keskin ayrım, her ne kadar sonraki teorileştirmeler "halk"ın örgütlü liderliğine odaklanarak durumu telafi etmeye çalışsalar da, Marksizmin tarihi boyunca sorunlu bir nokta olmaya devam etmiştir. Örneğin, Gramsci işçi konseylerine merkezi bir rol vermiş, dolayısıyla Parti'nin proletarya diktatörlüğünün gerçek temsilcisi ve cisimleşmiş hali olmasına karşı çıkmıştır. Bunu söylerken Gramsci'nin aşağıdan kendiliğinden gelişen hareket ile Parti arasındaki ilişkinin tam bir teorisini geliştirmemiş olduğunu da belirtmeliyiz. Anarşist teorik gelenek ise bu ayrıma ve Marksizm'e özgü merkezi iktidar iştahına kesin bir şekilde karşı çıkmıştır. Bakunin, Parti'nin profesyonel devrimcilerinin diktatörlüğün farklı bir biçiminden başka bir şey olmadığını düşünür ve aşağıdan kendiliğinden gelişen faaliyetleri destekler (May 2008, 87). Todd May'e göre, bu anarşist bağlılık iki farklı argümana dayanır: Birincisi, seçme hakkı verildiği takdirde insanlar doğal bir şekilde ve kendiliğinden adalet yönünde hareket edeceklerdir; ikincisiyse, eşitliği yaratmak ancak eşitlik varsayımıyla hareket edilirse olanaklı hale gelebilir (May 2008, 90; ayrıca bkz. Day 2005, 4. Bölüm). Bu açıdan, özgürleşme, ancak aşağıdan örgütlenmeyle mümkün olabilir.

Bu kısa taslak, günümüzde siyasal teori ile pratikteki temel bir tartışmaya işaret ediyor. Solun bir bölümüne göre, siyasal eylem, devrim ya da direniş ancak "çokluk" ya da "halk" kendisini hegemonik bir güce teslim ettiğinde gelecektir. Buna taban tabana zıt olan başka bir görüşe göre ise, "çokluk" ya da "halk" kendisini bir güç olarak oluşturacaktır ve özgürleşmeyi getirmek üzere kendiliğinden eyleme geçecektir. Bu iki uç konum arasında, bugün temel soru, bir yandan bir öncü olmadan hegemonyanın imkânı ve diğer yandan doğrudan ve kendiliğinden olmayan bir özörgütlenme çevresinde dönüyor. Farklı bir şekilde ifade edecek olursak, sorulması gereken soru, Gramsci'den sonra hegemonyanın ve anarşizmden sonra çok boyutluluğun hangi biçimi alacağıdır. Bu soruyu, post-Marksist düşüncenin hegemonya ve özerklik kollarının yan yana konması ve eşzamanlı olarak meydan protestolarının analiz edilmesi yoluyla derinlemesine irdeleyeceğiz.

Post-Marksizmin Haritasını Çıkarmak

Hegemonya ile özerklik arasındaki karşıtlık prizmasından bakarak post-Marksist düşünce içindeki farklılıklara bakmayı öneriyoruz. Post-Marksizmde hegemonya kolu Ernesto Laclau, özerklik kolu ise Michael Hardt ve Antonio Negri tarafından temsil edilir (Dyer-Witheford 2007, Bratich 2011, Fenton 2011). Bu yazıda düşünceleri geniş anlamıyla post-yapısalcılıktan az ya da çok oranda etkilenmiş olan post-Marksistler arasındaki tartışmalarla ilgilendiğimiz için, Jürgen Habermas gibi birinin post-Marksist eleştiri teorisini bir kenara bırakacağız. Bu alanda çizilecek tüm haritalar gibi bu harita da her şeyi içine almamakta ve bazı küçük ayrımları ve pozisyonları dışarıda bırakmaktadır. Bazılarının bu karşıtlığı algılama biçimini de sorgulayacağız. Hegemonya-özerklik ayrımını, post-Marksizm içindeki teorik ve siyasal tartışmaların, özellikle de bu tartışmaların siyasal risklerinin analiz edilmesi için yararlı bir başlangıç noktası olarak görüyoruz.

Hegemonya ile özerklik arasındaki karşıtlık güncel post-Marksizm içindeki farklılıkların haritasını çıkarmanın yollarından sadece biridir.

Bu karşıtlık bir dereceye kadar, postyapısalcılık ve post-Marksizm alanlarındaki başka iki ayrımla –içkinlik ile aşkınlık karşıtlığıyla ve bolluk ile eksiklik karşıtlığıyla– çakışır. Giorgio Agamben (1999, 238-9), Kıta felsefesinin tarihindeki farklı güzergâhları izlemenin bir yolu olarak içkinlik-aşkınlık ayrımını önermiştir. İçkinlik tarafında, Spinoza'dan başlayan ve Nietzsche ve Heidegger üzerinden Deleuze ve Foucault'ya varan; aşkınlık tarafında ise Kant'tan başlayan ve Husserl ve Heidegger üzerinden Derrida'ya varan hatlar mevcuttur. İçkinlik tarafında post-Marksizmin özerklik kolunu da görüyoruz. Hardt ve Negri, Deleuze ve Foucault'dan etkilenerek güzel bir örnek verirler: Çokluk içkin bir biçimle İmparatorluktan doğar ve çokluk kurulmuş herhangi bir iktidarın aşkınlığına karşı kurucu bir güçtür (Hardt ve Negri 2012, 71). Hegemonyayı içkinlik/aşkınlık ayrımına göre bir yere yerleştirmek daha güçtür. Hegemonya (kurucu olduğu için) toplumsal olanı aşmakla birlikte, aynı zamanda onun içinden çıkmıştır. Hatta Laclau'daki hegemonya fikri, vurgu eksiklik ve olumsuzluktayken, başarısız olmuş bir aşkınlık biçimini alır – ve biz buna başarısız olmuş bir içkinliği de ekleyebiliriz (Laclau 2005, 244).

Bolluk ve eksiklik arasındaki ayrım, radikal demokrasi teorilerinin temelindeki farklı ontolojik imgelemlerin haritasını çıkarmanın bir yolu olarak önerilmiştir (Tønder ve Thomassen 2005). Bolluk tarafında, Gilles Deleuze'den esinlenen ve ağlar haline gelme ve olumlama vurgularını yansıtan William Connolly ile Hardt ve Negri vardır; eksiklik tarafında ise, Jacques Lacan'dan esinlenen ve her kimliğin merkezindeki eksikliğe ve olumsuzluğa odaklanan Laclau, Mouffe ve Slavoj Žižek'i görüyoruz. Hardt ve Negri (2012, 33) özneyle bağlantılı olarak bunu çok iyi ifade eder: "İrade, bir eksikliği değil bir doluluğu olumlamak üzere olumlu bir şekilde itkiden, bir arzu geliştirme itkisinden doğar." Hardt ve Negri içkinliğe bolluk ve doluluk çerçevesinde bakarlarken Laclau'ya göre eksiklik, olumsuzluk ve hegemonya el ele gider.

Teorik farklılıkların haritasını çıkarmanın bu iki yolu, verimli yöntemler olmakla birlikte, post-Marksizm içindeki tartışmaların siyasal yönleri üzerine düşünmek gerektiğinde daha az yararlıdır. Bu nedenle hegemonya ile özerklik arasındaki ayrımı kullanmayı öneriyoruz. Özetle, hegemonya kolunda Laclau, Mouffe ve Žižek'i ve onların başlıca esin kaynakları olarak Gramsci ve Lacan'ı görüyoruz. Kapitalizm için yaptıkları teşhislerde ve siyasal strateji görüşlerinde önemli farklılıklar olsa da (Laclau 2005, Mouffe 2013, 4. Bölüm), Laclau, Mouffe ve Žižek hegemonya ve temsilin kurucu olduğuna inandıkları için özerklik yaklaşımını reddederler. Özerklik kolunda, Hardt ve Negri'yi ve Paolo Virno'yu görüyoruz. Bu kolda özerk tekillikler arasındaki yatay ilişkilere vurgu yapılır. Burada başlıca felsefi etki kaynağı Deleuze'dür, ama Hardt ve Negri Foucault'dan ve başkalarından da yararlanır.[1]

Hegemonya-özerklik karşıtlığını göstermek için teorisyenlerin meydan protestolarını nasıl analiz ettiklerini ve bu analizlerin hangi noktalarda farklılık gösterdiğini ele alalım. Laclau meydan protestoları üzerine sadece çok kısa yorumlar yapmıştır; ona göre başlıca mesele, protestocuların fikirlerinin ve pratiklerinin nasıl etkin hale getirilebileceğidir. Laclau'nun yanıtı, protestoların kendilerini bir kolektif iradeye dönüştürmek zorunda olmalarıdır. Daha sonra bu kolektif irade Gramsci'ci anlamda bütünsel bir durum haline gelecektir. Başka bir deyişle, hareketler örgütlenmeli ve zamanla kurumsallaşacak olan kolektif bir söylem geliştirmelidir (Durán ve Ruiz 2013, ayrıca bkz. Mouffe 2013, 6. Bölüm). Slavoj Žižek (2012) de benzer bir argüman kullanır, ama analizini esas itibariyle kapitalizme ve sınıfa bağlı olan bir antagonizma görüşüyle bağlantılandırır.

Meydan protestolarının yeniliğini vurgulayanlara göre, bu protestoların en tipik özelliği yataylığı ve özerkliği kurma biçimleridir. Hardt ve Negri'ye (2012, Negri 2011) ve Raúl Sánchez Cedillo'ya (2012; ayrıca bkz. Castells 2012, 110-45) göre, Occupy hareketlerinde yeni olan, her şeyden önce örgütlenme biçimleridir: Bu örgütlenmeler hiçbir merkezi olmayan yatay ve lidersiz ağlardır ve başkaları tarafından temsil edilemeyecek ve hareketin tamamını temsil etme ya da onun adına konuşma iddiasında bulunamayacak özerk bireylerden ve gruplardan oluşur. Bu bireyler ve gruplar, halihazırda kurulu olan bir iktidardan (devletten) talepte bulunmadıkları ve bunun yerine yeni bir güç (çok-

---

1 Günümüzdeki anarşistler büyük ölçüde özerklik kolunda yer alırlar, ama burada da haritada özerklik-hegemonya ayrımına yerleştirilebilecek farklılıklar vardır. Örneğin, her ikisi de Hardt ve Negri'yi eleştirmekle birlikte, Richard Day (2005) ile Saul Newman (2007) arasında böyle bir ayrım vardır.

luğun demokratik gücü) yarattıkları ve bu yolla ortak olanı ürettikleri için kurucu bir güçtür. Bu yolla, aynı zamanda mevcut kurumlara karşı da özerktirler. Yeni olan, hem protestoların biçimi hem de ne "talep" ettikleridir ve dolayısıyla bunların kavramsallaştırılmaları için yeni kategoriler gereklidir.

Rancière ve Žižek'ten esinlenen Jodi Dean'e (2012) göre de, Occupy protestolarında yeni bir yan vardır. Ne var ki, ona göre yeni olan, protestocuların, yüzde 1 ile yüzde 99 arasındaki bir ayrım ya da boşluk, yani kapitalizmin temel antagonizması olan sınıf çatışmasının görünümü olan bir ayrım adına konuşmalarıdır. Protestocular kendi kendilerine yetki veriyor olsalar da, bu onları temsilin ötesine geçirmez. Bir ayrım iddiasında bulunmak ve onun adına konuşmak, başlı başına bir temsil eylemidir. Benzer şekilde, protestocular ortak olan adına konuştukları ve bu yolla onu kurdukları sürece, ortak olan bu temsil iddialarının bir sonucudur. Dolayısıyla, Dean'e göre, temsil ve hiyerarşi Occupy protestolarının ayrılmaz parçalarıdır ve Dean temsilin ötesine geçmiş olmak iddiasında iki sorun tespit eder. Bunlardan birincisi, bu iddianın birliği varsaymasıdır, çünkü ancak ayrım olduğunda temsil gerekli hale gelir: "Occupy'ın temsil edemezliğinde ısrar etmekte geçerli olan fantezi, antagonizma olmadan çok boyutluluk, ayrım olmadan farklılık fantezisidir" (Dean 2012, 242). İkinci sorun ise, toplumun temsil edici yapıları (reklam vb.) tarafından kurulmamış olan özerk bireylerin varsayılmasıdır. Asıl gereksinim duyulan ortak olanı temsil etme iddialarının sürekli olarak yinelenmesidir ve bu sadece temsil ve hegemonyayı değil ayrım ve dışlamayı da içerir.

Sonuç olarak, meydan protestolarını analiz ederken hegemonya ve özerklik kollarını iki şey ayırır. Bunlardan biri, protestocuların yaptıklarının nasıl nitelendirileceği meselesiyle ilgilidir. Özerklik teorisyenlerine göre bu, eski kategorilerle anlaşılamayacak yeni bir durumdur ve dolayısıyla örneğin Deleuze ve Guattari'nin "sürü zekâsı" gibi kategorilerini kullanarak yeni kategoriler icat etmek zorundayız. Ayrıca içinden çıktıkları siyasal düzenle keskin bir karşıtlık içindedirler. Temsil edemezliklerini olumlayarak kendilerini siyasal düzenin dışarısına yerleştirirler ve her türlü ifade bulma ve bu düzenin içine yerleştirilme girişimi otomatik olarak ortadan kalkmaları anlamına gelecektir. Hegemonya teorisyenlerine göre protestocular, kendileri farkında olmasalar bile, aslında hegemonyayla uğraşmaktadır. Bu, siyasetlerinin mevcut siyasal düzenle uğraşacak ve bunu yaparken ona meydan okuyacak bir şeye potansiyel dönüşümü olanağını yaratır. Hareketler, bunu yaparak, bir ölçüde kurumsallaşmış olurlar; ne var ki, bu durum bizzat demokrasinin radikalleşmesine katkıda bulunacaktır.

Bu durumda, hegemonya ile özerklik teorisyenleri arasındaki bir fark, meydan hareketlerinin başarısını tahayyül etme biçimleriyle ilgilidir. Hegemonya teorisyenlerine göre, etkili olabilmek için, protestolar hegemonik ve temsil edici bir biçim almalıdır ve protestocular bunun bilincinde olmalıdır. Özerklik teorisyenlerine göre, protestocular yatay, özerk ve temsil etmeyici olmaya devam etmelidir. Araçlar ve örgütlenme biçimi amaçlardan ayırt edilemez. (Devlet) sosyalizmine klasik anarşist itirazı yansıtan bir argümanla, kendilerini geleneksel yollarla örgütlemeleri uğruna mücadele ettikleri şeye zarar verecektir.

Hegemonyaya Karşı Özerklik: Önemli Olan Ne?

Artık post-Marksizmin iki kolu olan hegemonya ile özerklik arasındaki farkları daha iyi anlamamız gerekiyor ve Yunanistan'daki ve İspanya'daki protesto hareketleri ve bu hareketlerin iletişim sorununu nasıl çözmeye çalıştıkları çerçevesinde bu farkları örnekleyeceğiz. Bugün sol daima karşı karşıya olduğu ilerici mücadelelerin parçalanması ve dağılması sorununun daha da yoğunlaşmış bir versiyonuyla karşı karşıya. Mücadeleler parçalanmış halde kalırlarsa, yerleşik siyasal düzene meydan okumayı hiçbir zaman başaramazlar. Bunun yerine tikel talepleri ele alınabilir ve dolayısıyla sistemin tamamına meydan okumak konusundaki radikal potansiyelleri azalabilir. Burada önemli olan, bu mücadelelerin, tikel mücadelelerin tekilliğini bozmaksızın onlar arasında bazı ilişkiler kuracak şekilde nasıl bağlantılı hale getirilebileceği ya da birleştirilebileceğidir. Burada bir etkinlik (bir alternatifin ortaya çıkması için neyin gerekli olduğu) sorunu vardır, ama aynı zamanda normalde apayrı olan mücadeleler arasında bir ilişki kurulduğunda tam olarak ne gerçekleştiği sorunu da geçerlidir.

Laclau ve Mouffe'un (1985) versiyonunda, hegemonya iki ya da daha fazla şey (örneğin, sınıf) arasında bir ilişki kurar ve bunu yaparken hegemonik ilişki bir birlik yaratır ve birbiriyle bağlantılı olan kimlikleri yeniden eklemler. Hegemonya, hegemonik oluşumun kimliği ve ayrıca bu oluşumun tikel parçalarının kimlikleri için kurucudur. Laclau ve Mouffe genellikle hegemonyayı farklı kimlikler arasında bir eşdeğerlik zincirinin yaratılması şeklinde tasavvur ederler. Bir eşdeğerlik zinciri (eğilim olarak) boş gösterenle birleştirilir, ama birlik daima kısmi ve kararsız bir birliktir, çünkü zincirin öğeleri –örneğin, farklı toplumsal gruplar– tikellikleri ve ortak olarak sahip oldukları eşdeğerlik içeriği arasında bölünmüştür (Laclau 2005, 5. Bölüm).

Hegemonik eklemlenme sürecinin tikel parçaların bağlanmasında yatay bir işleyişi gerektirdiğini hemen görebiliriz. Hegemonik eklemlenmenin sonucu olan herhangi bir kimlik söylemseldir ve dolayısıyla söylem ve hegemonya siyasal kimliklerin kurulduğu alan haline gelir. Ayrıca her tür kimlik, tamlığa ulaşmasını engelleyen indirgenemez bir olumsuzluğun izini taşır. Bu, antagonizma, yani kimliğin tamamlanmaya ulaşmasını önleyen bir "öteki"nin inşası olarak ifade edilir (Laclau ve Mouffe 1985, 122; Thomassen 2005). Antagonizmanın sonucu olan dışlama ve şiddet, kimlik oluşumu için kurucudur. O halde, Laclau ve Mouffe'a göre, hegemonya bir kolektif iradenin, örneğin "halk"ın inşasına bağlıdır ve bu daima halkı olumsuzlayan bir "öteki"nin inşasıyla el ele gider. Bu, Gramsci'nin "pozisyon savaşı" adını verdiği şeyin, yani dönüştürmek amacıyla mevcut kurumlarla bağlantı kurmanın temel bir parçasıdır. Bu formülasyonda hegemonyanın hem yataylık (tikel parçaları bağlamak) hem de bir parça dikeylik (bütünün yerini alan ve onu temsil eden boş gösteren) içerdiğini kolaylıkla görebiliriz.

Özerklik kolu üzerinde çalışan Hardt ve Negri ise, ne hegemonya ne de temsil içeren siyasal örgütlenme kavramı olarak çokluğu önerirler. Çokluk, tüm güncel mücadeleleri çerçeveleyen İmparatorluktan içkin olarak ortaya çıkacaktır. Mücadeleler yatay olarak birbiriyle bağlantı içinde değildir (birbirleriyle "iletişim" kurmazlar), sadece dikey bağlantı içindedirler: "Her mücadele, kökleri sağlam bir şekilde yerel koşullarda olsa bile, hemen küresel düzeye sıçrıyor ve emperyal kuruluşun geneline saldırıyor" (Hardt ve Negri 2000, 56). Mücadeleler özerktir ve özerk kalmak zorundadır. İmparatorluk her yerde olduğu ve sadece sanal bir merkeze sahip olduğu için, mücadelelerin tekilliği ile eşzamanlı küresel nitelikleri arasında hiçbir çelişki yoktur. Ve böyle olduğu için de, bir partinin ya da bir öncünün çokluğa liderlik etmesi gerekmez (Hardt ve Negri 2012, 1, 68). Çokluk, çokluk olarak, sadece kendi kendini yönlendirebilir ve örgütleyebilir. Bunun ötesinde, parti ve öncü biçimleri son derece sorunludur: "Birliğe, merkezi liderliğe ve hiyerarşiye dayanan geleneksel örgütlenme biçimleri ne istenilir ne de etkin biçimlerdir" (Hardt ve Negri 2009, 166).

Sorun, bu örgütlenme biçimlerinin bir temsil ilişkisi içermesidir ve "temsil, tanımı gereği, kendi içinde nüfusu iktidardan, emir alanları emir verenlerden ayıran bir mekanizmadır" (Hardt ve Negri 2012, 27). Temsil –ve buna bağlı olarak siyasal liderlik olarak anlaşılan hegemonya– yozlaştırıcıdır, çünkü şeffaf değildir ve çokluğu pasif durumda bırakır. Temsil ve hegemonya dikey ilişkilerdir ve bir kurulmuş gücü (örneğin, "halk"ın egemenliğini) içererek çokluğu birleştirici bir kimliğe bağlarlar. Demokratik çokluk farklıdır. Merkezi olmayan bir ağ olarak ayırt edici özelliği yataylıktır ve içinde hiyerarşik bölünmeler yoktur. Temsil ve hegemonya bir dikeylik –dolayısıyla ayrım– ilişkisiyle dolayım içerirken, demokratik çokluk böyle bir dolayımı gerektirmez. Farklı teorileştirmeler, siyasal "zafer"in neler içereceği konusunda çok farklı vizyonlara da işaret eder. Hegemonik formülasyonda eşdeğerlik ve dikeylik antagonistik bir düşmanla karşı karşıya gelmeyi mümkün kılsa da, özerklikçi kol için bu sürecin kendisi özerklikçi mücadelelerin özünü yok edecektir.

Burada, Hardt ve Negri'nin çalışmasındaki bir gelişmeye dikkat çekmek gerekir. Hardt ve Negri, *İmparatorluk*'ta, önce farklı mücadelelerin hiçbir yatay eklemlenmesinin gerekli olmadığını öne sürerler. Ne var ki, en azından bir yerde, hegemonyayı fazlasıyla çağrıştıran bir şeyin gerekliliğini kabul ederler. Mücadeleler arasında yatay ilişkiler kurulmalıdır ve bu ilişkiler ortak bir düşmanın inşası ve ortak bir dilin inşası yollarıyla kurulabilir (Hardt ve Negri 2000, 56-7). *Ortak Zenginlik*'te ve *Duyuru*'da, tekil mücadeleler arasındaki ilişkiler çok daha ayrıntılı bir şekilde ele alınır. Hardt ve Negri hegemonyayı reddederken aynı zamanda kendiliğindenliği de reddederler. Bunun yerine şöyle derler: "[Ç]okluk ortak olandaki tekilliklerin çelişkili ve işbirliğine dayalı etkileşimleri yoluyla kendisini örgütleme gücünü geliştirebilir" (Hardt ve Negri 2009, 175). Şimdi odak noktası, bu tekilliklerin tekilliklerine zarar vermeyecek, ama aynı zamanda birbirlerine göre tekilliklerinin bir sonucu olarak ortaya çıkabilecek çatışmalara kör kalmayacak şekilde nasıl birbiriyle bağlantılı olabileceği üzerinedir.

Laclau'nun perspektifinden bakıldığında (2000, 2005, 239-44; ayrıca Mouffe 2005, 5. Bölüm; 2013, 4. Bölüm), İmparatorluğun ve çokluğun içkinliği bir çıkmaz sokağa sürükler: Ya tarihe içkin bir rasyonellik atfetmek zorundasınızdır ya da bir alternatifin nasıl ortaya çıkacağı konusunda elinizde bir anlatım kalmaz. Farklı mücadeleler arasında bağlantı kurmak için belli müdahaleler gereklidir ve hegemonyanın mücadeleleri bağlantılandırırken ve eklemlerken yaptığı da budur. Bu da, hegemonik eklemlenmenin biçimi ve içeriği olumsal olsa da, siyasal liderliğin bir türüne, örneğin bir parti ya da bir öncüye bir rol düştüğü anlamına gelir. Zorunlu olarak bir temsil öğesi vardır ve temsil, temsil edilenlerden kurulmuştur. Ayrıca hegemonik oluşumun birliğinin birbirine eklemlenen farklı mücadelelerin ve kimliklerin tekilliğiyle kesintiye uğramasıyla aynı şekilde yataylık tarafından kesintiye uğratılsa bile, dikeylik de vardır. Hardt ve Negri temsil ve hegemonyanın temsil edilenleri ve liderlik edilenleri pasif konuma sokan tek yönlü ilişkiler olduğuna inanırlar. Laclau'ya göre, temsil ve hegemonya daima başarısız olur ve dolayısıyla dikeylik ile yataylık ve birlik ile tekillik arasında daima kararsız bir müzakere vardır.

Bu noktada, protesto hareketlerine ve iletişim meselesine atıfta bulunarak ilgili hegemonya ve özerklik stratejilerini göstermek yararlı olacaktır (örneğin, Castells 2012). Toplumsal hareketlerin mesajlarını duyurmak, gösteriler düzenlemek vb. için kitle iletişim araçlarına gereksinim duydukları çok iyi bilinen bir olgudur. Ancak Yunan ve İspanyol protestocular ana akım medya kuruluşlarına kuşkuyla yaklaşıyorlardı. Enformasyon ve bilginin güç anlamına geldiği, haberciliğin ticarileştiği ve mülkiyetin birkaç kişinin elinde toplandığı bir toplumda, protestocular mesajlarını iletmek konusunda gerçek bir sorunla karşı karşıya kaldılar. Ana akım medyayı protesto ettikleri siyasal ve ekonomik sistemin bir parçası olarak görüyorlardı ve hem Yunanistan'da hem de İspanya'da başlıca meselelerden biri, tam olarak bu sistemin sıradan insanların seslerini temsil etmeme şekliydi. Bunun sonucu olarak, bu ülkelerdeki aktivistler, siyasal elitlerin sözcüsü olarak gördükleri geleneksel medya kanallarını baypas etmeye çalışmak için çok yoğun bir çalışma yürüttüler.

Örneğin Yunanistan'da protestocular, haklı olarak, (siyasal yönelimlerinden bağımsız bir şekilde tüm medya organlarını bir bütün olarak değerlendirerek) ana akım medyanın kendilerini açıkça tanımlanmış talepleri olmayan, dolayısıyla apolitik olan "sevimli ama aklı bir karış havada tipler" olarak yansıttığına dikkat çektiler (Realdemocracy.gr 2011d). En azından hareketin varlığının ilk birkaç haftasında, merkez-sol basın –yani ana akım medyanın en olumlu bakan bölümü– harekete karşı hasmane bir tutum takınmadı. Hareket siyasal sisteme karşı genelleştirilmiş kuşkuculuğun bir ifadesi olarak yorumlandı. İki ana siyasal parti olan muhafazakâr Yeni Demokrasi'nin (ND) ve sosyal demokrat PASOK'un pozisyonları da pek farklı değildi, ama medya ve siyasal elitler protestocuların apolitik olduğu sonucuna ulaşmışlardı.

Hareket hakkında daha olumsuz haberler yapmaya eğilimli olan Yunanistan Komünist Partisi'nin (KKE) gazetesinde ise hareketin, yerleşik düzen için hiçbir tehlike yaratmadığı, hükümetin ve kemer sıkma önlemlerinin reddedilmesi dışında hiçbir alternatif siyasal projesinin olmadığı ve bu nedenle hem ana akım medyanın hem de bazı siyasal elitlerin "hoşuna gittiği" öne sürüldü. Hareketin "onur" gibi genel ifadelerle açıkladığı talepleri (Realdemocracy.gr 2011c), partinin ya da öncülerin dikeyliğine bağlanmıyordu. Hegemonik bir oluşumu desteklemek yerine "onur" gibi gösterenlerin ortaya çıkması, devleti kendi alanında ele almayan özerk bir çokluğun ortaya çıkışını mümkün kılar. Geleneksel solun rolünü ve gerekliliğini sorguladıkları için bu hareketlerin yerleşik düzen yerine geleneksel sol tarafından daha şiddetli bir şekilde eleştirilmeleri şaşırtıcı değildir. Sonuçta yerleşik düzen bu hareketlerin ne dereceye kadar ciddi düşmanlar olarak görülebileceği konusunda kuşkuludur.

Yunan ve İspanyol protestocular, kendilerini yanlış temsil etmeyecek alternatif iletişim kanalları bulmaya çalışmanın yanı sıra temsille ilgili bir ikilemle, yani medyada tekil ve birleşmiş bir hareket olarak temsil edilmelerinin, tekilliklerine –ve farklı bölümlerinin ve taleplerinin heterojenliğine– verdiği zarardan nasıl kaçınabilecekleri ikilemiyle de karşı karşıyaydılar. Protestocuların duyulabilmeleri ve görülebilmeleri için tek ve kararlı bir sese ve yüze sahip bir hareketin parçası olmaları gerekiyordu, oysa hareketin bu şekilde görülmesi tam da protestocuların direndikleri durumdu (*Las Voces del 15-M* 2011, 40). Medya, "öfkenin yüzleri"ni temsil etmenin bir yolu olarak sık sık belli protestocuların ve afişlerin resimlerini kullanıyor ve belli protestocuların demeçlerine yer veriyordu; ama hareketlerin eleştirdikleri, tam da temsilin bu yönüydü, yani hareketlerin tek bir sözcü bir yana, tek bir söz, slogan ya da görüntüde temsil edilmesinin ima ettiği birlikti.

Dolayısıyla, yeni siyaset biçimleri kurarken protestocuların karşılaştıkları ilk engel, hareketin dış dünyaya temsiliyle bağlantılıydı; bu temsil hareketlerin, medya da dahil olmak üzere, mevcut kurumlar karşısında özerkliğini gerektiriyordu. Bunu, yeni teknolojileri ve mecraları, Facebook ve Twitter gibi sosyal ağları ve platformları kullanmak yoluyla başarmaya çalıştılar. Bu yeni mecralar ve sosyal ağlar protestoculara birbirleriyle ve toplumun geri kalanıyla ana akım medyayı baypas edecek şekilde iletişim kurma yetisi kazandırdı.

Protestocular, genellikle, Facebook ve Twitter gibi büyük şirketlere ait mevcut yapılardan yararlanmakta sakınca görmüyorlar. Bununla birlikte, İspanya örneğinde protestocular, büyük sosyal ağların ticari amaçlarına hizmet etmemek için *n-1* adını verdikleri yeni bir platform da yarattılar (*Las Voces del 15-M* 2011: 36, 40–41). *n-1* ağı bir rizom ve mevcut ticari ağların ve platformların kapitalist tahakkümünden kaçmaya yönelik bir çaba olarak tanımlanıyor: Web sayfasına şu anda "Çünkü 'efendinin evi asla efendinin aletleriyle yıkılamaz'" sözü yer alıyor (*n-1* 2013). Ağın adı ve ağı tanımlamak için kullanılan terimler Deleuze ve Guattari'nin *A Thousand Plateaus* (Bin Yayla, 1987, 17) kitabından alınmıştır ve buradaki fikir özerkliğinin ve yataylığın kurumsallaşması –ve dolayısıyla, siyasallaşması– olarak yeni bir "tekno-siyaset"tir (*n-1* 2011). *n-1* ağı başlangıçta TomaLaPlaza.net web sayfasına bağlıydı. Bu sayfa Madrid'deki protestocuların "resmi" web sayfası olarak başlamıştı.

Protestocular hangi mecrayı (web sayfaları, platformlar, ticari ya da kendi organize ettikleri sosyal ağlar) kullanmış olurlarsa olsunlar, hareketlerin seslerinin özgün halleriyle kalmasını ve bozulmamasını sağlamaya çalıştılar ve bu ancak geleneksel medya kanallarının dışında olanaklı olabilirdi. Burada belli bir merkezi olmayan bir ağ şeklinde işleyen, yatay olarak örgütlenmiş bir mekân yaratma girişimi vardır. Amaç, toplumdaki mevcut elitler ve yapılar (siyasi partiler, ana akım medya, şirketlerin çıkarları vb.) karşısında ağın (hareketlerin) özerkliğini ve aynı zamanda, ağın farklı parçalarının özerkliğini güvence altına almaktır. Ne var ki, ağdaki bazı düğüm noktaları, örneğin bilgi akışları açısından ayrıcalıklı konumdadır ve dolayısıyla ağ tamamen yatay ve pürüzsüz değildir ve herkes herkesle doğrudan iletişim kuramaz. İletişim –yapıların bu yönleri sürekli olarak sorgulanıyor olsa da– belli ölçüde merkezileşmiş ve hiyerarşik olan yapılar yoluyla gerçekleşir.

Protestocuların iletişim meselesiyle mücadele etmekte kullandıkları yöntemlerle ilgili olarak, hareketlerin toplumsal ve siyasal mekânının yataylığının –hareketin özerkliğinin ve hareketin parçalarının özerkliğinin– kurulması ve kurumsallaşması gerektiğini söyleyebiliriz. Bunun nedeni, yataylığın ve özerkliğin doğal şeyler olmaması ve kendi başlarına ortaya çıkmamasıdır. Yataylığın ve özerkliğin gerek dışarıdan gelen tehditlere gerekse hareketin içinde yer alan ve onu daha hiyerarşik bir yönde geliştirmek isteyenlere karşı savunulması gerekir. Başka bir yerde de ele aldığımız gibi, bu sadece iletişim yapıları için değil, aynı zamanda, daha genel olarak hareketlerin örgütlenmesi için de geçerliydi (Prentoulis ve Thomassen 2012). Farklı bir şekilde ifade edecek olursak, ağlar ve platformlar üzerinde –bunların yatay olduğu içerimiyle– çok şey söyleniyor olsa da, bunlar hiçbir açıdan doğal değildir ve kurulmak zorundadır.

Hardt ve Negri ile Laclau ve Mouffe'un sadece bir alternatifin ortaya çıkması için neyin gerekli olduğu konusunda değil, hegemonik ilişkinin nasıl nitelendirilmesi gerektiği konusunda da farklı düşündüklerine dikkat edilmelidir. Hardt ve Negri'ye göre alternatif, çokluğun içkinliği ile aşkın bir birlik olarak halkın birliği arasındadır. Çokluk bölünmüş olmasa da, çatışma için bir alan vardır, ama sonuçta bu yerini ortak olana bırakır. Hegemonya ne gerekli ne de istenir bir şeydir. Laclau'ya göreyse, hegemonyasız bir alternatif yoktur, ama hegemonya hiçbir zaman aşkın bir birlikten doğmaz ya da bununla sonuçlanmaz, çünkü daima bölünme vardır. Hardt ve Negri'ye göre, özerklik ya da hegemonya meselesi hem neyin gerekli olduğu hem de neyin istenir olduğu meselesidir, ama Laclau'ya göre daha çok neyin gerekli olduğuyla ilgilidir.

Yunanistan ve İspanya: Pratikte Hegemonya ve Özerklik

Yunanistan'daki ve İspanya'daki hareketleri analiz ederken üç noktaya odaklanacağız: Boş gösterenler ve antagonistik sınırlar yoluyla hareketlerin kimliklerinin nasıl kurulduğu; hareketlerin içinde örgütlenme yapılarına, özellikle de yataylık ve özerkliğin nasıl kurulacağına ve temsili hiyerarşilerden nasıl kaçınılacağına ilişkin olarak yürütülen tartışmalar; ve son olarak, ilk protestoların nasıl farklı yönlerde geliştiği ve hareketlerin nasıl kısmen seçim siyasetine kaydığı.[2]

Kimlik ve Örgütlenme

Yunanistan'daki *aganaktismenoi* ve İspanya'daki *indignados* hakkında dikkat edilecek ilk nokta, bu hareketlerin heterojenliğidir. Bu hareketler çok çeşitli gruplardan ve bireylerden oluşuyordu ve pek çok kişi bu durumu hareketlerin güçlü yanı olarak vurguluyordu, çünkü böylece bunun "herkes"in katıldığı bir hareket olduğunu öne sürmek kolaylaşıyordu. Yunan protestocular *aganaktismenoi* terimini de kullanmakla birlikte, toplumun çok farklı kesimlerinin birlikte var olmasını ve mobilizasyonunu olanaklı kılan, geniş anlamda kapsayıcı bir terim olarak, kendilerini "yurttaşlar" olarak da tanımlıyorlardı. Benzer şekilde, ananakım medyanın kendilerine daha sıcak bakan kesimlerinde, *aganaktismenoi* teriminin kullanılmadığı yerlerde, "Atinalılar" (Atina'daki Sintagma Meydanı'nda toplananlardan bahsedilirken) ya da daha genel

---

2 Yer kısıtından dolayı, Yunanistan'daki ve İspanya'daki meydan protestolarının analizi zorunlu olarak sınırlı tutuldu. Protestocuların söylemlerini ve ayrıca protestolar hakkındaki söylemleri analiz ettik (ve bunlar arasındaki ayrım hiçbir zaman keskin değildir) ve kelimenin dar anlamıyla her iki metni de (manifestoların ve halk meclisi tutanaklarının yer aldığı web siteleri, gazete yazıları vb.) ve halk meclisi karar alma prosedürleri ve hareketlerin örgütlenme yapıları gibi pratikleri inceledik. Bu hareketleri incelemenin metodolojik sorunları üzerine bkz. Prentoulis ve Thomassen 2012.

olarak "yurttaşlar" olarak tanımlanıyorlardı (Nesfige 2011). Gösterilerin ve kampların heterojenliği, standart siyasal toplantılardaki bileşimin homojenliğine karşıt bir durum olarak algılanıyordu (Anonim 2011). Benzer şekilde, İspanya'daki *¡Democracia Real Ya!* (2011) hareketinin üyeleri, kendilerini, farklı ideolojik görüşlere sahip, ama hepsi de mevcut durumdan bıkmış usanmış olan "sıradan ve halktan insanlar" olarak tanımlıyorlar. Bu tanım İspanya halkının çoğunluğunu betimleyebilir ve onların neyi amaçladığı üzerine hiçbir şey söylemiyor.

Protestocuların temsil edilmesinde kullanılan ve onların kendilerini temsil etmek için kullandıkları gösterenler, neredeyse herkesi kapsamaya yetecek kadar soyut ve belirsizdir. Benzer şekilde, her iki ülkede de, protestocular taleplerini "toplumsal onur" gibi geniş evrensel ilkeler çerçevesinde dile getirdiler (Real-democracy.gr 2011b) ve İspanyol *Toma la Plaza*'nın manifestosu, onur ve "yaşamın ekonomik ve siyasal çıkarlar karşısındaki önceliği" üzerinedir (#Acampadasol 2011).

Bu evrensel olarak kapsama potansiyeline sahip gösterenleri kullanmak, protestocuları geleneksel çıkar ve kimlik siyaseti biçimlerinden ayırt etmeye yarar. Belli bir grup için tanınma talep etmek yerine evrenselleştirici bir yöne sahip olan onur, eşitlikçi bir kapsama mekânının yaratılmasını olanaklı kılar (May 2010, 96). Benzer şekilde, protestocular başından itibaren –ücretler, emekli aylıkları vb. hakkındaki– somut talepleri ancak siyasal sistemin bütünüyle değiştirilmesi talebinin gerisinde ikincil talepler olarak öne sürdüler. Bu durum devlet için talepleri idari önlemlerle kontrol altına almayı olanaksız hale getirdi.

Hareketlerin taleplerinin ve gösterenlerinin göreli boşluğu, onların evrenselleşmeleriyle el ele gider ve toplumun normalde birbirlerinden uzak olan kesimlerini ortak bir şemsiye altında birleştirmek olanaklı hale gelir. Herhangi bir kişi ya da herkes protestocu olabilir, yani *aganaktismenoi* ya da *indignados* göstereni pek çok farklı insan için kimliklendirme noktası haline gelebilir. Laclau'nun (2005, 69-83) terimleriyle ifade edecek olursak, farklı talepler ve kesimler arasında bir eşdeğerlik yaratan popülist bir mantık devrededir. Bireyler ve gruplar tikel farklılıklarını korurken, aynı zamanda, kolektif bir kimlik yaratılır. Dolayısıyla, kolektif kimlik ile bu kimliğin içinde az çok içerilen farklılıklar arasında bir gerilim vardır, ama ne ortak kimlik ne de farklılıklar diğerinin içinde dağılıp yok olmaz.

Örneğin, Yunanistan'da, hareketlerin içinde sınır çizgileri şekilleniyor. Protestocular kendilerini sendikalardan ayırıyorlar, ama emek hareketi dışarıda bırakılmak istenmediği için çizgi, (siyasal sistemin bir parçası olarak) sendika liderleri ile "canlı sendika hareketi" arasında çiziliyor (Real-democracy.gr 2011a). Ve protestolarda ırkçı ve milliyetçi sesler de duyulsa da, hareket faşizme ve ırkçılığa tartışmaya açık olmayan bir şekilde karşı çıktı. Sintagma Meydanı'nda "üst meydan" ile "alt meydan" arasında bir ayrım vardı. Meydanın büyük ölçüde milliyetçilerin yoğunlaştığı üst kısmında, protestocular troykayla (IMF, AB ve Avrupa Merkez Bankası) ekonomik sözleşme yapılmasının reddedilmesini talep ediyorlardı, ama bunun yerine ne yapılması gerektiği konusunda açık bir öneri getirmiyorlardı. Meydanın alt kısmı daha "siyasallaşmış" protestocular tarafından işgal edilmişti ve bu protestocular halk meclisleri yoluyla bir talepler çerçevesi yaratmaya çalıştılar. Genel meclislerde pek çok protestocu meydanın iki bölümünün birleştirilmesini istediklerini ifade ettiler, ama bölünme talepler, protestocuların kendilerini anlama biçimleri ve siyaset vizyonları açısından bir farklılaşma olduğuna işaret ediyordu.

Hareketlere verilen herhangi bir ad ya da eklemlenme birlik sağlar ve aynı zamanda, bu birliği tehdit eder. Tüm talepleri birleştirme yetisine sahip kusursuz bir boş gösteren yoktur; boş gösteren denen şey aslında eğilimsel olarak boş gösterendir (Laclau 2005, 5. Bölüm). Sonuç olarak, hareketin birliği ile tikel parçalarının arasında bir gerilim olacaktır. Farklı ve hegemonyayı birlikle özdeş görenlere *karşıt* bir şekilde ifade edecek olursak, hegemonik birlik daima kısmi ve kararsızdır.

Kolektif kimlikte doğal birlik yoktur; örneğin, protestocuların öfkesi ve talepleri insani gereksinimlerin özünün bazı özelliklerini yansıtmaz. Laclau'nun terminolojisinde boş gösterenler –*aganaktismenoi*, onur, vb.– temsil ettikleri birliği edimsel olarak oluşturan adlar işlevi görür. Farklı bir şekilde ifade edecek olursak, ortak kimliğin birliği, hareketin içinden ya da dışından gelen temsilleriyle kurulur. Hareket de elbette ancak bu süreçte bir hareket olarak kurulur. Hardt ve Negri'ye göre bu, hegemonyanın ortaya çıkardığı sorunun bir parçasıdır; onların perspektifinden bakıldığında, ortak kimliğin birliği hegemonyadan içkin bir şekilde ortaya çıkmak yerinde hegemonyaya dayatılır.

Hareketlerin kimlikleri, sadece ortak odak noktaları olarak boş gösterenler tarafından değil, aynı zamanda bir "öteki" karşısında antagonistik bir sınırın yaratılması yoluyla olumsuz olarak da kurulur. Bu antagonistik ötekinin karakteri farklılık gösterir. Bazıları için bu öteki, finansal sistem, özellikle de bankalarken bazıları için birincil olarak siyasal sistemdir. Bazıları içinse, protestocuların kimliklerini ve geçimlerini tehdit eden ekonomik ya da siyasal "sistem" ya da elitlerdir. Bu noktada Yunanistan ile İspanya arasında önemli bir fark var. Yunanistan'daki protestolar troykanın sert kemer sıkma önlemleri dayatmasına ve troyka ile ulusal elitler arasındaki işbirliğine odaklanıyor. İspanya'da ise odak noktası büyük ölçüde ulusal elitler.

Antagonistik öteki, protestoculara "halk" ve çoğu zaman, "sıradan halk" ya da "sıradan yurttaşlar" şeklinde ortak bir kimlik verilmesini sağlar. Protestocuları ve onların adına konuştukları insanları sıradan halk olarak kuran, tam olarak elitlere yapılan muhalefettir. Sıradanlık bu insanların özünde olan bir şey değildir ve elitler karşısında antagonistik bir sınırla tanımlanan bir eşdeğerlik zincirinin hegemonik şekilde eklemlenmesi yoluyla kurulur. Burada Laclau'nun ifadesiyle popülist bir mantıkla karşı karşıyayız: Halk figürü etrafında kolektif bir irade eklemlenmektedir. Bu irade, "sıradan yurttaşlar" gibi farklı adlar alabilir ve toplumsal ve siyasal mekân, "biz"i "onlar"dan ayıran bir sınırla ikiye bölünür.

Aganaktismenoi'nin ve *indignados*'un talepleri ve kimlikleri boş gösterenler ve eşdeğerlik zincirleri yoluyla hegemonik şekilde yorumlanabilmekle birlikte, bu sürecin nasıl gerilimlerle dolu olduğunu da gördük. Gösterilerin örgütlenme biçimine döndüğümüzde de benzer bir durum açıkça görülüyor. Daha önce dikkat çektiğimiz gibi, özerklik kolundaki teorisyenler protestoları ve hareketleri bir merkezi olmayan lidersiz ağlar olarak görürler ve pek çok protestocu da kendilerini benzer şekillerde tanımlıyor. Buna uygun olarak, özerklik kolu yataylık ve özerklik kavramlarının önemli olanın ne olduğunu anlamak için daha çok önem taşıdığını öne sürer. Protestoların örgütlenme yönünün onların önemlerini anlamak açısından belirleyici olduğuna katılıyoruz, ama yataylık ve özerkliğin doğru şekilde anlaşılmış hegemonya kategorisinden bağımsız şekilde analiz edilemeyeceğini öne sürüyoruz.

Protestocular, yataylık ve özerkliğe işlerlik kazandırmak için hareket içindeki temsil hiyerarşilerini reddederler. Bununla birlikte, yukarıda hareketlerin iletişim stratejileri bağlamında ele aldığımız gibi, hareketlerin aksi yöndeki çabalarına rağmen yatay ilişkiler dikey ilişkilerle, özerklik de bir merkezileşme öğesiyle bir arada ilerler. Başka bir kitapta öne sürdüğümüz gibi, yataylık ve özerklik ancak inşa edilmesi ve savunulması zorunlu olan bir toplumsal ve siyasal mekânın yaratılması yoluyla olanaklı kılınır (Prentoulis ve Thomassen 2012). Bu durum, meydanlardaki hareketlerle bağlantılı olarak çok çeşitli şekillerde açıkça görülmektedir. Bunun bir örneği, Atina'daki Sintagma ve Madrid'deki Puerta del Sol meydanlarının ve bu meydanlarda oluşan kampların örgütlenme açısından ve simgesel rolleridir. Farklı kamplar arasındaki ilişkilerin merkezi olmayan bir ağ olarak örgütlenmesi amaçlansa da, Sintagma ve Sol kampları yine de belli bir örgütlenme ayrıcalığını korudular. Aynı zamanda, iki kamp, hareketi bir bütün olarak temsil eden ayrıcalıklı gösterenlere yükseltildi. Bu açıdan, hem hareketlerin katılımcılarına hem de medyadaki gözlemcilere göre, hareketlerin bir merkezi vardı.

Hareketlerin örgütlenme yapısının analizi, yataylıkla dikeyliğin ve özerklikle hegemonyanın karşılıklı olarak birbirlerine bulaşması şeklinde özetlenebilir. Doğru olarak anlaşıldığında karşılıklı bulaşma, yataylık ve özerkliğin doğal şeyler olmaması ve kendi başlarına ortaya çıkmaması ve dolayısıyla bunların hem içeriden hem de dışarıdan gelen tehditlere karşı kurulmasının ve savunulmasının zorunlu olması anlamına gelir. Hiyerarşiler ve dışlamalar ortaya çıkar ve bunu ele almanın bir yolu, toplumun genelindeki diğer toplumsal ve siyasal mekânlardan farklılaşmış bir toplumsal ve siyasal mekânının hegemonik olarak yaratılması şeklindedir. Aynı zamanda, dikey ve temsili ilişkiler, protestocuların söylemine hâkim olan yataylık ve özerklik gösterenlerinin sürekli meydan okuması altındadır.

Protestodan Seçim Siyasetine

Meydan protestolarında hegemonya mantığının işleyişini gördük. Ne var ki, bu mantığın iki önemli açıdan nitelendirilmesi gereklidir. İlk olarak, eklemlenme olarak hegemonya fikrinin ötesinde, bir siyasal mekânın eklemlenebileceği yolların çoğulluğunu içine alabilecek tek bir hegemonya mantığı yoktur. Hatta tek bir mekânın değil, hegemonik eklemlenmenin farklı biçimlerinin geçerli olduğu görece özerk birçok mekânın varlığı da söz konusu olabilir. İkinci olarak, popülist biçimi geçerli olduğunda bile hegemonik oluşumun tek ayırt edici özelliği birlik değildir ve içsel farklılaşma ve gerilim de bu özellikler arasında olabilir. Bu durum bir parçanın diğerinin yerini almasını güçleştirir. Hegemonya/özerklik terminolojisini kullanarak, hegemonik oluşumun farklı parçalarının özelliklerini, hegemonik eklemlenmeye ve hegemonik merkeze karşı daima bir dereceye kadar koruduklarını söyleyebiliriz.

Hareketlerin kimliklerinin farklılaşmış ve kararsız kurulumları düşünüldüğünde hegemonyanın alabileceği farklı biçimleri değerlendirmek yararlı olacaktır. Laclau'nun son dönem çalışmalarında, popülizm ayrıcalıklı hegemonya örneğidir. Bununla birlikte, *Hegemonya ve Sosyalist Strateji*'de Laclau ve Mouffe (1985, 137) şöyle bir ayrım yaparlar:

> Mücadelelerin bir siyasal mekânlar çoğulluğunu ima ettikleri yerlerde *demokratik* mücadelelerden, belli söylemlerin iki karşıt sahaya bölünmüş tek bir siyasal mekân kurma *eğilimi gösterdikleri* yerlerde ise *popüler* mücadelelerden söz edeceğiz. Ama temel kavramın "demokratik mücadele" kavramı olduğu ve popüler mücadelelerin yalnızca demokratik mücadeleler arasında eşdeğerlik etkilerinin çoğalmasından doğan özgül konjonktürler olduğu açıktır.

Bu ayrım önemlidir, çünkü Hardt ve Negri'nin öne sürdüğünün *tersine*, hegemonyanın, "halk"ın ortak kimliğinin kuruluşu biçimini almasının zorunlu olmadığı anlamına gelir. Hegemonya, bunun yerine, bir dizi az ya da çok özerk siyasal durumlara ve yerlere müdahaleler ve bunların yeniden eklemlenmesi biçimini alabilir. Ayrımın önemli olmasının bir nedeni de, hegemonik eklemlenmenin farklı biçimlerinin Laclau'da az gelişmiş olması (Thomassen 2005), ama hegemonyayı agonistik mekânların yaratılmasıyla bağlantılandıran Mouffe'ta (2005, 2013) bunun daha az geçerli olmasıdır. Biz meydan protestolarının ve bu protestoların gelişme biçimlerinin hegemonyanın bu popüler olmayan biçimlerine daha açık olan bir analizini önereceğiz. Meydanlardaki hareketlerin ilk evresini incelemeyi bitirdiğimize göre, artık ilk protestoların farklı yönlerde gelişme biçimlerini ve hareketlerin kısmen seçim siyasetinin yerine geçme biçimlerini kısaca ele almaya geçebiliriz. *İndignados*'un yeni bir toplumsal oluşum türü için yaptığı talepler, aslında siyasal sistemle ilgili taleplerdi. Sol bu taleplerin önemini anladı ve bunların en azından bazılarını kendi siyasal söylemlerinin bir parçası haline getirmeye çalıştı. Sonuçta, yeni hegemonik söylemin eklemlenme süreci çok boyutludur ve farklı düzeyleri içerir. Dolayısıyla, hareketlerin söylemini kendinde incelemenin yanı sıra söylem ile söylemin seçim siyaseti üzerindeki etkisi arasındaki ilişkiyi incelemek de gereklidir. Bu süreçleri kesin bir şekilde izlemenin olanaksızlığı, hegemonik kolun formülasyonlarında tikel bir eklemlenmenin bir toplumsal yerden bir başkasına yer değiştirmesine her zaman yeterince dikkat edilmemesinden kaynaklanır. Bizim buradaki amacımız, söylemsel bir oluşuma katılan farklı öğeleri ve çok boyutlu düzeyleri açıklamaktır. Örneğin, meydanların söylemindeki "özerklik" ile "doğrudan demokrasi" gibi ideolojik öğelerin bir analizinden belli taleplerin parlamenter düzeyde uygulamaya sokulmasını olanaklı kılacak kurumsal prosedürlere nasıl geçebiliriz? Burada taleplerin siyasal sisteme yer değiştirmesine odaklanıyor olsak da, başka yerlere yer değiştirmeler de (örneğin, mahalle halk meclisleri ve yurttaş ağları gibi, resmi siyasal sistemin dışındaki katılımcı demokratik pratiklerin kurumsallaşması) eşit derecede dikkatli bir şekilde analiz edilmelidir.

İndignados örneğinde bunu yapmanın bir yolu, hegemonik işleyişlerin farklı düzeylerde işleyen metonimik yer değiştirmeler içerdiğini öne sürmektir (Howarth 2004, 259). Meydan hareketleri söyleminde, geleneksel olarak anarşizmde ifade edilen bir talepler kümesi (doğrudan demokrasi, yataylık), artık birincil olarak neoliberal ekonomik söyleme ve geleneksel kurumsal siyasete muhalefetiyle öne çıkan bir hareketin söyleminin bir parçası olmuştur. Bu ideolojik öğeler, protestolara katılan farklı gruplar ve ayrıca onların sempatizanları arasında bir eşdeğerlik zinciri yaratır ve *aganaktismenoi*/*indignados* ile "yerleşik düzen" arasında bir çizgi çizilmesine yardımcı olur. Farklı bir metonimik işleyiş bu taleplerden bazılarını toplumsal protesto alanından parlamenter siyasetin bölgesine yer değiştirirken mevcut siyasal aktörleri dönüştürüyor ya da seçim siyaseti alanında "yerleşik düzen"e karşı çıkacak yeni aktörler yaratıyor. Daha az heyecan verici bir şekilde ifade etmek gerekirse, bir yerden diğerine gerçekleşen bu metonimik kayma *indignados*'un bazı taleplerinin kurumsallaşmasına izin verecektir (Howarth 2004, 269).

İlk olarak, Yunanistan'da temsili siyaset alanında yükselen hegemonik fail olarak SYRIZA'nın (Radikal Sol Koalisyonu) rolünü ve *aganaktismenoi*'nin taleplerinin sol parti siyasetinin bir parçası haline gelişini değerlendirelim. SYRIZA kendisini bir tarafında ülkenin siyasal elitleri ve troyka, diğer taraftaysa ise SYRIZA'yı oluşturan radikal sol örgütler ve diğer toplumsal gruplar ve talepler bulunan ve halihazırda kurulmuş durumdaki sınıra konumlandırmaya çalışıyor. 6 Mayıs 2012'de düzenlenen ve SYRIZA'nın seçim gücünü toplam oyların yaklaşık yüzde 4,6'sından yüzde 16,7'sine çıkaran seçimden sonra, koalisyonun lideri Aleksis Çipras, SYRIZA'nın "özgün bir şekilde, içinde bazı geleneksel sağcı seçmenleri bile barındıran geniş bir siyasal spektrumda oluşan ve yeni siyasal koalisyonların koşullarını oluşturmakta olan yeni bir toplumsal koalisyonu temsil eden" geniş bir demokratik örgüte dönüştüğünü açıkladı (Çipras 2012). Burada "koalisyonlara" yapılan atıfla farklı grupların, hegemonik kuruluş sürecinde dönüşseler ve değişseler bile yine de belli bir derecede özerkliği koruyacakları kabul edilir. Çipras, kendisiyle yapılan röportajlarda, hegemonik liderliğe ulaşmak için bir yanda SYRIZA içindeki farklı konumlar ile diğer yanda SYRIZA ve halk öğesi arasında eşdeğerlikler yaratma gereksiniminin vazgeçilmez önemde olduğunu kabul ediyor. Haziran 2013'te, SYRIZA, daha geniş bir toplumsal koalisyonun yaratılmasına yardımcı olmak için, SYRIZA içindeki ana siyasal örgüt olan Synaspismos'un feshedilmesi kararını aldı. Bu adımla birlikte koalisyonun adı SYRIZA EKM olarak değiştirildi. Eklenen bu ikinci kısım, koalisyonun Yunan toplumundaki farklı grupları birleştirmeye yönelik popülist girişimini gösteren Birleşik Toplumsal Cephe adının kısaltmasıydı.

Özetlersek, seçim siyasetine doğru yer değiştirmeyle birlikte SYRIZA'nn dönüşümlerinin ikili bir amacı vardı. İlk olarak, meydanlardan alınan derslere uygun olarak, *aganaktismenoi* tarafından kurulan antagonistik sınırın aynısını –bize karşı onlar, yurttaşlara karşı yerleşik düzen vb.– yeniden olumlayarak farklı grupları bir araya getirmeye çalıştılar. İkinci olarak, seçim sistemi çerçevesinde rekabet edebilecek ve olanaklı olduğu ölçüde içsel bir ideolojik ve siyasal birlik duygusu yaratmayı deneyecek bir parti kurmaya çalıştılar.

İspanya'ya baktığımızda da, farklı ama benzer bir metonimik yer değiştirmeler kümesi görüyoruz. İspanya'da, İzquierda Unida (IU) partisi sosyal demokratların solunda yer alır ve dolayısıyla protestocuların pek çoğu için doğal parti siyaseti noktası gibi görünüyor. Bununla birlikte, IU ile *indignados* arasındaki ilişkiye en başından itibaren karşılıklı kuşkuculuk damgasını vurmuştu. Aynı durum Yunanistan için de geçerliydi; *aganaktismenoi* hareketi, en etkin olduğu dönemde, SYRIZA'ya da, radikal Soldaki diğer partilere de kuşkuculukla yaklaşıyordu. Yunanistan'daki radikal sol partiler ve koalisyonlar gibi IU da hareketteki pek çok kişi tarafından mevcut siyasal sistemin bir parçası ve iki büyük parti olan muhafazakâr PP ve sosyal demokrat PSOE'den ancak marjinal bir şekilde daha demokratik olarak kabul ediliyordu. Hareket, siyasal sisteme karşı özerkliğini koruyabilmek için kişilerin ve grupların harekete belli partilerin ya da çıkar gruplarının üyeleri olarak katılmalarına izin vermiyordu. Bununla birlikte, hareket ve IU üyelikleri arasında belli bir örtüşme vardı ve bazı protestocular da sonradan IU'da aktif olarak görev almaya başladılar.

IU, zamanla, *indignados* hareketinden gelen çeşitli görüşleri ve talepleri benimsedi. Bununla birlikte, parti kurumsallaşmış siyasetin önemini ısrarla vurguluyor ve IU'nun protestocular karşısındaki konumlanışı, hareket ile siyasal sistem arasında ilişkiler kurmanın getirdiği fırsatlar kadar bunu engelleyen sınırları da ortaya koyuyor. IU, kendisini anlayış biçiminde, mevcut kurumlarla çalışma (belli bir oranda oy almak ve belli bir sayıda sandalye kazanmak vb.) ve toplumsal hegemonya elde etme şeklinde ikili bir strateji izliyor. IU lideri Cayo Lara bunu şu şekilde ifade ediyor:

> IU, bir siyasal protesto gücü haline geldi [...] Sokaklardaki toplumsal mücadeleyi savunuyoruz, eylemlere ve grevlere katılıyoruz, kitlelerin yanındayız. Bu hareketlerin bir parçasıyız.

> [...] sadece protestolar ve sokak eylemleri yoluyla yasaların değiştirilemeyeceğinin bilincindeyiz. Protestolar önemlidir, ama yasalar BOE'de [İspanya'da yeni yasaları yayımlamaktan sorumlu kurum] değiştiriliyor. Biz işte bunun için BOE'yi değiştirmek istediğimiz için siyasetin içindeyiz. (Manetto 2013a)

Toplumsal ve siyasal hegemonya mücadelesinin bir parçası da, sokaklarda ve seçimlerde soldaki diğer gruplarla ittifakların yaratılmasıdır – Cayo Lara'nın deyimiyle "ilerlemeye yönelik toplumsal ve siyasal bir bloğun yaratılmasıdır" (alıntılayan: Manetto 2013b). IU'nun stratejisi, diğer hareketlerin yanında durmak ve aynı zamanda da kendilerini tüm bu hareketlerin yasa yapım sürecini etkileyebilmelerini sağlayacak kanal olarak konumlandırmaktır. Yeni talepleri kontrolleri altına almak tıpkı Yunanistan'da SYRIZA için olduğu gibi IU'nun da çıkarınadır, çünkü bu şekilde daha geniş bir seçmen tabanına sahip olabilirler, ama partiler yeni gruplara hitap edebilmek için taleplerini ve yapılarını uyarlamak zorundadır. Gerilim devam ediyor: Hareketlerin çok boyutluluğu tarafından bakıldığında, strateji partinin ve siyasal sistemin dilinin taleplere dayatılması olarak görülebiliyor; parti tarafından bakıldığında ise hareketlerin çok boyutluluğu, çok küçük parçalara ayrılmaya ve disiplinsizliğe yol açtığı için verimsizlik olarak algılanabiliyor.

İspanyol *indignados* hareketi de değişti. İlk protestoların düzenlendiği 2011 yılının ilkbahar ve yaz aylarından sonra çok farklı tepkiler geldi. Bazı protestocular hayal kırıklığına uğradı ve pek çok protestocu protesto etmeyi ve eylem düzenlemeyi bıraktı; ama pek çok kişi de farklı biçimlerde ve farklı toplumsal yerlerde protesto düzenlemeye devam etti (ayrıca Castells 2012). Protestolarda, aynı sorunlar (kemer sıkma kesintileri, yolsuzluk, siyasal elitlerin temsil edemezliği vb.) üzerinde duruluyor ve pek çok örgütlenme yapısı (halk meclisleri vb.) var olmaya ve gelişmeye devam ediyor. Genel olarak bakıldığında, çeşitli yıldönümlerinde düzenlenen gösteriler dışında, protestolar kitlesel olmaktan çıktı ve daha noktasal bir nitelik ve daha radikal biçimler kazandı. Aynı zamanda, hareketin farklı bölümleri daha özerk hale geldi ve sonuçta belli bir parçalanma gerçekleşti (Pérez-Lanzac 2013).

Hareketin ne şekillerde geliştiğine bir örnek olarak, mortgage taksitlerini ödeyemeyen insanların evlerinden çıkarılması uygulamasıyla mücadele eden hareket –ya da "platform"– gösterilebilir (*Plataforma de Afectados por la Hipoteca – PAH*). Aslında çok sayıda yerel hareketin gevşek bir ağı olan bu hareket, yatay örgütlenme, yeni mecraları kullanmak vb. açılardan başlangıçtaki *indignados* protestolarının tarzını sürdürüyor. Hareket, tek bir sorunu protesto etmeyi amaçlamasına rağmen hiyerarşik olmayan bir biçimde örgütlenmiş. Hareketin eylemleri, sorunla ilgili tanıtım faaliyetlerinden tek tek evden çıkarma girişimlerini fiziksel olarak önlemeye çalışmaya kadar çok farklı biçimler aldı. Hareket –belli evden çıkarmaları önlemek, sorunu kamuoyuna anlatmak ve yasayı değiştirmeleri için siyasetçilere baskı yapmak gibi– birçok farklı düzeyde müdahalede bulundu ve oldukça etkili oldu, ama yasal düzenleme siyasal sistemden geçiş sürecinde oldukça sulandırıldı. Burada, evlerinden çıkarılan insanlar hakkında halkın algılarını şekillendirmeye çalışmak, mevcut kurumlarla ilişki kurmak ve yasal düzenlemeleri etkilemek için farklı yerel ve yatay örgütlenme biçimlerinin bir birleşiminin kullanıldığını görüyoruz. Yunanistan'a ve İspanya'ya ve iki ülkede yaşanan farklı gelişmelere baktığımızda, protestoların yeni yerlere ve bağlamlara gerçekleşen yer değiştirmelerinin nasıl özerkliğin ve yataylığın sürekli yeni hegemonik eklemlenmeleriyle sonuçlandığını görebiliyoruz. Hegemonik eklemlenmeler, kısmen, bu yerlerdeki mevcut yapılar tarafından şekillendirilir ve, Laclau ve Mouffe'un deyimiyle, az ya da çok popülist ya da demokratik olabilir. Taleplerin ve kimliklerin yeni arenalara yer değiştirmesi, bu kimliklerin ve taleplerin yeni bağlamla –örneğin, seçim siyasetiyle– ve diğer taleplerle bağlantılı hale gelmesini sağlayacağı için, bunların yeniden eklemlenmesiyle sonuçlanır. Protestocuların perspektifinden bakıldığında, yer değiştirme süreci hem fırsatlar hem de riskler içerir. *Aganaktismenoi* ve *indignados* hareketleri üzerine yapılan tüm analizlerde, tıpkı hegemonya ile özerklik arasındaki ayrım için yapılan her değerlendirmede olduğu gibi, bu durum hesaba katılmalıdır.

Hegemonya mı, Özerklik mi? Evet, Lütfen!

Basitleştirilmiş olsa da, hegemonya-özerklik tartışması güncel siyasal mücadeleleri incelemek için verimli bir çerçeve sağlar. Tartışma kesinlikle yeni değildir ve eskiden kendiliğindenlik (hegemonik bir failin mücadeleleri yönlendirmek üzerine müdahalede bulunmasının reddedilmesi) ile Leninist hegemonya anlayışı (partinin liderliğinin gerekli görülmesi) arasında yürütülen tartışmalarda bu tartışmanın parçalarını bulmak olanaklıdır.

Laclau ve Mouffe'un varyantında, hegemonya kavramının yatay ve özerklikçi mücadeleleri açıklayabilecek hale geldiğini, çünkü bu mücadelelere daima dikey ve temsili ilişkilerin bulaşmış olduğunu göstermeye çalıştık. Hegemonya sadece özerkliğe karşı çalışmaz, aynı zamanda onun kurucu bir öğesidir. Bizim argümanımız saf bir yataylığın mevcut olmamasından ibaret değil (Prentoulis ve Thomassen 2012) ve özerkliğin hegemonik bir şekilde kurulduğu iddiasını da içeriyor. Ayrıca özerklikçi tarafın, hegemonik olarak eklemlenmiş birliğin daima içsel bölünmeler içerdiğini ve yeniden eklemlenmeye daima açık olduğunu göremedikleri için çoğu zaman hegemonyayı yanlış temsil ettiğini de öne sürdük. Hegemonik birlik daima kararsız bir birliktir. Yataylık ve dikeylik, Laclau'nun hegemonik eklemlenmelerinde eşzamanlı olarak işleyen süreçlerdir.

Meydanlardaki hareketler bağlamında, içsel bölünmelerin ve çatışmaların –özerklikçi tarafın ileri sürdüğü gibi sonuçta ortak olana dönüşmek yerine– bir eşdeğerlik zincirinin yaratılması için gerekli olan kapsama/dışlama sürecinin tamamlayıcı parçaları olduğunu ortaya koyduk. Taleplerin neredeyse her şeyi kapsayan mantığına rağmen, *aganaktismenoi/indignados* hiçbir zaman birleşmiş ve tam bir siyasal kimliğe ulaşmadı. Örneğin, Sintagma Meydanı'nın çatışmalı bir şekilde her biri tikel bir siyasal vizyonu ortaya koyan "üst" ve "alt" parçalara bölünmesi, antagonizma olmadan "ortak olan"a ulaşmanın olanaksızlığını gösteriyor ve dolayısıyla hegemonik eklemlenmeler nihai olarak bazı gösterenlerin diğerleri üzerindeki tahakkümüyle sonuçlanacaktır.

Ayrıca hareketlerin, devlet kurumları karşısındaki özerkliklerine rağmen yeni bir demokratik siyaset biçimine yönelik girişimleri burada bitmedi. Mücadelelerin seçim siyasetine metonimik yer değiştirmeleri, bu kez hareketler ile siyasal partiler arasında olan yeni bir eklemlenme sürecine de olanak yarattı. Bu hamleyle yaratılan olanaklar, Yunanistan ve İspanya'nın siyasal mekânlarının içinde yeni antagonistik sınırların yaratılmasını içerir. Bu sınırlar, bu ülkelerdeki mevcut ekonomik ve siyasal merkezlere meydan okuma potansiyeli olan ve dolayısıyla yeni bir demokratik ve radikal siyaseti olanaklı kılan sınırlardır.

Bu durumda şu soru hâlâ karşımızda duruyor: Bu hareketlerin başlı başına önemi nedir? Özerklik ve yataylığı kurmak üzerine yapılan onca yaygara tamamen boşuna mıydı? Özerkliğe ve yataylığa daima biraz hegemonya ve dikeylik bulaşıyorsa, tüm bu özerklik ve yataylık deneylerinin sonuçta kurulmuş güçlere uyum sağlamak zorunda kalmaları bir kader midir? Herkesin eşit olduğu bir topluluk vizyonuna dayanan yatay örgütlenme biçimleriyle yürütülen başka ve küçük ölçekli deneylerle ilgili olarak da benzer sorular yöneltilebilir. Bize göre, bu sorulara olumlu yanıtlar vermek, bu hareketlerin ve deneylerin demokratik siyasetin yönünü nasıl daha radikal bir yönde etkilediğini görmezden gelmek olacaktır. Burada önemli olan, bu yataylık ve özerklik deneylerinin, daima temsil, dikeylik ve hegemonya ilişkileri içeriyor olsalar da, nasıl daima yeni alanlarda tekrarlandığı ve bunlarla yer değiştirdiğidir. Gelecekte bu deneyler üzerine yapılacak yeni analizler, bunların hegemonik eklemlenmeleri ne ölçüde şekillendirdiklerini daha açık bir şekilde ortaya koyabilir.

Kaynaklar

#Acampadasol. 2011. Quiénes somos y qué queremos, *Acta de Asamblea General del 31 de Mayo de 2011, 21 h* [Çevrimiçi 31 Mayıs]. Şu adresten erişilebilir: http://actasmadrid.tomalaplaza.net/?p=158 [erişim tarihi: 3 Şubat 2012].

Agamben, G. 1999. *Potentialities: Collected Essays in Philosophy*. Derleyen ve çeviren D. Heller-Roazen. Stanford, California: Stanford University Press.

Anonim. 2011. The distinctions are subtle. *Eleftherotypia*, 2 Haziran, 2.

Anonim. 2013. KPE SYN: The proposal for the dissolution has been approved as we move to the conference. *Avgi* [Çevrimiçi 10 Haziran]. Şu adresten erişilebilir: http://www.avgi.gr/article/436420/kpe-sun-egkrithike-i-protasi-pros-to-diarkes-sunedrio-giaautodialusi [erişim tarihi: 10 Haziran 2013].

Bratich, J.Z. 2011. Post-Marx beyond post-Marx: autonomism and discourse theory, *Discourse Theory and Critical Media Politics*, der. L. Dahlberg ve S. Phelan. Basingstoke: Palgrave, 154–77.

Castells, M. 2012. *Networks of Outrage and Hope: Social Movements in the Internet Age*. Cambridge: Polity Press. [*İsyan ve Umut Ağları*, çev. Ebru Kılıç, 2013. İstanbul: Koç Üniversitesi Yayınları.]

Day, R.J.F. 2005. *Gramsci is Dead: Anarchist Currents in the Newest Social Movements*. Londra, Pluto Press.

Dean, J. 2012. *The Communist Horizon*. Londra: Verso. [*Komünist Ufuk*, çev. Nurettin Elhüseyni, 2014. İstanbul: YKY.]

Deleuze, G. ve Guattari, F. 1987. *A Thousand Plateaus: Capitalism and Schizophrenia*, çev. B. Massumi. Minneapolis, Minnesota: University of Minnesota Press.

¡Democracia *Real Ya!* 2011. Manifesto Democracia Real Ya [Çevrimiçi 2011]. Şu adresten erişilebilir: http://www.democraciarealya.es/manifiesto-comun/ [erişim tarihi: 3 Haziran 2013].

Durán, C. ve Ruiz, R. 2013. Ernesto Laclau: "Hay que latinoamericanizar Europa", *El Desconcierto* [Çevrimiçi, 11 Ocak]. Şu adresten erişilebilir: http://eldesconcierto.cl/ernesto-laclau-hay-que-latinoamericanizar-europa/ [erişim tarihi: 13 Mayıs 2013].

Dyer-Witheford, N. 2007. Hegemony or multitude? Two versions of radical democracy for the net, *Radical Democracy and the Internet*, der. L. Dahlberg ve E. Siapera. Basingstoke: Palgrave, 191-206.

Fenton, N. 2011. Multiplicity, autonomy, new media, and the networked politics of new social movements, *Discourse Theory and Critical Media Politics*, der. L. Dahlberg ve S. Phelan. Basingstoke: Palgrave, 178-200.

Hardt, M. ve A. Negri. 2000. *Empire*. Cambridge, Massachusetts: Harvard University Press. [*İmparatorluk*, çev. Abdullah Yılmaz, 2001. İstanbul: Ayrıntı Yayınları.]

Hardt, M. ve A. Negri. 2009. *Commonwealth*. Cambridge, Massachusetts: Harvard University Press. [*Ortak Zenginlik*, çev. Efla-Barış Yıldırım, 2011. İstanbul: Ayrıntı Yayınları.]

Hardt, M. ve Negri, A. 2012. *Declaration*. New York: Argo Navis. [*Duyuru*, çev. Abdullah Yılmaz, 2013. İstanbul: Ayrıntı Yayınları.]

Howarth, D. 2004. Hegemony, subjectivity and radical democracy, *Laclau: A Critical Reader*, der. S. Critchley ve O. Marchart. Londra: Routledge, 256-76.

Kolakowski 1978. *Main Currents of Marxism: Vol. 3*. Oxford: Oxford University Press.

Laclau, E. 2000. Can immanence explain social struggle? *Diacritics* 31(4), 3-10.

Laclau, E. 2005. *On Populist Reason*. Londra: Verso. [*Popülist Akıl Üzerine*, çev. Nur Betül Çelik. Ankara: Epos Yayınları.]

Laclau, E. ve Mouffe, C. 1985. *Hegemony and Socialist Strategy: Towards a Radical Democratic Politics*. Londra: Verso. [*Hegemonya ve Sosyalist Strateji*, çev. Ahmet Kardam, 2008. İstanbul: İletişim Yayınları.]

Las Voces del 15-M. 2011. Barselona: Los libros del lince.

Manetto, F. 2013a. "La protesta es importante, pero aspiramos a cambiar el BOE". *El País* [Çevrimiçi 25 Mayıs 2013]. Şu adresten erişilebilir: http://politica.elpais.com/politica/2013/05/25/actualidad/1369502041_257516.html [erişim tarihi: 5 Haziran 2013].

Manetto, F. 2013b. IU y UPyD explotan la regeneración democrática contra el bipartidismo. *El País* [Çevrimiçi 20 Mayıs 2013]. Şu adresten erişilebilir: http://politica.elpais.com/politica/2013/05/19/actualidad/1368985974_345179.html [erişim tarihi: 5 Haziran 2013].

May, T. 2008. *The Political Thought of Jacques Rancière: Creating Equality*. University Park, Pennsylvania: Pennsylvania State University Press.

May, T. 2010. *Contemporary Political Movements and the Thought of Jacques Rancière: Equality in Action*. University Park, Pennsylvania: Pennsylvania State University Press.

Mouffe, C. 2005. *On the Political*. Londra: Routledge. [*Siyasal Üzerine*, çev. Mehmet Ratip, 2013. İstanbul: İletişim Yayınları.]

Mouffe, C. 2013. *Agonistics: Thinking the World Politically*. Londra: Verso.

n-1. 2011. Şu adresten erişilebilir://n-1.cc/pg/expages/read/About/ [erişim tarihi: 19 Aralık 2011].

n-1. 2013. Şu adresten erişilebilir: https://n-1.cc/ [erişim tarihi: 15 Mart 2013].

Negri, T. 2011. Reflexiones acerca del 15M. *Kaos en la Red* [Çevrimiçi 6 Haziran]. Şu adresten erişilebilir: http://old.kaosenlared.net/noticia/reflexiones-acerca-del-15m [erişim tarihi: 12 Haziran 2013].

Nesfige, L. vd. 2011. The big celebration of protest. *Ta Nea*, 30 Mayıs, 14-15.

Newman, S. 2007. *Unstable Universalities: Poststructuralism and Radical Politics*. Manchester: Manchester University Press.

Papariga, A. 2011. Political struggle is needed. *Rizospastis*, 31 Mayıs, 7-8.

Pérez-Lanzac, C. 2013. El 15-M pierde visibilidad y gana rabia, *El País* [Çevrimiçi, 12 Mayıs]. Şu adresten erişilebilir: http://politica.elpais.com/politica/2013/05/11/actualidad/1368291321_487097.html [erişim tarihi: 13 Mayıs 2013].

Prentoulis, M. ve Thomassen, L. 2012. Political theory in the square: protest, representation and subjectification. *Contemporary Political Theory*. AOP 18 Aralık 2012, DOI: 10.1057/cpt.2012.26.

Real-democracy.gr. 2011a. *General assembly minutes* [Çevrimiçi 1 Haziran]. Şu adresten erişilebilir: http://real-democracy.gr/minutes/2011-06-01-praktika-laikis-syneleysissyntagmatos [erişim tarihi: 1 Temmuz 2012].

Real-democracy.gr. 2011b. *Assembly decision* [Çevrimiçi 29 Mayıs]. Şu adresten erişilebilir: http://real-democracy.gr/content/votes/2011-05-29 [erişim tarihi: 1 Haziran 2012].

Real-democracy.gr. 2011c. *Who we are* [Çevrimiçi 24 Haziran]. Şu adresten erişilebilir: www.realdemocracy.gr/en/content [erişim tarihi: 15 Kasım 2011].

Real-democracy.gr. 2011d. *Minutes of Syntagma popular assembly* [Çevrimiçi 31 Mayıs]. Şu adresten erişilebilir: http://realdemocracygr/minutes/2011-05-31-praktika-laikissyneleysis-syntagmatos [erişim tarihi: 1 Temmuz 2012].

Sánchez Cedillo, R. 2012. 15M: something constituent this way comes. *South Atlantic Quarterly* 111(3), 573-84.

Thomassen, L. 2005. Discourse analytical strategies: antagonism, hegemony and ideology after heterogeneity. *Journal of Political Ideologies*, 10(3), 289-309.

Tønder, L. ve Thomassen, L. (der.) 2005. *Radical Democracy: Politics between Abundance and Lack*. Manchester: Manchester University Press.

Tsipras, A. 2012. Interview with A. Tsipras, *Avgi*, 17 Mayıs, 2.

Žižek, S. 2012. *The Year of Dreaming Dangerously*. Londra: Verso. [*Tehlikeli Rüyalar Görme Yılı*, çev. Barış Özkul, Mehmet Öznur, 2013. İstanbul: Encore.]

Çeviren: Hayrullah Doğan

Katkıda Bulunanlar

Benjamin Arditi, Meksika Milli Üniversitesi (UNAM) siyaset profesörü. *Politics on the Edges of Liberalism; Difference Populism, Revolution, Agitation* (Edinburgh University Press, 2007) [*Liberalizmin Kıyılarında Siyaset; Farklılık, Popülizm, Devrim, Ajitasyon*. İng. çev. Emine Ayhan. Metis, 2010.] kitabının yazarı ve Edinburgh University Press'in siyaset düşüncesi üzerine çıkardığı "Taking on the Political" isimli serinin editörlerindendir. Post-hegemonya ve post-liberal siyaset üzerine yaptığı araştırmanın bir bölümü olan son çalışması, İspanyol *indignados*, Meksikalı #YoSoy132 ve Brezilya protestoları gibi internet bağlantılı ayaklanmalar üzerine yoğunlaşmaktadır.

Richard J.F. Day, özerklik odaklı bir teorisyen ve uygulayıcı. Çalışmaları, baskın küresel sisteme karşı devletçi ve kapitalist olmayan, sömürgecilik karşıtı, sürdürülebilir alternatifler üzerine odaklanır. Kingston Ontario'daki Queen's Üniversitesi'nde çalışmalarını sürdürmekte ve ders vermektedir. Kingston Ontario'nun kuzeyinde, Weirdoville 1.0 isimli kasabada yaşıyor.

Jodi Dean, Hobart and William Smith Colleges İnsani ve Sosyal Bilimler Bölümü'nde Donald R.Harter '39 profesörüdür. *Democracy and Other Neoliberal Fantasies* (Duke, 2009) ve *Blog Theory* (Polity, 2010) kitapları dahil olmak üzere yazarlığını veya derlemesini yaptığı on bir kitabı vardır. Uluslararası çağdaş kuram dergisi *Theory & Event*'in editörlerinden biridir.

Saul Newman, doktorasını New South Wales Üniversitesi'nden 1998 tarihinde aldı. Goldsmiths, Londra Üniversitesi'nde Siyaset Kuramı profesörü. Çalışmaları; kıtasal ve post-yapısalcı siyaset, toplumsal kuramlar ve çağdaş radikal siyaset üzerinedir. *From Bakunin to Lacan* (Lexington Books, 2001) [*Bakunin'den Lacan'a*. İng. çev. Kürşad Kızıltuğ. Ayrıntı,

2006], *Power and Politics in Poststructuralist Thought* (Routledge, 2005), *Unstable Universalities* (Manchester University Press, 2007), *Politics Most Unusual* (Palgrave, 2008), *The Politics of Postanarchism* (Edinburgh University Press, 2010), *Max Stirner* (Palgrave, 2011) ve *Agamben and the Politics of Human Rights* (John Lechte ile birlikte, Edinburgh University Press, 2013) kitaplarının yazarıdır.

Giorgos Katsambekis, Selanik'teki Aristoteles Üniversitesi Siyasal Bilimler Bölümü'nde doktora adayı. Çalışmaları çağdaş siyaset kuramı (özellikle post-yapısalcı/post-Marksist yaklaşımlar) ve söylem analizi üzerine odaklanır; özellikle popülizm, demokrasi, post-demokrasi ve Yunanistan'daki çağdaş toplumsal hareketleri çalışmaktadır.

Alexandros Kioupkiolis, Aristoteles Üniversitesi'nde Çağdaş Siyaset Kuramı dersleri vermektedir. Araştırma konuları radikal demokrasi, post-yapısalcılık ve çağdaş anarşist akımlardır. Hardt ve Negri'nin çokluk kuramını ve Laclau'nun hegemonyasını, Yunanistan'ın yeni toplumsal hareketlerini ve bugünün özerk siyasetini tartıştığı Yunanca bir kitabı vardır (*Politics of Freedeom*. Ekkremes Editions, 2011). Daha sonrasında 2012'de *Freedom after the Critique of Foundations: Marx, Liberalism, Castoriadis and Agonistic Freedom* (Palgrave Macmillan, 2012) kitaplarını yayımlamıştır. Ayrıca *Contemporary Political Theory, European Journal of Political Theory, Philosophy and Social Criticism* gibi dergilerde agonistik özgürlük, demokrasi ve toplumsal hareketler üzerine yazmıştır.

Andy Knott, Brighton Üniversitesi'nde erken modern ve çağdaş siyaset yaklaşımlarına odaklanarak siyaset, felsefe ve tarih dersleri verir.

Nick Montgomery, hem Queen's Üniversitesi'ndeki doktora tezi için hem de günlük yaşamında permakültür, sömürgelerden çekilme, feminizm ve radikal siyaset üzerine yoğunlaşmaktadır. Özellikle baskın düzene karşı alternatifler üretmeye ve radikal, keyifli ve üretken bir şekilde yaşama yolları denemeye odaklanır. Son zamanlarda, birkaç arkadaşıyla birlikte gıda bağımsızlığı hakkında bir belgesel, sömürgelerden çekilme hakkında bir kitap ve coşkulu militanlık hakkında bir makale üzerine çalışıyor. Genellikle British Columbia'daki, Victoria'nın Lekwungen bölgesinde yaşıyor.

Marina Prentoulis, İngiltere'deki East Anglia Üniversitesi'nde Medya ve Siyaset dersleri vermektedir. Essex Üniversitesi Siyaset Bilimi Bölümü'nde İdeolojiler ve Söylem Analizi üzerine doktorasını yapmıştır. City University, Open University ve Middlesex Üniversitesi dahil, pek çok üniversitede ders vermiştir. Şu anda Avrupa'daki toplumsal hareketler üzerine çalışmaktadır. Siyasal iletişim ve gazetecilik çalışmaları, radikal ideolojiler, Avrupa Solu, siyasal şiddet ve toplumsal hareketler konuları üzerine çalışmaktadır.

Paul Rekret, Londra'daki Richmond, Amerikan Uluslararası Üniversitesi'nde Siyasal Bilimler yardımcı doçenti. Şu anda *The Politics of Human Rights* (Palgrave Macmillan) ve *The Politics of New Materialisms* kitaplarını hazırlamaktadır.

Yannis Stavrakakis, Atina'daki Panteion Üniversitesi'nde siyasal bilimler ve Universiy of Essex'te söylem analizi okudu. Essex Üniversitesi ve Nottingham Üniversitesi'nde çalıştı, şu anda Selanik'teki Aristoteles Üniversitesi'nde Siyasal Söylem Analizi profesörüdür. *Lacan and the Political* (Routledge, 1999) ve *The Lacanian Left* (State University of New York Press, 2007) kitaplarının yazarıdır. *Populism, Anti-Populism and Crisis* (Nefeli, 2012) kitabının yazarlarından biridir. *Discourse Theory and Political Analysis* (Manchester University Press, 2002) kitabının editörlerindendir.

Lasse Thomassen, Queen Mary'deki Londra Üniversitesi Siyaset ve Uluslararası İlişkiler Bölümü'nde kıdemli okutmandır. Araştırmaları radikal demokrasi, yapıbozum, Habermas ve kimlik politikaları üzerinedir. Son zamanlarda *The Politics of Identity and Inclusion* isimli bir kitap projesi üzerine çalışmaktadır. *Deconstructing Habermas* (Routledge, 2007), *Habermas: A Guide for the Perplexed* (Bloomsbury, 2010), The Derrida-Habermas Reader (Edinburgh University Press, 2006) ve *Radical Democracy: Politics between Abundance and Lack* (Manchester University Press, 2005) kitaplarının yazarıdır.

Dizin

A

B

C

Ç

T

U-Ü

V-W

Y

Z

www.ingramcontent.com/pod-product-compliance
Lightning Source LLC
Chambersburg PA
CBHW050332270326
41926CB00016B/3419

* 9 7 8 6 0 5 5 2 5 0 8 0 5 *